U0792821

胡耀邦同志题签

回忆与研究

（上）

图书在版编目（CIP）数据

回忆与研究 / 李维汉著 . -- 北京：中共党史出版社，2013.3
（2023.11 重印）
ISBN 978-7-5098-0588-6

Ⅰ . ①回… Ⅱ . ①李… Ⅲ . ①李维汉（1896–1984）—回忆录
Ⅳ . ① K827=7

中国版本图书馆 CIP 数据核字（2010）第 024167 号

书　　名：回忆与研究
作　　者：李维汉

出版发行：中共党史出版社
责任编辑：吴江
责任校对：龚秀华
责任印制：段文超
社　　址：北京市海淀区芙蓉里南街 6 号院 1 号楼　邮编：100080
网　　址：www.dscbs.com
经　　销：新华书店
印　　刷：北京中科印刷有限公司
开　　本：710mm × 1000mm　1/16
字　　数：728 千字
印　　张：45　　12 面前插
版　　次：2013 年 3 月第 1 版
印　　次：2023 年 11 月第 3 次印刷
书　　号：ISBN 978-7-5098-0588-6
定　　价：75.00 元（上下册）

此书如有印装质量问题，请联系中共党史出版社读者服务部 电话：010-83072535
版权所有 · 侵权必究

李维漢是一位為共產主義
事業奮鬥終生的老同志
值得大家怀念

陳云
一九八年十、二十八日

李维汉（1896—1984）

1920年12月，工学世界社成员在法国蒙达尼合影。三排右五为李维汉。

1927年李维汉(三排左二) 在长沙。一排左四为共产国际代表马林。

1938年9月至11月，中共六届六中全会在延安举行，这是出席全会的部分同志合影。前排左起：高文华、彭真、曾山、张纯清、贾拓夫、朱理志、郭述申。后排左起：李维汉、贺龙、徐海东、朱德、彭德怀、肖劲光、肖克、滕代远。

1946年11月17日，参加国共谈判的中共代表团撤回延安时与民主同盟负责人留影。左起：周恩来、邓颖超、罗隆基、李维汉、张申府、章伯钧、沈钧儒、董必武、黄炎培、张君劢、王炳南。

1949年6月15日，新政治协商会议筹备会在北平开幕。大会秘书长李维汉报告大会筹备经过。

1951年5月23日，《关于和平解放西藏办法的协议》签字仪式在北京中南海勤政殿举行。中央人民政府首席全权代表李维汉(右一)在协议上签字。

1951年毛泽东与李维汉亲切交谈。

1953年10月27日,中央政府财经委员会副主任李维汉在中华全国工商业联合会会员代表大会上,作国家总路线和国家资本主义问题的报告。(邹建东摄)

1954年3月23日，出席中华人民共和国宪法起草委员会第一次会议的委员合影。前排左起：黄炎培、郭沫若、彭德怀、陈云、周恩来、宋庆龄、毛泽东、刘少奇、李济深、张澜、董必武、沈钧儒、何香凝。后排左起：胡乔木、李维汉、薄一波、马寅初、马叙伦、邓子恢、程潜、沈雁冰、陈伯达、乌兰夫、习仲勋。

1954年9月28日，中华人民共和国第一届全国人民代表大会第一次会议宣告闭会。图为大会主席台，左起：陈叔通、黄炎培、李济深、宋庆龄、周恩来、毛泽东、刘少奇、郭沫若、张澜、李维汉。

1956年1月，李维汉（左三）与周恩来、陈叔通（左一）、郭沫若（左二）、包尔汉（左四）在天安门城楼上。（齐观山 摄）

1960年3月30日至4月10日，全国人大二届二次会议在北京召开。图为李维汉（后）与宋庆龄、陈云在一起。（侯波 摄）

1980年李维汉(中)在广州与习仲勋(左)、杨尚昆合影。

1982年11月24日，全国政协五届五次会议在北京召开。政协全国委员会主席邓小平和副主席李维汉在大会休息时握手。(郭占英 摄)

1984年6月2日，杨尚昆、宋任穷、胡启立等看望李维汉。（王传国 摄）

目录

序

习仲勋

李维汉同志的回忆录《回忆与研究》出版问世了，这是作者在他耄耋高龄、身患重病的情况下写成的一部力作，也是他为我们留下的宝贵的精神财富。

维汉同志在他的晚年，不仅奋不顾身地完成党分配给他的任务，而且倾注极大的心力于回忆录的写作，并把它当作为党的工作作出的最后努力。几年来，他竭尽余力，争分夺秒，以超人的毅力坚持工作，直至病逝前三个月，还插着氧气管在病榻上修改文稿，他那种“鞠躬尽瘁，死而后已”的高尚精神感人至深。可惜的是，终因心力交瘁，他未能把回忆录全都写完；尤其是关于社会主义时期民族、宗教工作部分，他没有来得及将自己的亲身经历和宝贵的经验写出来，这对他确是一极大的遗憾，对我们党也是一大损失。

维汉同志是我们党建党时期的党员，久经考验的共产主义战士，德高望重的杰出的无产阶级革命家。他以毕生的精力，投身于中国共产主义事业，为党的建设和发展、为中国人民统一战线的发展和壮大、为祖国的统一大业和各民族的大团结、为中国人民革命的胜利和社会主义的发展，奋斗了半个多世纪，作出了卓越的贡献。他的一生，经历了建党以来中国革命的全过程，同我们党领导中国人民进行的艰苦卓绝的奋斗历史联系在一起。在漫长的革命生涯中，他担任过党和国家的许多重要的领导职务，参加领导过党的组织、宣传、教育、工运、农运、群工、统战、民族、宗教等方面的工作，亲历了党的历史上一些重要的过程和转折。《回忆与研究》记述了作者从一九一八年至一九六四年共四十六年的主要经历，内容丰富，材料翔实，是学习、研究党史的一部珍贵资料。

维汉同志生前，曾向我谈过他撰写回忆录的几条原则：一是以集体为主，着重写集体的活动，适当联系自己，反对突出个人，突出自己，正确处理个人同党、同群众、同所在单位集体领导的关系；二是实事求是，真实第一，力求写出历史的本来面目；三是重视总结经验，包括正面的、有益的经验，也包括反面的、需要引为鉴戒的经验；四是对个人的活动持分析的态度，坚持真理，修正错误，勇于自我批评。这些原则，在这部回忆录里都充分体现出来了，这也是这部回忆录的鲜明特色。尤其可贵的是，他在回忆录中对自己的缺点错误从不隐讳，并勇于进行诚恳的自我批评。这种严于律己的精神，我深为敬佩。

今年六月二日，是维汉同志诞辰九十周年，出版《回忆与研究》以飨读者，是对维汉同志最欣慰的纪念。

一九八六年

回忆新民学会

1911年的辛亥革命，结束了几千年封建帝王的统治，使久受专制奴役的人民在精神上得到一次解放。但是，由于资产阶级的软弱，又没有得到最大的革命民主派——农民的支持，这次革命的首要果实——国家政权落入以袁世凯为首的北洋军阀手中。正如毛泽东同志所说的："辛亥革命只把一个皇帝赶跑，中国仍旧在帝国主义和封建主义的压迫之下。"① 中国社会的基本矛盾并没有解决。帝国主义及其走狗豪绅买办阶级所豢养和扶植的各派军阀互相争夺，内战不断，陷全国人民于水深火热之中。乡村农民和城市小资产阶级日益走向破产和没落的境地。同城乡小资产阶级有联系的广大爱国知识分子和青年学生，愤于中国社会的黑暗，继续寻找救国救民的出路，新民学会就是在这样的历史背景下诞生的。在五四运动以后，中国共产党成立以前，新民学会在湖南地区的革命运动中起着核心领导作用，为湖南地区的建党建团工作作了思想上和组织上的准备。一部分参加留法勤工俭学的新民学会会员，在留法勤工俭学的革命活动和建党建团的准备工作中，也部分地起着骨干作用。现在，就我的记忆并参考当时的一些文献，将新民学会的情况，作一简要的回忆。事隔六十年，记忆的人和事情可能有所漏误，尚望了解情况的同志予以补正。

一

新民学会从不自我标榜，但由于它的乾乾不息的前进运动，在实际上，成为我国在俄国十月革命以后成立的影响最大的革命社团之一。它的主要发起人是毛泽东和蔡和森。

我于1916年春考入湖南省立第一师范学校第二部，1917年暑期毕业

① 《毛泽东选集》合订本第528页。

后，即在附小教书。那时，毛泽东、张昆弟、邹彝鼎等在第一师范第一部读书。蔡和森于1913年考入第一师范，在1914年至1915年与毛泽东同学，此时已转至高等师范学习。已毕业的同学何叔衡和萧子昇在楚怡小学教书，陈绍休等在一师附小教书。他们常在一起讨论个人和社会如何进步的问题，深感有建立一个组织之必要。经过多次酝酿，大约在1917年冬，决定“集合同志，创造新环境，为共同活动”（《新民学会会务报告》），乃有组织学会之议，取名“新民学会”。我因邹彝鼎、张昆弟的联系，也参加在内。

1918年4月的一个星期天，在长沙岳麓山刘家台子（后叫周家台子）蔡和森家中召开了成立会。参加会的有：毛泽东（润之）、蔡林彬（和森）、萧旭东（子昇）、萧植藩（子暲）、陈绍休（赞周）、罗璈阶（章龙）、邹彝鼎（鼎丞）、张昆弟（芝圃）、邹蕴真（泮芹）、周名弟（晓三）、陈书农（启民）、叶瑞龄（兆桢）、何瞻岵（叔衡）、李维汉（和笙）等十四人。会上讨论通过了会章，选举了干事。会章规定学会的宗旨是“革新学术，砥砺品行，改良人心风俗”（《新民学会会务报告》）。会章还规定会员须遵守如下纪律：一、不虚伪；二、不懒惰；三、不浪费；四、不赌博；五、不狎妓。会议选举萧子昇为总干事，毛泽东、陈书农为干事。中午，在蔡和森家吃的午饭，饭后继续讨论了会员向外发展的问题，至下午散会。学会成立后，总部一直设在长沙。由于萧子昇不久即去法国，会务由毛泽东主持。至同年8月，罗学瓒（云熙）、周世钊（惇元）、熊楚雄（瑾玎）、熊光楚（焜甫）、陈昌（章甫）、傅昌钰（海涛）、曾以鲁（星煌）、彭道良（则厚）等相继入会。会员增至二十余人。

从新民学会通过的会章，可以看出学会开始只是一个小资产阶级知识分子要求“向上”“互助”的团体。会员们绝大多数是青年人，都抱着要革新，求进步的热烈愿望。但是对于怎样革新？如何进步？尚在摸索中，并不明确。学会的宗旨，由开始的“革新学术，砥砺品行”，到后来修改为“改造中国与世界”，其间有一个发展过程。“改造中国与世界”的宗旨，是毛泽东同志平日所主张，而为1920年7月留法会员在蒙达尼集会和1921年1月国内会员在长沙集会所一致通过。这个宗旨的变化是新民学会历史发展的一个转折，是新民学会大多数会员在五四运动以后，接触到马克思主义和劳动运动，因而在思想上发生重大变化的一个标志。

新民学会会员的活动主要分为两支：一支在国内，主要在湖南；一支在国外，主要在法国。积极倡导留法勤工俭学运动是学会成立后在国内首先开展的一项重要活动，是学会讨论会员向外发展的一个主要措施。

留法运动始于1912年，由蔡元培、李石曾、吴稚晖、汪精卫、张继等人发起，吴玉章同志也是发起人之一。留法学生包括官费、俭学和勤工俭学三部分人。第一次世界大战前去法的不多。战后，发展甚速。法国巴黎和国内的北京、上海都建立了华法教育会，有的省如四川、广东建立了分会，主持留法勤工俭学事宜。新民学会成立后，会员深感向外寻求新思想新文化的必要。1918年6月，在长沙第一师范附小召开的一次会员会上，确定进行留法运动，由萧子昇和蔡和森负责进行。在此之前，已有湖南学生罗喜闻等在进行留法的准备，互通一些消息。新民学会的这次会后不久，蔡和森受学会委托赴北京和蔡元培、李石曾联系赴法的准备工作。毛泽东同志在湖南则进行号召和组织工作。在这个过程中湖南也成立了华法教育会分会。是年8月，毛泽东同志同我们准备留法的二十几个人到北京。在北京的会员至此增至十二人，有毛泽东、蔡和森、萧子昇、萧子暲、陈绍休、熊光楚、张昆弟、曾以鲁、邹彝鼎、李维汉、罗学瓒、罗章龙。同来北京的青年还有李富春、贺果、任理、侯昌国、唐灵运等。我们二十几个人从汉口乘火车北上，到了河南郾师（今郾城），因郾师以北铁路被大水冲断，在郾师城郊停留一天一夜，第二天步行到许昌，再搭车到北京。在郾师耽搁的时间里，毛泽东同志和有些同学三三两两的在附近和老乡们交谈，了解风土人情。到北京后，毛泽东同志开始是住在豆腐池九号杨怀中先生家里，后来搬到地安门内三眼井吉安东夹道七号，和蔡和森、罗学瓒等八人住在一起，“隆然高炕，大被同眠”（《新民学会会务报告》），过着清苦的生活。杨怀中先生来北大教书前是湖南省立第一师范和高等师范的伦理学教员，思想开明、进步，为人刚正、真诚。新民学会的成立以及我们思想的“向上”，都同他对我们的影响有关。对于留法运动，他也十分赞助，亲自出面联系，帮助筹措费用。

毛泽东同志当时经杨怀中先生介绍在北大图书馆作助理员工作。其他会员除罗章龙在北大学习外，则分别在北京、保定、蠡县布里村的留法预备班学习。萧子昇、萧子暲、陈绍休、熊光楚、邹彝鼎、罗学瓒在北京班；蔡和森在布里村班；张昆弟、李维汉、曾以鲁与李富春、贺果、任理等在保定育德中学留法预备班。在保定的同学一面学习法语，一面学习机械学、机械制图。每人学一种工艺（钳工、木工、铸工等）。机械学和制图课的教员是刘仙洲。我在保定留法预备班只学习半年。1919 年初，邹彝鼎病重，我和张昆弟护送他回湖南，不久，就病故了。他也是学会发起人之一，曾和毛泽东同志一起起草新民学会章程。他和后来留法，于 1921 年病故的陈绍休都是极好的同学。他们的夭折是一件很不幸的事情。我和张昆弟送邹返湘后未再回保定。我自己是在为筹措赴法用费和安家奔走（我们 1919 年赴法的一批全是自备用费。我主要靠第一师范教员朱炎先生帮助一百元）。这时，北京爆发了五四学生爱国运动。湖南人民，特别是青年学生，情绪异常激昂，纷纷起来响应，声援北京学生斗争。已于 4 月返湘的毛泽东同志和在长沙的会员积极参加了这场斗争，成为运动的骨干力量。长沙各校学生罢课游行，抵制日货，进行爱国宣传，并在斗争中迅速组织起来，改组旧学生联合会，建立以彭璜（后为学会会员）为会长的新的湖南学生联合会。后来又由学生联合会发起，建立了湖南各界联合会，使学生的爱国运动扩展为包括各阶层的人民爱国运动。这个运动遍及全省。许多学校组织了“救国十人团”、“讲演团”。男校学生在街头，女校学生进入居民住宅进行宣传。有的学生还组织了贩卖国货团，上街卖国货，凡购买者随赠国货物品单一张，告诉市民哪些是日货哪些是国货。在长沙，有一次学生查获培德厚绸布店私运的二十四日布，非常气愤，便联合各界组织了焚烧日货游行大会，将布匹当众烧毁。

以新民学会会员和非会员积极分子为骨干的湖南学生联合会，在湖南的五四运动中是个最活跃的组织，起着先锋带头作用。毛泽东同志当时主编学生联合会会刊《湘江评论》。这个刊物在湖南以至全国都有很大影响。北京的《每周评论》、《晨报》，上海的《时事新报》、《湖南》月刊，四川的《星期日》，都曾介绍过它或转载过它的文章。它以不妥协的反帝、反封建的战斗姿态，投入了五四运动，宣传了科学和民主的思想，歌颂了十月社会主义革命，提倡新思想新文化，激发人们起来向旧思想旧势力作斗争。它在政治上对湖南地区的五四运动有很大的指导作用。刊物的许多文章都是毛泽东同志和其他新民学会会员如萧子暲、陈书农、蒋竹如等所写，毛泽东同志写的尤多。毛泽东同志写的《民众的大联合》一文，提出以民众大联合的力量实行社会政治改革，对抗强权者、贵族和资本家的主张，提出由分业“小联合”达到各界“大联合”的步骤和方法，并指出“压迫愈深，反动愈大，蓄之既久，其发必速”的革命与反革命斗争的辩证关系。这是毛泽东同志早期的一篇代表新的革命民主主义思想的重要文章。这个刊物发刊时，我尚在湖南，和张昆弟一道同毛泽东同志见过两次面，了解当时运动的情况，听取他对勤工俭学的意见。我曾按照第一师范第二部毕业同学录上的地址把《湘江评论》分寄给各同学，并介绍一点我所知道的运动的情况，希望他们在当地发动这个运动。

五四运动浪潮中，新民学会在湖南又吸收了一批会员，其中有：罗宗翰（耻迂）、张国基（颐生）、夏曦（蔓伯）、蒋竹如（集虚）、易克櫄（阅灰）、向警予（俊贤，女）、陶毅（斯咏，女）、彭璜（殷柏）、李振翩（承德）、张怀（伯龄）、唐耀章（文甫）、沈均（均一）、李思安（钦文，女）、周敦祥（肫如，女）、魏璧（韫厂，女）、劳君展（启荣，女）、谢南岭（维新）、徐瑛（女）、刘修秩（继庄）、钟国陶（楚生）、张超（泉山）、姜慧宇（竹林）、刘明俨（望成）、欧阳泽（玉生、玉山）、杨润余（女）、陈纯粹、萧业同（道五）、李云杭（舜生）、黄胜白、任寿鹏、熊梦飞、匡日休、萧青野、钟秀（雄轩）等。随后，易礼容（润生）、任培道（振予，女）、吴家瑛（德庄，女）、贺延祜（女）、吴毓珍（女）、郭亮（靖笳）、谢觉哉（焕南）、陈子博、蔡畅（咸熙，女）、熊季光（作莹，女）、熊叔彬（作璘，女）、刘清扬（女）、许文煊（女）、周毓明（女）、戴毓本（女）等，大多在国内，个别在法国，多数在学会中期，个别在学会末期，先后入会。在长沙的会员于1919年11月，曾在周南女校开过一次会，对会章略有修改，决议学会设“评议”、“执行”二部。执行部下设“学校”、“编辑”、“女子”、“留学”等部，并选举何叔衡、李思安为正副委员长；陶毅、周世钊、毛泽东、周敦祥、魏璧、陈书农、唐耀章、蒋竹如等为评议员。此次会后，正值驱张高潮，多数会员即离长沙。

湖南地区的五四爱国运动兴起后，军阀张敬尧始则严密控制，继则实行暴力镇压。1919年8、9月间，湖南学生联合会领导长沙群众举行焚烧日货大会。张敬尧带着马弁前来镇压，胁迫彭璜停止反日爱国运动。彭璜不畏强暴，严词拒绝。张敬尧竟悍然解散了湖南学生联合会。张敬尧的暴行激起湖南人民极大的愤慨，一个规模甚大的驱张运动随之兴起。张敬尧是安徽人，是北洋军阀皖系段祺瑞的走狗。他于1918年2月湘桂联军战败后，与直系军阀吴佩孚及接近直系的冯玉祥一起进驻湖南，被段祺瑞政府任命为湖南督军兼省长。张敬尧在湖南的统治十分暴虐。人民对他早就十分痛恨。他对学生爱国运动的镇压，为驱张运动的直接导火线。在驱张运动中，学会开了会，决定联合各界一面进行驱张宣传，一面组织各界的驱张代表团分赴北京、上海、衡阳、常德、郴州、广州等地活动，争取全国的同情。许多会员都参加了代表团。毛泽东同志和会员李思安、张怀、陈绍休、罗宗翰等联合湖南在京各界，组织了旅京湖南各界委员会作驱张机关。参加这个委员会的有湖南绅界、政界、军界、工商界以及湘籍国会议员，联合的人十分广泛。毛泽东同志等在北京办了一个"平民通讯社"，专门报道驱张的活动。彭璜、易礼容、何叔衡、夏曦等从1919年下半年起先后分赴上海、武汉、衡阳活动。彭璜等在上海办了《天问》杂志，驻衡阳学生请愿团办了《湘潮》杂志，宣传驱张。周南女校校长朱剑凡、商专校长汤松、楚怡学校校长陈夙荒、湘雅医学专门学校斋务兼庶务主任赵鸿钧、《民治日报》主编张效敏以及北京国会议员陈嘉言，湖南绅界熊希龄、范源濂等对于驱张都表示某种程度的支持。最后，由于群众斗争的压力和直皖两系军阀之间的矛盾，张敬尧于1920年6月被赶出湖南，湘军谭延闿和赵恒惕控制了湖南。驱张运动的消息传到法国，湘籍勤工俭学生莫不称赞。及至传来胜利消息，更是雀跃不已。

张敬尧被逐出湖南后，进驻长沙的湖南军阀谭延闿、赵恒惕为了巩固他们的统治，发出一个宣布实行"湖南自治"的通电，虚伪地表示要"施行地方自治"、"以湘政分之湘省全体人民"。1920年4月，毛泽东同志为驱张事从北京到上海时，就和彭璜等讨论过驱张之后如何在湖南造就一个比较好的政治环境，促进湖南向较好的方向发展，并曾拟过一个《湖南建设问题条件商榷》的文件，提出废除军阀统治，保障人民集会、结社、言论、出版自由等资产阶级民主主义的要求①。谭、赵通电的发布，带来一个复杂的局面。谭、赵以驱张实力派的身份顺利地取得了湘南全省的统治地位，好像理所当然地也取得了代表三千万湖南人民的发言权，这是一。1931年反袁独立失败以来，湖南人民受尽军阀战争和北洋军阀暴虐统治的痛苦，张敬尧赶走后，惟恐北洋军阀再来，于是，"湘人治湘"的呼声四起。谭、赵举起的"湖南自治"的旗帜，正是利用人民的这种愿望，这是二。谭、赵的"以湘政分之湘省全体人民"的口号，本质是欺骗，但是为了装饰"自治"门面，在民众压力下，也将不得不采取某些极为有限的民主措施，这是三。所有这些都表现出事情的两重

---

① 见《天问》周刊第二一期，1920年6月20日。

性，新的军阀统治形式的矛盾性。面临这种复杂局面，应该采取怎样的态度和方针来对待谭、赵提出的“自治”呢？毛泽东同志不赞成采取笼统的反对态度，也不赞成消极的抵制态度，而主张采取积极态度，参加到“自治”运动中去，利用矛盾，进行斗争，启发民众，揭露统治者，尽可能地争取扩大民主因素。新民学会会员们发起建立一个“湖南改造促进会”，提倡“湖南人民自决”，自下地发动争取真正“民治”的群众运动，同谭延闿，赵恒惕的“官治”相对立。毛泽东同志于1920年9、10月间，曾连续在湖南《大公报》上发表文章，评论“湖南自治运动”，说明“自治”必须是人民的“自治”，必须以人民为主体，否则“自治”不过是只具外形，其内容一定是腐败的，虚伪的，空洞的①。毛泽东和在湘会员还联合湖南各界人士发表了一个要求召集“人民宪法会议”，直接平等普遍地选举人民代表的建议书。10月，各界代表向政府请愿要求召集“人民宪法会议”，解散旧的省议会，并发生扯下省议会旗子的事件。事后，谭延闿、赵恒惕就暴露了他们假自治的面目，诬蔑请愿代表“轻信游词、盲从暴动”②。赵恒惕赶走了谭延闿，独揽湖南政权之后，炮制了一个“省宪法草案”，并于1922年1月正式公布施行。赵恒惕统治集团迫于民众自治运动和舆论的压力，不得不把某些资产阶级性的民主自由权利写进省宪里。因此，这部“省宪法”后来被毛泽东同志和湖南党组织利用作为进行合法斗争的武器。

毛泽东同志在进行驱张运动的前后，特别是在北京活动期间，广泛接触了马克思主义的书籍。据他后来和美国记者斯诺谈话说，到1920年夏天，他已成为一个马克思主义者了。当毛泽东于1920年4月到上海时，准备赴法的会员陈绍休、熊光楚、萧子暲、张怀、魏璧、劳君展、周敦祥、刘明俨、欧阳泽等也先后到上海，加上已在上海的彭璜、李思安，共有十二个会员。他们曾在上海的半淞园开过一次会，为赴法同学送别。实际上，这是一次讨论新民学会会务的会议。这次会议决议学会应有潜在切实、不务虚荣、不出风头的作风，并主张会员要多组织学术谈话会，使学会养成好学的风气。吸收会员要谨慎严格，会员要有诚恳互助虚心的态度（《新民学会会务报告》）。

---

① 毛泽东：《湖南自治运动应该发起了》，见湖南《大公报》，1920年9月26日。

② 谭延闿1920年10月12日发的布告，见《湖南省志》第一卷，第413页。

1920年7月，毛泽东同志回到湖南。他和在湘会员在参加和领导湖南地区反帝反封建政治运动的同时，以很大的精力学习和宣传马克思主义，传播新思想新文化。他们团结教育界、新闻界的知名人士组织俄罗斯研究会，发起留俄运动。任弼时、肖劲光就是在这个运动中去苏联学习的。在传播新思想方面，除了上面提到的《湘江评论》、《天问》、《湘潮》以外，毛泽东同志于1919年参加主编过一段时间的《新湖南》周刊，以何叔衡为馆长，谢觉哉、周世钊、邹蕴真为编辑的湖南《通俗报》，龙兼公主编的湖南《大公报》等，都起过不同程度的积极作用。而影响最大，与建团建党工作关系最密切的则莫过于创办“文化书社”这件事。

“文化书社”于1920年9月由毛泽东同志亲手创办，书社的《发起缘起》和《社务报告》都为毛泽东同志亲自撰写。书社经理是易礼容。书社不仅是宣传新思想新文化，宣传马克思主义的一个重要阵地，而且是我们留法会员与国内会员，湖南的具有初步共产主义思想的先进分子与国内其他省区具有初步共产主义思想的先进分子的联络站。它的创办对马克思主义在湖南的传播起了很大作用，在全国也很有影响。参加发起和投资的除新民学会许多会员外，还包括教育等各界许多上层人士。书社销售的书有一百六十余种。营业后的半年中，全国与之发生联系的书报社和文化团体就有六十家，书社除在长沙设总社外，还在平江、浏西、武冈、宝庆、衡阳、宁乡、溆浦等地设分社，在一些学校设贩卖部，负责人大多是新民学会会员以及和新民学会有联系的进步分子。书社一直办到1927年马日事变后被许克祥封闭为止。

1920年下半年，毛泽东同志在上述一系列活动中都联系着考虑和酝酿建党建团的问题。随后，在新民学会的会议上和国内外会员的通信中对这个问题展开了讨论。1921年，在长沙的会员一连开了三天会，讨论学会的目的、达到目的须采取什么方法以及如何即刻着手进行等问题。毛泽东同志在会上报告了上年5月上海半淞园会议以及7月我们在法会员召开的蒙达尼会议的情况（蒙达尼会议的情况，将在下一部分详细论述）。这次会议在改造中国与世界的道路问题上展开了和我们在法国蒙达尼会议相类似的争论。一部分会员如毛泽东、何叔衡、陈子博、彭璜、陈昌、易礼容等主张用俄国十月革命的方法来改造中国和世界。另一些会员则反对布尔什维主义，主张用温和的教育的方法来实现资产阶级民主革命。也有的会员犹疑动摇于二者之间。这是一种根本性的革命道路问题的争论。由于它在学会生活中还是初次出现，矛盾还未展开，故没有影响学会在组织上的统一。这次会议还决定把“组织社会主义青年团”作为学会的一项活动。这种思想信仰的分化，随着前进的运动而日益加深，最后引导到学会会员在组织上的分化，以至整个学会（包括留法部分）的消亡。事实上以后参加社会主义青年团的，只有一部分会员；而当时由少数会员在实际上形成的共产主义小组，则已成为学会活动的核心。1921 年 7 月，毛泽东和何叔衡同志代表它参加了在上海举行的中国共产党第一次全国代表大会，参与了中国共产党的创建。此后，新民学会实际上就停止了活动。

二

留法勤工俭学运动是新民学会发展史上的一项重大活动，在中国革命史上也有重要意义。

由于俄国十月革命的影响和五四运动的推动，留法勤工俭学运动于 1919 年和 1920 年形成一个空前的热潮。这两年中，全国各地赴法勤工俭学的青年达一千六百余人，以湖南、四川、广东三省最多。湖南就去了三百多人。这一方面是由于毛泽东、蔡和森的提倡，以及熊希龄、章士钊、杨怀中等的赞助，另一方面也是军阀张敬尧摧残湖南文化教育事业，逼得学生走投无路的结果。日后大家开玩笑说：“这是张督军‘恩赐’的机会。”赴法的新民学会会员有十八人，占会员总数三分之一左右。在湖南教育界工作了二十多年、当时已经四十三岁的徐特立，年过半百的蔡和森的母亲葛健豪，还有贵州教育界的黄齐生（王若飞的舅父）都参加了赴法行列。同学们同他们见面时都称呼徐先生、蔡伯母、黄先生。

我和张昆弟等于 1919 年 9 月到上海，和许多湖南学生一起住在静安寺路民厚里，候船赴法。位于霞飞路的上海华法教育会，人来人往，大都是到这里来办理手续，请购船票，打听消息的准备赴法的学生。报纸的“要闻”栏里刊载许多有关勤工俭学的报道，称赞赴法青年为“探险远征队”。我们于 1919 年 10 月 31 日乘法国邮船“宝勒加”号自沪起航。同批赴法的有一百六十二人，内有湖南青年四十二人，张昆弟、李富春、李林、贺果、余增生、任理、张增益等在内。我们坐的号称四等舱，实际是底层无等统舱。在海上航行了近四十天，许多人因船身颠簸、震动，头晕呕吐，食量锐减。尤其臭虫多得吓人，扰得我们夜夜不得安宁。一些人只好把袜子套在手上，把裤角扎紧，用毛巾把脸和脖子包住，只露出鼻子和眼睛，以求睡个安稳觉。随我们一起出国的领队人是勤工俭学发起人之一、上海华法教育会会长以后成为国民党右派的张继。他乘的是官舱。12月7日，我们到达马赛。华法教育会派人接我们到巴黎，把一些准备勤工的学生安置在巴黎西郊哥伦布的华侨协社里住下。华法教育会、留法俭学会、留法勤工俭学会、和平促进会等几个华侨团体都设在里面。我们住的是一座活动的军用帐篷，据说是大战后美国人留下的。长四丈宽丈半的一块地方，住有三四十人，都自愿地结成伙食单位，自己弄饭吃。我和李富春、张昆弟、李林、贺果、任理、张增益等人结成一个单位，凑钱买了一个煤油炉子、吃的主要是空心粉、马铃薯、面包，有时炒点卷心白菜或买点熟的肉食吃。

我们一边候工，一边学法文，看书报。华侨协社有个图书馆，里面有很多用中文翻译过来的无政府主义和空想社会主义的书刊。华法教育会的李石曾、吴稚晖都标榜笃信无政府主义。华法教育会办的《旅欧周刊》以及旅法华工会办的《华工旬刊》也宣传这些思想。这些书刊对我们有很大影响。

我们在1920年2月组织了一个勤工俭学励进会（简称工学励进会）。参加成立会的有李富春、张昆弟、任理、李林、贺果、张增益、李维汉等，当时在蒙达尼的罗学瓒随后也加入了。

我们都是只受过中等教育的青年，有提高科学文化水平的愿望，但因家境贫寒，无力升学，一旦知道可以到法国经过勤工达到升学的目的，便想尽办法奔向这条路上来。我们又是怀有爱国主义思想的比较先进的青年，亲受帝国主义侵略、军阀战争和豪绅买办阶级压迫、剥削之苦，痛恨旧的社会制度。我们又多少参加过五四运动或者受过它的影响，向往科学与民主。但是，由于我们在出国前没有或很少接触到俄国十月革命和马克思主义的书刊，不像北京大学和接近北大的先进青年那样，他们在李大钊同志的影响下，在“五四”前夜就已经开始接触马克思主义。因此，救国之道如何？真理在何处？我们仍在蒙昧之中，头脑里基本上还是一张白纸。我们读了那些无政府主义和空想社会主义的书刊，对于书中描绘的社会主义和共产主义的美妙远景，对于那种没有人剥削人、人压迫人，人人劳动，人人读书，平等自由的境界，觉得非常新鲜、美好，觉得这就应该是我们奋斗的目标。有了这个目标，大家就高兴地以为找到了真理。但是，用什么方法，走什么道路达到这个目标呢？我们没有能进一步探讨，以为走勤工俭学的道路就能达到这个目的。工学励进会就是在这样的思想状况下创立的。成立工学励进会的时候，我们订了几条约章，曾寄回国内在《时事新报》上刊登过。宗旨的大概内容是："在积极方面，想联络一班人共同做事，如储金，定书报，互相勉励，疾病救助，工学交互，及为将来别种建画之预备。在消极方面，可以免除孤独生涯之烦苦，及环境诱惑之堕落，及懒惰之预防等事。"① 所谓"在积极方面"的几句话，反映了我们当时的小资产阶级工学主义的幻想。可是，我们究竟是有进取精神的青年，在以后生活环境和条件的变化中，没有停止自己的脚步。

1920 年初春，华法教育会介绍我们到施乃德钢铁厂做工。这是个大型军火工厂，设有好几个分厂。李富春、贺果、李林和我在法国西北部的勒哈佛尔分厂，张昆弟、任理、欧阳钦、刘明俨在圣伯尼分厂，罗学瓒在法国南部的克勒佐总厂。我在工厂里做铸工（我曾在长沙湘军工厂艺徒学校学过一年半铸工），他们几个当钳工。当时铸工除吊车外都是手工，劳动强度很大。做了不到半年工，我的身体支持不住。大家劝我离厂。我应邀到张昆弟、欧阳钦他们那里，休息了一段时间。

在勒哈佛尔时，我们仍然住在一个军用帐篷中。早晚工余之暇，大家自学法语，有的勉强看点法共《人道报》和共产主义小册子，有时也共同讨论研究勤工俭学的问题。经过短时间的工人生活，我们都感到经过勤工很难达到俭学，对于资本家对工人的剥削和管制方法有了初步认识。五一节，看到武装警察对罢工、示威工人的镇压，感到就是在以民主共和著称的国家，工人也无真正的民主自由。我自己自幼过着贫农家庭的生活，对于无钱无权无势的劳动人民受欺压的痛苦境况，有些感性认识。这时又看到民主共和的资本主义社会也是同样的情形，并亲自尝到这种滋味。我在一篇研究勤工俭学的论文中曾写下这样的认识："现在社会的一切不平等都带着十分或九分的经济压迫的原因"，"布尔塞维克的俄国，凡是封建的遗物，如那些军阀、地主、资本家一概扑灭之，以组织世界经济，这样的改革就是马克思主义学说的实现"。我曾呼吁"中华民族的男女学生

① 罗学瓒给毛泽东的信，1920 年 7 月 14 日，见《新民学会会员通讯集》第二集。

打破智识阶级，牺牲着部分时光，做那些农人工人的解放事业。”① 可以说，我们在此短短的实践和自学中前进了一步。这一步有重要意义，但仍然只是一些感性认识，没有深入和展开，没有上升到理性认识，没有悟出工人农民只有“以其人之道还治其人之身”，即以暴力战胜暴力，才能获得解放的道理，因而还没有跳出“工学主义”的幻想。新民学会会员中，毛泽东、蔡和森接受马克思主义和十月革命道路最早。他们在五四运动前夕，就在李大钊影响下，开始学习和研究十月革命和马克思主义书刊。和森在出国前的一年半时间里，学习了法文，也阅读了一些社会主义著作。1920 年 2 月，和森等到了法国，住在蒙达尼公学。和森没有上课，“日惟手字典一册，报纸两页”②，以“蛮看”报章杂志为事。在短时间内他收集了大量关于马克思主义和各国革命运动的小册子，择其重要急需者“猛看猛译”。当时我和他相隔很远，仅有通信联系。工学励进会的情况就是由我告诉他，他又写信回国告诉毛泽东同志的。和森是学会领导者之一。他到来后，新民学会在法会员的中心很快就移到了蒙达尼。他和在国内的毛泽东同志有密切的通信联系，使国内国外两部分会员联成一个整体。

1920 年 6 月中旬，前后分批抵达法国以及在法入会的新民学会会员已有十六人，有的在克勒佐、勒哈佛尔、圣伯尼等地工厂做工，有的在蒙达尼、枫丹白露等地学校补习法文。刚刚到法国的萧子暲、陈绍休等从国内带来半淞园会议情况的消息。根据半淞园会议关于“巴黎等会员较多之处可组织学术谈话会，定期召集”（《新民学会会务报告》）的意见，我们商定在蒙达尼举行一次聚会。7 月 5 日，会员从各地来到蒙达尼。从 6 日至 10 日，在蒙达尼公学的教室开了五天会。与会者有蔡和森、向警予、陈绍休、萧子暲、张昆弟、罗学瓒、蔡畅、李维汉、熊光楚、熊季光、熊叔彬、欧阳泽以及萧子昇（当时在华侨协社任职）等十三个会员。一些外省的工学励进会会员也参加了这个会，共二十余人。

这次会议最主要的成绩是确定了新民学会的方针为“改造中国与世界”。但会上对于改造中国与世界的方法的看法出现了分歧。一种意见是蔡和森提出的，主张激烈的革命，组织共产党，实行无产阶级专政，即仿

---

① 李维汉：《勤工俭学研究发端》，见《湘潮》杂志，1920 年 4 月。

② 蔡林彬给毛泽东的信，1920 年 5 月 28 日，见《新民学会会员通信集》第三集。

效俄国十月革命的方法；另一种意见是萧子昇提出的，主张温和的革命，即无政府主义的蒲鲁东的方法，实质上是资产阶级改良主义。和森提出的主张，对于多数与会者，特别是临开会前才到达蒙达尼的人们来得比较骤然，缺乏充分考虑的时间，因此对于两种相对立的主张，在会上没有能展开讨论。会议乃决定将两种意见写信告诉毛泽东同志，希望听取国内会员的意见。和森在给毛泽东同志的信中，详述了他对马克思主义的认识和组织共产党的主张。他明确地说："社会主义真为改造现世界对症之方，中国也不能外此。"而"社会主义必要之方法"为"阶级战争——无产阶级专政"，"我以为先要组织［党］——共产党。因为他是革命运动的发动者，宣传者，先锋队，作战部，以中国现在的情形看来，须先组织他，然后工团，合作社，才能发生有力的组织。革命运动，劳动运动，才有神经中枢。"① 和森是我们留法会员中的先驱者。如前所述，我当时虽已经初步认识到改造的最终目标是要消灭人剥削人、人压迫人的制度，实现无阶级的共产主义社会。但是，对于改造的道路，还没有跳出小资产阶级工学主义的幻想。集中到一点，就是对于要以革命暴力战胜反革命暴力，以无产阶级专政代替资产阶级专政，还缺乏认识。我在会后写给毛泽东同志的信中说："俄国式的革命，我根本上有未敢赞同之处。"现在回忆起来，就是反映了当时对这一根本点缺乏认识。接着又说："但也不反对人家赞成他，或竟取法它，说来很长，且待研究……"要多读书，多考察，多与友人研究后，再说②，表现出思想的可变性。

蒙达尼会议开得很活跃，在辩论了改造中国与世界的目标和道路之后，还谈论了个人感想、会务进行和求学方法。从人生观到宇宙观，从个人理想到人类的未来，差不多都说遍了。最后一天更进行个性的批评与介绍。大家都知无不言，言无不尽，各自并互相谈了个人的优缺点，思想和个性的极强处和极弱处，以互励互勉，取长补短。对于留在国内的会员，也由相知者向新会员作介绍。毛泽东同志对这次会议的召开表示欣赏。他来信说："诸君感于散处不便，谋合居一处，一面做工，一面有集会机缘，时常可以开共同的研究会，极善。"③

---

① 蔡林彬给毛泽东的信，1920 年 8 月 13 日，见《新民学会会员通信集》第三集。

② 李维汉给毛泽东的信，1920 年 8 月 28 日，见《新民学会会员通信集》第三集，第 24 页。

③ 毛泽东给萧旭东、蔡林彬并在法诸会友的信，1920 年 12 月 1 日，见《新民学会会员通信集》第三集。

会后，有些在其他地方勤工或俭学的会员搬到了蒙达尼。在校会员采取共同研究及分门研究两个方法，以主义为纲，以书报为目，分别阅读，互相交换。我和几个迁来的会友在附近一个胶鞋厂做工，在工余学习。约在 8 月至 9 月的时间内，我有机会集中阅读了和森以“霸蛮”精神从法文翻译过来的《共产党宣言》、《社会主义从空想到科学的发展》、《国家与革命》、《无产阶级革命和叛徒考茨基》、《共产主义运动中的“左派”幼稚病》和若干关于宣传十月革命的小册子。此外，我同和森做了多次长谈，涉及范围很广，包括欧洲革命斗争形势、俄国十月革命经验、布尔什维克与孟什维克的区别、共产国际的性质与任务、第三国际与第二国际的决裂等等内容。通过阅读和谈话，我深知只有走十月革命的道路才能达到“改造中国与世界”的目的。

同年 8 月，“工学励进会”改名“工学世界社”，社员发展到三十多人。鉴于“工学主义”是工学世界社社员中带普遍性的倾向，我同和森商定召集全体社员到蒙达尼开会，请他出席并参加讨论。约在 9、10 月间，工学世界社开了三天会，住蒙达尼的新民学会会员也大都参加。经过热烈的辩论，大多数社员赞成以信仰马克思主义和实行俄国式的社会革命为工学世界社的宗旨。记得出席会议的社员有：张昆弟、李富春、罗学瓒、李维汉、贺果、李林、颜昌颐、张增益、任理、萧子暲、唐灵运、陈绍常、傅烈、王人达、侯昌国、郭春涛、欧阳钦、刘明俨、汪泽楷、尹宽、萧拔、薛世纶、郑延谷、成湘等三十多人。此外，李慰农、余增生等个别社友因事未能参加，后来对于会议决议也都表示赞成。至此，工学世界社和新民学会的宗旨已趋一致。它和新民学会一道很快成为勤工俭学生的领导力量之一。和森没有参加工学世界社，但他对于工学世界社宗旨的改变起着相当作用。

毛泽东同志得知上述蒙达尼会议的争论后，于 1920 年 12 月 1 日写了数千言的长信给我们，对两种意见作了详尽的分析。他认为无政府主义、德谟克拉西主义在今天行不通；用平和的手段、教育的方法来改造社会也做不到，而对和森的主张“表示深切的赞同”①。并在随后给和森的信中明确指出“唯物史观是吾党哲学的根据”，还说：“党一层陈仲甫先生

① 毛泽东给肖旭东、蔡林彬并在法诸会友的信，1920 年 12 月 1 日，见《新民学会会员通信集》第三集，第 33 页。

（即陈独秀——引者）等已在进行组织。出版物一层上海出的《共产党》，你处谅可得到，颇不愧‘旗帜鲜明’四字”①。毛泽东同志不仅希望我们留法会员继续做深入的学习和研究，而且在1921年新年时，与何叔衡一起召集长沙会员聚会三天，进行了郑重而热烈的讨论。毛泽东同志旗帜鲜明的主张和深入浅出的说理，更加坚定了我们大多数会员对马克思主义的信仰。以参加蒙达尼会议的十三名新民学会会员为例，后来就有八人先后加入中国共产党。萧子昇则继续沿着错误的道路滑下去，最后堕落为反动官僚。

蔡和森接读毛泽东同志来信后，曾和我们商谈，打算联络新民学会会员、少年中国学会会友、工学世界社社友等开一讨论会，如在“无产阶级专政”和“国际主义”两点上取得一致，则准备成立一个共产党。后来因为忙于参加和领导求学运动的斗争，未能实现。

毛泽东同志一向主张新民学会的本身不多做事，“但以会友各个向各方面去创造各样的事。”（《新民学会会务报告》）在他得知工学世界社成立的消息后，寄予关怀。他给罗学瓒写信说：“请你将组织，进行，事务等，告我一信。”② 工学世界社成立后，除了学习马克思主义外，还组织了一个工学世界通信社，由罗学瓒负责，向国内发稿，报道留法勤工俭学和华工运动的情况。蔡和森、李富春、向警予以及其他一些新民学会会员、工学世界社社员都曾经往国内报刊投过稿。大部分稿件都经毛泽东同志转递。毛泽东同志很赞扬工学世界社这种形式的活动。他在1921年10月的一次欢送留俄学生的会上说：“我们总要为有主义的进行，在法同学组织的工学世界社——革命团体——那办法很好。”③

以蒙达尼为中心的新民学会和工学世界社两团体，在1921年曾经参加了勤工俭学生两次大的群众斗争的领导。一次是2月28日的“求学运动”；一次是9月20日进占里昂大学的斗争。关于这两次斗争的情况，已有不少同志撰写过文章或回忆录，大体翔实，我不再重复。这里只就我亲身经历的几件事实做些回忆。

2月28日的“求学运动”，习惯称为“二八运动”。先是，2月初，在巴黎近郊（华法教育会附近地区）有数百勤工俭学生在那里候工不得，

① 毛泽东给蔡和森的信，1921年1月21日，见《新民学会会员通信集》第三集。

② 毛泽东给罗学瓒的信，1920年11月26日，见《新民学会会员通信集》第二集。

③ 见《谢觉哉日记》，1921年10月22日。

靠领每日五法郎的救济金生活。我们和他们中的一些活动分子逐渐发生了联系。他们告诉我们华法教育会发出通告，声明与勤工俭学生断绝经济关系，诬蔑勤工俭学生“既无做工之志趣，又无做工之能力”，用釜底抽薪的办法，拒绝资助，使同学们沦于做工不得、求学不能的困境，并声称要将学生“遣送回国”。他们希望给以援助。蒙达尼的新民学会会员和工学世界社社员一起，集会讨论巴黎近郊同学的要求。我们认定在资本主义制度下谈“勤工”，无异为资本家提供廉价劳动力，而要以“勤工”达到“俭学”的目的更为不可能。我们认为应当发起一次求学运动。于是蔡和森、张昆弟、向警予、蔡畅、贺果、李维汉等大部分会员、社员去巴黎参加斗争。我们住在华侨协社不远的一个兼营咖啡馆的旅馆内，连日同近郊四百多同志的代表开会商讨斗争的目的和方法。代表会作出进行求学运动的决定。提出争取“生存权，求学权”的口号，向军阀政府要求生存和求学的权利。斗争的具体目标是要求进入即将开办的里昂大学求学，发给学生每人每月四百法郎的补助，以四年为限。代表会向全体勤工俭学同学发出通告，向公使馆和华法教育会发出请愿书，向旅法上层人物发出请求援助书，向北洋政府和各省政府发出电报。2 月 28 日，组织近郊四百多同学向北洋政府驻法公使陈箓请愿，相持大半天，群众被警察驱散，代表十余人被囚禁于警察局两小时左右始释放。“二八运动”没有实现原定目标，但迫使公使馆延长发放三个月每人每日五法郎的救济费，华法教育会答应继续为失工学生找工作。我们的斗争也并未就此停止。1921 年 5 月 30 日，由向警予、蔡畅、熊季光、熊叔彬、魏璧、劳君展等新民学会女会员联络其他女生组织“开放海外大学女子请愿团”，发出致女界的公开信，要求里昂大学招收女生。同年 9 月，又发展为进占里昂大学的斗争。

“二八运动”过程中，新民学会和工学世界社对于勤工俭学同学内部的团结工作有缺点。例如以赵世炎、李隆郅（即李立三）为首的“劳动学会”是一个进步团体，但当时仍笃信工学主义，主张坚持勤工俭学到底。王若飞等一部分贵州同学也持相同主张。他们都不赞成请愿，认为请愿是向反动政府乞怜，要求补助是寄生虫。针对求学运动，他们提出“甘做苦工，不希官费”的口号。我们没有采取积极态度去同他们讨论问题，争取共同行动。徐特立、黄齐生两位老教育家也支持他们的主张。蔡和森和我，还有新民学会其他会员，都是徐先生的学生，一向敬爱他，这时也没有去同他讨论商谈。这些都是我们的缺点。

“二八运动”教育了我们，迫切希望勤工俭学生内部加强团结。我们请劳动学会派代表到蒙达尼出席工学世界社的会议，相互加强联系和了解。世炎、立三都到过蒙达尼交换意见不只一次。若飞则来蒙达尼和我们一起在胶鞋厂做工。通过交谈，我们双方的观点和认识迅速取得一致，并且共同行动起来。世炎在加强勤工俭学生不同力量的团结工作中起了很大作用。他以“劳动学会”为核心，组织了“勤工俭学同盟”，又进而联合“勤工俭学互助团”、“勤工俭学互助组”、“勤工俭学讨论刊社”、“劳人会”、“工学实践团”等勤工俭学生团体，组织了一个“勤工俭学会”，提出“互助”、“劳动”、“改造社会”三信条，一边力求自救，一边学习社会主义。他们在克勒佐工厂边劳动边在华工中进行工作，深受欢迎。到九月进占里昂大学的斗争之前，勤工俭学生中不同力量的许多部分逐渐趋于联合，以至能在进占里昂大学的斗争中采取统一行动，共同组织“勤工俭学生代表大会”的最高领导机构。

当时，代表大会决定分别通知各厂各校的勤工俭学生派代表组成一百一十六人的“先发队”，分头赴里昂集合。并决定我和萧子暲、向警予以及巴黎近郊和其他地方的同学代表组成十人代表团留驻巴黎，负责联络和争取声援。“先发队”同学到里昂后，北洋政府驻法公使馆勾结法国政府将他们囚禁在一个兵营里面。十人代表团分途寻求支援，但都没有发生积极效果。我曾去里昂兵营向同学们报告巴黎活动情况，并提出另派代表去巴黎，我留兵营。后来依和森及同学们的意见，仍回巴黎参加十人代表团的活动。不几天，“先发队”中一百零四人在囚禁了二十八天之后，被法国政府武装押送回国。世炎在同学们协助下机智脱险，跑到法国北方靠近比利时的地方去做苦工，打扫战场。这次被押送回国的新民学会会员和工学世界社社员已查明的有蔡和森、张昆弟、罗学瓒、贺果、刘明俨、颜昌颐、唐灵运、萧拔、郭春涛等人。向警予随后也回了国。

这次斗争是从勤工俭学运动内部矛盾发展中爆发出来的。从它的具体目标来说是失败了，但是从它留下的影响和收获的果实来说，则具有重要的历史意义。它使法国资产阶级亲眼看到中国青年从五四运动以来迸发出来的一派不怕军阀统治，不受洋人欺侮，力争掌握自己命运的气势。它结束了似潮流般的勤工俭学运动。一切好心好意提倡这个运动的人，由此知道此路已经不通。至于那些企图借这个运动捞取政治资本的有野心的人，就只好自己去感受幻灭和悲伤了。最重要的是，这一次斗争出现了勤工俭学界在空前规模上的新的联合和新的觉醒。许多人抛弃各种各样不切实际的幻想，接受了马克思主义，走上了十月革命的道路；更多的人后来积极投入了反帝国主义和反军阀的斗争。另外有些人，由于种种原因，没有参加政治活动，在国外学习科学技术，回国后就从事这方面的工作。

这次运动本身是有缺点的，实际上居于领导地位的人冲在第一线的太集中；也不懂利用上层内部的矛盾，对蔡元培、李石曾与陈箓等人没有区别对待，对于敌人的狡猾也认识不清。这次运动使我们深刻地认识到在勤工俭学生中建立一个严格的战斗的共产主义组织的必要性。

周恩来同志于1920年底也到法国勤工俭学。他和勤工俭学生有着广泛的联系。我们当时还不认识他。事后才知道他对这两次斗争甚为关注。他考察了运动的情况，写了很详细的报道寄给天津《益世报》发表。越到后来，报道的倾向性越鲜明，代表了勤工俭学生的呼声。1919年五四运动期间，他自日本回国，领导了天津的五四运动。他领导的觉悟社，已与李大钊同志和北大的先进分子有联系。1920年，他在斗争实践中热情学习和研究马克思主义，赴法后，曾到英国伦敦一个短时期。1921年他已成为一个马克思主义者。

1921年底或1922年初，我收到恩来、世炎托人转来的信，约我到巴黎一个旅馆会面，商组旅欧中国少年共产党的事。我们商定分头筹备。在筹备期间，我曾反映尹宽、薛世纶等人的意见，提出工学世界社全体社员参加的建议。另有人建议，有关的进步组织可由代表参加。这两种建议都是幼稚性的表现，既与原则不合，也与实际不符。经过酝酿讨论，双方都放弃了。约在1922年6月，我们在巴黎近郊森林里集会，宣告旅欧少年共产党正式成立，世炎任书记，恩来负责宣传，我负责组织。各用一个代号，叫乐生、伍豪、罗迈。党部设在巴黎意大利路哥特伏化街十七号一个旅馆里。经常在那里工作的有赵世炎、李维汉和陈延年，从工厂接受选云母片的工作，维持生活。陈延年和陈乔年兄弟原来信仰无政府主义，延年还负责编辑过《工余》杂志。经世炎等的工作，我记得先是乔年后是延年陆续参加了少年共产党。延年参加了少年共产党的领导核心，编辑机关刊物《少年》。他俩抛弃无政府主义信仰之后，成了很坚定的马克思主义者，后来都反对陈独秀主义，1927年上海“四一二”政变后，先后被国民党反动派杀害。若飞在蒙达尼胶鞋厂工作时，和我多次在运河岸上散步并畅谈。他告诉我，欧战前信仰过俾斯麦主义，欧战后改信威尔逊主义，

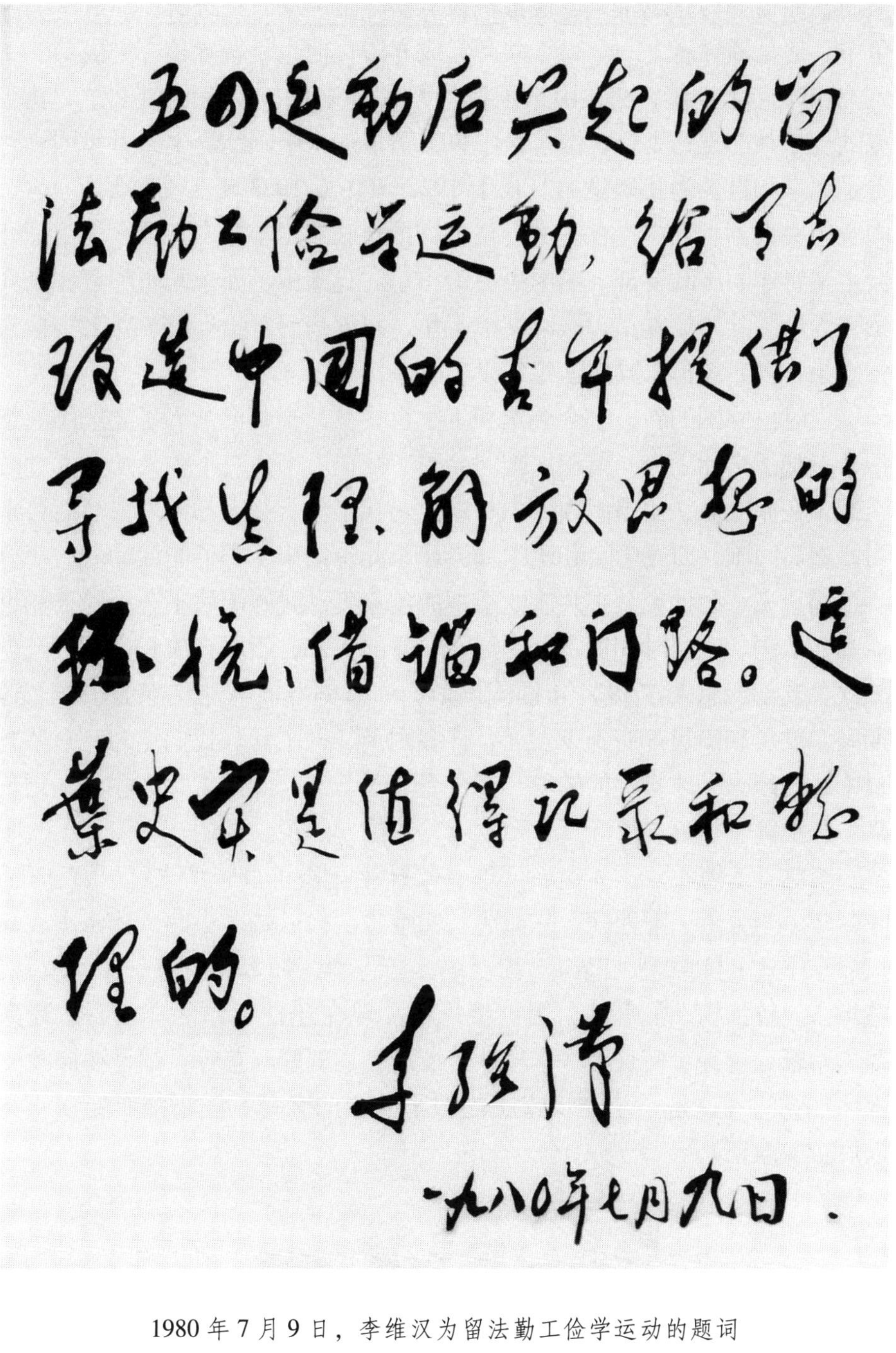
五四运动后兴起的留法勤工俭学运动，给有志改造中国的青年提供了寻找真理、解放思想的环境、借鉴和门路。这段史实是值得记录和整理的。

李维汉

一九八〇年七月九日

1980 年 7 月 9 日，李维汉为留法勤工俭学运动的题词

最后转而信仰马克思主义。他曾积极从事华工运动。在进占里昂大学的斗争中，他是领导者之一。少年共产党成立后，他也是领导核心的成员。

1922 年下半年，在党中央工作的蔡和森来信，要我回国工作。我受旅欧少年共产党的委托，带信给中央，请求加入中国社会主义青年团。路费是恩来和世炎为我筹集的。我于 1922 年底或 1923 年 1 月初到了北京，向党中央报到。党中央在一次会议上，批准旅欧少年共产党改名为中国社会主义青年团旅欧支部，由中央另给指示。我则由毛泽东同志和蔡和森介绍转为中国共产党党员，派回湖南工作。回湖南前曾给世炎、恩来去信告知结果，以后就再未同旅法组织发生联系。

当时已回国的新民学会会员和工学世界社社员都已加入了党或团的组织，参加了实际工作。留在法国的会员、社员后来也有不少人加入了党团组织，在旅欧党、团组织领导下从事学习和工作，并大都经过去莫斯科学习，然后回国。新民学会和工学世界社至此也结束了它们的活动。

周恩来、赵世炎是中共旅欧组织的创立者。我回国后不久，恩来和世炎等在法国、比利时和德国分别建立了党的支部，后联合成立中国共产党旅欧总支部。恩来在 1924 年回国以前，一直领导旅欧总支部的工作。这期间，党员和团员都有不少发展，许多团员加入了党。我们党的老一辈党员中，已经去世或牺牲的朱德、李富春、王若飞、陈延年、陈乔年、刘伯坚、张伯简、林蔚、郭隆真、佘立亚、熊雄、熊锐、孙炳文、穆青、欧阳钦、李林、李慰农、王人达、任理、萧朴生、袁子贞、马志远、资道焜、陈彭年、李大章、邢西萍、陈微明、谢唯进、何以端、史逸、林修杰、高风、李季达、陈声煜、冉钧、黄士韬、杨志华、帅本立、范一、傅汝霖、戴坤宗、钟汝梅、吴平地、周贡植，以及现在还在工作的邓小平、聂荣臻、蔡畅、傅钟、何长工、李卓然、江泽民、刘鼎同志等，都是在旅欧支部参加党的（这是一个初步查明的很不完全的名单，还可能有错误，待以后查实改正）。

三

新民学会的成立和活动，处于中国从资产阶级领导的旧民主主义革命向无产阶级领导的新民主主义革命的转变时期，因而在它身上就必然反映出这一时期中国革命的历史特点。

第一次世界大战和俄国十月革命之后，就革命阵线来说，在殖民地和半殖民地所发生的反帝反封建的民族民主革命，已成为世界无产阶级社会主义革命的一个组成部分。在中国，旧式的资产阶级民主革命之转变为无产阶级领导的新民主主义革命，则是从五四运动开始的。五四运动兴起于1919年，结束于1921年中国共产党的诞生。它具有为辛亥革命所不曾有的彻底地不妥协地反帝国主义、反封建主义的姿态。在五四运动中，工人阶级走上了政治舞台，出现了许多宣传十月革命，研究和学习马克思主义理论的组织和个人。由于马克思主义和中国工人运动相结合，导致了中国共产党的建立。这就标志着资产阶级领导的旧民主主义革命转变为无产阶级领导的新民主主义革命。这就是五四运动伟大历史意义之所在。

五四运动提倡科学与民主，反对文言文，提倡白话文；反对旧道德，提倡新道德，形成一个生动活泼的新的文化革命运动。它是新的经济力量和新的政治力量在文化上的反映。它在一定条件下为“共产主义的文化思想，即共产主义的宇宙观和社会革命论”① 的传播开辟了道路。但是，五四运动的阵营是由不同的政治力量组成的，在它的发展过程中必然发生政治战线的分化，也发生思想战线的分化。毛泽东同志指出：“五四运动的发展，分成了两个潮流。一部分人继承了五四运动的科学和民主的精神，并在马克思主义的基础上加以改造，这就是共产党人和若干党外马克思主义者所做的工作。另一部分人则走到资产阶级的道路上去，……”②毛泽东同志在这里说的“改造”，就是将反帝反封建的文化思想改造成为共产主义的文化思想。毛泽东同志的这段话既是对五四运动历史发展的总结，同时也包括了新民学会历史发展的经验。新民学会建立于五四运动前，活跃在五四运动的反帝反封建的革命风暴中。它的成员们胸怀改造中国与世界的抱负，研究和探索革命的真理，寻找救国救民的道路。其中相当多的一部分人跟随着共产主义文化思想的先锋毛泽东同志不断前进，而成为共产主义的忠贞战士；一些人在这面伟大旗帜的影响下，成为共产主义的同情者；少数人则走向这面旗帜的反面，被革命风暴抛入浪底，成为沉渣。

当时，在我们同辈中有这样一句话：“和森是理论家，润之是实际

① 《毛泽东选集》合订本，第657—658页。

② 《毛泽东选集》合订本，第789页。

家。”这种评价，现在看来并不确切，只看到毛泽东同志当时重视革命的实践，没有看到他同时重视革命的理论。现在回忆起来，毛泽东同志从五四运动起，就表现出他是一个注意认识和实践相一致的先进战士。他在五四运动时期的历次斗争中，越来越显示出旗帜鲜明，理直气壮，坚决果敢，势不可当的气概。对于革命理论（当时我们称为“主义”）的意义，毛泽东同志是非常重视的。他指出，新民学会“不可徒然做人的聚集，感情的结合，要变为主义的结合才好。主义譬如一面旗子，旗子立起了，大家才有所指望，才知所趋赴。”① 学会初成立时，我们一班年轻人不满现状，要求向上，讲求改造，有爱国思想，但是认识上还很朦胧，很空泛。毛泽东同志引导我们通过共同讨论、共同研究，明确学会的共同目标和达到目标的共同方法。我们留法的会员和在国内主要是在长沙的会员，围绕这个问题进行过多次讨论，把学会的宗旨统一到“改造中国与世界”这个目标之下，并且在讨论达到这一目标的方法时，使许多会员抛弃了原来的空想社会主义、无政府共产主义倾向，抛弃了小资产阶级工读主义幻想，转而信仰马克思主义，认识到只有社会主义，只有走俄国十月革命的道路，才能救中国。我自己在勤工俭学时期，就是从爱国主义经过大约十个月这样的空想和幻想之后，在毛泽东同志和蔡和森的影响下经过学习进到信仰马克思主义的。

毛泽东同志在注重理论研究的同时，很重视对中国实际的调查研究，重视参加当前的实际斗争。在共产党成立以前，他凭借和依靠新民学会这个组织中的积极分子，参加和领导了一系列的社会政治活动，如五四运动、勤工俭学运动、驱张运动以及省自治运动等，都取得一定的成绩。对于留学运动他是赞成的，因为它有助于开阔眼界，解放思想，从外国汲取革命的经验。但他总是把立足点放在中国，重点又首先放在湖南。他重视“留洋”（留法留苏）求真理，但更重视脚踏实地地在中国这个地盘的工作。对待问题，他既是从全局从长远着眼，又是从局部从当前出发。他曾说过：“吾人如果要在现今的世界稍为尽一点力，当然脱不开‘中国’这个地盘。关于这地盘内的情形，似不可不加以实地的调查，及研究。”② 进行驱张和自治运动时，有的会员对这类运动曾有怀疑，认为我们既相信

① 毛泽东给罗璈阶的信，1920年11月25日，见《新民学会会员通信集》第二集。
② 毛泽东给周世钊的信，1920年3月14日，见《新民学会会员通信集》第一集。

世界主义和根本改造，就无需顾及这些当前的问题。毛泽东同志不以为然，他一方面说明，类似驱张和自治运动，都不是我们的根本主张，都不是我们的根本目的，它只是我们“应付目前环境的一种权宜之计。”但是它又是我们“达到根本改造的一种手段。”[①] 因此，不能迷恋当前的具体斗争而忘掉斗争的终极目标，也不能空有一个斗争的远大理想而不去参加和争取领导那些有利于人民的当前的实际斗争。事实上，驱张运动和自治运动使湖南人民受到了教育。在实际斗争中，毛泽东同志注意抓住时机，发动群众。1919年底，长沙发生了一个“新娘”赵五贞因反抗旧式婚姻在花轿里用剃刀自杀的事件。从事件发生的第二天起，毛泽东同志连续写了十多篇评论，发表在湖南《大公报》上，揭露这个事件的社会背景，从而在长沙社会上掀起了一个反封建的宣传和控诉运动。

对于学会会务，毛泽东同志主张采取“潜在的态度”，注重“打基础”，“不张扬”，“不标榜”，脚踏实地，埋头苦干，不要“象没有经验的商店，货还没有办好，招牌早已高挂了，广告早已四出了，结果离不开失败”[②]。毛泽东同志的深入社会，深入实际，埋头实干的好作风，对学会很有影响。在会员间形成了“言必及义”，不标榜不浮夸的好风气。毛泽东同志亲自编订的《新民学会会员通信集》和《新民学会会务报告》，对于团结会员，探求真理，活跃会务起了极好的作用。

毛泽东同志非常重视舆论的作用，注意抓舆论工具，湖南学生联合会一成立，毛泽东同志负责主编学联刊物《湘江评论》。《湘江评论》被封后，又主编第七期以后的湘雅医学专门学校的《新湖南》周刊，并通过学会会员在长沙掌握湖南《通俗报》和“通俗讲演所”。驱张运动时，在北京、上海、衡阳办刊物，办通讯社，并且重视利用如湖南《大公报》这样的社会舆论工具。以后又办了文化书社。毛泽东同志通过这些阵地，揭露旧制度，传播新思想，聚集革命力量，打击反动势力，对于湖南地区的革命运动起了很大的作用。

毛泽东同志对于一切事物都主张采取分析态度，深恶那些“拿感情来论事”，“以部分概全体”，“以一时概永久”，“以主观概客观”的“论理的错误”[③]。他在五四时期写的评论文章，都层次鲜明，有说服力。他

---

① 毛泽东为易礼容信加的按语，见《新民学会会员通信集》第二集。

② 毛泽东给欧阳泽的信，1920年11月25日，见《新民学会会员通信集》第二集。

③ 毛泽东给罗学瓒的信，1920年11月26日，见《新民学会会员通信集》第二集。

给我们在法诸会友关于讨论共产主义的信，就是一篇有分析的说理文章，道理说得十分浅明、中肯、透彻。

在斗争中，毛泽东同志很注意团结多数，包括团结社会上层分子，利用各种社会关系，减少斗争的阻力。在驱张运动中，通过学生联合会，团结了反对张敬尧暴虐统治的各界人士，利用了直皖两系军阀之间的矛盾，取得直系军阀吴佩孚和接近直系的冯玉祥的一定程度的支持，把斗争的锋芒主要指向张敬尧。

新民学会成立以后，投入了一个又一个斗争，这些斗争之所以取得不同程度的成绩，固然是多数会员努力工作的结果，而上述毛泽东同志的正确思想的指导和影响，也是一个重要的原因。在经历了半个多世纪艰难曲折的路程以后，来回忆毛泽东同志当年的活动和思想，倍加感到亲切，更加体会到毛泽东同志所一贯倡导的实事求是、理论和实际相统一的原则和作风，源远流长，放之四海而皆准。

新民学会虽然还不是马克思主义的团体，但在它存在的三年中，在中国革命动荡转变的年代里，逐渐由民主主义接近了马克思主义，在思想上和组织上为建立中国共产党作出了它应有的贡献。会员中，以毛泽东同志为代表，许多成为坚定的马克思主义者，成为共产党员，有的成为党的同情者。会员何叔衡、蔡和森、向警予、陈昌、张昆弟、罗学瓒、郭亮、夏曦等，以及相当于新民学会“分支”组织的工学世界社的社员李林、颜昌颐、林蔚、李慰农等在后来的革命中英勇地献出了自己的生命。他们和所有为中国革命牺牲的烈士一起，将永远为中国人民所纪念。

大革命时期的湖南

中国共产党1921年成立后，立即投入中国民族民主革命，担负起领导这一伟大斗争的历史重任。从党成立至1927年7月大革命失败，是这个斗争的第一个时期。在这个时期里，我们党还处于幼年，理论和实际经验都很缺乏。但是年轻的中国共产党人，抱着英勇献身的精神，勇于革命实践，到工人、农民中去，到知识分子中去，宣传群众，组织群众，在中国这块土地上，掀起了新民主主义革命的第一次大风暴，把反帝反封建的斗争推向空前未有的高潮。

湖南党组织按照中央的路线，方针和政策，积极领导湖南人民英勇斗争，做出了自己的贡献，同时，也有一些失误和错误。湖南是我的故乡，在大革命时期，它是以孙中山为首的南方革命政府同受英、日帝国主义支持的北洋军阀反复争夺的要地，具有重要的战略地位。我自1923年4月起，至1927年4月党的“五大”前，担任了四年湖南党的主要领导职务（开始称湘区执行委员会委员长，“四大”后称湖南区执行委员会书记，“五大”后称湖南省委员会，改由夏曦任书记），对湖南的工作负有主要责任。我的这篇文章，对这个时期湖南的革命作一简略回顾，记录史实，试图重新认识历史，总结经验教训，其中也包含了对自己的再认识。

1922年下半年，旅欧少年共产党委派我回国向党中央汇报工作，要求加入中国社会主义青年团为其旅欧支部。这时在党中央工作的蔡和森也来信约我回国工作。11月，我自法国启程。

到上海后，找到接头地点，原来是《向导》发行处，负责同志叫张学琅。他告诉我党中央已迁北京，我随即前往。过天津时，下车将恩来托带的信及画片交给正在达仁女校当教员的小超（即邓颖超），并把恩来的情况告诉了她。我到达北京，已经是1922年底或1923年初了。我向中央汇报了旅欧少年共产党的情况和要求，当时陈独秀、李大钊、蔡和森、张国焘、邓中夏等在座。中央当即批准旅欧少年共产党为中国社会主义青年团的一个支部，并决定将此事函告巴黎。同时，中央批准我加入中国共产党，介绍人是蔡和森和毛泽东。中央还决定我去湖南担任中共湘区执行委员会委员长，接替即将调至中央的毛泽东的工作。我当即表示，我在法国三年，其中将近一年受无政府主义和空想社会主义影响，转到信仰马克思主义只有两年，学习很少，水平和能力都远不及润之，担任这个职务是不胜任的。经中央同志再三向我说明，使我不得不接受这项任务，决心到工作中边做边学习。我在中央停留的短时间中，看了些文件、资料，和张国焘、邓中夏等谈了工人运动和其他运动的一些经验。中夏还带我参加了在北大红楼召开的民权运动大同盟的会议。我住在张昆弟（芝圃）处，当时他是交通部派驻京绥路的密查员，利用这个合法职务进行工会活动。我同他谈得比较多，他还给我三十元作为我给父母的赡养费。

1923 年 2 月 4 日，京汉铁路开始总同盟罢工后，中央命我南下，先去南京、武汉，将中央关于声援罢工的指示信，以及给湖北区委的活动经费带给津浦铁路工会的王荷波和湖北区委的项英，然后再回长沙工作。我在南京浦镇机车厂的一个工人集会上，找到王荷波，将中央的信交给了他。我到达武汉时，二·七惨案已发生，江岸站的罢工工人遭到军阀肖耀南的镇压和残杀，江岸分工会委员长林祥谦壮烈牺牲，施洋被捕（不久也被杀害），一些比较客观地报道过工人罢工消息的报馆被迫停刊或遭到封闭，人心惶惶，形势紧张。党中央曾给我两个在汉口的接头地点，一个是《真报》报馆，一个是施洋律师事务所。我先找到《真报》报馆，看见大门上贴着封条，上面写着“扰乱地方，鼓动工潮”八个字，显然是出了事，我急忙去施洋律师事务所，敲门没有人应，推开大门，只见一个士兵在里面看守。他问我来干什么？我说是来找施洋律师接谈关于诉讼的事。他说，施洋到督军署去了。我看势头不妙，赶紧说：“那我改日再来。”他不让我走，要我也去督军署一趟。我看只有他一个人，就掏出一张钞票给他，说：“你方便一下吧！”他接过钞票喊声滚，让我走了。在汉口既已无法接头，我只好将中央给湖北区委的指示信烧掉，乘火车去长沙。在长沙，碰到了项英，我把中央给湖北区委的经费交给了他。

我在长沙自修大学找到毛泽东。他见我回来，十分高兴，要我先回乡省亲，春节后再接交工作。从乡下回来，湘区党委安排我在船山学社附设补习学校当教务主任，作为公开的社会职业。

在交接工作的过程中，湘区党委开过两次会议，由毛泽东向我介绍全区工作情况和组织情况，青年团和工团联合会、学生联合会的负责人作了补充，并回答了我的一些询问。毛泽东在介绍工作经验时，给我印象最深的有两点：一是利用赵恒惕政府省宪法中的民主条文，进行合法斗争，掩护和配合非法斗争；一是接近群众的方法，如在工人中办夜校、读书班，在学生中办刊物或组织社团，从中发现培养积极分子，逐步扩大成为建立工会、学生会的核心。毛泽东还单独同我谈了两次话，介绍湘区党委和各方面负责干部的情况，并陪我到从事上层统战工作的李六如家里，一起谈了湖南上层人物的情况。

大约在 1923 年 4 月底或 5 月初，毛泽东离开湖南去中央。

一、建党时期

为了反映我在湖南这段工作的历史延续性，先大致追溯一下湖南建党时期的一些情况。

1. 湖南人民的光荣传统

早在十九世纪末，谭嗣同、唐才常等就积极在湖南开展维新运动，在长沙创办时务学堂、《湘报》，提倡资产阶级的民权学说，宣传维新变法的主张。维新运动失败后，湖南人民参加了唐才常于 1900 年在武汉领导的“保全中国自立之权，创造新自立国”的自立军起义。1902 年，邵阳、衡阳、湘乡、新宁、武冈等地哥老会，在义和团运动的影响下，竖起“大汉灭洋军”的旗帜，举行起义。这是一次具有反帝性质的反教会斗争。1904 年，黄兴、刘揆一、宋教仁、陈天华等在长沙组织革命团体华兴会，以“驱逐鞑虏，复兴中华”为宗旨，积极筹划长沙起义。1905 年，华兴会与孙中山组织的兴中会合并，联络光复会，成立了中国同盟会。次年，在同盟会的推动和影响下，爆发了湖南浏（阳）醴（陵）以及江西萍乡的大起义。在辛亥革命中，湖南人民首先响应武昌起义。1911 年 10 月 22 日，湖南革命党焦达峰、陈作新联络湖南立宪派，运动新军在长沙起义，成立了“中华民国湖南军政府”，结束了清朝政府对湖南的统治（焦、陈后来被立宪派首领谭延闿勾结新军五十标二营管带梅馨阴谋杀害）。1915 年，蔡锷（湖南邵阳人）在云南组织护国军讨袁，湖南人民奋起响应，进行了反对袁世凯称帝和驱逐军阀汤芗铭的斗争。上述斗争，由于历史的局限，缺少正确的领导，都失败了。但是它们不同程度地打击了中外反动势力，锻炼了湖南人民。

2. 湖南共产党组织的建立

1919 年的五四运动，进一步促进了湖南人民的觉醒。在五四运动前一年，1918 年 4 月，毛泽东、蔡和森、萧子昇等一批先进青年，在长沙组织了革命团体“新民学会”。他们怀着改造社会改造中国的理想，探索救国救民的道路，发起并推动了湖南的留法勤工俭学运动。

五四运动爆发后，新民学会会员，湖南学生和知识界的进步人士积极投身运动的洪流，掀起了反对日本帝国主义和驱逐军阀张敬尧斗争的高潮。

五四运动促进了马克思主义在湖南的传播。在五四运动中出版的由毛泽东主编的湖南学生联合会会刊《湘江评论》，宣传民主思想，介绍俄国十月革命，对于推动湖南的反帝爱国学生运动有很大的影响。长沙其他一些学校学生会出版的刊物，如湘雅的《新湖南》、周南的《女界钟》、高工的《岳麓周刊》、明德的《明德周刊》、长郡的《长郡周刊》、楚怡的《体育周报》等，在宣传新思想方面也起了很好的作用。1920 年 8 月，在湖南文化教育界和社会知名人士朱剑凡、赵鸿钧、左益斋、易培基、姜济寰、王季范等人的赞助下，由毛泽东、何叔衡、彭璜、易礼容、陶毅等新民学会会员创办了长沙文化书社，经理易礼容，特别交涉员毛泽东。书社销售的新文化书刊有二百余种，半年内，全国与之发生联系的书报社和文化团体有六十家。书社除长沙总社外，还在平江、浏西、武冈、宝庆、衡阳、宁乡、溆浦建立了分社，在第一师范、第一师范附属小学、楚怡小学、修业学校设立了贩卖部。此外，新民学会会员黄醒在长沙储英源二十三号创设了健康书社。文化书社和健康书社经售包括《共产党宣言》、《马克斯资本论入门》，以及《新青年》、《武汉星期评论》、《劳动界》、《建设》等马克思主义的和其他进步的书刊。文化书社在党成立以后至 1927 年大革命失败的七年间，一直是我党传播新文化的阵地，对湖南革命运动和党的建设作出了重要贡献。1920 年 8 月，由易培基、姜济寰、方维夏、何叔衡、彭璜、毛泽东、包道平等发起组织了俄罗斯研究会，研究俄国革命的经验，并组织留俄勤工俭学，要去苏联寻求真理。同年冬，长沙《大公报》转载了上海党的发起组创办的《共产党》月刊上的《俄国共产党的历史》、《列宁的历史》、《劳农制度研究》等介绍苏俄革命和列宁生平的文章。所有这些，都为湖南建党作了重要的思想准备。

1921 年初，在长沙，实际上已经形成以信仰马克思主义的新民学会会员为核心的共产主义组织。他们在上海党的发起组的推动下，开始在湖南建立共产党和社会主义青年团的活动。

1921 年 7 月，毛泽东、何叔衡作为湖南共产主义组织的代表，参加在上海举行的党的第一次全国代表大会。会后他们回到湖南，正式建立湖南的第一个党支部，这个支部有毛泽东、何叔衡、易礼容等。从此，湖南人民的革命斗争，进入了由无产阶级政党领导的新阶段。

根据中央 1921 年 11 月通告中关于上海等五地至迟于 1922 年 7 月前成立区执行委员会的要求，湖南在党的"二大"前夕建立了湘区执行委员会，委员长为毛泽东，委员有何叔衡、易礼容、郭亮。此时党员已发展到三十人，数量仅次于广州和上海，居全国第三位。在我主持湘区工作前这个时期的党员，我记得比较清楚的有：李立三、刘少奇、罗学瓒、陈子展、傅昌钰、陈昌、刘春仁、夏曦、余盖、郭亮、彭平之、任树德、李涤生、萧石月、陈子博、谭影竹、杨庆兴、刘昌炎、袁达时、朱少连、朱锦棠、蒋先云、谢怀德、蔡增准、周怀德、毛泽民、周镜泉、黄静源、邹觉吾、李佳竹、宁秉钧、王禄生、罗君强、曹典琦、廖锡瑞、陈佑魁、戴晓云、王基永、萧述凡、李六如等。从湖北到安源工作的党员有李求实、陆沉、陈潭秋、余江涛、吴化之等。

自修大学是湘区党组织的一个宣传文化阵地，也是掩护党组织秘密活动的一个地点。它创办于 1921 年 8 月，校址设在船山学社（这是民国初年湖南一部分文人学士为讲述王船山学术思想而设立的一个机构，总理仇鳌，社长先是贺民范，后为何叔衡）。自修大学分文科和政治经济两科。1922 年 11 月李达自沪回湘，在湖南省立法政专门学校任职，由毛泽东建议聘他担任自修大学学长。陈子展、黄衍仁、傅昌钰、陈昌、何叔衡、罗学瓒、曹典琦、夏明翰、廖锡瑞、刘春仁、易礼容、夏曦、贺果、毛泽东都是学员。1922 年 9 月，船山学社内附设一个初中程度的补习学校，公开招生，教育训练革命青年，教员由自修大学学员充任。我 1923 年回湘后，在自修大学补习学校任教务主任，也是自修大学的学员。当时自修大学学员一面自修，一面在补习学校或其他学校兼课，同时参加党和团的工作。湘区党委的会议有时也在船山学社叔衡居室召开。1923 年 11 月，自修大学被赵恒惕政府封闭，我们在犁头街租了房屋，供补习学校上课，以后成立湘江中学，迁至浏阳门外识字岭。湘江中学校长初为易礼容，后为何叔衡、仇鳌，教务主任曹典琦，姜梦周任训育主任，实际主持校务，教员有夏明翰、罗学瓒和我等人。湘江中学是继自修大学之后党培养干部和进行秘密工作的一个据点。

3. 湖南团组织的建立

长沙社会主义青年团的组织于 1920 年 10 月开始筹建，在湖南正式建党前，已有三十多人参加。他们是：晏远怀、李代鄂、唐自刚、欧阳晕、龙起赓、杨骏、杨韶华、周毓明（女）、谭克定、唐鉴、彭章达、李英、熊凤腾、傅昌熙、周逵、张俊学、周济、余映高、萧光球、刘大身、向以礼、彭平之、吴俊岭、何汉、向杰、廖振华、石镇寰、罗光续、尹希、姚士纯、刘成熙、周辅芝、傅由秋、萧述凡、李仁、李日孚等。

湖南正式建党后，团的组织进一步发展。党员一般都兼做团的工作。1922 年 5 月，易礼容和陈子博代表长沙地方团组织参加了社会主义青年团第一次全国代表大会。会后，正式建立团的长沙地方执行委员会，由毛泽东兼任书记。全省团的工作，由长沙地方团组织兼管。1923 年上半年，团员已发展到三百余人。他们活跃在学生和工人中，并积极参加社会政治活动，成为党的得力助手。

湖南的党、团组织，特别是团的组织在学生中发展很快。党、团的工作基础，以长沙的省立第一师范和衡阳的省立第三师范最好。夏曦、郭亮、萧述凡等都是一师学生。蒋先云、黄静源、黄春圃（江华）、黄克诚、戴晓云、张平化、张际春等都是三师学生。常德省立二师、周南女校和长沙稻田女师也有相当的工作基础。

4. 湖南早期的工人运动

张敬尧被驱走后，湖南地方军阀谭延闿、赵恒惕相继以“湘省自治”、“湘人治湘”为号召，企图以此阻止外省军阀势力向湖南的扩张。1920 年 11 月，由于内部矛盾，谭延闿被迫辞去湖南督军、省长、湘军总司令等职，由赵恒惕继任湘军总司令和临时省长。赵独揽湘省权力之后，制定了“省宪法”，湘区党组织利用赵恒惕“省宪”中言论、结社自由的条文，以合法形式为掩护，在工人、学生和各阶层人民中进行革命活动。1922 年 8 月，由湖南省学联发起，组织了包括商会在内的湖南各公团联合会，提出“拥护人民权利，发扬平民政治，完全实施宪法”的宗旨。它实际上是我党团结湖南各阶层人民向赵恒惕政府进行合法斗争的一个统一战线性质的组织。由于采取了这个正确的策略，各方面的工作，特别是工人运动，得到比较顺利的开展。

在湖南党组织建立前，湖南工业学校毕业生黄爱、庞人铨，联络同学，以湖南第一纱厂为基础，于 1920 年 11 月在长沙发起组织湖南第一个工人团体“湖南劳工会”，其宗旨是“改造物质生活，增进劳工知识”。参加劳工会的有机器、电力、铁路、纺织、印染、印刷、理发等十几个行业的工人。劳工会会章规定凡工业学校毕业或有专门技术特长者皆可入会，因此参加劳工会的成分就比较复杂，既有工人也有监工和职员。1921 年 2 月，湖南劳工会发动第一纱厂工人反对赵恒惕政府将纱厂租予私商经营的运动，两次举行游行示威，还准备由工人自筹资金，自行管理纱厂。这次斗争，遭到赵政府的武力镇压而失败，劳工会领导人黄爱和王光辉被捕入狱月余。同年“五一”，劳工会又参加发起了庆祝国际劳动节的活动。

湖南党组织建立后，对劳工会进行了争取、团结的工作。1921 年 11 月 21 日，毛泽东在劳工会的刊物《劳工》上发表《所希望于劳工会》一文，针对劳工会的弱点，提出三点希望：（1）劳动组合的目的，不仅在团结劳动者以罢工手段赢得增加工资，缩短工时等胜利，“尤在养成阶级的自觉，以全阶级的大团结，谋全阶级的根本利益。”（2）工会组织要有民主产生的全权办事机构，劳工会之职员太多，分部太繁，权力太分，甚不妥当。（3）为加强工人对工会的组织观念，工人应该养活自己的工会，要准备罢工基金，工人必须缴纳最低限度的会费。黄爱、庞人铨在湘区党组织和毛泽东的帮助下，改组了劳工会。他们二人于 1921 年底，加入社会主义青年团，并积极领导劳工会参加政治运动。1921 年 12 月，劳工会发起工界游街大会，反对美帝国主义召集的华盛顿九国会议。大会由黄爱主持，庞人铨任游行总指挥，参加会的有长沙各业近一万工人。这次活动反映了劳工会的进步。次年初，第一纱厂工人为要求年终（农历）双薪举行罢工，受到镇压，劳工会向赵恒惕政府提出抗议，纱厂资方同赵政府勾结，以协商为名，诱捕黄爱、庞人铨，并于 1 月 17 日将他们杀害于浏阳门外，劳工会也被封闭。黄、庞牺牲后，部分劳工会会员在上海组织了劳工会驻沪办事处继续活动。湘区党组织对劳工会继续实行争取团结的政策，曾派何叔衡同劳工会代表一起赴广东韶关向孙中山请愿，揭露赵恒惕惨杀黄、庞的罪行，要求孙中山讨伐赵恒惕。以后，由于革命逐渐深入，劳工会的领导人开始分化，有的参加共产党和社会主义青年团；有的同国民党右派合流，组织黄色工会，把劳工会引上了错误的方向。尽管如此，湖南劳工会在湖南早期工人运动中所起到的作用，发生的影响，在湖南工人运动史上所占的地位，仍然是很重要的。

湘区党组织建立后，为加强对工运的领导，建立了中国劳动组合书记部湖南分部，主任是毛泽东。工运的重点在长沙和安源两地（安源属江西，当时由湘区党组织领导），以后逐渐向湘省各属发展，主要是领导各业工人进行争取建立工会，改善生活条件，保障劳工基本权利的斗争。

1921 年底，毛泽东和刚从法国回国到湖南工作的李立三（当时叫李隆郅）等去安源煤矿进行调查，随后，党派李立三等以开展平民教育的名义在安源建立工人子弟学校和工人夜校，发展党、团组织，建立工人俱乐部。安源路矿当局勾结驻军阴谋封闭俱乐部，驱逐负责人，镇压工人运动。1922 年 9 月，李立三同后来陆续派到安源工作的蒋先云、刘少奇等一起，领导了著名的安源路矿工人大罢工。这次罢工由于领导策略得当，工人团结奋斗，取得了完全的胜利，不仅在湖南，而且在全国都发生了重大的影响。

与此同时，岳州铁路工人为要求革除监工、改良待遇、增加工资举行罢工，徐家棚、长沙、株萍铁路工人纷起响应。铁路当局勾结湖北军阀萧耀南进行残酷镇压。郭亮当时任粤汉路岳州工人俱乐部秘书，领导了这次罢工，带头卧轨拦车，被捕入狱。这次罢工在粤汉全路工人、武汉工团联合会、湖南各业工人、全国铁路工人的支持下，取得了胜利。事后，粤汉全路工人进一步组织起来，于 1922 年 11 月在长沙新河建立粤汉铁路总工会。

水口山在湖南常宁，为我国当时最大的铅锌矿。1922 年冬，受安源工人斗争胜利的影响，在湘区党组织派去的易礼容、蒋先云、谢怀德和该矿工人积极分子刘东轩等的领导下，该矿工人为要求矿局承认工人俱乐部、津贴俱乐部费用、增加工资、均分红奖也于年终举行罢工。这次罢工取得完全胜利，蒋先云被选为水口山工人俱乐部主任。

手工业工人的斗争中，泥木工人和人力车工人的罢工有较大的影响。1922 年 5 月，长沙泥木工人提出增加工价的要求，受到压制，湘区党委即领导泥木工人组织自己阶级的工会，脱离封建性的行会组织——鲁班庙。为了争取社会舆论支持，李立三在长沙《大公报》上撰文，说明工人要求的合理。1922年9月，经过泥木工人中的党员和积极分子任树德、袁福清、仇寿松、朱有富、杨福涛、舒玉林等的努力，正式成立长沙泥木工会。10月，泥木工会罢工要求增加工价、争取营业自由。毛泽东和易礼容直接领导了这次斗争。毛泽东为工人起草了致省长的请愿呈文，并亲自充任谈判代表与官府谈判。由于工人团结一致，斗争方式灵活适度，又有各方面的声援，罢工取得胜利。

长沙的人力车工生活贫困，社会地位低下。车主都是恶霸，由于车行要营业必须先向警厅行贿取得车照才行，因此他们对工人的剥削压迫特别厉害。人力车工的劳动很分散，有些还是季节工，组织他们比较困难。湘区党组织先后派罗学瓒、谭影竹去做发动、组织工作，直到1923年1月才成立长沙人力车工会。5月，进行了要求改良待遇的斗争，取得胜利。工会很得工人信任。

1922年，还发生过织造、缝纫、理发、铅印、笔业、鞋业、洗衣业工人的罢工，在其他各业工人的支援下，都取得若干胜利。可以说当时长沙市的行业工人全有组织，但工作不是都做得很好。

1922年9月，劳动组合书记部湖南分部联合粤汉铁路工人俱乐部、安源路矿工人俱乐部发出通电，支持中国劳动组合书记部向北洋军阀政府的国会提出的保护劳工法案，并联合其他工人组织成立湖南劳动立法同盟，开展了劳动立法的宣传运动。

在各业工人已经初步发动和组织起来的基础上，1922年11月，在长沙正式成立湖南工团联合会，毛泽东、郭亮分任正副总干事，任树德、罗学瓒等为各部正、副主任。从此，湖南工人运动有了一个具有相当群众基础的统一的领导机构。

1923年“二七”惨案发生，湖南工团联合会发动工人援助，发起募捐，召开追悼死难烈士大会，举行游行，向全国发布了声讨吴佩孚和萧耀南的通电。由于赵恒惕标榜“省宪自治”，不敢骤然依附直系军阀，镇压工人运动，加之湖南工运在湘区组织领导下，经过年余奋斗，有较好的工作基础，因而在全国工人运动走向低潮的形势下，湖南工人运动在一段时间内尚在继续发展。长沙造币厂、黑铅炼厂、第一纱厂、株萍路转运局，以及常德的泥木、缝纫、石业工人，都先后进行了要求增加工资、反对虐待开除工人、要求集会结社自由的斗争，并且都取得了一定的胜利。此外，长沙的茶居、电灯、粪码头、箩码头（搬运）、店员、油漆、铜匠、划夫、邮务、碾谷、水夫（挑卖河水的工人）等业工人，以及湘潭锰矿、新化锡矿山、醴陵窑业、铜官陶业等工人都组织了工会。到1923年5月，全省参加工团联合会的组织已达到三十余个。湖南工人已经形成一支相当坚实的革命力量。

二、北伐战争的准备时期

1923年党的“三大”至北伐战争前，湖南党的主要工作有几方面：一、帮助国民党改组，恢复国民党的革命精神，发展以国共合作为中心的民族、民主革命统一战线；二、开始农民运动，逐渐建立工农联盟；三、在赵恒惕放弃省自治假面目、湖南统治集团向南（孙中山）北（吴佩孚）分化时，领导了驱赵反吴运动；四、组织民众反帝。这些工作，推动湖南革命运动日趋高涨，为北伐战争的到来作了准备。

1. 北伐战争前湖南统治集团的概况

北伐战争前，湖南处于南北争夺的局面。1920年谭延闿被迫离湘后，即依附南方的孙中山，被任为大元帅府建设部长。赵恒惕则打着“湘省自治”的招牌，以巩固其统治，表面上独立于南北之外，实际上倾向于北京的北洋政府。1923年6月，沅醴镇守使蔡钜猷指责赵恒惕甘心附北，背叛西南，组织讨赵军，反对赵恒惕。5月26日，孙中山任命谭延闿为湖南省长兼湘军总司令，谭组织湘军，联蔡讨赵，于8月7日在衡阳通电就职。同月，赵恒惕组织“护宪军”，发表通电，同谭对抗，谭、赵战争爆发。8月31日，赵部第二十五团团长朱耀华在湘潭响应谭军，引谭军袭取长沙，赵恒惕仓皇逃走。9月1日，谭军进入长沙，这就是湖南的“九一政变”。10月，赵恒惕得吴佩孚援助，向谭反攻，重占长沙。此后，赵恒惕即进一步依附吴佩孚，吴要赵取消湘省自治，赵也有此意，但担心所属各军和湖南人民反对，于是伪造民意，修改“省宪”，将“省宪”纳入北洋政府的“国宪”之内，实际取消自治以附北。因而赵恒惕政府成为湖南国民革命的主要对象。

当时，湖南实权操于援赵的直系将领马济之手，株洲以北，皆驻有吴佩孚的军队。拥护广东革命政府的谭延闿、程潜的湘军退踞粤北。湘西则驻有川军熊克武的部队，也时常与赵军发生冲突。谭、赵战争后，赵恒惕将部队改编为四个师：第一师贺耀祖，驻洪江；第二师刘铏，驻长沙；第三师叶开鑫，驻宝庆；第四师唐生智，驻衡阳。其中以叶、唐力量最为雄厚。唐生智早有取代赵恒惕统治湖南的念头。1925 年南方革命政府经过两次东征讨伐陈炯明，平定滇桂系军阀杨希闵、刘震寰的叛变，以及 1925 年底和 1926 年初南征讨伐广东南部军阀邓本殷的战争，统一了广东革命根据地。1925 年 7 月 1 日，在广州成立国民政府。次年 1 月，国民政府同桂系李宗仁、黄绍竑达成统一两广的协议。在这个过程中，唐生智为保存并发展自己的实力，曾经南北逢源，既同吴佩孚联络，也同国民政府联络，但总的态度日益倾向国民政府，声言不反对共产党，同意打倒军阀，对民众运动表示支持。

2. 湘区党委组织概况

1923 年四五月间，我接手湘区党委工作时，党委委员仍是何叔衡、易礼容、郭亮。郭亮负责工运；易礼容负责经济管理工作，掌管长沙文化书社、长沙织布厂，并任船山学社事务主任，1923 年初，他一度去安源筹建并负责工人俱乐部的消费合作社；何叔衡负责组织；我兼任宣传；曹典琦、廖锡瑞分别为宣传、组织干事；戴晓云为区团委委员长，其后直至党的“五大”以前，杨福涛、夏明翰、缪伯英、戴晓云、萧子暲（萧三)、张汉藩、萧石月、陈佑魁、李涤生、夏曦、萧述凡、朱少连等都曾先后担任区党委委员或常委；继戴晓云之后，萧子暲、夏曦、萧述凡先后担任区团委书记。缪伯英于 1925 年初任妇委书记，1926 年，她离开后，由熊季光继任。对于基层组织，湘区党委曾商定我和郭亮分工联系的办法。我负责联系粤汉路、铅印、第一纱厂、泥木、缝纫等支部以及面粉公司、黑铅炼厂等尚无支部的个别党员。在 1926 年北伐军进入长沙和党的长沙市委建立以前，湘区党委一般每周开会一次，必要时临时集会，大事情都是集体讨论决定。

当时，区党委尚未设立机关，开会经常是在船山学社何叔衡的住处，文件则存放在我家中。自修大学被封后，区党委在学宫街一所房子设立机关，以后秘书处迁往戥子桥一条巷一号，学宫街仍保留作为开会的地方。

3. 党的“三大”和“四大”

北伐战争以前，湘区党委的主要工作是贯彻党的“三大”和“四大”的决议，即同国民党实行合作，大力开展统一战线工作；进一步发展工人运动、学生运动和进行农民运动；领导各阶层人民，同帝国主义在湘势力、北洋军阀和赵恒惕政府积极开展斗争。

实行国共合作，是中国共产党成立后不久的一项重大决策。孙中山经过辛亥革命、讨袁护法之役，累遭挫折、失败，深感过去依靠军阀武力的“革命”没有希望，深感国民党组织涣散，党员革命之“热心消灭，奋斗之精神逐渐丧失”。（见《中国国民党改组宣言》）他开始寻求新的道路，逐渐认识到俄国十月革命胜利的经验可以借鉴，同俄国革命党可以联合。1921 年底，他在桂林会见共产国际代表马林，讨论了国民党同苏俄以及中共的关系问题，认为俄国实行的新经济政策同他的民生主义不谋而合，而他的民生主义就包含了共产主义。这当然是一种误解。以后，他又多次同共产国际代表和中国共产党代表接触，进一步商讨国共合作的问题，接受了共产国际和中国共产党提出的改组国民党的建议，决心改组国民党，实行联俄、联共、扶助农工的政策。

中国共产党确定国共两党实行党内合作的政策，也有一个发展过程。1922 年 7 月，党的“二大”决定同国民党及其他革新团体建立民主联合战线。“二大”以后，党中央在杭州西湖召开特别会议，讨论共产国际代表马林提出的共产党员和青年团员加入国民党、同国民党实行党内合作的建议。当时，中央虽然尊重国际的建议，但大多数人只赞成同国民党建立民主革命的联合战线，对于参加国民党的组织十分怀疑。因此，这次会议以后，只有很少几个共产党人参加国民党。1923 年 1 月，共产国际就国共合作问题又专门作了决议，指出：“国民党与年青的中国共产党合作是必要的”，“只要国民党在客观上进行着正确的政策，中国共产党就应当在民族革命战线的一切运动中支持它。但是，中国共产党绝对不能与它合并，也绝对不能在这些运动中卷起自己原来的旗帜。”[①] 同年 5 月，共产国际在给我党的指示中，又强调在中国的国民革命中工农联盟的重要性。1923 年 6 月，中国共产党在广州召开第三次全国代表大会，主要议程仍然是讨论国共合作问题。“三大”接受了国际的决议，正确分析了中国社

① 引自《共产党国际执行委员会关于中国共产党与国民党的关系问题的决议》，1923 年 1 月 12 日。

会的政治经济状况，指出半殖民地的中国第一步应该先实行国民革命。大会分析了国民党的状况，认为“中国现有的党，只有国民党比较是一个国民革命的党”，正式决定同国民党合作，共产党员以个人资格加入国民党。大会认为，国民党有较长的历史和孙中山在长期革命斗争中建立起来的威望，较之我党有更大的号召力，运用国民党的旗帜，有利于团结各阶级民主力量参加国民运动，也有利于我党在工人、农民和学生中开展工作。大会所作的关于建立国共合作统一战线的决策，对于中国革命的发展，起了巨大的推动作用。大会也正确地指出，国民革命虽属于资产阶级的性质，“但是在这个革命中间，无产阶级却是一种现实的最彻底的有力部分”，共产党在国民党内应该保持自己政治上、思想上和组织上的独立性。大会还指出了农民在国民革命中的重要地位，认为“国民革命不得农民参与，也很难成功”。大会通过了较之“二大”制定的更为具体的民主革命政纲，作为全国人民的奋斗目标。

毛泽东和袁达时作为湘区党员代表，参加“三大”。“三大”以后，毛泽东留中央工作，袁达时大约在 8 月回湘，向区党委和党员传达了大会决议和大会在讨论国共合作问题时的争论情况。袁对我说，毛泽东让他带话给我，他认为安源工人应集体加入国民党，张国焘在会上反对工人参加国民党，估计张有可能来湖南活动，要我注意。后来张并未来湘，湖南的产业工人也没有全体加入国民党。

“三大”以后，在共产国际和我党的帮助下，国民党于 1924 年 1 月召开第一次全国代表大会，实行改组。大会重新解释了三民主义，宣布了政纲，实行孙中山制定的联俄联共扶助农工的政策。这次大会标志着第一次国共合作的正式形成。

最近，有同志对我说，在国民党“一大”文献中，有一个参加大会的湖南代表名单，其中有我。实际上我完全不知道被选为代表的事，也没有去广州参加过会议。代表湖南参加国民党“一大”的是毛泽东、夏曦、袁达时和林伯渠。

“三大”以后，党内曾发生忽视发展我们党的组织及国民运动中拥护劳动阶级利益的宣传，而只集全力于国民党工作，忽视统一战线中的阶级斗争和国民党内左右派斗争的偏向。为此，1924 年 5 月，中央在上海召开扩大的中央全会，湘区党委派代表参加。代表是谁，我已经忘了。这次会议强调我党在国民党工作中不能“因为巩固扩大国民党起见而取调和左右派的政策”，要“在国民运动的根本问题上指摘右派政策的错误”，“我们应当用种种方法于思想上和组织上巩固左翼”，要促使国民党不断加强反帝反军阀，要求民权原则的宣传，使之赞助农工运动。会议还强调加强党对工人的工作，说今后“在可能的范围内我们不必帮助国民党组织上的渗入产业无产阶级，不然，就是一个很大的错误。这不但是使先进的无产阶级内心搀入混乱的种子……而且使无产阶级自己的阶级斗争要发生很大的困难”①。会议决定在中央和各地方委员会的工农部内设工会运动委员会，以加强对工人运动的领导。这次会议使我们对国民党内左、右派的斗争和在统一战线中注意保持阶级斗争观念的认识，提高了一步。

对于产业工人是否参加国民党的问题，我现在的看法是，既然规定共产党员和社会主义青年团员都以个人身份加入国民党，张国焘的反对工人加入国民党的意见，显然是不正确的，它不利于通过国民党的组织以推动革命运动。但也不必要全体产业工人都集体加入国民党，而应根据工作需要，根据情况区别对待，或以个人身份加入，或集体加入均可。扩大会议认为让国民党组织渗入产业无产阶级是“很大错误”的说法，未免有些片面。后来，“四大”在这个问题上作了一些规定，说：“为在国民党中发展劳动群众的左派势力起见，到必要时在一定区域内我们亦须领导大产业工人群众加入国民党，使国民党特别的革命化。……民族运动中工人阶级的危险，还不在于工人加入国民党，却在于共产党在真正工人群众中没有势力及没有独立的职工运动”②。这样，在工人参加国民党的问题上，“四大”改变了扩大会议的决议。

1925 年 1 月，我在上海参加党的“四大”。记得参加这次大会的有陈独秀、蔡和森、瞿秋白、周恩来、王荷波、邓中夏、彭述之、朱锦堂、杨殷、尹宽、陈潭秋、张太雷、李启汉、何今亮（汪寿华）、李立三等以及国际代表吴廷康（魏金斯基）。吴廷康和党中央委员长陈独秀分别向大会作了报告。“四大”通过的《民族革命运动议决案》是由吴廷康起草，瞿秋白译成中文的。它第一次提出无产阶级在民族革命运动中的领导权问题，指出：“中国的民族革命运动，必须最革命的无产阶级有力的参加，并且取得领导的地位，才能够得到胜利。”这个决议案和大会通过的《对

① 引自 1924 年 5 月中共中央扩大执行委员会《工会运动问题议决案》。
② 引自中共“四大”《对于职工运动之议决案》。

于农民运动之议决案》，将农民问题同无产阶级领导权联系起来，阐明了农民是无产阶级的天然同盟者，强调不解决农民问题，无产阶级“希望中国革命成功，以及在民族运动中取得领导地位，都是不可能的。”

我参加了《民族革命运动议决案》草案的审查小组，组长是瞿秋白。当时给我印象最深的是原稿上提出中国民族革命运动是无产阶级世界革命的一部分和争取非资本主义前途问题。由于考虑到国共合作关系，议决案上没有明确写上争取非资本主义前途的字句，但以肯定的语句指出，中国民族民主革命运动“是十月革命后，广大的世界革命之一部分”，“在政治上含有社会革命的种子”，“民族革命胜利后，能否接着就是无产阶级的革命，是否必须经过资产阶级民主制度”，决定于“无产阶级在民族革命中自己阶级的革命准备至何种程度及那时的社会的客观条件”，而“那时的世界政治状况也有很大的影响”。“四大”对中国民主革命前途的这个分析是很可贵的。

“四大”选举了新的中央执行委员会，陈独秀、李大钊、蔡和森、张国焘、项英、瞿秋白、彭述之、谭平山和我等九人当选为中央执行委员，邓培、王荷波、罗章龙、张太雷、朱锦棠等五人当选为候补中央执行委员。中央执行委员会选出五人组织中央局，实际就是政治局。五个人的分工是：陈独秀任中央总书记兼中央组织部主任，彭述之任中央宣传部主任，张国焘任中央农工部主任，蔡和森、瞿秋白任中央宣传部委员。

现在看来，党的“三大”和“四大”所制定的总的路线和政策是正确的。当时虽然还没有认识到统一战线中的既团结又斗争的辩证关系，没有认识到无产阶级掌握武装的重要性，对于革命发展阶段论和不断革命论之间的关系也没有完全认识清楚，但是，“三大”正确制定了同国民党合作的政策，“四大”比较明确地提出了党在民主革命中的领导权和工农联盟的问题，提出了中国革命是世界无产阶级革命的一部分和争取非资本主义前途问题。可以说，在理论上已经提出了新民主主义革命的几个基础观点，但还没有形成一定的思想体系。

“三大”和“四大”在政治上、思想上和组织上为大革命高潮的到来作了准备。

4. 帮助湖南国民党重建组织，同国民党右派的冲突

我接手湘区工作时，国民党在湖南省的组织实际已不存在，后来在湘区党委的帮助下，它才重新建立和发展起来。

1923年三四月间，湘区党委根据中央杭州会议精神，讨论如何推动国民运动的工作，提出一个从组织国民党入手进行政治运动的计划。国民党中央党部派覃振自广东来湘活动，他带来毛泽东给我的一封信，要湘区党委协助覃开展筹建国民党的工作。覃介绍当时湖南的老国民党员邱维震同我们相识。邱是律师，在长沙胡家花园有一座公馆，挂有律师事务所牌子。我和何叔衡、夏曦，以中共湘区党委名义同覃振、邱维震商量在湖南筹建国民党的事宜，决定设立筹备处，由何叔衡负责。覃振在商谈后即离去。覃去后，国民党总部又委派夏曦、刘少奇在湖南进行改组国民党的工作。同年9月，毛泽东回湘一次，适值我去安源参加工人俱乐部举行的罢工胜利周年纪念活动，未能见面。他在长沙同夏曦商议了湖南筹组国民党的步骤，计划先在长沙、衡阳、常德建立支部，然后建立湖南总支部。我们参考这个意见，按照中央的方针和同覃振、邱维震商议的办法，动员党、团员加入国民党。1924年1月国民党召开第一次全国代表大会之前，在长沙加入国民党的我党、团员已有易礼容、戴晓云、夏曦、夏明翰、李六如、罗学瓒、萧述凡、廖锡瑞、何叔衡、周毓明、谭克定、萧光球、唐自刚、杨人杞、曹典琦、傅昌钰、陈昌和我等。1924年3月，国民党中央委派夏曦在湖南筹组临时省党部，办理党员登记，宣传国民党"一大"的决议案。当时重新登记的国民党员达二百六十余人。4月1日，国民党临时省党部成立。湘区党委为了加强对国民革命的领导，曾设立国民运动委员会。大约于1925年，又根据中央指示，决定由国民党省党部中的我党、团员组成党团，领导国民党的工作。

4月17日，国民党湖南临时省党部创办机关刊物《新民》周报，以"科学的宣传文化和发扬真正民治"为宗旨。报社总经理是邱维震，经理是李六如，主笔由我担任。夏曦、廖锡瑞、杨人杞、罗学瓒、曹典琦、黄衍仁等经常为该周报撰稿。

湖南区委还在各县帮助建立了国民党组织。1924年我先后去宁乡、衡阳、衡山、湘潭等地巡视党的工作，同时视察国民党的工作，参加了衡阳、宁乡两县国民党党部的成立会，并讲了话。到五卅运动以前，湖南国民党组织共有正式县、市党部七处，临时县党部四处，县党部筹备处三处，直辖区分部五处，区党部二十六处，区分部一百三十六处，党员二千七百多人。1925年5月，在长沙秘密召开中国国民党湖南第一次全省代表大会，正式成立中国国民党湖南省党部。此后，随着革命形势的发展，逐渐由秘密转为半公开。赵恒惕政府畏于国民革命的潮流，尚不敢公然进行镇压。我党对唐生智等的争取和同各方面上层人物的联络，也以国民党的名义出面。1926年3月，在打倒赵恒惕斗争的高潮中，国民党省党部完全公开。

湖南为了培养国民党工作的骨干，1924年起，陆续选派人员去广东参加国民党中央举办的政治讲习班学习。1926年2月，国民党中央为了加强北伐沿途的工作，还专门举办一届以湖南学员为主的政治讲习班，职员都是湖南人，理事有谭延闿、程潜、林祖涵、鲁涤平、陈嘉佑、毛泽东和李富春。由李富春担任讲习班主任。学员毕业后或随军或派回湖南工作。

湖南也有国民党西山会议派的活动，但能量不大。1926年1月，西山会议派的国民党上海中央派黄英、杨伯隽来长沙，建立"中国国民党湖南省清厘党籍事务所"和湖南孙文主义学会，后来另组织了一个临时省党部，同国民党左派的省党部对抗。他们的主要人物有彭湃（不是海陆丰的彭湃）、杨伯隽、易家钺等。在长沙，受他们影响的只有赵恒惕御用的省农会，以及商业协进会、湘西学联会、湖南大学法科、湘西公会等少数几个团体。此外，在湘西也有一点影响，常德建立了孙文主义学会，成员主要是常德二师的学生。两个国民党省党部有时在长沙的报纸上同时登出启事，相互指责。1926年2月25日，长沙《大公报》刊登《中国国民党湖南省清厘党籍事务处紧要启事》，宣布开除夏曦、郭亮、王基永、萧述凡、陈佑魁、易礼容等国民党党籍，解散国民党省党部，重新改组。次日，左派国民党省党部也登出启事，给予反击。为对付国民党右派组织，我党、团区委同左派的国民党省党部合组了一个行动委员会，对他们采取革命的两面政策：在公开的群众场合批评其反动言行，揭露其首领的面目，对其所属群众进行宣传教育；同时计划派党、团员打入其组织进行活动。前项工作颇有成效，后项工作因无机会，未果。我们还根据中央指示，组织湖南三民主义学会，与孙文主义学会对抗，陈昌、熊瑾玎、罗学瓒、姜梦周、曹子恒等都在其中任事。在常德以及长沙的一些基层，如第一师范，也建立了三民主义学会。同国民党右派的一次较大冲突，是在1926年3月孙中山逝世周年纪念活动中，右派组织雇用流氓数十人，到纪念会场捣乱，与到会群众殴打起来，群众游行路过其临时党部所在地伍家井三十一号时，愤而将其党部捣毁。

5. 开展反帝反军阀的斗争

在湘区党委的领导下，通过国民党，以及公团联合会、省工团联合会、学联等群众组织，广泛发动群众，开展了反对美、日帝国主义，反对北洋军阀，反对赵恒惕的斗争。

抗议“六一惨案”运动，是这个时期湖南反帝反军阀斗争的第一个浪潮。1923 年 3 月26 日，旅（顺）大（连）二十五年租借期满，中国政府照会日本大使要求收回。日本政府以同袁世凯签订的“二十一条”条约将旅大租借期限延长九十九年为借口，拒不归还。为此，全国人民掀起要求收回旅大的反帝运动，对日实行经济绝交，以示抗议。3 月底，湖南省工团联合会、学生联合会和省教育会、商会等公团，发动群众，举行游行，并向驻长沙日本领事递交“警告书”。4 月5 日，由工团联合会发起，省城各公团组织湖南外交后援会，推郭亮为主席，进行广泛的反对日本帝国主义侵略、反对“二十一条”不平等条约的宣传。6 月1 日，湖南外交后援会、省学联人员和长沙学生在日本租界码头宣传，正遇戴生昌公司日轮武陵丸、金陵丸靠岸，他们就在码头检查日货，向搭船的中国人进行爱国宣传。日本水兵开枪并上岸刺死群众二人，伤二十余人，造成“六一惨案”。陈赓在场，也被刺伤。

“六一惨案”激起了湖南人民更大的愤怒。当日，外交后援会召开紧急会议，决定罢工、罢课、罢市，提出撤换日本领事、惩办日本军官、惩办凶手、撤退日军、收回码头、令日使道歉、抚恤死者、赔偿伤者等八项条件交赵恒惕政府向日人交涉。6 月2 日，长沙人民举行抬棺游行，各工会、学校组织讲演团，上街宣传。有的商人、市民在门首贴挽联哀悼死者，还有人将“誓不购日货”标语贴于自己的长衫上以示反帝决心。岳阳、常德、衡阳、宁乡、湘潭、湘阴、浏阳、祁阳等市县也爆发了群众性的反帝爱国斗争。赵恒惕政府和北京政府在群众的压力下，同日方进行交涉，但对高涨起来的群众运动又十分惧怕，借口群众在激愤情绪下产生的一些诸如剪日本布做的衫裤和拘“洋奴”之类的行动，于 6 月 5 日颁布戒严令，禁止学生出校。8 日，又将外交后援会解散，逮捕该会临时干事刘士奇，并四处捉拿郭亮、夏曦、夏明翰等。一场湖南人民的反帝斗争，暂时被赵恒惕以武力镇压下去，“六一惨案”的交涉也无结果。但赵恒惕的武力镇压并未能扑灭革命的火种，1923 年冬，谭（延闿）、赵（恒惕）战争后，外交后援会又恢复活动。

1924年初，长沙人民进行了反对武汉日租界警察诬告华人田仲香行窃非刑致死的斗争。此外，还进行了追悼被日人惨杀的旅日华侨的活动和抗议美国天主教堂唆使教民侵占湘西十县联合县立师范学校校址的斗争。群众反帝情绪越来越高。5月，湘区党委通过各公团在长沙组织了纪念“五七”和“六一”的游行大会，发出打倒一切帝国主义的号召。7月，外交后援会等发起组织湖南反帝国主义大联盟。宗旨是“联合世界被压迫民族，反对各帝国主义侵略主义，达到废除一切不平等条约，实行民族亲善，保全中国主权”。由包道平任委员长，毕承庚、郭亮任副委员长，罗学瓒、熊亨瀚、萧述凡、罗毅、毛懋勋、李泽、吴家瑛、蒋兆骧、方克刚、杨宗熙、黄惠君、凌炳、贝允昕、罗教铎、王莘聘、周鼒瑕、李况松、谭影竹、周方、朱勉、蒋育寰、陈努力、龚饮冰、龚心印、欧阳刚中、朱侣云、伍芋农等为执委和候补执委。湖南反帝大联盟成立时，我写了《我所希望于反帝国主义大联盟者》一文，发表在《新民》周报上，希望“要以革命手段作废约运动”，不能依靠和平请愿，希望能将宣传和组织工作“扩大到民间去”，并且“勿存避免军阀压迫的苟且观念”。

1924年底到1925年初开展的国民会议运动，进一步推动了湖南人民反军阀的民主斗争。1924年10月，奉直战争中，冯玉祥发动北京政变，迫曹锟下野，吴佩孚退居汉口，直系失败。冯玉祥、张作霖等拥段祺瑞为临时总执政，入北京应付时局。冯玉祥、孙岳、胡景翼等电邀孙中山北上商谈国事，孙中山决定北上，在我党的影响下，于10月13日发表北上宣言，提出召集国民会议和国民预备会议的主张。正当孙中山离粤赴京途中，段祺瑞提出召集各省区代表开善后会议，解决时局问题，与我党和孙中山提出的召开国民会议的主张相对抗。所谓善后会议，不过是军阀、官僚、名流政客的会议，根本不能代表民意。我党号召反对善后会议，指示各地党组织“国民会议促成会”，掀起一个包括劳动群众、中小商人在内的要求召集国民会议的广泛群众运动，并在运动中注意增强工、农、学生、妇女等组织的群众基础。后来，中央考虑到当时革命力量还弱，没有可能立即召集人民的会议，决定改变策略，主张参加善后会议，以批评揭露“善后会议”的真面目，促成国民会议的召开；又向段政府提出国民会议促成会得派代表参加善后会议，人数要占善后会议总人数的三分之二的要求。如果段祺瑞拒绝人民的要求，就举行示威、抗议、罢工等表示反对。1925年1月17日，孙中山致书段祺瑞，主张在善后会议中增加人民团体代表；涉及军事、财政的决定权属于国民会议，遭到段祺瑞的拒绝。国民党中央即通电反对善后会议。我党领导下的国民会议促成会也掀起反对善后会议，促开国民会议的运动。在此期间，湘区党委根据中央指示，通过外交后援会发起召开各公法团体联席会议，决定于 1924 年 12 月 11 日建立"国民会议湖南促成会"，郭亮、谭影竹、龚饮冰、廖锡瑞、熊亨瀚、曹子桓等均在其中任职。12 月 20 日，还成立了"国民会议后援会"，与促成会共同推动这一运动。后来这两个组织根据中央指示合并。促成会曾派出代表到外地宣传，帮助建立组织，王基永去常德，罗学瓒、贺尔康去湘潭。常德、湘乡、湘潭、平江等市县都建立了促成会的分会。1925 年 1 月，陈为人作为孙中山派出的国民会议宣传代表来长沙，曾同湘区党委接头。湘区党委安排他同长沙各公团接洽。我记得教育会曾组织过一次各公团代表参加的会议，由陈为人作了宣传国民会议的演讲。

1925 年 3 月，孙中山在北京逝世。湘区党委遵照中央通知，发动群众团体，掀起一个宣传孙中山遗嘱，宣传反帝、废约（废除不平等条约）的运动，并通过追悼活动，在进步分子中征求国民党员，壮大国民党左派力量。长沙各公团组织了"湖南省民追悼孙中山先生大会"筹备处，总务主任熊亨瀚，宣传主任王基永，庶务谭影竹，文书田波扬、陈佑魁、郭亮、刘春仁，会计杨福涛、缪伯英，编辑干事李亚农、曹子桓、龚饮冰，我也是编辑干事之一。4 月 18 日，在长沙教育坪举行追悼仪式，萧子暲、王基永、易礼容、周方和我都作了演说，宣传孙中山的革命历史和召开国民会议、废除不平等条约的主张。19 日，长沙举行追悼游行大会，各学校、工团都来参加，游行群众手持"打倒军阀"、"废除不平等条约"小旗，高呼口号，景况十分热烈。长沙各学校还以湖南省民追悼孙中山先生大会宣传部名义，组织九十多个讲演队，在城乡内外宣传，印发大量宣传品，并演出了新剧。

追悼孙中山的活动之后，湘区党委又组织纪念"五四"、"五五"、"五七"的活动。我在 5 月 3 日，曾以《"五四"后之反动与进步》为题作了演讲，记得徐特立、周方、易克嶷也在那一天作了演讲。

通过追悼孙中山和 5 月初的宣传运动，扩大了革命的影响，这对于推动湖南的革命运动，开展工运、农运、青运、妇运，起了很好的作用。

下面，我将分别叙述湖南的工人、农民、青年、妇女各方面的活动和工作情况。

6. 工人运动

1923年湖南的工人（主要是长沙和归湘区党委管理的安源工人）已大多组织起来。他们在工团联合会的领导下，除积极参加反帝、反军阀的国民革命运动外，还为争取改善自身生活条件，保障工人基本权利进行过多次斗争。其中比较大的有：长沙造币厂反对厂长宾步程开除工人、拖延不发饷的斗争，第一纱厂要求加薪、逐年按成分取红利的斗争，以及长沙篓业、理发业、人力车工人和湘潭炭塘子锰矿运输工人的经济斗争等。少数斗争遭受挫折，大多数则取得了不同程度的胜利。

湘区党委为了组织工人，特别是组织分散的手工业工人，通过省工团联合会举办过多期工人补习夜校。手工业工人中的党、团员大半是从该校学员中吸收。我也到该校讲过课，对工人能较快地理解马克思的剩余价值学说和接受社会主义、共产主义的理想，深有感受。此外，省工团联合会还举办过职工运动训练班，培训工运骨干。泥木工会也办过工人补习夜校。

工会工作中，成绩比较显著的还是安源路矿工人俱乐部。1922年9月大罢工胜利之后，它得到工人的信仰和爱戴，有扎实的群众基础和很高的权威。俱乐部通过了工人自治条规，建立了安源矿区从未有过的社会秩序。路、矿两局对于有关工人权益的问题，必得通过俱乐部才能有效地实行。到1925年2月，俱乐部设立七处工人学校，五处工人读书处，工人学校还设有子弟部和工人家属妇女职业班。工人俱乐部消费合作社的股金曾达到二万元（一人一股，每股一元）。

在外县，平江工运发展较好，1923年就建立平江县工会，在纸业、制衣、鞋业、编业、木业等行业中开展了宣传和组织工作。五卅惨案发生，平江反帝运动高涨，平江工会实际上成为平江革命民众的领导机关。工人在援助沪案、对英经济绝交、反英驱赵等斗争中起了中坚作用。此外，郭亮家乡铜官对河靖港的麻石工会也是组织得比较好的，大革命失败后，那里的党支部一直坚持下来，1938年还派代表到延安同党取得联系。

到1925年5月，湖南省在我党领导下的有组织的工人已达四万余人。经过实际斗争的锻炼和培养教育，这个时期涌现出一批工人运动的骨干分子。如湖南电灯公司的学徒廖去恶（即高文华），就在自修大学的补习学校上过课，后来入了党。还有第一纱厂的肖石月、邹觉吾、李佳竹、张维桢，理发工会的曹福生，电气工人俱乐部的黄玉阶，铅印工会的冯庚杰，造币厂的王子祥，石印工会的朱菊和，黑铅炼厂的宁希七，人力车工会的谭汉镇，水口山工人俱乐部的刘东轩以及安源路矿的朱少连、谢怀德。谭震林也是攸县的工人干部。

此外，自1924年以后，青工运动也有所加强。是年底，萧子暲调任青年团湘区委员会书记后，加强了青工工作，在团区委下设立青工运动委员会，发起成立湖南青年工人互助团，并在湖南铁工厂组织艺徒补习学校学友会，以联络感情、增进知识、共谋福利相号召，团结教育青年工人。这在青年运动中是一个重要的进步。

1923年11月27日，湖南工运遭到反动政府的一次大镇压。水口山工人因反对赵恒惕所支持的新任矿局局长宾步程的所谓“整饬”和驻军强占俱乐部，包围了占据俱乐部的驻军，要求军队撤出。驻军悍然开枪，当场打死工人一人，伤二人，酿成惨案。俱乐部当晚开会，向矿局提出保护俱乐部、抚恤死伤工人、撤退军队、惩办凶手、发给欠饷等九条要求。宾步程进一步勾结驻军封闭俱乐部和水口山砂船、运输工会，搜查俱乐部职员，悬赏通缉俱乐部总代表蒋先云、赵白诚等十人，强迫工人上工，并解雇二千多工人。

俱乐部被封后，湘区党委曾多次派人前往重新组织，屡遭失败，直到北伐军进湖南后，工会才得到恢复。

7. 农民运动

在党的“四大”以前，湘区党委已开始进行农民运动，主要是通过乡村教师以及号召学生和工人利用寒暑假或年假回乡的机会向农民作宣传和组织工作。对在乡当小学教员的党、团员，更要求他们用办夜校的方法，接近农民，发现积极分子，组织秘密农会。湘区党、团区委同他们经常保持通讯联系。湘区党委根据中央指示精神，曾就发动学生利用寒暑假回乡工作问题进行过多次讨论，号召学生“到民间去”从事乡村运动，注意了解社会环境，考察社会事实，进行农村状况的调查，并拟制了一个调查表，内容包括：所在地方地主有多少户，各类农民有多少户，各类农民的经济状况，文化程度等项目。

1924年，湘区党委决定由党、团员发起组织一个农民通讯社，宗旨为进行农民生活状况的调查，交流各地农运情况。为了培训农运骨干，又于1925年选派了一批党、团员和优秀工人、学生去广州第四、五届农讲所学习。第四届学员有郭屏寰、李佳竹、徐鹤、杜克明、赵松德、黄志高、陈俊杰、龚泽湘。第五届学员有陈显谟、彭振卿、罗严、胡启霖、彭维生、葛东霖、陶汰、雷晋乾、庞叔侃、周振岳、傅恕、薛卓汉、易子义、蔡协民、卢子云、戴桔秋、李中和、易礼耕、舒玉林、朱友富、袁德生、宋岳灵、谢福初、龚泽民、张玉英、毛泽民、黄福生、宋友和、李渭璜、廖大熙、周玉昆、贺尔康、刘琦、余本健、张明生、萧韶、袁秀珊、袁福清、沈仲昆、隋清梅、王寿澂、胡衡亮、夏明震等。四届学员黄志高、陈俊杰继续留在五届学习。1926 年，又派罗哲、王芳、易慎斋、喻东声、吴谦、萧晃、胡祖舜、黄益善、何茂春、谭天民、朱子和、周振汉、谭思聪、陈炳瑾、熊熙才、王首道、隋水、罗章凤、杨子春、张志卿、向鹏、李敏树、李紫初等三十六人去广州第六届农讲所学习。我们还在湘江学校办了一个农村师范部，培养乡村教师以及农村平民教育运动和乡村自治运动的指导者。广州农讲所和湘江农村师范部学员学习结业后，一般都以国民党中央农民部和国民党湖南省党部特派员的身份分派各县（以县为单位派遣一个），先到有小学教师活动和有关系、能立足的地方去工作，由点推广到面。我们还曾计划在湘江学校和育才学校内办农民补习学校，招收长沙郊区农民入学，加强长沙郊区的工作。后来因为农民没有时间来上课，计划未成，改为不定期举行农民同乐会。1924 年 11 月，湘江学校办过一次同乐会，到会农民二百余人，由党、团派人演讲，夹以游艺活动，反应甚好。湘区党委还通过团组织发起成立了一个农村补习教育社，办了十余所补习学校。这些工作，对以后开展农民运动都起了不同程度的作用。

湖南农民运动中最早成立的农民组织是衡山的岳北农工会。1923 年五六月，水口山工人党员刘东轩利用回家机会，同衡山、衡阳、湘乡交界的白果地方的农民接触，工作颇有进展。刘曾几次给湘区党委写信要求派人协助。同年 9 月，戴晓云赴衡阳、水口山传达社会主义青年团第二次全国代表大会精神，湘区党委决定由戴顺道去衡山视察。据戴报告，白果地方已经组织了岳北农工会，加入者达三千多户，一万余人，还发展了团员，建立了团支部。9 月 16 日，农工会开成立大会，通过关于改良农民和农村妇女生活、农村教育及对政府的态度等问题的决议案，并通过宣言。农工会成立后，领导农民开展了平粜和阻禁谷米棉花出境的运动，斗争了地主廖利元。衡山是赵恒惕的家乡，农工会的发展引起赵恒惕和衡山地主豪绅的恐慌。他们以“岳北遍地皆匪”为借口，派驻军捣毁农工会，并捕去刘东轩、谢怀德和积极分子数人。农民聚集七八百人在白果抢救农工会领袖，被反动军队杀一人，伤数人。因谭、赵战争，赵部从衡山退走，农民乘机将刘、谢营救出狱。不久，谭延闿败退粤北，赵恒惕重占衡山，又于十一月中旬派军队一营勾结土豪进一步摧残工会，枪杀农民七十余人，焚毁农工会会址和农民房屋二十余所。

1925年春，毛泽东回家养病时，在湘潭西二区银田寺、韶山一带创办农民夜校，建立党、团和国民党的组织，组织秘密农协，开展农民运动，领导农民进行平粜阻禁斗争。到十月，已经组织起来的乡农协有二十余处，人数达千余。

1925年5月，根据湘区党委的指示，汪先宗在他的家乡株洲和湘潭东一区一带开展农民运动，组织了秘密的农民协会，向当地土豪汪孝逵进行平粜斗争，并且提出拥护国民政府出师北伐、废除“省宪”等口号。

8. 学生运动

湖南学生在革命斗争中是一支最活跃的力量，参加了历次重大的群众运动。五卅运动以前，有过三次较大的斗争，即1923年3月湖南高等工业专门学校驱逐校长宾步程，5月衡阳三师驱逐校长刘志远和1924年底维护教育主权、反对帝国主义文化侵略的斗争。前两次斗争由于没有注意团结不同意见的学生，特别是那些埋头读书、不问政治的学生，引起学生内部分裂，形成驱宾拥宾和驱刘拥刘的对立派别，最后都因遇到镇压而失败。高工开除学生二十八人，三师开除学生五十三人，在三师任英文教员的衡阳地委负责人张秋人也被迫离校。

维护教育主权的斗争，具有全国的性质。1924年下半年，上海、湖北、四川、江西、山东、山西、河北、广东、浙江和湖南等省的学生先后组织“非基督教同盟”，反对帝国主义利用宗教对中国进行文化侵略。11月，益阳教会学校信义中学发生为抗议学校当局侮辱中国学生的百余学生退学事件；12月，长沙雅礼大学和雅礼中学因反对学校当局不向中国政府立案、不准学生参加社会活动、逼令学生读《圣经》和美国教师无理侮辱中国学生，全体学生三百余人相率退学，开始了湖南各地反教会学校的运动。随后，雅各中学二百多学生为反对外国人在中国办学不向中国政府立案，损害中国主权而退学。醴陵、湘潭的教会学校也发生类似事件。湘区党委通过青年团和学联、工团联合会推进了这一运动。12月25日，“圣诞节”时，学生组织宣传队上街宣传，散发了《为非基督教运动节檄告同胞》的传单，提出“推倒杀人不见血的基督教!”“取消制造洋奴的教会学校!”“制止丧失民族精神的文化侵略!”等口号。这次斗争持续了近五个月，虽然没有达到取消教会学校的目的，但提高了湖南学生的反帝热情。在这次运动中，我们注意团结教会学校同学，一是发动教育界组织“最高主权维持会”，帮助安排退学学生转学；二是原来学联议决拒绝教会学校参加全省运动会，后来改为准许教会学校学生以个人名义参加，使教会学校学生不致产生误会和对立。这些做法，都比 1923 年的学运有所进步。

9. 妇女运动

1921 年 3 月，长沙即有湖南女界联合会的组织。第一届湖南女界联合会的负责人为陈俶、童锡桢、周天璞、吴钊、陶毅、黎群铎、魏振立。湖南党组织成立后，最早发展的一批女党员有许文煊、张琼、杨开慧、何宝珍、毛泽建、李灿英、罗向哉等，党通过她们在女界开展工作。省工团联合会成立后，设立女工部，负责女工工作。1925 年 3 月，湘区党委设立由党和团的妇女部联合组成的妇女运动委员会，加强对妇运的领导。妇委委员除缪伯英、罗向哉等女同志外，还包括青年团等方面的负责人，如萧子暲、萧述凡、彭平之等。书记由缪伯英担任，她的公开职业为省立第一女师附小主事。国民党湖南临时省党部成立后，设立妇女部，我党、团员参加该部工作。1925 年后，常德、衡阳分别成立湘西、湘南女界联合会。妇委通过国民党省党部妇女部和女界联合会，动员妇女参加国民会议运动。长沙团地委建立了青年妇女学艺社，这是长沙团地委团结女学生和青年女工的群众性外围组织，起了较好的作用。有的团员即是从学艺社中发展的。团区委曾通知各地也建立与学艺社性质相近的组织。此外，长沙团地委还出版了《青年妇女》。

1926 年“三八”节，湘区党、团妇委会决定进行一次广泛的女子争解放的运动，由省女界联合会、妇女学艺社和长沙女师、第一女校及周南女校等发起纪念游行，提出保护女权、男女平等等要求。同日，省女界联合会发刊《妇女先锋》，在发刊词中明确提出女权运动应与国民革命相结合，指出“目前中国政治上的要求，正是急须继续完成辛亥革命”，“妇女解放，男女平权，必须在国民革命之后。故今后觉悟的妇女，应努力把妇女群众号召与团结起来，参加国民革命，在革命的目的中谋得全体妇女解放的条件。”这个将妇女运动同国民革命运动紧密结合的方针的提出，是湖南妇运工作的一大进步。女界联合会同工团联合会、学生联合会一起在打倒赵恒惕政府的斗争中起了重要作用。

10. 五卅运动在湖南

1925年上海五卅惨案和5月28日青岛惨案的消息传到湖南，激起湖南人民极大的民族义愤。湘区党委得知后，当即召开会议，决定发动群众，声援上海和青岛的工人、学生、市民的反帝爱国斗争。6月2日，由全省工团联合会和全省学生联合会发起，在长沙教育会坪举行有工人、学生、市民二万余人参加的集会，议决成立“青沪惨案湖南雪耻会”。6月3日，长沙召开市民代表大会，选出张汉藩、熊亨瀚、曾三等四十一人为雪耻会执行委员，决定自6月4日起实行罢工、罢课、罢市，6月5日举行示威。会议提出“不卖粮食与英、日人”，“不与英、日人作事”，“不买英、日货”，“不吸英国纸烟”，“不搭英、日轮船”，“工人退出英、日工厂”，“学生退出英、日人所办学校”，“不用英、日银行钞票”等对英、日经济绝交的办法。还提出“打倒英、日帝国主义”，“废除不平等条约”，“打倒军阀”，“收回海关”，“收回租界”，“参加国民革命的国民党”等口号。6月5日，长沙举行十万人的游行示威大会，各学校学生几乎全部参加，各团体亦纷纷加入，其中以工人为最多。参加游行的学生赤足草履，秩序井然。队伍经过省议会和省长公署时，雪耻会派代表持请愿书请愿，提出上海英捕房释放被捕学生；解除英、日巡捕武装，行凶者抵命；解除英、日在华武装；撤换英、日两国公使；惩办英、日驻沪领事；抚恤死伤者；没收英、日在华所办工厂；废除一切不平等条约；收回英租界；取消领事裁判权等要求。

对于高涨起来的反帝群众运动，赵恒惕十分恐惧。他软硬兼施，多方防范镇压。6月3日早上，满城贴出告示，宣称如有乱党“借端煽惑”，“一律拿获就地正法”。6日宣布全城戒严，切断各校电话，不许学生出校，街巷遍贴“四斩”布告：“宣传过激者斩”，“煽惑军心者斩”，“造谣生事者斩”，“扰乱秩序者斩”。17日，水口山矿停工示威，即遭军警镇压，湘区党委特派员彭平之等二十余人被捕。赵恒惕在实行武力镇压的同时，又采取怀柔政策，企图缓和群众情绪，控制运动。他授意商会和教育会提出改组雪耻会，并指使其亲信组织募捐处，伪装对青、沪惨案群众斗争的支持。但是，无论是赵恒惕的高压政策还是怀柔政策，都不能动摇湖南人民昂扬的反帝斗争意志，改组后的雪耻会仍继续为工团联合会和学生联合会所掌握。雪耻会通电要求全省各市、县组织雪耻分会，并决定将运动扩大和深入到农村中去。长沙学生有的自带旅费赴各县宣传，雅礼、雅各、福湘等教会学校学生纷纷退学以示抗议。6 月 6 日，衡阳的“湘南对沪惨案雪耻会”正式成立，8 日举行数千人的游行示威，并罢市、罢课、罢工一天。接着，安源、常德、湘潭、宁乡、安化、新化、益阳、沅江、湘阴、岳阳、平江、湘乡、醴陵等地都成立雪耻分会，举行了游行示威。赵恒惕的倒行逆施，使五卅运动在湖南不仅具有鲜明的反帝性质，而且逐步同反对赵恒惕反动统治的斗争结合起来，使反帝、反军阀的斗争形成更大的浪潮。

11. 与赵恒惕高压政策的斗争

五卅运动后，赵恒惕加紧镇压湖南的革命运动，首先是镇压安源工人。

安源路矿工人自 1922 年罢工胜利后，曾取得一定的优势。但汉冶萍公司历年积欠日债甚多，公司实权已为日本人所把持，公司一面以廉价钢铁、煤交付日本抵债，一面拼命压榨工人，经常拖欠工人工资数月不发，还取消年终双薪。工人俱乐部领导工人不断进行斗争。1925 年上半年，工人因向厂方索取欠饷，曾罢工多次。

汉冶萍公司的买办集团和湘、鄂、赣三省军阀，早就蓄谋伺机镇压安源工人运动，只是碍于工人俱乐部的力量强大，无机可乘。五卅惨案后，帝国主义利用奉直军阀镇压各地群众运动，上海、青岛、天津、汉口、南京等地的工人组织都遭到摧残，汉冶萍公司总经理盛恩颐也乘此时机到安源进行“整顿”。9 月 6 日，盛到长沙，同赵恒惕策划镇压阴谋，并得到江西军阀方本仁的支持。14 日，盛到安源，先以发一个月欠饷麻痹工人，同时和赣西镇守使李鸿程密商，请方本仁下令镇压安源工运。20 日，方本仁下达解散安源工人俱乐部，“拘拿首要，如敢抗拒，格杀勿论”的密令。21 日晨，李鸿程派军队二营协同矿警突然包围工人俱乐部、合作社、学校，大肆搜捕，捕去俱乐部副主任黄静源以及吴景中、刘忆然、郝云、许建人等二十余人，打死工人四人，伤十余人。随后开除工人一千二百余人，以武力押送出境。又宣布煤矿完全停工，失业工人达一万余人，安源顿时成了恐怖世界。10 月 16 日，黄静源即遭杀害。

惨案发生前，我党安源地委主要负责人陆沉曾作为工人俱乐部代表去汉口和盛恩颐交涉萍乡矿的经营及发清工人欠饷等问题。盛表面敷衍，以麻痹陆。陆回安源说：盛主张劳资调和，以缓和工人对矿局的斗争，我们须准备，以防其小进攻才好。安源地委据此分析盛“大的进攻，或者不敢”，思想麻痹，未作应变准备。事件发生后，领导人或被捕或仓皇撤离，群龙失首，斗争顿遭挫折。

黄静源被害后，安源工人异常悲愤，由朱少连组织三十余人，将遗体连夜背至醴陵之八十里坳地方正式殡殓，然后将灵柩经株洲运至长沙。湘区党委鉴于当时在安源事实上已不可能进行有力的革命反击，乃决定通过追悼活动，以揭露和控诉日本帝国主义及军阀的罪恶。10 月 19 日至 20 日，黄静源灵柩运往长沙途中，党组织发动沿途各界群众迎送，长沙还派出迎柩代表团赴醴陵迎接。20 日傍晚灵柩运抵长沙车站时，前往迎灵的有几十个团体的群众和市民数千人。群众抬着灵柩游行示威，经东墙湾、浏正街、柑子园、司门口、走马楼、府正街至教育会坪，沿途高呼打倒帝国主义，打倒军阀，恢复安源俱乐部，黄静源精神不死等口号，情绪十分激昂。黄的灵柩停在教育会坪，当晚我曾去看过，被一个叛变了的青年团员李济告密，赵恒惕反动政府派人来抓，幸而我时已离开。

为了扩大追悼活动的影响，湘区党委向各地发出通告，要求于 26 日和长沙同时举行追悼大会。据事后报告，当天召开追悼会的有安源、醴陵、株洲、湘潭、衡阳以及粤汉路等地方和单位的广大群众。长沙的追悼活动，不顾赵恒惕的高压，按时举行。群众冲破反动军警的把守，进入教育会坪追悼会场，开会讲演，散发传单，继以游行。那天散发的传单多达数十种，其中有中共湘区委员会和共青团长沙地委署名的。群众送灵柩赴岳麓山安葬时，我也随队前往，至江边而还。

广大群众在悼念黄静源活动中表现出来的高昂革命激情，使我受到很大的鼓舞，同时也深感安源工人运动遭受挫折，同湘区党委和安源地委工作中的缺点有关。主要有三：一、安源大罢工取得胜利以后，工人俱乐部在政治上取得合法地位，在经济上也得到一定利益，由此我们产生了和平麻痹观念，对可能发生事变，缺乏警惕性。“二七”罢工时，赵恒惕打着省宪自治的幌子，对我党和群众运动没有肆意公开破坏，而当他从谭延闿手中重占长沙后，就加强了镇压手段。区委对这种形势的转变缺乏足够的认识。二、不懂得在合法条件下所需要的秘密工作方法，不懂得做秘密工作的干部应和做公开工作的干部分开，要有一、二线的区别。1923 年 9 月，我去安源参加罢工胜利周年纪念活动，许多干部如李求实、吴化之等都曾向我反映安源工人俱乐部的工作只注意合法的公开活动，什么都要厂方同意，不注意非法的秘密工作。我把这些意见向刘少奇讲了。1924 年春，少奇离湘去广州路过长沙，我和何叔衡、郭亮又同他谈到这个问题，少奇不以为然，因而发生了争论，无结果而散。此后湘区党委也没有进一步讨论和采取具体的改进措施。三、安源地委领导在 1922 年罢工胜利后，和平麻痹观念也有所滋长，缺乏应变准备。因此，惨案发生后，中央指示反攻，执行已有困难。湘区党委虽然决定通过对黄静源的追悼活动揭露日本帝国主义和军阀的罪恶，扩大革命影响，但工作做得不充分，争取各地和各界的声援也不够，这是一个失误。

我于 10 月 15 日写了《安源工人之惨劫》一文，发表在《向导》周报第 137 期上。这篇文章在分析了安源惨案发生的客观原因之后，还指出：一、这次事件说明，在没有得到整个的最后的政治胜利以前，一切和平的建设事业，都保持不住；二、这次事件的教训不限于安源，全国被压迫民众都应认识其意义。这也大体反映了湘区党委的看法。

在农民运动方面，1925 年 11 月，株洲农民协会正式成立，会员达五千余人。土豪汪孝逵为了破坏农运，勾结当地驻军叶开鑫部将农协领袖汪先宗杀害。株洲民众组织了汪案鸣冤委员会，向长沙、湘潭各方面请愿，揭露赵恒惕政府的罪恶。长沙、湘潭的工人、学生也举行追悼活动，并联络各界派人去株洲，将汪先宗烈士的遗体改葬。汪先宗是湖南农民领袖的第一个牺牲者，他同黄爱、庞人铨、黄静源一起受到湖南人民的爱戴和悼念。

株洲农民协会的建立，标志着岳北农工会被解散后湖南农民运动的重新兴起，虽然它遭到赵恒惕反动政府的镇压，但广大农民的革命斗争已势不可当。1925 年 10 月湘区党委扩大会议以后，农运的纲领和政策更加明确，各地秘密农协组织发展很快。据 1926 年 4 月统计，全省有农协组织的已达二十八个县，有组织的农民达三万八千人。随着赵恒惕逃离湖南，唐生智进驻长沙和北伐军入湘，农民运动遂在全省各县更加猛烈地开展起来。

在学生运动方面。五卅运动以后，长沙长郡公学和兑泽中学学生的斗争，是学运中一次较大的事件。1925 年 11 月初，长郡公学四年级学生因筹组学生会，受到校长张有晋禁止，举行罢课。学校开除曾三、钟伟剑、康祖藩等人，学生提出质问，又被省教育司下令开除十八人，接着警厅还将曾三、杨孔万、钟伟剑等逮捕。与此同时，赵恒惕借口兑泽中学学生会会刊上提出辞退不称职的教员的要求是受共产党蛊惑，是赤化，下令开除段潇等九名学生，并派军队进驻长郡、兑泽两校，激起长沙广大学生的愤慨。11 月 9 日，省学联组织各校学生近万人赴省教育司请愿，提出政府须按月发足教育经费；学生得请求撤换和辞退不称职之校长、教员，学生得组织学生会，得派代表参加教务会议，开除学生须得学生会同意；学生有集会、结社、言论、出版、通讯之自由；军警不得干涉教育，撤退进驻长郡、兑泽之武装警察；恢复长郡、兑泽被开除学生的学籍；释放被捕学生等十一项要求。请愿学生在教育司露宿两日，秩序井然。我曾去那里看望，并同负责同志谈了话。赵政府对学生要求不予置理，并逮捕代表十余人。12 日，省学联决定举行全省总罢课，支持长郡、兑泽两校学生的斗争。常德、衡阳等地的学生立即响应省学联号召，罢课声援。

学生罢课期间，赵恒惕害怕学潮扩大，下令各报馆不得登载有关消息，并令各印刷厂不得排印学生的宣传品。区委即发动铅印活版工人举行罢工，声援学生。赵又以武力镇压，派兵封闭铅印活版工会，捕去工会代表易云卿等人。事后各报馆当局借助赵恒惕反动势力，拒绝罢工工人上工。湘区党委发动学生募捐，援助铅印工人。省工团联合会、粤汉铁路总工会、长沙泥木工会等十一个工团发表抗议宣言。中华全国总工会也为反对赵恒惕政府镇压学生运动、封闭铅印工会发来声援电报。这次学潮，因为赵恒惕坚持高压政策，出动军警，并镇压声援学生运动的铅印工人；加之运动发展迅速，学生行动未能完全一致。区委据此形势，认为罢课斗争难于长期坚持，不可能取得预期效果，因而改变策略，决定复课。这次斗争虽然没有取得胜利，但是有一个鲜明特点，即工人学生联合反对赵恒惕政府的政治压迫，具有浓厚的政治色彩。这次学潮带动了全省，边境县城也有罢课的。学生在斗争中注意联合教职员，提出代表教职员利益的口号如按月发经费等，获得教职员的同情。这些都是使赵恒惕虽取镇压手段，但又不敢过于凶残的原因。

12. 中共中央北京扩大会议和湘区十月扩大会议

1925 年 9 月，中央为总结五卅以来的工作，确定以后的工作方针，在北京召开扩大会议，地点在苏联大使馆。我参加了这次会议。会议通过《中国现时的政局与共产党的职任议决案》、《职工运动议决案》、《中国共产党与中国国民党关系议决案》等十几个决议和《告农民书》。京、粤、湘区和河南、山东、湖北等地方组织在会上都作了报告，并分别通过了相应的决议案。会议根据工人阶级在五卅运动中表现出来的坚决革命性，以及资产阶级在运动中表现出来的妥协性，进一步指出工人阶级在民主革命中的领袖地位，并根据在中国南部和中部逐渐发展起来的农民运动的事实，指出实现“耕地农有”是使农民拥护革命的根本政纲。会议通过的《告农民书》，提出了作为当前奋斗目标的农民的最低要求，主要是组织农民协会代替劣绅包办的农会，由农民选举乡村自治机关，由农协和乡村自治机关议定最高租额和最低谷价，反抗苛捐杂税及废除陋规，由农协组织自卫军，并要求政府发给枪弹等。会议提出中国共产党作为民族革命运动的领袖，“应当指示群众以前进的道路，应当提出政纲，使工人阶级及其同盟者——农民、城市小资产阶级、革命的知识阶级——能够有所根据而向前奋斗，力争国内革命民众政权的实现和中国的统一，脱离帝国主义的压迫而独立。”① 在同国民党的关系问题上，会议强调要尽量扩大我党的组织，加强我党独立的政治宣传，使我党成为群众化的党。会议认为过去的国民党右派早已公开反动，离开了国民党，中派也已分化为左派或反动派，划分反动派和国民党左、右派的标准，应以他们对帝国主义、军阀及一切反动派和工农运动、联俄联共政策的不同态度而定，指出党对国民党的政策是尽力赞助国民党左派，与之结成密切的联盟，反对包括戴季陶在内的国民党右派。在职工运动议决案中，会议根据天津、唐山、安源、上海、香港等地工人运动的情况，指出做“长时期的秘密组织的准备”的重要性。在组织上，会议决定撤销工农部，改设职工运动委员会和农民运动委员会；增设军事部，以加强对工农运动和武装工人工作的领导。中央这次扩大会议，由于有五卅运动以来四个月的经验，对于一些问题的认识和分析，较之“四大”时，又有发展和提高，而且比较具体。

我代表湘区党委在会议上作报告，汇报了 9 月 20 日发生的安源惨案并作了自我批评。由此，会议在湘区报告议决案中，批评湘区党委在领导群众运动中，“有规避争斗而习于和平发展的倾向。”中央扩大会议的这个批评是很严厉的。现在看来，当时区委在领导群众运动中，还是注意了将工农青妇为争取自身的切身利益的斗争同政治斗争结合起来，注意了引导群众参加反帝反军阀的斗争。特别是在五卅运动以后，工人运动同学生

① 见 1925 年 10 月中共中央扩大会议《中国现时的政局与共产党的职任议决案》。

运动日益结合，斗争的矛头直接指向赵恒惕反动政府，斗争的政治色彩愈益鲜明。但是，正如前面所述，湘区党委在领导群众运动中，对于公开工作和秘密工作的关系认识并不清楚。当时湘区党、团组织是秘密的，区委的组织、宣传、秘书、军委等组织均不作公开活动。区委成员中仅郭亮、夏曦公开了党员身份。我在北伐以前，党外叫李维汉，党内叫罗迈，北伐后我才公开自己的党员身份，在党内仍用罗迈这个名字。由于区委及党的负责干部，大多数都从事公开活动，共产党员的面貌事实上是公开了。历史地看，产生这种情况的原因是群众运动需要有威信的领袖来领导，领袖人物或者是从外面派进去的党员，如李立三、刘少奇在安源；或者是在群众斗争中产生的，如泥木、缝纫等工会领袖，他们同时担任了支部书记。在反动统治下，我们应该适应公开活动与秘密活动又分开又联结的需要，在党支部和支部以上的党的领导机关内准备好公开活动与秘密工作的两套干部班子。而我们基本上是一套人马，组织虽然秘密，干部却大部分是公开的，这就使我们在一旦发生事变时无法应付。少奇在 1937 年 3 月写的《关于过去白区工作给中央的一封信》中讲到这个问题。他说："党的秘密工作必须与公开的群众工作完全分开，完全采取不同的方法，并完全由不同的干部来作，同时又使两者联系起来，配合为党的整个工作。"关于党的公开工作和秘密工作的区分和联系，我们党经过大革命和内战两个时期的实践，才逐步认识清楚。少奇的这段话概括了这方面的经验。

为了贯彻这次中央扩大会议决议，湘区党委于 10 月召开扩大会议，由我传达中央扩大会议的情况和决议精神。湘区党委扩大会议根据中央决议精神结合湖南具体情况，着重讨论了五卅运动以来湘区党的工作和今后的任务，通过了关于组织、宣传、工人、农民、青年、妇女等问题的决议。现在可以找见的只有一个《农民运动议决案》。这个议决案比较全面地分析了农村的阶级状况，认为佃农、雇农是农村中的革命派，是工人阶级的革命同盟军；自耕农是农民中之中立派，在政治斗争中我们应联络之，在经济斗争中应中立之；地主阶级则为农村中之反动阶级，目前对其恶劣者应攻击，对无大恶者可暂取缓和态度。《议决案》根据中央扩大会议的精神，提出了一个十四条要求的政纲，包括集会结社言论出版自由，农协和乡村自治政权机关应由农民选举，不得绅士包办；取消团防地主武装，组织农民自卫军；由农协及乡村自治机关规定最高租额、最低谷价，反对高利贷；没收大地主、军阀、官僚、庙宇的土地交给农民等。这个议决案说明湘区党委对农民问题的认识较前有很大提高。会议决定在区党委下设农委，以夏明翰为书记。

这次湘区党委扩大会议讨论了安源惨案问题。1926年1月4日，区党委根据中央扩大会议和湘区党委扩大会议的精神作出《关于安地事件的决议》，比较全面地总结了安源惨案发生的客观原因和主观原因，指出帝国主义、军阀和资本家勾结镇压安源工运的必然性，以及安源第一次大罢工胜利后领导思想中的和平麻痹观念。

13. 反英讨吴驱赵运动

中央北京扩大会议之后，全国出现了一个反奉战争的革命高潮。1925年10月，直系浙江督军孙传芳发动讨奉战争，吴佩孚通电响应。奉军郭松龄部同当时倾向革命的冯玉祥国民军联络，反戈讨奉，直逼沈阳。一时，在北方出现了客观上有利于革命的形势。我党中央于10月20日与共青团联名发出《对反奉战争宣言》，指出反奉战争不纯是军阀之间的战争，由于反奉运动是全国民众的，几乎全体国民都站在反奉方面，不仅南方的国民革命军反对奉军，而且北方的国民军也同情民众的爱国运动而反对奉军，因而，在“直系动兵的旗帜上，不得不染点民族运动的色彩”，反奉战争“在客观上却是一种民族解放战争”。宣言号召爱国民众“组织人民自卫军，积极的参加战争”，“集合全国所有反奉的力量，在帝国主义者助奉或助直的政策尚未确定以前，在直奉的关系尚未有新的变化以前，肃清奉系军阀的势力，确定革命的民主政府之局面”。宣言指出此次反奉战争的目的，从全国民众的角度来说，是要求实现包括释放政治犯，解除奉系和安福系武装，废除治安警察条例、出版法及罢工刑律，保障人民自由，召集真正代表人民的国民会议，建立革命统一的民主政府，宣布关税自主，宣布废除不平等条约等民族民主革命的基本纲领。

1925年11月28日，北京群众举行以反对关税会议为导火线的反奉倒段的集会示威，提出打倒段祺瑞政府，召开国民会议，建设国民政府的口号。中共中央于12月2日发出通告，要求各地响应北京人民的示威运动。湘区党委接到通告后，即通过工、学团体组织反对关税会议运动示威大会筹备处。12月7日，大会通过扫除帝国主义在华之势力，废除一切不平等条约，要求关税自主，打倒一切军阀，建设人民委员制政府等五项决议，要求赵恒惕政府释放由于长郡、兑泽学校事件被捕的学生，启封铅印活版工会。示威群众行经《大公报》、《通俗报》馆时，因这两家报馆攻击过学生运动，压迫印刷工人，愤怒地打碎了它们的招牌。示威群众还撕掉戒严司令部贴在铅印活版工会门上的封条。到省长公署向赵恒惕请愿时，示威大会代表对其压迫民众运动的倒行逆施一一提出质问，赵惶然不能对答，群众高呼打倒赵恒惕的口号。这次行动后，11 月份被捕的学生、工人曾三、易云卿等被释出狱。1926 年 1 月 24 日，根据湘区党委的决定，由国民党省党部出面，在省教育会幻灯场召开各团体代表会议，到会千余人。王基永（当时为我党在国民党省党部中的党团书记）报告开会宗旨，说明北方政局的变动，正是国民运动发展之日，民众应一致奋起，团结奋斗，夺取政权。会议通过了反对奉系军阀及一切卖国军阀；反对日本出兵满洲；反对关税会议；迫段祺瑞下台，召集国民会议；保障人民言论、出版、集会、结社、罢工自由等决议。这次运动证明，赵恒惕政府未能把日益高涨的以学生、工人为主体的群众斗争镇压下去，他的反动统治的危机正在加深，已经很难照旧统治下去了。

反奉战争中，张作霖在日本帝国主义出兵援助下组织反攻，郭松龄战败被杀，吴佩孚从反奉转向联奉，破坏反奉联盟，使革命的有利形势受到挫折。这就使湖南人民进一步认清了军阀的真面目。2 月 2 日，湖南雪耻会纠察员在福兴门外阻止英、美烟草公司卖烟、抽彩时，被英人打伤，更加激起湖南人民的愤怒，从而掀起了一个反英讨吴的群众运动。2 月 10 日，省学联出面召集长沙各公法团代表开会，议决组织反英讨吴行动委员会，推举熊亨瀚、张坦然、潭因、杨纯一、曹子桓、王东亮、曹羽仪等七人为委员，警告赵恒惕政府不得偏袒英人，并通电讨吴，请广东国民政府出兵北伐。3 月 3 日，反英讨吴行动委员会召集省垣各界三千余人举行集会并示威游行，谢觉哉等四代表至省署向赵恒惕请愿，赵未敢出见。8 日，早有取代赵恒惕统治湖南之意的唐生智，乘势以“郴宜米贵，给养困难”为由，令所部一个团自宜章、郴县开赴衡山，向长沙逼近。赵恒惕十分恐慌。湖南人民也已经从赵恒惕政府的反动统治中认识“省宪”的虚伪性。区委根据形势的发展和群众的觉悟，认为在反英讨吴的群众运动中提出废除“省宪”的口号，推翻赵恒惕在湖南的统治的时机已经成熟，决定于 3 月 9 日由国民党省党部出面召集长沙市民大会，号召反英讨吴驱赵。这次大会通过了二十四条政纲，提出打倒赵恒惕、废除省宪、取消省议会、组织代表民意的政府、恢复被封之一切民众团体、请广东国民政府北伐以及督促湘政府北伐等口号，并议决组织湖南人民临时委员会以为督促实现这些要求的机关。宁乡、衡阳、平江、常德都开展了这一运动。长沙的革命气氛十分浓厚，群众大会一个接连一个，街巷贴满了标语。湘区党委还以共产党的名义印发揭露英帝国主义进攻中国之新计划、吴佩孚卖国真相等传单。12 日为孙中山逝世周年日，各地都举行纪念活动，广泛进行国民革命的宣传。我党、团负责人都在长沙公共体育场公开讲演，“均各发挥尽致，听者为之动容”（据当时长沙《大公报》）。

赵恒惕迫于广东革命形势的发展，唐生智势力的逼迫，湖南群众的压力，于 3 月 12 日出走。行前发去职通电，委唐生智为内务厅长，代行省长职权。至此，统治湖南五年之久的赵恒惕反动军阀政府宣告垮台。

14. 争取唐生智，迎接北伐

在反英讨吴驱赵运动前后，我们利用唐、赵矛盾，进行争取唐生智的工作，这是区委准备迎接北伐的一个重要步骤。当时，唐生智为巩固权位，壮大实力，一面敷衍赵恒惕，一面秘密联络广东国民政府，曾托黄绍竑表示输诚之意，对于群众运动，他也采取比较开明态度，以求民众支持。因此，1925 年 11 月衡阳学生的罢课斗争进行较为顺利。湘区党委采取利用矛盾建立反赵联合战线的策略，曾以国民党名义派人同唐生智、叶开鑫、夏斗寅、熊克武等联络。1925 年上半年，派夏曦去湘西争取熊克武，不成。年底夏又去衡阳同唐生智联络。其间，夏曾用五倍子水写密信给我，报告联络情况。1926 年 1 月，又派王基永去衡阳，向唐提出七项最低条件：①发通电主张速开国民会议；②通电讨伐吴佩孚；③政治上与国民政府取一致行动，与国民军合作；④立即表示与人民共同反赵；⑤保障人民自由，恢复水口山工人俱乐部；⑥反对联省自治；⑦军队中施行政治训练。区委的政策是逼唐参加联合战线，若唐不承认这些条件，即揭破其假面具。王同唐接洽结果，唐对我们所提条件大体赞同，并进一步表示支持广东国民政府之意，还送二千元给国民党湖南省党部作活动经费。3 月 16 日，唐自衡阳到长沙，对时局持观望态度，不肯就任代省长职务，表示要维护赵恒惕的“省宪”，保护省议会，并电请第一、二两师师长贺耀祖、刘铏赴长沙共商善后；对 3 月 9 日长沙市民大会通过的二十四项要求，态度暧昧，不许雪耻会查禁日、英货物，也不许提反对吴佩孚的口号。但对工农青妇等民众运动，尚能允许相当自由，不加压迫。

3 月下旬，广东国民政府代表陈铭枢、白崇禧来湘，湘区党委决定由国民党省党部和长沙各界出面组织欢迎活动，并以国民党省党部名义制定“欢迎国民政府代表来湘宣传纲要”，借此扩大反帝、反军阀的宣传，进一步促唐左倾。唐生智与陈铭枢、白崇禧会谈后，达成了初步协议，同意与广东国民政府联合反对北方军阀，接受国民政府任命，改编所辖军队为国民革命军。3 月 25 日唐宣布代行省长职权，诱捕了亲赵的第二师师长刘铏等，并令所部进击驻在湘阴、新市、桃林及岳州一带的叶开鑫师。

唐生智进驻长沙后，吴佩孚纠集豫、鄂、赣军及湘军叶开鑫，粤军谢文炳组织所谓“讨贼”联军，企图阻止广东革命势力的发展。4 月下旬，吴佩孚任命叶开鑫为“讨贼”联军湘军总司令兼湖南省长，助赵恒惕攻湘。叶、唐两军战争全面展开。4 月 12 日，国民党省党部出面召开市民大会，仅长沙近郊农民就有两万多人参加，夏曦、徐特立在会上发言，号召人民起来支持反对吴、叶的战争。长沙学生和工人组织慰劳队和救护队赴平江、湘阴、汨罗前线，慰劳和支援唐生智的部队。叶军在吴军支持下，打着“讨赤”的旗号，于 5 月 2 日重占长沙，唐生智退走衡阳。湘区党委决定夏曦也随唐退走，以便继续对唐进行工作。

长沙在吴、叶统治下，一片黑暗。吴、叶军队搜查学校，殴辱学生，摧残工农组织，勒索商人，封闭雪耻会和国民党党部，奸淫掳掠，无所不为，激起湖南人民极大的愤怒和反抗。湘区党委开会讨论对付这次事变的政策，认为贺耀祖对广东国民政府有过输诚表示，他与唐生智虽有矛盾，但对吴、叶也不满，参加讨唐是被吴、叶所逼迫。因此，确定争取贺耀祖，集中力量反吴、叶。

唐生智在吴、叶军的压迫下，政治态度有好转表示，6 月 2 日在衡阳就任国民革命军第八军军长兼北伐军前敌总指挥职务；正式宣布废除赵恒惕政府的“省宪”，解散赵之省政府，设湖南临时省政府，自任省长，并宣布解散各县议会，取消赵政府颁布的“工会规程”，代以广东国民政府的工会法，还公布湖南农民协会暂行总章，取消旧农会组织。唐并致函鲍罗廷，表示联俄愿望，说第八军是“世界革命的军队”。6 月下旬，国民革命军第四军陈铭枢、张发奎两师和国民革命军第七军，奉国民政府命令，自粤、桂出发援助唐生智北伐，反击吴、叶军，从此湖南政局进入北伐战争的阶段。

三、北伐战争时期

1926年6月，国民革命军自广东、广西入湘，会同唐生智军进行北伐。北伐军在湖南节节胜利。以国共合作为中心、以工农联盟为基础的统一战线不断扩大。民主势力特别是农民运动得到迅猛发展，出现了两重政权。湖南处于大革命的高潮中，到处热气腾腾。与此同时，在革命阵营内，共产党领导的革命民主势力与没有经过民主改造的唐生智控制的武装力量和政权机构间的矛盾也逐渐发展。随着全国形势的变化，它成为影响湖南革命发展的主要矛盾。革命在发展，又潜伏着严重危机。这个时期，根据两大势力各自力量的发展和变化，又可分为两个阶段：1926年下半年，是双方以联合为主和各自力量迅速发展的阶段；1927年上半年，是双方矛盾日益激化直至分裂的阶段。

1. 北伐军进占长沙

1926年7月5日，唐生智率部自衡阳出发，会同国民革命军第四、七军进攻赵恒惕军，8日克湘乡，9日克醴陵，10日克湘潭，11日占领长沙。北伐军每到一地，都得到工人、农民和学生广泛的支援。各地学联组织宣传队随军宣传。醴陵的工人、学生组织的平民救国团和农民武装队三百余人直接参战，配合第四军攻克醴陵。平江、岳阳、临湘等县农民组织了冲锋队、暗探队、疑兵队、运输队、宣传慰问队、向导队支前参战，出力甚大。北伐军攻占长沙后，省工团联合会组织了三千余人的工人运输队，分批随军出发。8月下旬，北伐军乘胜向湖北推进。

2. 中共中央四届三中（扩大）全会和湘区“六大”

1926年7月上旬，党的四届三中（扩大）全会在上海召开。我参加了这次会议。会议由陈独秀主持，他代表中央作政治报告。周恩来在会上报告了中山舰事件的经过，这是我第一次听到有关这个事件的详细情况。这次会议召开于国民革命军北伐进军至湖南，革命迅猛发展的关键时刻，对于党的工作有重大的影响。会议决议对于一些问题的分析，有正确的方面，也存在比较严重的缺点。

会议分析了革命阵营的几种势力，并结合社会阶级关系分析了国民党内的各种派别，指出：工农群众是革命的基本力量，共产党是他们的代表；资产阶级具有两面性，在客观上“有倾向革命之可能”，“想利用工农群众势力，反抗帝国主义与军阀，以得到他们的要求。”但“一旦得到些小胜利，稍稍能够安慰其阶级的要求，便立刻发挥其妥协根性，离开民众，背叛革命而与敌人合作。”会议明确提出要和资产阶级争夺领导权的任务，要“努力拉住小资产阶级，使之接近工农群众，而不完全为资产阶级的政治思想所统治，以与资产阶级争此革命运动的领导地位。”① 会议提醒全党在与资产阶级建立统一战线时，既要防止“左”的偏向，又要防止右的偏向。

会议再次强调农民问题的重要性，指出“我们的党要想领导中国民族解放运动顺利的进行，就在取得这项农民的势力，取得农民运动的指导权”②，并根据农民运动发展情况，提出当时全国农民急切的几项政治和经济的要求，即减租减息和集会结社自由等。对地主，主张区别对待，中立不积极作恶的大地主，只攻击极反动的大地主。对于农村中的其他群众，如小商人、手工业者、知识分子，要取联合策略。对地主土豪劣绅用以压榨平民的民团，要逐步加以改造，把权力转到农民手中。

对于军事工作，会议主张我们党“应该参加武装斗争的工作，助长进步的军事势力，摧毁反动的军阀势力，并渐次发展工农群众的武装势力”，要从政治上加强对工农武装骨干的训练③。

会议对上述问题的分析，特别是对资产阶级（实际指中等资产阶级即民族资产阶级）两面性的分析，以及根据当时客观条件，分阶段、分步骤消灭封建剥削制度的策略思想，现在看来基本上是正确的。

但是，这次会议存在着严重的缺点：（1）关于革命任务，强调反帝，不强调反封建，没有提出消灭封建土地制度的任务。解决农民土地问题，是中国民主革命的一项基本内容，尽管实现这一任务需要分阶段进行，特别在战争成为当时一切任务的中心的时候，更应如此。但是会议没有理直气壮地强调指明消灭封建土地所有制的战略任务，没有明确指出对于地主阶级中暂时可以联合或中立的部分暂取联合或中立的策略，正是为着实现这一根本任务。（2）关于革命前途，存在很大的不彻底性。会议认为

---

① 见中国共产党第三次中央扩大执行委员会《中央政治报告》。

② 引自中国共产党第三次中央扩大执行委员会《农民运动议决案》。

③ 引自中国共产党第三次中央扩大执行委员会《军事运动议决案》。

“中国民族运动的前途……是由工农阶级领导小资产阶级，推动资产阶级，以革命手段达到民族资本主义之建设。”① （3）把中等商人划为小资产阶级，实际上，它应是民族资产阶级的一部分。（4）把中小商人作为小资产阶级划作国民党左派的政治和组织基础，主张将他们交给国民党左派去领导，以造成共产党领导工农，国民党左派领导小资产阶级的局面。这样做，实质是同国民党左派分割领导权。（5）对当时已成为我党与资产阶级争夺革命领导权的主要对手蒋介石缺乏认识，特别是在“三二〇”事件之后，蒋介石实际已经代表豪绅买办阶级，却仍把他看作国民党内的中间派，称之为“武装的中派”或“新右派”。主张联合左派并中派，有时还需要扶助中派，向反动的右派（指老右派）进攻。没有认识蒋介石已经是较之西山会议派更为危险的同盟者，因而在实践中，仍将北伐军事权系于蒋之一身，害怕同他分裂，不作可能分裂的准备。（6）对于军事工作，只提出在敌军中，即在北洋军阀的军队中组织我们党的兵士支部，对由南方地方军阀掌握实权的国民革命军和国民军，只提出派人去做政治工作，不敢争取获得统一战线内部的军权。对于农民武装，规定“不可有常备的组织”，“不要超出自卫的范围”②，小心翼翼地唯恐引起误会和冲突。联系到会议通过的对于时局主张中所重申的国民会议是解决中国政治问题的道路的主张，如说“现在本党对于时局的主张，仍旧主张国民会议是解决中国政治问题的道路”，说“只有参加国民会议运动之各阶级的民众，首先在各地方集中工人、农民、学生、商人、手工业者等各团体的力量于各地方的国民会议促成会，一面进行自动的发表政纲的国民会议之实现，一面各自在当地立刻起来做地方政治的直接奋斗。由反抗苛税苛捐力争民权自由，一直到推翻当地的军阀政权，建立地方的人民政府：如此方能汇合全国民众的力量，由发表政纲的国民会议，进行到接受全国政权的国民会议，由此会议建立全国的人民政府，解除人民自己的痛苦”③等，说明会议对于我党掌握武装的重要性和迫切性的认识仍然是很差的。会议的上述缺点反映的是右的倾向，它不能不对即将兴起的军事斗争和群众斗争的高潮发生不利的影响。

开会期间，从报上看到北伐军进占长沙的消息，我未等会议结束，也

---

① 引自中国共产党第三次中央扩大执行委员会《中央政治报告》。

② 见中国共产党第三次中央扩大执行委员会《农民运动议决案》。

③ 引自《中共中央第五次对于时局的主张》，1926 年 7 月 12 日。

没有参加各项决议的讨论，在会议通过了中央对于时局的主张后，即赶回长沙。临走时，我向陈独秀请示工作，陈说了两点：一、大力支援唐生智军北伐；二、可以组织工农自卫武装，共产党不独立搞军队。8月6日和18日，区委根据党的四届三中全会通过的中央对于时局主张的精神和北伐军进入湖南后的新形势，两次发表对时局宣言，宣布政见，强调湖南革命政府应该维护民众利益，革命军必须和民众结合，号召民众起来结成工农商学各界的联盟，召集乡民、县民、省民会议，发布政纲，伸张民权，为召集全国的国民会议，接收政权作准备。宣言还提出停止预征钱粮，废止陋规苛税，没收逆产，铲除贪官污吏，限制高利贷，制定工人最低工资、农民最高租额，保护人民集会结社言论出版自由等民主政纲。

10月1日至13日，区委召开第六次党代表大会。此时，全区已有党员三千七百十四人，党的地委十五个，通讯处九个，特别支部三十二个，五十六个县都有了党的组织。大会讨论了加强党的独立主张的宣传、商民要求、省民会议运动、党的发展等问题，并通过了相应的决议和大会宣言。会议认为湖南已经结束“军政时期”，进入“训政时期”。当时政治斗争的形势，一面是反动的封建残余势力，一面是革命的民众势力，民众势力战胜封建残余势力，湖南就将走上升的民主政治的轨道，实现革命的民众政权。关键在于以唐生智为首的省政府的意向和民众自身势力的发展。因此，会议要求唐生智政府站在革命民众一边，扶植人民团体的发展，促进人民设立自治政府，将地方政权交还人民。会议特别强调发展民众势力的重要，认为这是实现民众政权的保障。会议议定了一个包括有言论、集会、结社、出版、罢工、抗租自由，工农武装自卫，制定劳工、农民保护法，大产业公有，乡村政权交乡民会议，八小时工作制，规定最高租额、最低工资等共五十五条工人和农民的最低限度的政治经济要求，作为发动工农群众为自身利益奋斗的目标。

区委8月的两次宣言和区第六次代表大会通过的文件，基本上反映了北伐军占领湖南后区委对湖南政局的主张和政策。它在实行联合战线，注意团结同盟者，贯彻民主政纲，以及发展工农基本民主势力，建立工农自卫武装，建立城乡民众政权等方面的主张，都是正确的。它提出了当时建立统一战线的民主政权这一迫切问题。但是区委同党中央一样，对于建立城乡民众政权的途径，认识上存在着片面性，即片面地重视民众运动，而忽视对武装的争取和掌握。而无后者做支柱，民众政权就不可能建立，即使建立起来也不可能维持。后来长沙市民代表会议以及上海工人武装起义后建立的市民代表会议的流产就是证明。

3. 统一战线的扩大及其内部斗争

湖南的国民党组织在1926年初打倒赵恒惕的高潮中即已公开活动。北伐军占领湖南后，它成为我党推动革命的一面公开旗帜。区委下设"民校运动委员会"（民校，是当时党内对国民党的代称）管理国民党工作，书记夏曦。在国民党内设我党党团，书记周以栗。我党的政治主张一方面通过工、农、青、妇群众团体贯彻，另一方面主要通过国民党省党部推动省政府去实施。后者由于国民党是执政党，因而更为有力。

我参加四届三中全会从上海回长沙后，唐生智要求同我会见，经过夏曦的联络，我们见了面，夏曦也在座。我们向唐表示，希望他实行三民主义和三大政策，支持工农运动，对于北伐，我们当尽力发动群众支援。唐对于我们的要求，满口应允，并主动表示工农运动的经费可由省政府补助，要求我们对省政府的工作给以帮助。还提出请我们派几个共产党员到下面去当县长。对于他补助工农运动经费，我们表示欢迎；对于他要求我们支持省政府的工作，也表示无问题；但对于他要求我们派党员当县长的事，我们婉言谢绝了，因为党中央没有规定，我们自己也认为县长素来是直接压迫人民而为人民所痛恨的官吏，我们不能去干。当时，我和区委的同志还没有利用机会改造旧政权的认识。

谈话间，唐生智将他的智囊省政府的建设厅长邓寿荃介绍给我，说在他随军北伐期间，由邓负责同我们联系。邓后来也向我表示，希望我们派几个党员去当厘金局长，帮助他整顿一下腐败混乱的税收工作，我托辞很难找到适当人选，谢绝了。这次同唐生智见面谈话，实际上是一次同湖南的国民党实力派达成协议的政治协商。1926年底至1927年初，唐生智本人及其核心领导人物邓寿荃、邓介松、张翼鹏是执行了协议的。其主要表现是：1. 驻在各县市的留守部队（主要是何键所部）对工农群众运动采取不干涉的中立态度，大大便利了工农群众运动和民主运动的开展；2. 谈话后不久召开的国民党湖南省第二次全省代表大会通过的宣言和决议，基本上反映了我党的政治主张；3. 1927年2月，唐生智因处理常德兵变事从前线回湘，区委通过他与国民党省党部、省政府以及各群众组织协商，制定了一个《湖南省行政大纲》，计分民政、财政、建设、教育、军事、司法、土地、农工等共一百一十二项，规定筹备县区乡自治，废除团防，废除苛税杂捐，统一财政、税收，实行减租，保障工人利益等要求。实际上，这是国共合作下湖南省政府的一个施政纲领；4. 以邓寿荃为首的省政府建设厅支持工会和农协的工作，月拨经费二千和三千元给工会和农协，并另拨湖田溢田项下二万元给省农协，在各县办农民训练班。

对国民党的工作，区委贯彻了中央关于壮大左派，与之结成密切联盟，争取中派，反对右派的方针。争取唐生智，就是一项重要的争取中派的工作。区委还同李荣植、雷铸寰等左派谈话，鼓励他们大胆领导国民党工作，欢迎左派到群众中去，造就他们自己的下级干部，整顿县党部，还表示共产党并不想代替左派、包办国民党的工作，打消了他们对我们的疑虑。左派逐渐活跃起来。

国民党省“二大”以后，共产党员在省党部的执监委员和候补执监委员中约占三分之一，有夏曦、凌炳（他是后来加入共产党的）、周以栗、王基永、易礼容、谢觉哉、黄颐、刘春仁、戴述人、何叔衡、熊亨瀚等。省党部的工人、农民、青年、妇女部长分别由凌炳、易礼容、周以栗、黄颐担任，商人部的秘书是姜梦周。省党部执监委员中，李荣植、吴鸿骞、雷铸寰、董维键、谢骧稺、李燮治、鲁子源、易克嶷等左派国民党员占优势。廖维藩和谢晓峰比较右，仇鳌则以中派自居，实则中间偏右（马日事变时成为反共的反动派），后来成为右派的刘岳峙，开始表现也尚好。凡是我们组织和发展起来的各县、市的国民党部，负责人大都是党员和非党的左派分子，主要是知识分子，能站在工农运动方面。后来，根据中央7月和12月会议关于不要包办国民党工作，要努力加强我党独立主张的宣传，扩大我党的社会影响，加强我党在工农群众中的工作基础的决定，区委认为工、农、青、妇团体都掌握在我们手里，国民党省党部有关职务可以让给左派。是年底，省党部农民部长即由刘岳峙接任，当时我们对刘岳峙的真实面目是认识不清的。1927年初，工农运动猛烈发展，湖南国民党开始新的分化，刘岳峙结合其他右派分子组织了一个新的右派组织——“左社”。他还以省党部农民部的名义拟定了一个以致力于“农产物之增加，农业之改良进步”，反对农村阶级斗争的农运计划。他们赞成蒋介石迁都南昌的主张，要求改组湖南省党部，散布农民运动“糟得很”的言论。他们与蒋介石勾结的阴谋被国民党长沙市党部的左派党员揭穿，省、市党部将刘岳峙等开除出国民党，省政府通告缉拿“左社”分子，并查封其活动基地三湘、纯德、晨光等学校。这是湖南国民党内部左右派的一次重要分化。这次斗争对于湖南总的政局并无大的影响，说明湖南国民党右派势力在左派势力占优势的情况下不能起多大作用。严重的问题是在唐生智部队中国民党特别党部内的有权有枪的右派头子，这些人后来在马日事变中与特别党部以外的右派头子结合起来，控制了湖南的局势。

4. 继续深入的反帝斗争

在北伐军胜利进军，直系军阀节节败退的形势下，帝国主义、特别是支持直系军阀之英帝国主义，以“反赤化”为名，派军舰来华，向中国人民示威。1926年7月初，英、美、日帝国主义派军舰停泊长沙城外之湘江中。7月10日，英、意帝国主义又增派军舰来长沙。帝国主义的挑衅激起湖南人民的愤慨。7月下旬，“青沪惨案湖南雪耻会”改为“雪耻会”，恢复活动。9月7日，长沙各界举行了“九七”国耻纪念游行示威，宣言“我们欲求民族独立与富强，唯有联合世界上的平等待我之民族及一切被压迫民众，努力向帝国主义进攻”。9月25日，“湖南农、工、商、学大联合”成立，有二百三十多个团体，三万余人参加大会。大会提出：“反对英帝国主义帮助军阀吴佩孚、孙传芳”，“反对英帝国主义进攻革命军”，“反对英帝国主义勾结陈炯明扰乱后防”，“反对英舰擅自行驶内河，撤退驻华英舰”，“继续扩大对英经济绝交”，“为万县惨案死难同胞复仇”，“取消中英间一切不平等条约”等口号。当日，长沙各界还举行了反英示威游行，抗议9月5日英舰炮击万县的暴行。游行队伍派代表向驻长沙英领事署送了通牒。此后，全省各地都开展了反英运动。长沙群众焚毁各店英烟。衡阳雪耻会没收并拍卖英美烟草公司存货，封闭英商行栈。长沙雪耻会禁止英商亚细亚煤油公司经理处营业。郴州、永兴群众拍卖亚细亚煤油。宝庆群众焚毁油栈。常德雪耻会击毁英商洋行，封闭英货经理处。湘潭、安乡也都发生焚毁英油和其他英货的事件。湖南省政府支持群众的反英行动，拒绝了英领事的抗议。1927年2月9日，英水兵又在长沙水陆洲及湘江北岸登陆，打伤工人纠察队员。当日，湖南各界举行反英示威大会，组织了湖南人民对英罢工委员会，扩大对英经济绝交，长沙的洋务工人宣布罢工。英商在湘营业几乎完全停顿。

1927年3月23日，英水兵在长沙水陆洲打伤菜农，24日，发生英、美军舰炮击南京的惨案，湖南的反帝斗争由此更进一步扩大。4月，长沙各界群众联合行动，收回基督教青年会，改为湖南人民俱乐部。4月6日，组织了湖南人民收回海关委员会，收回长沙和岳州海关。

湖南人民的反帝热情是极其可贵的，它反映了长期遭受帝国主义压迫的中华民族的革命精神。在反帝斗争中，以工人、学生为基干，注意联合女界、教职、商会等各阶层群众，并争取到国民党省党部和省政府的支持，因而能够形成波澜壮阔的浪潮。但在这个运动中，注意策略不够，例如焚烧英油，使群众用油遇到困难，还影响到武汉市面煤油的供应，使经售英货的中小商人受到损失，引起他们的不满。

5. 工人运动的新高潮

北伐军克复湖南后，有了一个比较好的政治环境，工农群众运动迅速发展，形成高潮。受赵恒惕和叶开鑫摧残的安源路矿工人俱乐部、水口山工人俱乐部和新化锡矿山矿工会先后恢复。1926年8月，湖南省工团联合会改为省总工会，提出统一全省工人运动的口号，实际取得全省工会领袖的地位。至11月，长沙、岳阳、浏阳、衡山、宜章、醴陵等十八个县市也建立了总工会。产业工会除安源、水口山、锡矿山外，还有炭塘子锰矿、第一纱厂、粤汉路、株萍路、汽车路、海员等。各县成立工会筹备处的有永兴、新田、常宁、澧县、安仁、石门、零陵、新化、攸县、湘潭、平江等二十六处。省总工会所属的工会组织有近六百个。工会会员由8月的十一万发展到三十二万余人。各工会参加政治运动二百三十五次，进行经济斗争一百零八次，许多都取得了胜利。省总工会举办了工人运动讲习所，培训工运干部。

湖南工人过去受帝国主义、军阀和资本家的压迫剥削，痛苦非常。北伐军入湘后，他们在政治上得到省政府的相当支持，长期被压抑的革命热情迸发出来，积极参加各种反帝反军阀的政治运动，要求政府惩办工贼，打击破坏工运的反动分子，要求改良待遇，增加工资。长沙工人开展了驱逐破坏工运的劳工会原领导人王光辉和请政府惩办粤汉路工贼梁汉英的斗争。新化工人拘办了破坏工会的县署污吏贺召霖。桂阳工人在政府派兵协助下镇压了捣毁工会、县党部，惨杀工人的劣绅李容巨。1927年1月，湖南工人声援汉口工人、市民收回英租界，举行对英总罢工，联合各界组织湖南人民对英罢工委员会，扩大对英经济绝交的运动。

这个期间工人的经济斗争有长沙人力车、平江纸业、长沙靴鞋、湘雅、甲工工厂、铅印活版、贫民工厂、长沙染织、织袜、茶陵、宝庆印书、宝庆泥木、长沙石印、烟作工人、常德泥木、常德烟业、长沙码头等工会的加薪运动，邮务工人为改良待遇争取民主权利的斗争。这些斗争有的经总工会和省政府建设厅或省党部的调停，得到不同程度的胜利。湖南邮政大权掌握在美帝国主义手中，因而邮务工人的斗争涉及反帝问题。湖南邮务总工会为改良待遇，向邮务管理局提出十二项条件，要求增加工资，减少工时，遭到拒绝。省政府建设厅长邓寿荃、省总工会委员长郭亮、省党部农民部长易礼容出面调解，邀集双方代表谈判，邮务长以自己无权承认条件为由，全部拒绝。邮务工人乃将会议厅包围，高呼“打倒帝国主义”、“驱逐邮务长、收回自办”的口号，经十三个小时的斗争，邮务长才勉强签字。最后议定工人加资数额，部分由邮局承担，部分由国民政府交通部筹拨。

为检阅湖南工运力量，总结经验，制定今后方针，1926 年 12 月 1 日至 28 日，在长沙同时召开全省第一次工人代表大会和全省农民代表大会。大会开幕那一天，还举行了湖南民众公葬黄爱、庞人铨、黄静源、汪先宗四烈士的仪式。区委为两个大会的召开和四烈士公葬分别发表了宣言，号召湖南的工农群众努力实现中共湖南区委第六次代表大会提出的工人农民的最低要求，并将它分别函送两个大会。两个大会经过讨论均予接受，并作出了相应的决议。

区委虽然在领导工运中注意了工人利益和国民革命的关系，但是群众发动以后，难免出现一些“左”的偏向，主要是在加薪运动中，工人、店员提出一些过高的要求；不经政府即拘捕厂主、店主；对外商企业，有盲目排外情绪。

区委对工运中存在的这些问题，于 1927 年初曾连续发出通告，指出“工人的经济要求，不能超过现在商人（包括厂主、店主等）的经济能力所能担负的范围”，“须知不顾客观的情势而一意孤行，则商人必被逼而反动，工人更有失业之虞，痛苦将更不堪，所以不问已得未得，今后遇必要时，可以退让的还要退让一点才行。”提出工人应对商民运动加以辅助，说“这正是巩固联合战线，领导国民革命的工人阶级的分内之责。”①区委指示的这些精神现在看来是正确的。因为它涉及民主革命联合战线问题，涉及工人阶级的长远和根本利益，而且当时北伐战争正在进行，工人斗争也要服从战争的需要。

---

① 见 1927 年 2 月 6 日中共湖南区委关于《乡村工人运动的原则》的通告。

6. 青年、妇女运动的发展

这个时期，青年运动也有很大发展。据1926年10月统计，全区青年团员共有二千二百九十一人，建立了长沙、衡山等九个团的地委和衡山、水口山、锡矿山等地数十个团的特支。团区委书记肖述凡是一位很称职的同志，不幸于10月病故，后由蔡增准代理。委员除蔡外，还有李铁梁、史训川、田波扬。区委下设学委（书记田波扬）、妇委（书记沈凤音）、青农委（书记蒋晔）、经济斗争委员会（书记蔡增准）、宣委（书记史训川）、儿童运动委员会（书记蔡增准）。出版物有《湖南青年》。青年团在动员各界青年，特别是学生，支援北伐战争，参加各项政治运动的活动中，作出了很大成绩。

1926年8月1日，团区委发出“湖南青年目前应有的要求”，分别提出青工、青农、学生、青年店员、青年士兵的民主要求。9月5日，在长沙举行纪念国际青年日大会，通过了包括拥护国民政府；速开国民会议；召集省民会议，铲除贪官污吏土豪劣绅，建立廉洁政府；要求集会结社言论出版罢工自由；统一青年运动；青年与童工同工同酬；青工每日工作八小时；改良学徒制，缩短从师年限，禁止为私人服役；发展农村教育；政府不得削减教育经费，停办学校；学生会得派代表参加校务会议，有表决权等内容的二十二项提案。随后，省学联于10月7日至18日召开全省学生第二次代表大会，通过了关于组织问题、学生本身利益运动、文化运动、时局问题、拥护国民政府、巩固革命战线等议决案，要求教育厅采纳实行。1926年下半年，大约有三十多个县成立了学联组织，其中衡阳、常德、岳州、醴陵、湘潭等地方的学联组织比较健全，能够领导当地学生在政治运动中发挥作用。

1926年11月，浏阳教会学校学生要求取消宗教课。12月，长沙教会学校成智中学和小学学生要求不读圣经，不做礼拜和祷告，许多教会学校学生纷起响应。12月14日，省学联联合省教职员联合会、国民党省党部、长沙市党部等团体召集各公法团代表开会，议决成立湖南反文化侵略大同盟，并决定于12月25日耶稣圣诞日举行宣传运动，开讲演会，演出新剧。夏曦、周以栗、朱剑凡和我都去讲了话。过去，在反对帝国主义文化侵略的斗争中，对于教会学校学生常取排斥态度，使他们站在运动之外。这次，纠正了这种偏差，教会学校学生也以“努力革命”相号召，积极参加社会运动。对于岳阳、益阳、浏阳等县教会学校学生在斗争中提出的一些过高要求，团区委学委曾去信纠正。

团区委的青工、青农工作主要结合在工、农运动中进行，提出青工、青农的特殊要求。在青工工作中又把学徒作为主要的工作对象，并注意青年工作特点，除发动他们参加政治经济斗争外，还注意加强文化娱乐活动，以此团结教育他们。

此外，团区委还开展儿童工作。通过省农协印发《怎样组织农村童子团》的小册子，着手在农村组织童子团。同时制定工会的劳动童子团组织法，作为各工会进行儿童工作的根据。已成立儿童团组织或进行筹备工作的有长沙、湘潭、岳阳、浏阳、耒阳、常德、南县、安源、醴陵等地，城乡童子团约有三万人。

这个时期党区委的妇委工作，因缪伯英调走，曾一度由我兼管，后来中央调熊季光回湘担任妇委书记。国民党省党部的妇女部长先后由我党党员黄颐、廖世劭、魏振立等担任。在长沙有影响的两个妇女组织，一个是省女界联合会，由我党党员罗问哉负责；一个是青年妇女学艺社，由我党党员谭国辅负责，它们在北伐战争中，发动妇女参加慰劳、宣传、救护工作，起了不小的作用。1926 年下半年，武冈、茶陵、永兴、攸县、湘乡、沅江、岳阳、衡山、澧县、石门、蓝山、祁阳、东安、新宁、宜章、醴陵、新化、宁乡、郴县等县都建立了女界联合会或妇女解放协会。各县的女界联合会都是公团联合会的成员，它们提出妇女的要求，组织妇女参加反帝反军阀反封建道德的斗争。

1926 年 12 月 28 日至 1927 年 1 月 3 日，在长沙稻田女师召开湖南全省妇女第一次代表大会，有五十七县一百四十一名代表参加会议。会议发表宣言，提出男女平等，制定劳动妇女保护法，加强劳动妇女教育，禁止虐待妇女，结婚离婚自由，男校开放女禁等妇女的最低要求和口号。许多县向大会报告妇运情况，相互交流经验。这次大会，检阅了湖南妇女运动的力量，规定了全省妇运的计划和策略，提出了加强对劳动妇女的工作，建立各阶级妇女联合战线的任务，在湖南妇运史上有重要意义。

这个时期，区委对于妇女运动，要求将工作重点从女学生转到劳动妇女方面来，并要求将妇女的特殊利益同国民革命和工、农运动结合起来。随着湖南农村革命高潮的出现，农村妇女积极投入了反封建的斗争。湖南农村劳动妇女在农运高潮中所表现出来的革命性，在毛泽东的《湖南农民运动考察报告》中有很生动的描述。

7. 迅猛发展的农民运动　毛泽东回湘考察农运

北伐战争中，随着北伐军进入湖南，湖南农民运动的发展更为迅猛，成为革命发展的一个中心问题。1926 年 8 月 30 日，国民党省党部通告各县农运特派员，遵照国民党中央执委会颁布的农民协会章程组织新农会。9 月 15 日，省政府建设厅颁发整顿旧农会的四项办法：1. 各县农协符合新章程者，保护提倡，与新章程抵触者，不准成立；2. 取消旧农会及依据旧农会章程成立之农协；3. 未组织农协各县，由省党部农民部商同省农协派特派员前往组织；4. 旧农协房屋财产及经费，均由各级农协承接。这样，由于得到省党部和省政府的支持，农运得以公开进行，迅速发展起来。1926 年上半年，广州农讲所五期毕业的部分湘籍学员回湘，由省党部农民部派往各县。同年 9 月，中央又派广州农讲所六期三十名毕业学员返湘，也陆续往各县开展工作。他们的回湘，大大推动了各县农协的成立和农运的发展。到 1927 年 1 月，由国民党省党部派至各县的农运工作人员有二百零三人，其中共产党员一百八十二人。1926 年底至 1927 年初，省农协、湘江学校和国民党省党校开办了农运讲习班，招收市、县的学员，培养农运干部。不少的县，如衡阳、衡山、宁乡、岳阳、宜章、湘乡、常德、醴陵、安化、攸县、新化、临澧、麻阳、浏阳、宝庆也都开办了农运讲习所或训练班，为本县农运培训干部。到 11 月，湖南已有五十四个县建立了农协和农协筹备处，农协会员由 10 月的四十万人猛增到一百一十余万人。湘东南、湘北和湘中各县都开展了轰轰烈烈的政治经济斗争。湖南的农运已经由与北伐军合作进攻军阀的时期进入进攻封建阶级的时期。

在政治上，有些乡村的农协已经取得政权，具有至高无上的权力。有些地方，农协同教联、商协、工会的联席会议，实际起着乡村政权的作用。许多地方，农民建立了挨户团的自卫组织，多数为梭标队；少数县，如平江、浏阳、安化、醴陵、湘潭等，农民从溃军或地主团防手中夺得少数枪支。1927 年初，省农协发布《湖南农民自卫军组织大纲》，筹建农民自卫军，设常备队。

在经济上，由于收租期已过，一般都准备着明年减租的斗争，只个别地方，如衡阳，因 1916 年借口水灾和增加教育经费，全县加了租，这次全县农民提出了复租要求，即恢复 1916 年以前的租额，取得了胜利。在这次运动中，衡阳农民加入农协者，约七万人。安化、岳阳、湘阴等县有减息运动。安化由月息七八分减为四五分。浏阳、岳阳等县有减押运动。攸县、醴陵、宜章、安乡等县有减税运动。比较普遍的斗争是开展平粜阻禁谷米运动，以解决荒月贫农缺食、粮价暴涨的问题，有的由农协议决谷价，有的不准或限制谷米出境，有的发展到禁止酿酒熬糖。此外，诸如禁赌、禁烟、禁坐轿、禁演花鼓戏、剪发、放足、砸佛像和祖宗牌位等改良封建宗教习俗的斗争，也在农村展开。这样，在湖南农村形成了一个政治、经济、文化的大革命高潮。

这样一个广泛、深刻的社会变革，必然引起土豪劣绅的反抗。农民与土豪劣绅及其团防武装的冲突时有发生。1927 年 2 月，湘阴发生土豪劣绅任德纯、任觉樵、彭伯藩煽动农民六百余人围攻农协，杀死农协会员的事件。3 月 20 日，省政府派军逮捕凶手，次日，土豪劣绅煽动农民将凶手抢回，军队被迫开枪，打死农民六人。事后土豪组织抬尸游行向省农协“请愿”。省农协曾为此事发表“为湘阴惨案告农友”书，号召农民勿受土豪劣绅挑拨，相互化除成见，联合向反动派进攻。这个事件既说明土豪劣绅对农民的仇视，也反映了农村斗争的复杂，要求我们必须十分注意策略。

为镇压各县土豪劣绅对农运的反扑，南县、沅江、浏阳等二十四县旅长沙人士组织了反劣绅运动大联合，于 1926 年 11 月 27 日向省政府请愿，要求严惩各县劣绅。12 月 22 日又向省党部、省政府第二次请愿。1926 年 12 月，区委决定通过国民党省党部会同省政府组织湖南省审判土豪劣绅特别法庭，省党部推定谢觉哉、易礼容、邱维震为委员。我也曾两次找县长商谈，催促长沙县成立审判土豪劣绅特别法庭。1927 年 1 月，省政府公布了湖南省惩治土豪劣绅暂行条例。这些措施都是对蓬勃发展的农民运动的支持，也是力图使这场农村革命有秩序有纪律地进行的一种尝试。1927 年初，许多县如长沙、浏阳、祁阳、城步、临湘等也建立了审判土豪劣绅特别法庭。各地掀起了一个镇压土豪劣绅的运动。1927 年 1 月，由庞人健率人将杀害黄爱、庞人铨的主谋李佑文（赵恒惕政府的军务司长）捕送至总工会转卫戍司令部，经省审判土豪劣绅法庭判决，于 4 月 5 日处死。4 月 11 日，省特别法庭判处湘潭著名劣绅、袁世凯称帝时的湖南筹安会会长叶德辉死刑。4 月 16 日，长沙县枪决劣绅、“保产党”首领朱葆生。对土豪劣绅中的首恶分子和民愤极大者实行严厉镇压是完全必要的，不这样，不能发动广大农民，不足以平民愤。叶德辉是一个极为反动的劣绅，对他的处置，有利于推动外县依法惩治豪绅。由于他在知识界有声望，被处死后，社会上议论颇多，反应强烈。如果当时我们采取依法惩办，但免其一死的策略可能比处死他更为适当。

在这场农村革命的大风暴中，不可避免地出现一些“左”的偏差，诸如擅自捕人游乡，随意罚款打人，以至就地处决，驱逐出境，强迫剪发，砸佛像和祖宗牌位等等。这些做法容易失去社会同情。对谷米的平粜阻禁，以及禁止榨糖酿酒，禁止坐轿，禁止穿长衫等等，易使商人、中农和小手工业者产生反感，也使一般农民感觉生活不便。省政府因地主借口谷米无法出卖拒交田赋，军米收购困难，也不满阻禁办法。此外，还冲击了少数北伐军官家属，引起同湖南农村有联系的湘籍军官的不满。这些虽是运动的支流，但不利于巩固和扩大农村联合战线，最大限度地孤立打击敌人。

区委于10月下旬就已觉察到这些问题，10月30日和11月15日，区委给中央的报告在指出土豪劣绅反动势力攻击农运的同时，也指出了这些偏差，认为有使贫农陷于孤立的危险。针对农运中的问题和土豪劣绅的反扑，区委决定的政策是：促使国民党左派加入农运，要在农运中与左派合作，并通过国民党促省政府镇压破坏农运的反动势力；将农运实情公诸社会，打破土豪劣绅的造谣中伤，对国民党内不大反动的右派作必要的让步，以减少农村革命的阻力，使团防局的不作恶者中立，择作恶者进攻；在农民中发展党的组织，加强对农运的领导，矫正左倾幼稚病。1926年12月召开的全省第一次农民代表大会，在总结前一阶段农运经验，揭露各地土豪劣绅压迫、破坏农运罪恶，支持农民革命行动，确定进一步开展农村政治经济斗争的同时，对于平粜阻禁问题作出了政策上的限制，规定在保障当地民食需要的前提下，余谷准予流通，不限价格，并规定煮酒熬糖，非特殊情形不可禁止。当时区委认为农村中出现的一些问题，从农协角度检查，主要是由于成分不纯，混进不良分子所引起，因而在全省第一次农民代表大会关于组织问题议决案中，规定了各地农协必要时可“进行洗会运动，以淘汰不良分子”。会后，省农协专门为此发出布告，规定“乡农协执行委员，须绝对是耕田的农民。专营手工业或体力劳动者亦可，其他分子，尤其是地痞流氓应严加淘汰”。“区农协的执行委员，五分之三需属真实农民充当，专营手工业或体力劳动者亦可，五分之二则属于有职业的知识分子或是在行动上表现为农民谋利益的人。带有地痞性的人严厉制止，以免扰乱农民的组织”（见1927年1月21日湖南《通俗日报》）。区委于1月16日发出通告，指出因绝对阻禁所引起的经济政治后果：“（1）从前自耕农、佃农等，都是用谷米兑换油、盐、棉花等杂货，以调济其生活。现在谷米不能出境，谷价低落，各地商店都拒绝要谷米，都要现钱才有货卖，农民无现钱就不能购买货物，就感觉十分困难；（2）……现在因各地阻禁平粜的结果，谷价日见低落，金融闭塞，自耕农、佃农等小资产阶级的农民，将有脱离农协之趋势。现在湖南的农民运动变成了一个贫农运动，这个运动如果不急谋救济的办法，在农村中要变成‘广东的三月二十日’，在农民中要造成巨大的反C. P. 的空气，使农民运动发生绝大的危险”。通告规定：“1. 即时督促省政府通令各县、各地团、保，会同农协迅速巡仓，决定留谷数目，余流通。2. 省农协再出布告，要各地农协不要死阻禁，说明谷米应当流通”。通告并说明省政府为此所发通令中和省农协布告中所列办法，都是经区委赞同的。为加强农村中农民和手工业工人、店员的团结，区委在2月6日发出的通告中规定乡村手工业工人不单独组织工会，而加入农民协会，农协设一手工业部，管理乡村手工业工人的工作。农村中商店也不成立商民协会。店员不组织店员联合会。区委所作的这些规定，都是为了纠正前述农运中出现的“左”的偏差，以达巩固和扩大联合战线的目的。但是，在执行时又出现了一些新问题，如简单发布告限制农民行动；对农会以“洗会运动”的形式进行整顿，有的地方在洗会运动中采取捕人、关人办法，挫伤了农民的革命热情，且给土豪劣绅破坏农协以可乘之机。

1926年12月，毛泽东应湖南省第一次农民代表大会的邀请，自汉口至长沙参加大会。工、农两个大会举行了欢迎会。他在会上讲话，强调工农商学联合战线的重要意义，指出农民问题是国民革命的中心问题，并根据国民革命的进程，指出“我们现在还不是打倒地主的时候，我们要让他一步。在国民革命中，是打倒帝国主义、军阀、土豪劣绅，减少租额、减少利息，增加雇农工资的时候。”

1月4日，毛泽东由戴晓云陪同下乡视察。下乡前，国民党省党部召开常委会，对这次视察作了安排。原定视察的县，除湘潭、湘乡、衡山、醴陵和长沙外，还有宁乡、新化、宝庆、攸县、武冈、新宁等，后因时间关系，后面的几个县没有去。毛泽东还曾应区委之邀，在区委举办的、由参加农民代表大会的党、团员参加的训练班上作了三次关于农民问题及调查方法的报告。在视察湘潭、湘乡、衡山三地后，区委又请他向区委、党校和团校各作一次报告。视察醴陵、长沙后，又在区委作了一次报告。我记得，有一次报告是在湘江学校楼上作的。作报告时，他手里拿着一个报告大纲。2 月5 日视察结束，2 月 16 日，毛泽东向中央写了一个报告大纲。在这个报告大纲中，他提出，党应当（一）以“农运好得很”的事实，纠正政府、国民党、社会各界一致的“农运糟得很”的议论。（二）以“贫农乃革命先锋”的事实，纠正各界一致的“痞子运动”、“惰农运动”的议论。（三）以从来没有什么联合战线存在的事实，纠正农协破坏了联合战线的议论。他认为农运应分三个时期：第一，组织时期，第二，革命时期，第三，建设联合战线时期。无论何地，必须经过第二时期，始能渡到第三时期。而目前湖南的政治问题，莫急于完成乡村自治这一点，以改变乡村中无政府为有政府状态，具体的建立农民联合战线。他还提出要立即解决贫农的土地问题和资本问题，在农村中要大力发展党，以应付急剧发展的革命形势。3 月 5 日，在湖南区委机关刊物《战士》上发表了他的《湖南农民运动考察报告》（以下简称《报告》）全文。毛泽东的这个报告是一篇经典性著作。它指出：（1）农民问题的重要性，农民革命是挖掉帝国主义、军阀、官僚统治墙脚的基本力量；（2）贫农是农民革命的领导力量；（3）农民武装问题的重要；（4）共产党应当站在前面领导农运。报告热情洋溢地歌颂了农民运动，有力地批驳了对农运的各种攻击，用充分的事实说明革命的农民不但能够推翻豪绅地主的政治统治，而且能够建立启卫武装，掌握政权，对反动势力实行专政；并动员群众对乡村经济文化等公益事业进行力所能及的建设，进行可能的移风易俗的改革。毛泽东的这些思想后来在土地革命战争中，发展成为建立工农联盟、工农红军、革命根据地，走农村包围城市、最后夺取城市的工农武装割据的思想，成为以后完整形成的新民主主义革命理论和总路线的重要组成部分。毛泽东的这篇《报告》和给中央的报告大纲，由于其主要锋芒是指向党内和统一战线内一部分人的右倾思想，以及来自阶级敌人对农民运动的攻击和诬蔑的，因而在一些具体策略的分析上，不能不带有当时形势的具体特点，存在着某些不足。譬如：（1）将那些“踏烂鞋皮的，挟烂伞子的，打闲的，穿绿长褂子的，赌钱打牌四业不居的”游民，即流氓无产阶级当作贫农的一部分，列入革命先锋之中，说他们“最革命”，缺乏一分为二的分析；（2）认为组织时期、革命时期的农村中本来就无统一战线，只有到第三阶段才进入建立联合战线的时期；（3）将“矫枉必须过正，不过正就不能矫枉”作为带有普遍性的规律提出。

关于第一点，农村中确实有一些游民（或称流氓无产阶级），他们有革命性，在农运兴起的地方，打先锋的常常包括这样一些人，但是对他们需要作一分为二的分析。因为这是一个动摇的阶层，其中一部分易为反动势力所收买，另一部分虽然参加革命，也要在革命中对他们进行改造，防止他们的破坏性。1925 年底至 1926 年初，毛泽东在一些文章中也曾对游民无产阶级作过分析，说：“这一批人很能勇敢奋斗，引导得法可以变成一种革命力量”，要“劝他们帮助农民协会一边，加入革命的大运动，……切不可逼其跑入敌人那一边，做了反革命派的力量”①。说明他已经注意到游民的两面性。但在《报告》中，为了要回击对农运的反动叫嚣，就只强调了他们革命性的一面，忽略了另一面。记得毛泽东在区委作报告后，征求我的意见，我提出了上述看法，他表示接受。后来《报告》收入《毛泽东选集》时，就把“踏烂鞋皮的……”一段话删去了。

关于第二点，当农民发动起来猛烈向封建势力冲击时，当然不能要求群众的每个行动都符合政策。但是，我们党应当努力引导贫雇农团结大多数，建立最广泛的农村革命统一战线，以打击最主要的敌人。事实上，当时在乡村农协中，普遍有手工业工人、革命知识分子参加，形成三者的联盟，个别还有不带封建剥削的富农参加。我的家乡即有这样一个富农在马日事变后被杀害。毛泽东在《报告》中也谈到有富农参加农协的事。有的哥老会分子也加入了农协。须知在北伐胜利的形势下，一切受军阀、豪绅剥削压迫的各阶层的人们中，会有许多卷进高潮中来的。

关于第三点，“矫枉必须过正”是有条件的，不是事物发展的普遍规律。比如，熟铁弯曲可以过正，生铁弯曲，过正就要折断，这是自然现象。在社会生活中也是如此，反“左”如果必须过正，就变成右，反右过正就变成“左”。毛泽东在口头报告时，还讲了“有土皆豪，无绅不劣”的话，一时流传甚广，到处写成标语，影响极大。

对于《报告》中的这些缺陷，毛泽东在后来的革命实践中，都加以纠正了。他在抗日时期发表的《中国革命和中国共产党》中，就没有再把流氓无产阶级当作贫农的一部分，而是专门写了一节“游民”，对之作

---

① 引自毛泽东：《中国农民中各阶级的分析及其对革命的态度》，1926 年 1 月。

了具体的分析。到抗日时期，他的统一战线的策略思想就发展得十分成熟了。

我和区委的同志对《报告》的总精神是完全赞同和接受的。区委还专门开会讨论《报告》中提出的问题，改变了前一阶段认为农运过左和纠正农运过左的观点和作法。1927 年 2 月，我们给中央写了一个报告，作了自我批评："我们在此社会群向农运进攻之包围中，我们亦自认现在农运的确是太左稚（这是当时对'左'倾幼稚的简称），于是通告禁止农协罚款、捕人等事，而且限制区乡农协执行委员，皆须现在耕种之农民担任，对于罚款、逮捕之人，皆须扫除，几乎不自觉的站到富农、地主方面而限制贫农。自润之同志自乡间视察归来，我们才感贫农猛烈之打击土豪劣绅实有必要，非如此不足以推翻现在乡村之封建政治"，"故可说此时改变从前站到富农、中小地主方面限制贫农之错误观念矣"。报告又说："不过现在乡村之小资产阶级——富农、中小地主，已日渐离开我们而有与土豪劣绅结合共同向我们进攻之势，故此时不能不劝告贫农让步"①。这反映了区委已接受了毛泽东《报告》中的观点，但对农村斗争中中间势力日渐离开我们的现实又未得到科学解释的矛盾心理。区委的这个报告把富农、中小地主划为小资产阶级也是不妥的。同年 3 月，区委还发表了一个对湖南农民运动的宣言，并于四月组织了一次农运宣传周的活动，根据毛泽东《报告》的精神，驳斥了对农运的"怀疑派"和"稳健派"的所谓"惰农运动"的议论，赞扬农民的革命行动。随后，省农协及一些县的国民党县党部和农协也出布告、发通告，停止洗会运动。但这些布告和通告又赞扬并支持了包含许多"左"的偏向的农民行动，称之为"完全革命的行动"②。

1926 年底和 1927 年初，当革命日益深入的时候，迫切需要党从指导思想上划清正确和"左"、右偏向的界限，注意争取中间势力，扩大联合战线，区分革命步骤，制定具体措施，引导革命走向正轨。区委并未做到这点，而在应该怎样看待农民革命斗争中发生的"左"倾偏向问题的指导思想上摇摆不定，在开始纠正群众运动"左"的偏向时，又有过如洗会运动中出现的右的失误。

---

① 引自中共湖南区委：《关于湘区一月份农民运动报告》，1927 年 2 月。
② 引自《湖南省农民协会省字 462 号训令》，1927 年 4 月。

中央在 1926 年 9 月和 12 月，曾两次在报告中表扬湖南区委，“对付各种问题的策略”“稳当周到”①。上述情况说明，对这个表扬，区委是受之有愧的。

8. 中共中央十二月特别会议

我在参加了湖南省工人、农民第一次代表大会开幕式，并在以后的几次会议上作了关于世界政治经济状况、中国政治经济状况和中国共产党与工农阶级等三次讲演之后，大约在 1926 年 12 月上旬离湘去汉口参加党中央的特别会议。参加这次会议的有陈独秀、瞿秋白、张国焘、毛泽东、任弼时等。会前，湖南区委曾经讨论湖南的农民运动，认为从湖南农运的发展趋势看，应该解决农民的土地问题。会上，我汇报了区委对土地问题的意见。毛泽东赞同湖南区委的主张，但陈独秀和鲍罗廷不赞成马上解决土地问题，认为条件不成熟，说目前主要是要满足农民的减租减息，武装自卫，反抗土豪劣绅，反抗苛捐杂税的迫切要求，并且认为不应以赞成不赞成解决土地问题作为是否左派的标准。会议基本上按照陈独秀和鲍罗廷的主张通过了决议。这次会议还讨论了北伐战争的形势，联合战线和湘鄂赣三省工农运动等问题，通过了《关于国民党左派问题议决案》、《关于湘鄂赣三省农运议决案》、《关于湘鄂赣三省党务议决案》等文件，强调要努力巩固和发展国民党左派势力，帮助他们取得在国民党和政府中的领导地位和得到城市小资产阶级、知识分子、农民群众的支持。

如果说 7 月召开党的四届三中全会正值革命高潮开始之际，革命形势如何发展尚属未知，各方矛盾也未充分暴露，那么 12 月中央会议时，革命高潮已经形成，北伐战争已经取得巨大胜利，占领了长江中游几省并正在向下游发展，统一战线中的矛盾也暴露得日益明显。这时革命形势已发展到一个新的阶段，即深入发展、巩固胜利的阶段，同时也是扩大和巩固无产阶级领导权的阶段。这个阶段最主要的任务，一是实行土地革命，巩固工、农、小资产阶级的联盟，二是纠正忽视革命两手准备的错误，千方百计创立我党领导的革命军队。如果我们党能够制订指导革命的正确方针，革命发展可能比较顺利。但是十二月特别会议既不吸取“三二〇”事件以来的教训，不提创立党的军队，又完全主观地否定农民土地革命的要求，说明陈独秀投降主义已经开始在党中央占据领导地位。以后每况愈

① 引自 1926 年 9 月 20 日《中央局关于最近全国政治情形与党的发展报告》。

下，终于造成在反革命突然袭击时无力还击的局面。

9. 湖南的土地问题

1926年底，湖南农民逐步开展了减租减息的斗争，到1927年初，在农民革命已经推翻豪绅统治的地方，农民以各种方式提出了土地要求。

当时，湖南农村带普遍性的斗争是阻禁和平粜，“有农民组织的地方十之七八”都存在此现象。这也反映了农民——主要是贫农要求改变没有土地，常年吃红薯、少见谷米的穷苦状况。有的地方，如过去长沙市郊，因为土地没有丈量，照通常计算只要交一石租的田，却要收四石租。因此，农民要求按实际地亩交租，开始了丈田活动。其他地方也有类似情况。但是，清丈田亩只对有田可耕的佃农有利，许多无田可耕的失业农民仍是毫无办法，所以，失业农民要求“平均佃权”，将田土的耕种权重新分配。

1927年初，中央将共产国际第七次扩大执行委员会关于中国问题的议决案发至各地，要各地党组织进行讨论。共产国际七次扩大会议关于中国问题的议决案，对于迅速发展的中国革命形势作了分析，指出：“在现时革命发展的过程阶段里，土地问题开始紧急起来，成为现在局面的中心问题”，“彻底的土地政策之实行，乃是反帝国主义胜利及革命往前发展的先决条件”，“中国共产党应当承认‘土地国有’为无产阶级的农村政纲之基本要求，但在现时，必须按照中国各地的特殊经济政治情况而分别的应用农村策略”。会议提出了农村革命的具体政纲十一条，除提出减租、废除加在农民身上的各种杂税、武装农民等外，还提出要“没收属于反动军阀的寺院地产，及对国民政府作战的买办、地主、劣绅等之土地”，也就是先实行政治没收的办法。湖南区委在长沙学宫街的区委机关开了三次会讨论共产国际的决议，一致赞同共产国际关于中国革命应准备将土地革命作为重点的意见，认为农民已在量地、插标，要求分田，从湖南农运的发展趋势看，也应解决农民的土地问题。因此，区委积极支持农民的“平均佃权”的行动。1927年3月，区委发表《对湖南农民运动的宣言》说：“目前最急迫的问题是怎样解决贫农问题。这些贫农有的是一家耕地太少、不足自给的佃农，有的是雇农，……他们的困难是缺乏耕作的土地和资本，现在贫农中流行的思想是‘平均佃权’，他们觉得每个农民应该有两亩地的耕种权。……必须于最短期间使这些贫农能够满足这一低度的要求。”三四月间，湘潭、醴陵、长沙、浏阳等地的农民开始自动起来分地主的田。首先是长沙附近的霞凝乡，农民按人口分田，成年人每人分产谷八石面积的田，未成年的依年龄大小，给以产谷四石至六石的土地，这说明解决土地问题已日益迫切了。1927 年 4 月，我写了《湖南革命的出路》一文，提出："湖南革命已发展到了一个新时期，这个时期要求我们确定新的策略。这个时期的中心问题，便是土地问题，解决了土地问题，便是解决了我们革命的出路问题。"认为："土地问题的解决，是推翻封建阶级的最后胜利，是民主革命的最后完成。土地问题的解决，农民问题、财政问题才得着真正解决，工商业才得发达。……才能将封建残余、封建思想兜底打破。农民已从各方面提出了土地问题，我们不起来解决这个问题，便不能领导国民革命成功"。提出目前应即"（1）确定实现耕地农有的具体方案。（2）要解决土地问题，武装农民是最紧要的工作，应于最短期间采用各种方式——缴团防的械，由政府发械——使农民至少得封三万支枪。有很好的训练和组织……（5）实现民众政权——乡民会议、区民会议、县民会议、市民会议、省民会议接受政权，选举各级政府，反革命没有选举权和被选举权"。以上内容大体上反映了区委的观点。我们认为土地问题解决了，阻禁平粜的问题自会迎刃而解。我们还认为，湖南的财政因为战争的关系，仍旧继续过去的旧政策，并未实行改革。这种旧政策与革命已发生矛盾，许多人不缴田税，苛捐杂税也不能再收，致使湖南的财政入不敷出，造成很大困难。如果解决土地问题，即便土地税略增一点，农民也会踊跃缴纳，财政困难也就可以解决。

"五大"前，湖南代表团在长沙集中开了几次会，经过多次讨论，拟定了一个土地问题决议的提案，准备向大会提出。提案的内容大体是："（一）先没收大地主的土地，先没收一百亩以上的，一百亩以下的不没收，自耕农不去扰及他。（二）到明年实行平均地权"①。毛泽东以全国农协临时执行委员会负责人的身份，也向大会提过一个土地问题的提案。这两个提案都未交大会讨论。我们曾向大会秘书长蔡和森查询原因，他说，国民党正在召开土地委员会讨论这个问题，我们党有关解决土地问题的意见，应与他们通过的决议一致，因而要等他们作出决议，所以湖南代表团的提案就不必在这次大会详加讨论。"五大"会议上，对土地问题的解决大体有三种意见：1. 先实行政治没收，即只没收反动军官和反革命的土豪劣绅的土地和财产；2. 没收除小地主和革命军官以外的土地；3. 没收

① 引自夏曦：《在国民党土地会议第一次扩大会议上的讲话》，1927 年 4 月 19 日。

一切土地。最后通过的《土地问题决议案》，决定“没收一切所谓公田以及祠堂、学校、寺庙、外国教堂及农业公司的土地”及“无代价的没收地主租与农民的土地交诸耕种的农民。属于小地主及革命军人的土地不没收”。当时，我们和中央在解决土地问题上的重要分歧是：以陈独秀为代表的一部分人，包括国际代表鲍罗廷、罗易认为，解决土地问题要以国民政府颁布的法令为遵循，因而主张等国民政府公布土地法令后再进行工作。而毛泽东和湖南代表团则主张不要等法令公布，就可以在湖南立即实行自下而上的插标分田。我记得，在“五大”后的第一次政治局会议上，就发生了这一争论。会上，李立三为武汉工人运动中出现的一些“左”的偏差作解释，国际代表罗易批评了他。我在会上又提出，秋收后湖南应实行插标分田，也受到罗易的批评，他说，农民自己动手插标分田，还要共产党干什么？末了，争吵一顿，无结果而散。

国民党的土地委员会从4月上旬开会，直到5月6日才原则上作出没收反革命和大地主的土地，而在目前还只实行减租减息，地租不得超过百分之四十以上的规定。就是这样的一个决议，后来送交国民党中央讨论，也决定暂不公布，只是同意湖南可以搞个单行条例，可以先走一步进行经济没收。这些都未及实行，不久，湖南就发生了马日事变。

四、大革命的失败

1. 蒋介石“四一二”反革命政变，湖南人民奋起反蒋

1927年春，在全国革命猛烈发展的同时，统一战线内部隐藏的危机日益暴露，无产阶级同大资产阶级的斗争日益激化。4月12日，蒋介石集团终于在上海发动反革命政变，广州也相继发生“四一五”反革命政变。

对于蒋介石为首的反革命政变，湖南人民十分愤慨。区委通过国民党省党部和群众团体组织了声讨运动。4月26日，长沙各界举行讨伐蒋介石及反对帝国主义的示威游行。我和谢觉哉、徐特立、鲁子源、张翼鹏、黄德安、李荣植、邱维震等在会上讲了话，揭露蒋介石叛变和帝国主义武装干涉中国革命的罪恶。4月28日，长沙又举行追悼沪、赣、皖、川被

蒋介石等反动派惨杀的死难烈士大会。平江、浏阳、常德、桂阳、湘潭等县、市国民党党部及群众团体也都发出讨蒋的快邮代电。这些活动，在湖南群众中形成了浓厚的反蒋气氛。

2. 共产国际执行委员会第七次扩大全会《关于中国形势问题的决议》和党的“五大”

在国民革命联合战线内部的阶级斗争日趋尖锐的时刻，1927年初，共产国际第七次扩大会议关于中国问题的决议案传到中国，中央政治局对这个决议案所指出的中国革命要向非资本主义（社会主义）过渡，今后革命的动力是无产阶级领导下的工人、农民和小资产阶级，革命的中心任务是开展土地革命等要点，“经过详细讨论和辩难之后”，决定接受，并检讨了我党的“一个根本错误”，就是“把国民革命和无产阶级革命之间划了很大的‘天然的不可以人力逾越的一道鸿沟’”，所以，“自第四次全国大会以来所高叫的国民革命中无产阶级的领导地位，去年第二次扩大会议以来所高叫的和资产阶级争领导权，都成了好听的一句空话”。政治局确定今天要“更扩大更强固由无产阶级领导农民及一切被压迫阶级的民族革命联合战线”，要把“国民革命和无产阶级革命，看做整个的中国革命。”在“我们的革命方针和战略上，必须抓住这两种革命的连锁，使之一气呵成”①。

中央把共产国际的决议案和中央政治局关于接受国际决议的解释发至各区委、地委和特区讨论。前面说过，湖南区委为此开过三次讨论会，一致赞同国际的决议和中央政治局的解释，同时也提出了自己的一些见解（见当时区委文件或负责人的文章），认为，国际决议指出中国革命的非资本主义前途的发展方向，是非常必要的。同时认为“现在是国民革命时期，不是社会革命工农专政时期”②；分配土地作为党的中心工作，完全符合湖南农村的实际需要，“农民运动绝不是超过国民革命的运动”③；“土地问题的解决，是推翻封建阶级的最后胜利，是民主革命的最后完成。”④

全党这次对国际决议的讨论，为党的第五次代表大会的召开作了思想上的准备，它对肃清以陈独秀、彭述之为代表的在党内普遍存在的“二

---

① 引自《中央政治局对于国际第七次扩大全会中国问题决议案的解释》。

② 引自《中共湖南区委关于如何实现乡村民主政权的通告》，1927年2月16日。

③ 引自《中共湖南区委对湖南农民运动的宣言》，1927年3月。

④ 引自李维汉：《湖南革命的出路》，1927年4月。

次革命论”的思想，增强全党在国民革命运动中与资产阶级争夺领导权斗争的自觉性，确有一定作用；缺点是在批判“二次革命论”的同时，又出现了所谓“一次革命论”的偏差。它支持了在工农运动中存在的某些“左”的情绪。此外，无产阶级要真正能够夺取革命的领导权，必须手中有枪杆子，对于这个在客观上虽然为时已晚的根本问题，当时党在主观上可以说仍然没有什么认识。

1927年4月下旬，党在汉口召开第五次全国代表大会。这次大会分析了蒋介石叛变革命以后的政治形势，回顾了无产阶级同资产阶级争夺革命领导权的过程，指出了党在统一战线中忽略这个斗争，以及过去忽视或不重视土地问题和乡村民主政权的错误。大会提出无产阶级在与资产阶级“争夺领导权的斗争中”，“必须在农民中得到同盟者”；党只有通过土地革命，才能“建立雄伟的革命军队，并使革命立于不败之地”；而减租减息、分配土地又“非有农民自己的武装和政权不可”。大会认为土地问题的解决和乡村民主政权的建立，是深入革命、巩固革命根据地的重要政策，会后必须落实。大会所提出的这些问题都是正确的。它较之党的“四大”对这些问题的认识又有了进步。

但是，这次大会并未能根本纠正以陈独秀为首的党中央的右倾错误，仍然坚持了只注重群众运动、忽视掌握军队领导权的错误方针。注重群众运动，无疑是正确的，但不掌握军队，就是大错了。尽管在“四大”以后，我们有过在北伐战争中革命武装为工农群众运动打开道路的正面经验，也有过中山舰事件，特别是刚刚发生的蒋介石叛变的惨痛教训，但是“五大”并没有真正从中总结经验，吸取教训。因此，大会决议虽然提出了农民自卫队可以“保障自治政府及革命的胜利”，工人纠察队“是保障工人农民小资产阶级民主政权的武装之一”，也提出要改变军队成分，派工人去当兵，促进军队革命化的任务，却没有把它同无产阶级争夺革命领导权的任务联系起来，对于建立我党直接掌握的军队的重要性、急迫性仍然缺乏认识。在政权问题上，大会虽然主张共产党参加国民政府和省政府，同国民党共同担负责任，共同担负政权，但同时又表示：“共产党加入国民党，参加国民政府工作，并非是以竞争者的态度要夺得政权。”这仍然是将自己置于在野党的地位，重复过去的错误观点。对于武汉国民党和武汉政权内部的阶级关系及其斗争，缺乏科学分析，仍然坚持联合的一手政策，没有被迫破裂的另一手准备。这些右的错误是继续导致革命失败的根本原因。“五大”存在着上述右的错误的同时，在革命性质、阶级关系的分析上也开始滋长“左”的情绪。它没有把叛变革命的大资产阶级和虽处于动摇中而仍然应该尽可能争取的民族资产阶级区分开来，将蒋介石的叛变看作“是代表了一个阶级——民族资产阶级”的叛变。认为蒋介石叛变后的革命统一战线的组成只包括工、农和小资产阶级三个阶级的联盟，确定职工运动的方针是“要极力从政治上、经济上向资产阶级勇猛的进攻”。在这个阶级分析的基础上，“五大”认为“国民革命已经冲破了资产阶级式的民权主义之限制”，“而是直接走到社会主义建设的斗争”去了，而这个“冲破”和“直接走到”也就包含了反对民族资产阶级的内容。

当时，我党把中等商人同小商人一起，划入小资产阶级的范围，而民族资产阶级则是指从买办阶级中分化出来的，同外资联系较少或没有联系的民族企业家，即民族工业资产阶级。“五大”将中等商人划入小资产阶级，并将小资产阶级同民族资产阶级、民族资产阶级同大资产阶级混同看待，这种阶级划分是错误的。蒋介石主要代表大地主大资产阶级的利益。民族资产阶级，包括上层小资产阶级的一部分，由于战争，特别是帝国主义和蒋介石的经济封锁，加之工农运动中存在的某些“左”的偏向，一般已处在动摇中，其中小部分正在向右靠拢，但是它们尚未完全倒过去，仍然是应该和可能争取团结的对象。

当时，共产国际对于中国革命历程的分析，有一个“三阶段论”。第一阶段，大体是“五卅”运动以前，革命动力是工、农、小资产阶级和民族资产阶级，而“民族资产阶级和资产阶级知识分子，为主要推动力之一”。第二阶段，大体是从“五卅”运动开始。上述四个阶级联盟的结构发生变化，“工人阶级作为首要的政治因素出现在中国舞台上”。第三阶段，“运动的主力，将是一个更有革命性的结合——无产阶级、农人及城市小资产阶级的结合而离开一大部分大资产阶级”。“在这个阶段中，革命运动的领导权，将日益落在无产阶级身上。”① 认为蒋介石集团的叛变，表明中国革命已经进入了这第三个阶段。共产国际把蒋介石集团叛变后的武汉政权看作是工、农、小资产阶级联盟的政权，把汪精卫等看作是小资产阶级的政治家。对于共产国际的这个分析，我党是完全接受的。事

① 见共产国际执行委员会第七次扩大会议《关于中国形势问题的决议》，1926 年 11 月。

实上当时武汉政府并不仅仅是工、农、小资产阶级三个阶级联盟的政权，汪精卫等也并不是小资产阶级的政治代表。他们代表的主要是资产阶级，有些人代表豪绅、买办阶级。在武汉政府及其所属的军队中就包括了暂时还赞成北伐的地主阶级的政治代表。对于武汉政府中的这种阶级关系，无论是共产国际或是我党中央，认识都过于简单。当时，如果我们党对此认识得比较清楚，对同盟者有一套又联合又斗争的正确政策，手中又有能够使这些同盟者感到我们有可以依靠的力量，那么争取这些同盟者留在统一战线里面的可能性就会增大。但是，共产国际和我们党的“五大”所作的上述分析以及制定的笼统地反对资产阶级的“左”的方针，从主观上排除了这种可能性。

“五大”是在蒋介石叛变以后，武汉国民党也即将分共的前夜召开的，政治局势已经十分险恶。“五大”不但没有对险象环生的局势作出清醒的估计，甚至有一种盲目乐观的情绪，简单地认为资产阶级脱离革命，不但不会削弱革命，反能减少革命发展的障碍。这种观点，导致我党中央把希望寄托在以唐生智等武装力量为支柱的武汉国民政府和武汉国民党中央身上，给以信赖和支持，到后来更是节节退让。“五大”以后，我党仍然不作两手准备，没有大力去抓武装，特别是不抓军队，而只是单纯地片面地强调纠正工农运动中的“左”倾幼稚病，以维持同武汉国民党、国民政府和国民党军事首脑的联合。以陈独秀为首的党中央的这种片面的纠正“左”倾幼稚病的观点，从上年十二月中央特别会议起一直在继续发展。甚至到马日事变后还发出指示继续纠“左”。这些都是陈独秀右倾投降主义的表现。

3. 马日事变

我在“五大”当选为中央政治局委员。五届一中全会后，中央决定调我到中央组织部任部长，湖南省委书记的职务由夏曦接任（“五大”后湖南区委改称省委），并要我回省做两件事：一是向夏曦交代工作；二是帮助省委根据国民党土地委员会的土地问题决议草案，拟定一个湖南土地问题的单行条例。

行前，我从汉口过江到徐家棚买了车票，返回住处时，有一个中央的交通员在等我，说中央同国民党代表正在开联席会议，要我去参加。当我赶到时，会已散了，只陈独秀和瞿秋白还在。陈独秀对我说：你来晚了，夏曦参加了会，会议讨论的事他都知道，我们和国民党将要联合组织考察团去湖南考察农运，你马上打个电报告诉省委，要他们迅速采取措施制止农运的过火行为。我说：我们采取过措施，也报告过中央了。现在我马上就要回省，可在省委内讨论以后再说。陈独秀很焦急地一定要我马上发电报。我还是坚持回去经省委讨论后再说。陈发了脾气，我也生了气。瞿秋白出来调解。结果不欢而散。后来我才知道电报早已由夏曦打回去了。

大约在“五大”闭幕后十天，我回到长沙，把省委书记职务交给夏曦，移交了工作，并帮助省委按照国民党土地委员会通过的土地问题决议草案，起草了一个土地问题单行条例。约5月中旬，我任务完成正准备回汉口时，发生夏斗寅叛变，武长路中断，无法成行。省委与中央的联系也中断了。

夏斗寅事变发生后，长沙风声紧张，我见到邓寿荃，问他情况如何。他说，形势紧张，有可能出事，要我外出时最好有人保护，晚上不要出去。我和省委估计湖南也有发生反革命事变的可能，因此省委通告各县，工农武装要准备就地自卫，并指定了四路总指挥。“马日事变”前一天，5月20日晚上，省委开会，书记夏曦提出，如发生事变，几个公开活动的负责人郭亮、戴晓云、李维汉和他本人，在长沙很难隐蔽，应转移地方。我同意他的提议，但主张：（1）省委几个负责人分四路转移，就地指挥工作（记不清是否已决定什么人到什么地方），同时派人到中央报告请示，我自己则设法回中央。（2）在长沙成立秘密临时省委。大家同意这样办，决定薛世纶、王则鸣、林蔚为临委成员，薛世纶为书记。并给准备转移的几个人和我发了用费。

第二天（5月21日）早餐后，接到报告，知道夏曦没有告诉省委就走了，只在国民党省党部办公室留了一张条子，说是同凌炳去武汉向中央报告工作。当天，国民党省党校举行开学仪式，原定夏曦代表中共湖南省委出席讲话，临时只得由我代替。我在讲话中宣传了土改的必要性。下午，我又出席长沙市委活动分子会，报告形势，提出要准备应变，领导机关要作转入地下的准备。

由于夏曦出走，晚上省委又开会，推郭亮代理省委书记。当日已得悉夏斗寅被击溃，但省委会上分析形势时，估计反动事变仍有可能发生，决定原先确定的工农武装准备就地自卫、成立秘密省委等准备应变的方针和措施继续有效，并要抓紧向中央请示。散会不久，约在十时左右，枪声四起，事变发生。驻长沙的三十三团团长许克祥、三十五军教导团长王东原、三十五军留守处主任陶柳、三十六军留守处陈其祥等率兵千余人，分途袭击国民党省、市党部、省工会、省农民协会、省党校，将工人纠察队和农民自卫总队缴械，捣毁特别法庭，释放被关押的土豪劣绅，捕杀共产党员和革命群众。不久，国民党右派分子彭国钧、仇鳌、萧翼锟等即在长沙组织了包括许克祥、陈其祥在内的反共的“救党委员会”，宣布脱离武汉政府，服从蒋介石的命令，并通令恢复全省的地主团防武装，在全省范围内恢复反动政权，在各县实行反革命的“清乡”。

事变第二天，5 月 22 日凌晨，我转移至长沙近郊离城约二十里左右黎瑾（党员）的家里隐蔽。黎瑾的父亲是地主，同徐特立友好。后来徐特立也来他家，和我同住一室。我住黎家期间，同省委有过三次通信，彼此用的都是代号。通信内容记得有：（1）建议省委尽可能同中央取得联系，报告请示；（2）建议那个土地单行条例作废，准备秋后动手插标分田；（3）省委来信计划组织长沙城区郊区暴动（并非后来的各路农军进攻长沙的计划），我不赞成，认为工人纠察队武装已被缴械，省农协武装已转移或溃散，搞城郊暴动，实属冒险，而且此事关系全局，应当请示中央。当时不知省委是谁在主持工作，直到 1979 年，经了解才知道郭亮于 22 日即离长沙去湘阴，24 日到武汉。薛世纶临阵逃跑，只林蔚和王则鸣在长沙坚持，临时省委由林蔚主持。

5 月 31 日上午，黎瑾报告浏阳农民自卫军来了。我感到突然（因为不知有外县农军进攻长沙的计划），当即前去联系。在路上看到自卫军正向小吴门前进，妇女宣传队走在前头，后面男自卫军有背枪的，有肩梭标的，还有挑炊事用具的，行列混杂，不像要攻城打仗的样子。我在离城不远处，找到县委书记潘心源，我问他们怎么来的？他说是三天前，柳直荀自株洲打来电话，要他们 5 月 31 日来长沙会师。他问柳直荀来了没有？我说不见来。我问他农军开来多少？他说动员仓促，只通知各区如期开拔上路，未能总集合，数目不知多少。谈话间，忽闻小吴门方向有枪声，农军随即退却。潘心源问我城内敌人有多少，我告知大约有三千，他说那攻城没有把握。又问我政治形势，我说报上登载以谭平山为首的国民党中央政治委员会组织的特别委员会要来湖南，可见国共两党中央合作关系没有发生问题。他问我现在农军怎么办？我说可以退回原地自卫，听候中央指示。潘未再说什么，就赶队伍去了。

以上总括起来，我在马日事变过程中主张的方针和措施，可以归结为三点：（1）工农武装就地自卫，省委负责人分四路指挥；（2）总的方针应等候中央指示；（3）党组织应转入地下。至于马日事变后临时省委决定发动各县农军进攻长沙以及后来又奉命停止等情节，我并不清楚。

中央对待马日事变的方针，现在根据一些材料分析，是和平解决。如5月25日中央政治局议决的《对于湖南工农运动的态度》、5月26日中央政治局的决议和6月1日中央政治局议决的《农民运动策略大纲》中，都体现了这个方针。

5月25日，国民党中央政治委员会派谭平山、陈公博、彭泽湘、周鳌山、邓介松组织特别委员会赴湘调查军队与农工冲突事，鲍罗廷也随行。他们提出处理湖南问题的五点意见是：（1）改组湖南省政府；（2）改组湘省党部及农协、工会；（3）裁判越轨军人，由周斓调查；（4）命令停止军队与农工之军事行动，不听者严厉执行；（5）其余善后问题，听中央办理。6月13日，国民党中央军事委员会和政治委员会讨论马日事变的解决办法，根据国民党中央执行委员会政治委员会的会议记录记载，国民党中央“讨论的结果，是对于湖南事件不用武力解决，免得引起纠纷。唐生智同志并愿意亲自到长沙去走一趟，以和平的方式，实行改组农民协会及农政部所提出之乡村自治条例等计划。毛泽东同志也承认不用武力的办法是对的”。会上吴玉章也赞成和平解决。当时毛泽东是中央农委负责人和全国农协临时执行委员会负责人，吴玉章是国民党中央秘书长，他们赞成和平解决的方针不可能只是他们自己的意见，而是贯彻中央的方针的。

中央所以对马日事变持和平解决方针的原因，在5月26日的决议中说得很清楚：“现在本党的职任，既不是推翻他们（仇敌），也不是我们完全投降，还有中间的路；要找这中间的路，现在不宜于直接和他们武装冲突，我们的职任是等候时机，深厚自己的力量，以准备不可避免之进攻。”[①] 6月19日，中央在给上海的信中说：“如湖南反许的问题，……假使我们完全独立的干起来，那末，我们和国民党的关系将要破裂。固然这是光荣的失败，但是破裂对于我们是不利的，我们应当找新的道路。经过新的道路来渡过现在所遇的危机与困难，使革命深入广出，而得到最后的胜利。”所谓“中间的路”、“新的道路”，就是和平解决，把希望放在国民党中央和唐生智身上。

---

① 见《中共“八七”会议告全党党员书》。

当时，对于唐生智来说，存在着两个矛盾：一个是唐生智和何键之间的矛盾，一个是唐生智同共产党及其领导的工农运动的矛盾。马日事变系由何键主使发动，唐生智曾有借此除许压何之意，对此事变，初取中立态度，既限制军队，又限制工农。6 月 20 日，他在汉口总指挥部孙中山纪念周上的讲话，还表示了这种态度。但是唐、何之间的矛盾，是他们内部的矛盾，唐与共产党的矛盾，则是阶级之间的矛盾。何键主力当时不在湖南而在武汉——河南一带，对唐有威胁。唐鉴于何势大难除，又为阶级的根本利益所左右，乃决心舍小就大，决心反共。唐在回长沙后，态度急剧右转。他在 7 月 5 日湖南省政府纪念周上讲话，将马日事变的责任完全推到共产党身上，说："兄弟奉命回湘查办长沙事件，结果认定湖南以前种种惨劫，完全是在湖南的共产党所造成，在湖南做工作的共产党要负完全责任的。"直到 7 月 4 日，中央政治局常委开会讨论湖南问题时，仍然主张联唐反蒋解决何键的方针，但是中央的这种希望落了空。中央自己既没有一条应付事变的具体措施，所以中央号召湖南农民"应当势力去推翻在长沙的反动军阀"，应当"帮助国民政府重新在长沙建立政权"，也仅仅是空喊而已。

我于 6 月下旬回到武汉，向中央汇报了马日事变的情况，当时中央负责人陈独秀、张国焘、瞿秋白都没有说什么，更未作什么具体指示。我也见到毛泽东和蔡和森，他们也未向我说过其他任何意见。

4. 汪精卫"七一五"反革命叛变，大革命失败

我到武汉时，武汉的局面已十分混乱，金融阻滞，汇兑不通，物价高涨，日用品缺乏，工商业衰落，厂主店主畏祸潜逃，工人失业现象严重，民心极为浮动。被蒋介石压迫以及被朱培德从江西"礼送出境"的共产党员和国民党各党部的左派分子、各军的政治工作人员，纷纷来到武汉，他们带来各地如何反动的消息，使人们更加重了对时局的严重威胁感。武汉国民党中央和国民政府内，由于蒋介石的压力，冯玉祥的向右转，反动倾向也日益严重。共产国际代表和党中央的首脑在复杂的形势面前，意见纷纭，莫衷一是，已经难以控制局势。

1927 年 6 月，共产国际关于应即自下而上地发动土地革命；以工农新领袖补充到国民党中央里面去；动员两万左右的共产党员和两湖的五万群众编组新的革命军队；严厉镇压反革命的五月指示传达到国内。国际代表罗易私自把它交给汪精卫过目，使汪精卫最后下了分共的决心。6 月 8

日，国民党中央主席团汪精卫、谭延闿、孙科等成员去郑州同冯玉祥会议，达成四军、十一军回防武汉，北方战线由冯的第二集团军负责的协议，同时交换了对付工农运动和共产党的意见。

当时，武汉政府表面上虽然仍维持着国共合作的局面，但已危机四伏，随时有发生事变的可能。在这种严重的局势下，陈独秀控制的党中央却仍然没有作统一战线破裂的准备，一味的委曲求全。6 月 30 日，我在武昌参加中央政治局扩大会议，讨论了国共关系问题，通过一个包括十一条内容的决议。这个决议虽然在一些条文中也提出注意工农运动中的政策问题，但在总的精神上是一个向国民党妥协退让的文件。它仍然把维持同国民党的合作作为最高原则，没有讨论党如何争取对革命的领导权，如何应付国民党可能的背叛，避免上海的“四一二”反革命政变的重演，反而重申国民党对国民革命的领导地位，否认武汉政府实质上是国共合作的联合政府的性质，继续把自己放在在野党的地位。会上，团中央书记任弼时表示不同意见，并向陈独秀提交了团中央的书面意见。陈独秀看了大发雷霆，也不传阅，就把它撕得粉碎，扔在地上，用脚踏上。任要求发言解释，也遭拒绝。当时党中央领导核心已处于混乱涣散状态，参加扩大会的恽代英就曾提出现在中央内部是否有不一致的问题。

陈独秀在参加这次常委会后，即根据共产国际指示，离开中央领导岗位。中央组织了由张国焘、周恩来、李立三、张太雷、李维汉组成的五人临时政治局常委会主持工作。这次改组，虽然还谈不上对以陈独秀为首的党中央右倾机会主义的纠正，但开始改变了一味向国民党妥协退让的政策。7 月 13 日，中央发表对政局宣言，揭露了汪精卫等主持的武汉国民党中央和武汉国民政府的反共活动，命令在武汉政府的共产党员退出，这都是我党开始改变政策的表示。

此期间，武汉国民党中央也在为其叛变革命作舆论准备。汉口《民国日报》连续登载汪精卫、顾孟余、孙科的文章，强调孙中山的容共政策并非党中有党，参加国民党的共产党员必须服从国民党的政策、纪律，攻击工农运动不听国民党中央指挥。7 月 15 日，武汉国民党中央召开扩大会议，决定“分共”。这标志着第一次大革命的最终失败。

在“八一”起义前，武汉政府尚未大规模的公开逮捕屠杀共产党人，7 月 16 日，还曾发布过保护共产党员个人生命财产和工农运动的训令。随后，武汉政府陆续公布共产国际于 5 月给我党中央的五点指示，进一步作反革命宣传。8月2日，武汉政府明令对共产党员“一经拿获即行明正典刑，决不宽恕”，露出了狰狞面目，开始了公开的反革命屠杀。

5. 准备起义，开始新的历史时期

“七一五”后，党中央机关即转入地下筹划反击。临时政治局常委决定了三件事：一、将我党掌握和影响的部队向南昌集中，准备起义，由周恩来、李立三、恽代英、彭湃等四人组织起义前敌委员会，领导起义；二、秋收季节，组织湘鄂粤赣四省农民起义；三、召集中央会议，讨论决定新时期的新政策。此后，我党即担负起独立领导反帝反封建的民主革命的重担。

五、经验教训

1. 大革命的失败和陈独秀的“二次革命论”

1924年至1927年的大革命不幸失败了。失败的主要原因，一是革命的敌人帝国主义及其走狗豪绅买办阶级的力量还很强大；二是革命的领导者中国共产党还很幼小，主要犯了右的错误，在北伐军占领武汉之后，以陈独秀为代表的右倾机会主义路线在党中央占了主导地位。对于陈独秀的错误，党内虽然有过批评和抵制，但未能制止，更未能克服。

这里，我仅就陈独秀的右倾机会主义谈点看法。

陈独秀右倾机会主义错误的指导思想是“二次革命论”。他在1923年“二七”大罢工失败、工人运动转入低潮时，发表了《资产阶级革命与革命的资产阶级》和《中国国民革命与社会各阶级》两篇文章，对中国各阶级作了错误的分析，形成了他的“二次革命论”的理论基础。他认为中国工人阶级力量很弱，不可能也不应该领导中国的资产阶级民主革命；这个革命只能由资产阶级领导，它的胜利也只能是资产阶级的胜利；无产阶级在帮助资产阶级取得胜利的过程中，只能获得若干自由和权利，等中国资本主义发达以后，再去领导进行社会主义革命。陈独秀不懂得十月革命后世界形势发生的根本变化，否认当代是无产阶级革命的新时代，坚持旧的资产阶级民主革命，因而不重视争取无产阶级在民主革命中的领导权，把领导权拱手让给了资产阶级。

由于陈独秀在党内的重要地位，他的“二次革命论”对党产生了影响。尽管党的“四大”、四届三中全会以至“五大”都提出了无产阶级争取革命领导权的任务，但对无产阶级要争取领导权必须掌握武装和夺取政权这个根本问题在认识上并不明确。例如在四届三中全会通过的陈独秀代表中央所作的《政治报告》中就说：“中国民族运动的前途，我们可以看出有两条道路：一是工农阶级领导小资产阶级，推动资产阶级，以革命的手段达到民族资本主义之建设；一是由买办性的资产阶级拿住小资产阶级，并结合买办阶级，与帝国主义妥协，扑灭革命运动，实现道威士的资本主义之侵略。我们的责任，就在努力扩大工农群众的力量，拿住小资产阶级，推动资产阶级，始终能够巩固民族运动的联合战线，则中国民族运动便有由第一条道路之可能。”中央政治局虽然在1927年初的《对国际第七次大会中国问题决议案的解释》中相当深刻地检查了“二次革命论”的认识，说“在今日以前，我们有一个根本错误，即……把国民革命和无产阶级革命之间划了很大的‘天然的不可以人力逾越的’一道鸿沟，以为今天只能做国民革命，无产阶级革命至快也要到明天早晨，未到明天早晨六点钟以前，我们必须绑着自己的手脚，仿佛多做一点便违反了革命铁律”，以为“我们的革命还在将来，现在只是参加或帮助他们资产阶级的革命”，而实际上，中央无论从理论到实践都未能找到克服这个根本错误的方法。因此，党在中国革命已到生死存亡的危急关头时所召开的“五大”，仍然没有同国民党争夺政权的思想。这说明大革命时期，随着中国革命的发展，党对于半封建半殖民地性质的中国社会，对于中国革命应区别为民主主义和社会主义两个阶段，对于中国革命发展的非资本主义前途，认识虽在逐步提高，但仍很模糊，没有找到症结所在。

陈独秀的“二次革命论”思想，反映在政治上是对于握有实权的国民党右派，只联合，甚至依靠，节节退让；对工农运动则加以层层限制，把他们当作是抬上层轿子的苦力。具体表现为：（1）在同国民党的关系上，主要方面是以退让求团结，害怕破裂。“三·二〇”事件后，让蒋介石轻易地夺去了军权、党权、政权。“四·一二”反革命政变后，又把实际上是工、农、小资产阶级、民族资产阶级以及一些暂时赞成国民革命或对北伐采取中立态度的地主阶级的政治代表和地方军阀联合的武汉政府，看作是小资产阶级政府，只联合，不作必要的斗争。（2）不争兵权。规定工农武装不准超过自卫，更不准建立共产党独立领导的武装。(3) 对土地革命抱消极态度。(4) 对统一战线不作联合和破裂的两手准备，直至马日事变发生仍不组织还击，幻想和平解决。甚至到了6月30日，还在中央扩大会议上搞什么国共两党关系议决案，说国民党“当然处于国民革命之领导地位”，要把群众运动完全交给国民党的领袖去监督等等。

对于陈独秀的“二次革命论”，我们应给予严肃的批判！但对他这个人，要作具体分析。陈独秀是“五四”运动的旗手，中国共产党的创始人之一，他担任党的负责人达六年之久，对党对革命是有过贡献的。但他不是一个名副其实的马克思主义者。大革命后期，犯了右倾投降主义错误。大革命失败后，他写信给中央批评瞿秋白、李立三的一些盲动主义的做法和后来的“武装保卫苏联”的口号是对的。但他唯独不批判自己的旧民主主义和投降主义。他向来固执己见，是有名的“家长”。由于他坚持右倾取消主义理论并进行托派小组织活动，中央对他一再进行批评教育无效后，于1929年11月将其开除出党。

2. 掌握政权是实现无产阶级领导权的关键

要克服“二次革命论”的错误，真正实现无产阶级的领导权，就要明确地提出政权问题。在大革命时期，我们应力争掌握政权的领导权，把政权逐步从国民党手里，从右派军人手里，转到共产党手里，使之成为新民主主义的，即无产阶级领导的人民大众的政权。掌握政权的领导权，关键要有自己的武装。这一点我将在下面再谈。这里我仅就国民党及其中央和地方政权的改造问题谈一些看法。

大革命时期的国民党，是一个有共产党员、共青团员参加，包括工人、农民、革命的知识分子、民族资产阶级以至暂时还支持北伐战争或对北伐战争保持中立的一部分大资产阶级和地主阶级的政治代表在内的成分复杂的政党。其中央和地方政权则主要为右派或偏右的军人所控制。我党要掌握对政权的领导权，正确的做法是根据国民党“一大”制定的新三民主义的政纲，根据三大政策，理直气壮地参加国民党的领导机构和国民政府，采取自上而下和自下而上相结合的方法，改造国民党及其中央和地方政权，使之向着新民主主义的方向发展。由于共产党在国民党改组的工作中作了很大的努力，帮助国民党在一些省、市地方建立组织，在这些组织里共产党员担任着重要的职务，这对于改造国民党是很有利的条件。但我们怕当主人，认为当了主人就将破坏联合战线。正如毛泽东在“八七”

会议上说的，房子本来是空着的，我们不进去当主人，而是让给了别人。湖南的国民党省党部是中共湘区党委帮助建立的，“三·二〇”前，省党部的主要工作由共产党员担任，那时湘区党委对掌握国民党的领导权的重要性并不认识，以为我们帮助国民党建立组织，发展党员，只是因为“在严重的压迫的环境之下，C. P. 不包办便无人来办”。“三·二〇”事变后，湖南国民党开始分化，湘区党委就按中央 1925 年 10 月中央扩大会议决议的精神，请一些纯国民党员参加国民党省党部工作。北伐军占领长沙后，中共湘区党委便“渐次退到在野党的地位，把国民党的重要工作交给左派”。只是“因为国民党左派还未能站起来”，湘区“六大”才决定：“我们对县、市党部的工农委员还有担任的必要，但须不妨害我们的独立工作。至常委、财委、财务、组织等委员，务要设法交给左派或找好一点的分子担任”①。这里说的“不妨害我们独立工作”，就是指独立地领导工、农运动。1926 年 12 月后，根据中央特别会议决议，湖南区委又决定将国民党省党部中的工农委员让给了国民党。我们要独立地抓工、农运动，对不对呢？当然是对的，但是把独立地领导工农运动，同改造国民党的工作对立起来，就不妥当了。它反映了我党片面注重群众运动的思想，没有把改造国民党的工作放在重要位置上，总是想扶植国民党出来执政，我们从旁赞助它。“让位”也是应该的。改造国民党，并不是需要占有国民党领导机关的一切职务，即使采取党内合作的形式，也不需要如此。占有一切席位，反而易引起纯国民党员的误解和不满，抓对政权的领导权，也并非要共产党员清一色。抗日战争期间，我党在抗日根据地政权中实行的“三三制”政策，就是要纠正清一色的偏向。问题在于指导思想，在于我党有没有争取获得政权的领导权的思想。大革命时期，我党在这一点上是不明确、不坚定的。在政权问题上，以陈独秀为首的党中央，是旧民主主义革命的思想，总以在野党自居，迟迟不肯参加政府工作，把参加国民政府工作视为做官，是“腐化堕落”，是“机会主义倾向”，是做“蠢事”，会因此“在群众中失去说话的地位，失去群众的信仰”，主张只做宣传、组织群众的工作。因此，我们在国民革命联盟中自觉或不自觉地退居参谋或客人的地位。就湘区区委的认识来说，则处于矛盾的、不坚定的状态中，即有争取改造旧政权的思想，但又不坚定，缺少具体办法。当

① 引自《关于湘区 C. P. 与 K. M. T. 关系的决议案》，1926 年 1 月。

时，我们的策略应该是两手：一手是自上而下，在国民党内和国民政府内联合左派对右派进行必要和适当的斗争，同时利用这个合法讲坛，通过报纸等宣传渠道将我们党员在政府中的提案和主张，择其要者进行适当的传播，这样既可以监督政府，又可以分清面目，教育群众。另一手是领导群众自下而上地（通过人民团体或国民党部出面）向政府提出要求和提议，同时参加政府的共产党员和左派，在政府内部予以支持。这就是公开的、合法的、自上而下同自下而上结合的、里应外合的两手，而不是只在国民党和政府外面领导群众斗争。

改造旧政权，建立民主政权，把对政权的领导转移到无产阶级手里来，使之成为新民主主义的，即无产阶级领导的人民大众的政权，这是一个崭新的课题。这个问题，在大革命时期，没有任何经验可资遵循。湘区党委曾经有过改造湖南的旧政权、建立新政权的尝试，1926 年 7 月，北伐军进占长沙，8 月，区委连续发表两篇对湖南政局的宣言，根据中央关于要开展国民会议运动的指示，提出应迅速召集省民会议，以促进县民会议，乡民会议的实现，建立由省、县到乡村的革命民众政权，并由此推动国民会议的召开。12 月 6 日，成立了省民会议筹备处，开始制定省民会议组织法。10 月以后，农民运动猛烈发展，在湘中、湘南等农运开展比较好的地区，“平日压迫农民之地主，土豪劣绅，无不恐惧，不再敢把持乡村政治，乡村已成无政府状态，或为农协专政（农协中主持者多贫农，实为贫农专政）。”① 所谓“乡村已成无政府状态”，是指封建政权已经瓦解，新的政权尚未建立的这个时期的状况，而在农民有力量的镇、乡，几乎是一切权力归农协，农协已成为政权机关，形成农协专政。区委曾主张将农协专政改为统一战线的，即不仅是贫农，还包括工、农、商、知识分子等除去土豪劣绅、贪官污吏、买办阶级及现行反革命的区乡自治政权，召开乡民会议、区民会议，以此为基础，再扩大到召开县民会议，接收县政权，最后召集省民会议，自下而上的接收省政权。为此，1927 年 2 月初，在区委的推动下，由国民党省党部和省政府起草了《湖南区、乡自治条例草案》，2 月 18 日，由湖南各团体联席会议通过。3 月，又组织人着手制定县、市自治条例。26 日，区委发了《关于如何实现乡村民主政权的通告》，指出要在两三个月内将农协专政改为建立统一战线的区、乡

① 引自《中共湖南区委关于湘区一月份农民运动报告》，1927 年 4 月。

自治，改变乡村无政府状态或贫农专政的局面，以革命的联合战线，摧毁反革命的联合战线。区委还要求各地不必等着省政府公布实施区、乡自治条例，就“可立即照此草案，建筑乡村自治机关”，先干起来，然后“民众”就可“接收一县政权”，再过若干时间，就可能“接收一省政权”。

区、乡自治条例颁布后，乡村中无政府状态有所改变，有些县，在四乡农民取得政权的基础上，“全县性质的民众团体，大都具有很高的能力和权威，能解决许多县政府所不能解决的纠纷，几乎是所有农民问题交农协，工人问题交总工会，学生问题交学联……而县政府则门可罗雀，简直等于一种装饰品”[①]，需要县政府解决的问题，则经由县长召集工、农、商、学各公团及国民党联席会议解决，初步形成县联合政府的形式。“由此可以见到人民要求参与并管理政治”。于是，在农运发展的地区，出现了两重政权对立的局面，上面是我们对它不能起决定作用的省政权，下层是我们已经取得领导权的县以下的农民协会形式的农村政权以及部分县政权，这部分县政权已经发展到以公团联合会为主体的民主联合政府的形式。但是，这种形式是不可能持久的，如不作适当处理，对立势必越来越尖锐，统一体必然被打破，或者是革命的打破，或者是反革命的打破。区委认为此时已具备实现省民会议的基础，4 月初，即发表《为召集省民会议宣言》及《为建设民主的新湖南问题》的宣言，主张召集省民会议，提出“人民自动召集乡民会议、县民会议，及市民会议、省民会议，实行选举政府，接收政权”的口号。

区委这种自上而下和自下而上相结合推动建立革命民主政权的方针和方案，虽然还不够成熟，但大致没有错。

从全局看，第一次国共合作期间，在政权领导的阶级关系上，有没有和平转变的可能？我认为，在“三・二〇”事件前有这种可能，但需具备两个条件：一是国共两党间始终像合作初期那样真诚合作，坚决实行国民党“一大”宣言和三大政策，改组国民党，办好以共产党和左派分子为骨干的黄埔军校，武装工农，逐步改造旧军队。我相信，如果中山先生不死，廖仲恺等左派不被打击排斥，这些实施是能够继续下去的。二是我党手里有相当数量的可靠武装，有正确的政治路线。“三・二〇”事件后。这种可能就不存在了。正确的策略应该是放手发展我们

---

① 引自《中共湖南区执委为召集省民会议宣言》，1927 年 4 月。

自己的武装力量，准备一旦发生突然事变，我们可以独立领导人民继续作战。

从湖南看，湖南的革命自“五四”以来，特别是建党以来，在湘区党委领导下，打下了比较坚实的基础。我们通过国共合作的统一战线，发展了以工、农、革命知识分子联盟为基础的广大的群众运动，有力地参加和援助了北伐战争，在湖南掀起了大革命的高潮。这是我党领导下的革命力量。另一方面，北伐初期，唐生智集团在政治上采取中左的态度，支持工农运动。在这种条件下，湖南是否有可能对乡、县、市、省各级政权进行和平的民主改造呢？我想如果我们自己掌握了武装，就有可能在一些群众运动发展较好的地区进行政权改造工作。可惜当时我们不懂得抓军权，没有武力作后盾，尽管马日事变前夕，长沙召开了市民会议，选举了左派担任市政府委员，马日事变一来，就被冲垮了。

3. 武装力量是政权的生命线，要争军权

革命的最高形式是武装夺取政权，无论是以战争、武装暴动的方式夺取政权，还是以改造旧政权，通过和平的方式取得政权，都必须掌握武装力量。武装力量是任何政权的生命线，夺取政权要靠它，维护政权也要靠它。军权是政权的一部分。革命党掌握了军权，就有可能改造旧政权，建立人民的新政权。在个人军权第一的情况下，它就成了政客、野心家谋取和控制政权的手段。在大革命时期，由于国民革命军各部都没有经过必要的改造，其军事长官在北伐战争期间随着革命势力的发展，招兵买马，壮大了他们个人的军事实力，谁的枪杆子最多，谁的发言权就最大。共产党员和左派人士虽然参加了国民政府，但他们的发言权有多少，要看军队首领之间的纵横捭阖的政治气候，决定权和否决权实际上是没有的。在湖南，军权集于唐生智集团，决定权也就集于它。湖南在党的领导下，经过几年的努力，在大革命高潮中形成了包括工、农、商、学、兵在内的广泛而强大的统一战线，成为北伐军能够胜利占领长江上游的有力杠杆。唐生智集团是乘北伐东风而起的暴发户。北伐初期，后方秩序尚不稳定，北伐也未定局，唐生智由于利害之所在，一度执行三大政策，他的在湘留守部队对工农运动采取不干涉态度；等到北伐基本胜利，他的势力扩张了，能腾出手来了，利害关系变了，就逐渐转向反面。军权掌握在他们手里，他们一旦反动，民众运动一瞬间就遭击溃和镇压。对这个问题，我们在大革命时期是认识不清的。

我党从成立起就千方百计发展工人运动，争取对工人的领导；积极从事学生运动，争取对学生的领导，后来又积极开创农民运动，在南方各省争取了对几百万、几千万农民群众的领导，但是却唯独没有积极争军权，只抓了很少一点点军队。是不是因为对于中国长期处于封建军阀武力割据局面的特殊国情认识不足，不懂得在进行反帝反封建的伟大革命时，需要用革命的武装去反对反革命的武装呢？我看不是。无论从全党或湘区工作看都不是。事实是，我们党帮助国民党建立了黄埔军官学校，选派党员到黄埔和湘、鄂、赣军分校受训，派了许多党员去任教官，还派了大批优秀领导干部和党员去国民革命军各部队工作，尤其是在北伐进程中，我们党动员了广大工农劳动人民和城乡小资产阶级给了北伐军充分的援助。我党在北伐军中的政治工作主要是在提高士气和改善军民关系两个方面，做得很出色。可以肯定，如果没有我们党上述各方面的工作，单凭数量和武器都处于劣势，特别是没有脱离军阀军队素质、互相猜忌的各部国民革命军，是决不能战胜在帝国主义支持下的北洋军阀的。孙中山几次北伐无成和蒋介石在第一次攻打南昌战斗中的失败，就是明证。

在湖南，我们也做了不少军事工作。1925 年 10 月中央扩大会议决定在中央设军事部，大约在同年底，区委就设立了军事委员会，由杨福涛负责。北伐军入湘后，中央军事部的聂荣臻随苏俄顾问加伦到长沙，参加并指导区委的军事工作。大革命时期，先后参加区军委工作的还有颜昌颐、魏依真、贺果、李了骥、李植等。

区委抓的军事工作主要有：

（1）选送党、团员和进步青年赴黄埔军校（1926 年 3 月后为中央军事政治学校）学习，蒋先云、王尔琢、刘畴西、张际春、赵自选、蔡宗熙、左权、陈赓等都是。仅黄埔一期中的湖南籍学员就有一百七十多人。

（2）作争取军阀军队的工作。前面说过，自 1925 年起，我们先后派人同熊克武、唐生智联络。北伐军入湘后，区委从派赴湘西的、由周逸群领导的北伐军总司令部政治部宣传队取得经验，作争取贺龙的工作。宣传队的三十余人皆为我党团员。在长沙，区委曾同贺龙派来的秘书长接头，劝贺归向国民政府，并帮助贺在常德办政治讲习班，训练政治干部。

（3）同进湘之北伐军中我党同志接头，调查搜集各方军事情况，向中央报告。

（4）组织工农武装。在北伐军进军沿途，组织工农收缴吴佩孚、赵恒惕溃军枪支，建立自卫武装，如华容加入义勇队者九百余人，皆奋不顾身，积极配合北伐军作战。北伐军攻长沙时，区委通过工团联合会建立了一支千余人的工人保安队，从溃军中夺得枪支，分守各城门要道，维持秩序，使长沙城在叶开鑫军逃走时未受蹂躏。

参加四届三中全会回长沙后，因陈独秀指示共产党不独立组织军队，我曾设想将工人保安队编入唐生智部队，也建立一支类似叶挺独立团的队伍。为此，郭亮同唐商定，编了一个独立营，并由区委派李子骥和贺果分任营长和副官。后来，唐把这支工人武装编入留守的何键所部，何将其编散，工人十分气愤，纷纷弃枪而回。我们的设想不错，但实际的做法是幼稚的。

（5）推动国民党省党部和省政府于1926年12月在长沙筹建中央军事政治学校第三分校，校长石醉六，教务长李达，夏曦、陈昌等都在该校任教官。

（6）派党员去做唐生智属下部队的政治工作。中央派彭泽湘任唐生智的八军和北伐军前敌总指挥部政治部主任，区委商定由李亚农、谭因、王基永分别担任第八军第一师、第二师和第三十五军政治部主任，皆由国民政府委任。

（7）1926年冬，成立了工人纠察队总队部，并请省政府发给枪支弹药。1927年4月，省总工会和省农协合办了工农自卫军干部训练队。训练队委员有郭亮、易礼容、谢觉哉、王则鸣、杨人杞、袁晓煦。训练主任兼总队长为陈曙华。总工会首批送学员五十名，省农协送一百五十名。浏阳在名额外又附送一百名。有少数县如浏阳农民协会接收团防枪数百支组织农民自卫军，醴陵农协中武装会员占三分之一，均在县集中军事训练。临湘还聘请黄埔军校毕业生任教。湘潭各区自卫军设有常驻队，每队三、五、十人不等。

但是无论是中央，还是湖南，都没有认识到要争兵权，要大力抓自己领导的军队。从根本上说，还是“二次革命论”在作祟。这种旧民主主义革命的观点是陈独秀、彭述之的，也是魏金斯基、鲍罗廷的。共产国际在实践中把注意力集中于国民党身上，没有无产阶级夺取政权的思想准备，当然更不会有夺取军队领导权的思想准备。前面说过，1926年7月，我从上海启程返长沙前，曾向陈独秀请示关于唐生智进长沙后我们应取的方针。他说，要支持唐，要发动群众支援北伐。这个指示无疑是对的。但当我因在会上听到有关中山舰事件的经过，提出我们应寻找机会组织自己的军队时，他却说，我们要在国民革命军中工作，要组织工农自卫军，但不要组织共产党独立领导的军队。他的回答也反映了四届三中全会关于《军事运动议决案》和《农民运动议决案》的精神，主张农民武装不要超过自卫范围，不要有常备组织，以及不要消灭民团等等。这些限制说到底就是不敢独立抓枪杆子。陈独秀的指示和这次会议的决议对我们产生了影响，直到南昌起义前，尽管湖南区委在抓军事方面做了上述许多工作，但我们一直没有建立由我们党独立领导的正规武装的设想。

怎样争取兵权？主要要做两项工作：一是建立新的、由我党领导的军队；一是改造旧军队。可以从三方面入手：（1）放手武装工农，从中建立、训练基干队伍；（2）建立正规部队，参加北伐战争；（3）争取国民党军队的军官。实现上述第二方面的可能性虽小，但如果能利用时机，在北伐战争胜负未定的期间搞一下，也不是完全不行。北伐开始时，湘区党委想借重唐生智搞叶挺式部队，未成，造成一次失误。但以后如能借重叶挺、贺龙是可以做到的，仍没有去做，再一次失误，丧失了时机。第三方面很重要，并有可能。对于一切有反帝反封建思想，即有爱国和民主思想的军官，无论上、中、下，都应该一个一个地向他们做思想政治工作，尽可能争取一部分成为忠实的朋友以至同志。这种可能性在上层很小，但中下层是存在的。如果我们能结合着纠正工农运动和统一战线中的“左”倾幼稚病，对他们做耐心的工作，就有可能从他们中争取一些人，在紧急关头带着队伍投到工农方面来。对唐生智部队，我们曾输进大量经过初期革命风暴锻炼的农民去当士兵，如果我们在他们中间建立秘密支部，进行适当的政治工作，他们就会成为掉转枪口打反革命的武装。上述三个方面，第一方面是基本的、最重要的，也是可能性最大的。当时湖南如能对建立工农武装在政治上、军事上、组织上一一落实，湖北、江西也尽可能这样做，大革命就可能不致失败得如此之惨。

既然没有夺取政权、夺取军权的思想准备，我们在同国民党的关系上，就只有和平合作的一手，没有被迫同豪绅买办阶级的代表国民党反动派分裂时实行武装斗争这一手的准备。在蒋介石凭着他手里的枪杆子制造了“中山舰事件”，把我们从黄埔军校和他的部队中赶出来，接着又在国民党二届二中全会上抛出了排斥共产党的“整理党务案”的紧急时刻，形势已是十分险恶，我们党的当权者却仍然书生气十足，只有以退让求团结的一手，而不准备武装回击的一手。“中山舰事件”后，以陈独秀为首的党中央曾一度“主张准备独立的军事势力和蒋介石对抗”（见陈独秀《告全体党员书》），要求国际代表鲍罗廷拨五千支枪武装广东农民，但在遭到拒绝后，就不再坚持了，后来甚至作出共产党不要搞独立武装的决定。要不要争兵权，要不要搞独立武装，这在当时是我们同国民党右派斗争中谁胜谁负起决定作用的一着，也是革命能不能取得胜利起决定作用的一着。一着错，满盘输。正是这一着错了，到头来，被打倒在血泊之中，这才清醒过来，从此走独立领导革命战争的道路。

有一个问题，即在“中山舰事件”后，我们是否还有条件准备武装还击的一手？我认为是有的，在湖南更是有的。第一，我们有将近大半年的时间可以作准备；第二，我们有群众基础。在一段时间内，我们比较顺利地进行了农民自卫军的工作，我们在留守部队和中央军事政治学校三分校的工作没有受到明显的阻碍，我们还有效地进行了贺龙部队的工作。这些说明我们是有准备武装还击的时间和客观条件的。但是，如前所述，我们和全党一样，头脑不清醒，没有争兵权的觉悟，不懂得这关系到党和革命的生死存亡。军事工作也做了不少，可以说是相当积极的，却成了为他人作嫁衣裳。对农民自卫武装也是积极发展的，却又接受了“不能超过自卫”的限制，直到 1927 年 3 月才公布《湖南农民自卫军组织大纲》，开始有计划地组织和训练工农自卫军，但已为时太晚了。加以农民的武装主要是梭镖队，只少数几个县夺了民团武装改为常备队，还有几个县由叶挺部队给了些枪弹，力量也不足。可以说，我们既没有建立新的由党领导的军队，也没有改造旧的军队，丧失了至少半年的大好时机。

武汉政府叛变前夜，6 月初，中央接到共产国际来电，要求动员两万党员，加上五万革命的工农，组织一支自己的军队，这算是武装革命的一手，可是已到火烧眉毛的时候，来不及了。组织五万农军可能做到，但我认为，按照当时打正规战和占领城市的指导思想，如果真的集中几万军队，其后果也将和“八一”起义军一样，徒然损失尔后进行游击战争的一部分精华。

4. 深入土地革命才能巩固革命的胜利

农民是民主革命的主力军，也是实现无产阶级领导权的中心问题。要使民主革命获得成功，必须发动占中国人口百分之八十的广大农民参加，建立巩固的工农联盟。大革命时期，北伐的直接目的是打倒北洋军阀，即帝国主义统治中国的走狗。由于共产党和国民党左派坚持三大政策的旗帜，共产党动员和组织了千百万群众支持军队，和在军队中进行了有效的政治工作，苏联也给了支持和帮助，不到半年就占领了长江中游，基本打垮了北洋军阀，可以说国民革命的第一阶段已经基本完成。要进一步扩大胜利、统一中国，就必须在取得胜利的南方各省深入土地革命，挖掉帝国主义的墙脚，武装千百万主力军——农民，建立强大、巩固的后方和前进阵地。

湖南党在整个革命高潮中，对于组织、发动和发展农民运动，是全力以赴的。到1926年下半年，湖南农民斗争发展迅猛，势不可当，成为整个高潮的中心。轰轰烈烈的农民运动，同国民党各派军阀特别是占有地盘的军阀发生严重的不可调和的利害冲突。如果我们能够在1926年12月以前，当农运兴起，土豪劣绅被打得昏头昏脑，乡村政权已开始转移，北伐胜利尚未完全定局，唐生智集团还需要湖南人民的援助和支持的时候，就积极宣传土地革命的必要性，抓紧建立政权，建立武装，制定出有步骤地进行土地革命的计划，我们就不仅可以调动广大农民的革命积极性，而且也可能解决当时因战争和帝国主义封锁所造成的财政困难，使农业税收有着落。我们可以采取边斩边奏，有组织、有计划、有步骤地自下付诸实现，不必等候国民政府制定法令。这样做了，整个形势就会起很大的变化。但是由于以陈独秀为首的党中央对于解决土地问题缺乏积极的态度，想等国民政府颁布法令，并且想等到全国胜利之后再推行这一政策，因而丧失了大半年的良好时机。

解决土地问题应该有步骤，应该有干部和政策方面的准备。根据当时的战争环境，第一步，普遍地实行减租减息，对地主实行政治没收的政策，经过乡村统一战线的自治政府，有准备地先作出范例，然后推行。第二步，在主客观条件比较成熟时，再普遍实行没收地主土地，实现“耕者有其田”。党的“五大”虽然通过了一个比较好的土地问题议决案，但为时已晚，未能付诸实施。湖南党对于解决土地问题是坚决的，最后争得了制定单行条例的权利，我在《湖南革命的出路》一文和马日事变发生的那天上午在国民党党校开学典礼讲话中，都公开宣传土地革命，但也为时晚了，来不及了。

5. 争取中间势力要政策恰当

北伐战争时期存在着以国共合作为中心的极为广泛的统一战线。它的总的旗帜是反帝反封建，斗争的具体对象是帝国主义及其走狗豪绅买办阶级的政治代表——北洋军阀。这个统一战线的领导力量是工人阶级，它的基础是工人、农民、下层小资产阶级（没有剥削的其他劳动人民）和他们的知识分子的联盟。同时，它不仅包括了民族资产阶级和上层小资产阶级，而且还包括了同北洋军阀有矛盾的，暂时赞成国民革命或对北伐采取中立态度的某些地主阶级的政治代表和地方军阀，也混入有豪绅买办阶级分子。就以武汉政权的组成人员看（包括武汉国民党中央及国民政府），既有共产党人林伯渠、吴玉章、谭平山、苏兆征，坚定的左派邓演达、宋庆龄、陈友仁、彭泽民，也有暂时处于中间派的汪精卫、徐谦、宋子文、陈公博、唐生智、冯玉祥，朱培德，还有右派蒋介石、李济深、何应钦、谭延闿，甚至还包括从北洋军阀行列中投诚过来的陈调元。但这个政权在“四·一二”以后就激烈分化，在武汉政府的基地——两湖地区——相继发生夏斗寅、许克祥的叛变，最后到“七一五”全部公开叛变革命。

湖南革命统一战线的规模同全国大体相同，就阶级关系和政治态度说，也分左、中、右三翼。

一、左翼，是共产党领导下的工人、农民、下层小资产阶级，以及他们的知识分子。他们忠于三大政策，是彻底的革命民主派，当时的徐特立、方维夏、张唯一、罗宗瀚、董维键、李荣植、黄衍仁、查夷平、朱剑凡等，都是湖南相当著名的非党革命知识分子。

在县、市和学校中，有大批非党左派分子，他们是青年团员、国民党员和其他积极分子，在我党领导下参加革命活动，大多数同群众有相当联系。

二、中间力量，又大体分三类：

（1）是民族资产阶级，包括中等资产阶级和上层小资产阶级，以及他们的知识分子。这个阶级，在政治上有两面性。作为剥削者，他们同劳动人民有矛盾，害怕工农大革命，当他们感到革命直接威胁到自己的利益时，容易被豪绅买办阶级拉过去，因为他们本来同后者有千丝万缕的联系。但是他们长期身受帝国主义、豪绅买办，特别是军阀的压迫，有反帝反封建，特别是反对军阀的要求，所以他们表现积极拥护和支持北伐战争，并且出现了一批比较有远见的政治代表，如邓寿荃、狄昂人、姜济寰等，政治态度属于中左。姜济寰后来参加“八一”起义，转到左翼阵营。在民主革命时期，民族资产阶级作为中间势力，其地位十分重要，应该是我们在经济上加以保护、政治上尽力争取的一个阶级，一个重要的同盟军。

（2）不属于豪绅之列的富农、中小地主、北伐军内中下级军官和其他中上层人物。

（3）是所谓“三分资本，七分封建”，即基本上代表封建势力的上层政治活动家。这种人野心和投机性都很大，当革命高涨和革命对他有利或尚不威胁其根本利益时，可以采取中左政治态度，容许三大政策，反之，就急速右转。

上述三类只是大致的划分，对其政治态度，要具体分析。按照当时的具体情况，又可分为中左、中中和中右。中左与左翼相联系；中右与右翼相联系；中中不左不右，又左又右。总的说来，他们的政治态度的左倾或右倾，是随着革命形势的变化而变化的。

唐生智集团也有左、中、右。唐生智在大革命时期，从北伐战争开始到 1926 年 12 月湖南全省工人代表大会和农民代表大会召开为止，他在政治上是中左态度，因此，他的属下何键所部三十五军留守部队在这段时间里对工农运动采取了中立的态度。此后，一方面由于农民革命继续高涨和深入，另方面由于帝国主义直接间接的威胁和利诱，唐生智集团（武汉政府的主要支柱）内部开始发生分化，何键部对工农运动就由中立转到敌视，“四·一二”以后，首先与蒋介石勾结，制造夏斗寅叛乱和马日事变。唐生智本人则由于与蒋介石争夺北伐军总司令交椅，在“四·一二”后的短时间里仍继续表示支持工农运动，但 6 月郑州会议后，作为南北两个主力兵团的统帅，唐生智和冯玉祥，即先后附和了蒋介石的反动。

三、右翼，是在北伐旗帜下，留在或混进统一战线中豪绅买办阶级的代表，如何键、许克祥、彭国钧、王凤喈、刘岳峙之类。

无论就全国或就湖南来说，民族民主统一战线的主力是农民。工农联盟是工人阶级实现在统一战线中领导权的一个关键问题。这一点上面已经讲了。这里着重讲一讲对中间势力的争取问题。

争取中间势力是实现无产阶级领导权的一个重要环节，也是能否战胜右派的关键问题。中间势力是一个可以向左、也可以向右转化的动摇不定的力量，左翼势力和右翼势力都在争取他们，谁能争取到他们，谁就能在相互斗争中取得胜利。毛泽东在抗日时期对于争取中间势力的问题作过如下正确的论述：“争取中间势力是我们在抗日统一战线时期的极严重的任务，但是必须在一定条件下才可能完成这个任务。这些条件是：（1）我们有充足的力量；（2）尊重他们的利益；（3）我们对顽固派作坚决的斗争，并能一步一步地取得胜利。没有这些条件，中间势力就会动摇起来，或竟变为顽固派向我进攻的同盟军；因为顽固派也正在极力争取中间派，以便使我们陷于孤立”①。这个正确的论述，既是根据抗日时期的实际情况，也是根据大革命时期的经验总结出来的。这里讲的第一个条件包括革命军队和广大的左翼群众的力量。第二个条件讲的是政策问题。第三个条件则是力量和政策相结合，胜利地对右翼势力作斗争的问题。这三者是相互联系的。虽有力量而无正确的政策，或虽有正确的政策而无力量，都不能完成争取中间势力的任务，巩固和扩大统一战线。

关于力量问题，上面已经说过，我们当时存在很大的缺陷，没有自己掌握的军队。

对中间势力的政策，根据毛泽东思想和抗日时期的经验，应该包括：（1）在政治上给以适当地位，并给以教育；（2）在经济上照顾他们的利益；（3）对于他们的动摇性，本着又联合又斗争的原则，进行必要的批评和斗争。

对于城乡民族工商业资本家、小商贩、手工业主，要实行政治上联合，经济上保护的政策。政治上联合，就是要让他们参加联合政府，同时推动和鼓励他们赞助北伐、拥护三大政策。经济上保护，就是政府的税收要公私兼顾，劳动者的要求要适当，要本着劳资两利的原则，保证民族工商业者的企业能够有利可图，能够继续发展，至少能够维持生产和经营，能够城乡交流。如果对公私关系、劳资关系处理不当，要求过高，致使他们无利可得，不能继续生产经营，那么，无论对于政府和劳动者都是自杀政策，都不应该采取。出现这种情况时，便应适当调解，使之避免。这些都是抗日根据地成功的经验。至于大革命时，应当怎样对待民族工商业者（包括上层小资产阶级）同工、农劳动人民的关系，这对于区委完全是陌生的事情，既无经验，也无现成的政策可资遵守或参考。

在农村革命中，也有正确对待中间势力，即不属于豪绅之列的富农、中小地主的问题。我们应该在经济上先普遍实行减租减息和政治没收的政策，并保护资本主义和个体性质的工商业（包括小商贩和手工业主）；在政治上吸收那些中小地主中赞成北伐，比较开明的代表参加农村联合战线

① 引自毛泽东：《目前抗日统一战线中的策略问题》。

的政权，这样，便有可能使一般地主在农村革命中多数中立，少数联合到我们方面来。

当时，在对待城市中间势力的问题上，存在着缺陷。工人，店员在经济斗争中对于民族工商业者有提出过高要求的事实，甚至出现封闭厂店，要求自己管理的个别情况；在农村，也有打击小商小贩、手工业主和北伐军官家属的现象发生。发生这种情况的原因是多种的：第一，伟大的群众革命斗争，不可避免地会出现某些自发的左稚行动；第二，工人（包括店员）、农民和其他劳动人民同民族工商业者之间长久存在着一定的剥削与被剥削的关系，他们在要求改善生活的斗争中，难免提出过高的要求；第三，有些工商业者采取顽固态度，招致激烈的反抗；第四，运动的领导者自然站在劳动人民一边，加之上面缺乏政治指导，就不免支持群众的“左”稚行动；第五，少数基层组织中有作风不正派的分子占据领导地位。

工农运动中的过左缺点，侵犯了城乡中间阶层的利益，使他们感到畏惧和恐慌，不利于我们团结大多数，纠正是必要的。但是，区委缺乏对情况的具体调查，对纠正的政策和方法更没有认真研究，主要是没有认识到：（1）对劳资双方争议不决的事件，应采取调解政策，调解无效，则由政府加以合理的仲裁；（2）对工农劳动人民的缺点，应采取内部教育说服和其他适当的处理方法，而不应采取任何带有泼冷水性质的处理方法。因此，1926 年下半年区委给各县委发出通告，纠正农运中某些“左”的偏差时，没有指出应该注意的政策和方法，以致有的县农协采取公开布告的方式，规定农民不准这样，不准那样。有的县还搞了“洗会”运动。这都是错误的，它助长了反动派的气焰，打击了农民的积极性，责任在区委。

作为社会阶级关系在国民党内的反映，由我党领导和影响的左翼力量同国民党右派和中间派的关系呈现出复杂的局面。我们对公开反共的右派，在湖南如刘岳峙为首的“左社”，王凤喈等孙文主义学会分子，头脑比较清醒，认识比较清楚，对之进行过公开的揭露和斗争，削弱了他们在群众中的影响。但是，我们对于当时表面上似处于中间状态而实质上已是右派，以及中间偏右，同右派有密切联系的唐生智集团的上层人物则缺乏系统的调查研究，对于他们同社会反动势力的联系和勾结，心中无数，特别是对第八军军官没有调查研究，这和我们缺乏改造旧军队的观点有关，因此，对之缺乏针锋相对的必要的批评和斗争，不能作到减少中间力量向右的摇摆。

此外，我们抓紧了工会工作和店员联合会工作，但对于工商业资本家缺乏调查研究。对于高级知识分子只了解浮在上面的少数几个人。对农村中的剥削阶级，也缺乏调查分析。政策、策略上发生偏差，原因多在此。

6. 湖南党组织的优缺点

大革命时期湖南的党组织是一个能够联系群众，联系实际，坚持民主集中制，遵守纪律，维护团结，有实干精神，领导群众同敌人英勇奋斗的党组织。

区委成员在几年中虽有若干变动，但始终是团结的，相互间有时也发生激烈争论，但一经作出决议，都能坚决执行。

区委尊重中央，遵守纪律，鄙视和反对派别活动。我记得 1924 年或 1925 年，全国铁路总工会党团书记张国焘以党团名义在铁路党组织系统中进行垂直领导，发生地方路局摆脱地方党委领导的倾向时，区委坚决予以抵制，粤汉路和株萍路工会的党团都未执行铁总党团的垂直领导。

区委对于党员的理论教育和训练也比较重视。1923、1924 年，在长沙办过干部训练班，我去讲过课。自 1925 年，根据中央通知，党、团区委联合举办了多期暑假和寒假党校，向党员进行马克思主义基础理论和党的基本知识的教育。学习的内容有斯大林的《列宁主义问题》、布哈林的《共产主义 ABC》等。1926 年，区委编了一本《党员须知》，作为党内教材。县、市级领导干部靠自学，阅读《向导》、《新青年》和理论书籍。这种教育和训练十分必要，因为湖南党组织同全国一样，一建立就投入了轰轰烈烈的大革命，缺乏理论准备。这种学习有助于提高党员的革命自觉性。

湖南党组织的上述优点，很大程度决定于自区委以下各级党的干部。他们的绝大多数来自基层，有实际斗争的锻炼，同群众有密切的联系，作风朴实，有一股拼命的革命热情。在大革命中，湖南区委能够做出一些成绩，主要是在群众工作方面能同群众在一起，受到群众实践的启发，在政策、策略上提出了某些可取的观点和措施，如土地问题，组织独立武装问题，建立县、乡自治政权的问题等，反映了群众的要求。

但是，大革命时期湖南的党组织也存在着一些弱点：

第一，组织发展落后于革命形势的需要。党员发展少，在人民群众中所占比例小。1926 年 10 月，全区党员共三千七百一十四人。1927 年 1 月，农村党员有一千七百人，平均每千农民才有党员一人。1927 年 4 月，湖南的党员发展到约一万三千人。应该说，从 1921 年湖南仅有几个党员，发展到 1927 年的一万三千个党员，这也算是猛烈的增长了，但是从湖南大革命蓬勃发展的客观形势的需要和可能来看，是远远不相适应的。党员如此之少，就必然影响党的主张和政策的贯彻。工农运动高潮中出现的一些偏差，我党党员少，无力掌握运动，也是一个重要因素。

第二，思想理论水平低。在革命实践中，我们积累了许多感性知识，但缺乏理论的指导，不善于分析综合，不能上升到理性认识，从理论上说明问题和解释问题。我自己，作为班长，就是这么个低水平。马列主义太少，是湘区领导班子的基本弱点。例如，我在马日事变前通知各地农军准备就地自卫，同时决定省委领导人分四路指挥，是不错的。但在马日事变后没有改变为组织游击战争，表现出对全局注意不够，缺乏远见，结果只能等候中央的令行禁止。（关于各路农军攻长沙，我至今仍认为不论当时到了多少人，不论胜负如何，从政治上看都是英勇义举，应该大力歌颂。但是，从军事战略上看，我认为适合的策略是分区部署和发动游击战争，而不是集中攻打长沙，占领城市。）其他如对于争兵权问题、政权问题、“左”倾幼稚倾向问题等也都有停留在感性认识的缺点。这也是大革命后期湖南党受到陈独秀投降主义影响的主观原因。

第三，不懂得调查研究的方法。凭感性认识办事，固然是因为理论水平低，同时也由于不懂得调查研究这个达到实事求是的根本方法。区委领导同志听取汇报，跑跑看看，是作了的，但没有意识到需要系统的调查研究。大家只称赞《湖南农民运动考察报告》好，而没有认识到毛泽东调查研究的方法好，没有去学习他已经作出的榜样。

第一次大革命虽然失败了，它播下的火种却未曾熄灭。经过大革命洗礼的湖南，在第二次国内革命战争时期成了创建工农红军和革命根据地的主要省份之一。湖南党组织在大革命中培养锻炼了一大批优秀的共产主义战士，他们之中的许多人，有些是我在前面提到过的，有许多我没有提到，还有许多不知名的，为中国人民的解放事业献出了自己的生命，我们将永远怀念他们。对于那些在大革命时期同我们合作共事的党外人士，如朱剑凡、李荣植、邓寿荃、罗宗瀚等，我们同样永远怀念他们。

关于我在“马日事变”过程中一些情况的说明

《中共八七会议告全党党员书》（下简称《告党员书》）和《党的机会主义史》（蔡和森著，下简称《机会主义史》）在“马日事变”这个问题上对我进行了批判，蔡和森在党的“六大”上的发言也有类似的批判。现在把《告党员书》和《机会主义史》的有关论断摘抄于下：

《告党员书》说：“长沙事件之后，因湖南共产党的建议，征调农军，进攻长沙的反革命，如果农民的武装进攻不受党的指导机关之懦弱的犹豫的阻滞，那末一个长沙城被十万农民军所包围，并不是不容易打下来的。最后的几分钟，正当进攻长沙的前夜，中央政治局的委员湖南党部的指导者下了一个命令，取消进攻长沙的计划，说武装进攻长沙可以引起整个政局的纠纷，应当等一等中央的训令，隔了一天，中央的信到了，也说等一等进攻，先团结些力量，等国民政府来解决。停止进攻的命令送到了各地农军，大多数农民军因此而退却，只有两大队偶然没有接到命令，居然冲城攻打反革命派，经过坚决的奋斗方始因为众寡不敌而退却。”原文在“中央政治局委员湖南党部的指导者”之后，紧接着有“李维翰”三字。

《机会主义史》说：“湖南马日事变，不是许克祥的功劳；乃是湖南省委负责人及中央特派员指导自溃的结果。从五月十八日以来，省委即知道许克祥将响应夏斗寅，中央特派员及省委负责人，先日分析政治，谓将是唐生智整个的叛变，武汉一定已没有了，以为没有办法抵抗，只有逃赴江西边境去。明日知道河南郑州已下，武汉无恙，则又分析政治，以为许克祥不会暴动了；最后知道许克祥要暴动，省委乃自行解散，重要人物每人发二百元，次要一百元，各自逃亡‘藏两个月再说!’后来五人临时委员会决定号召长沙附近各县三十万农民于五月三十日进攻长沙，李维汉同志见此命令大发雷霆，斥为小孩子把戏。他的理论是：‘即使我们能够取得长沙，唐生智便要与武汉政府翻脸，是我们有了长沙而没有了武汉。现在武汉既然存在，便只有请求国民政府用法律手续来解决。’”

上述两个文件的这些论断和批判是很严厉的，但批判所依据的一些重要情节基本上不符合事实，可是却成为几十年来论述党史和写文艺作品的根据。五十多年来，我一直承认在“马变”过程中犯有执行陈独秀路线的错误，并在各种情况下作过多次检讨，同时对一些基本上不符合事实的论断和批评，却心有不平。过去长期没有把它提出来，是因为《告党员书》是我同意了的（后边要谈到这点），又因为手边没有可以证实自己的记忆和认识的资料。至于和森的《机会主义史》我以前未曾看过。去年以来，在参加座谈北伐时期湖南党史资料的过程中，我阅读了一些可资证明的文献和回忆录，为了进一步澄清史实和表明自己的观点，特写这个材料。

一、我在“马变”前后

党的“五大”闭幕后约十天，我依中央决定回长沙把省委书记职务交卸给夏曦，并帮助省委（按照国民政府土地法草案）起草一个土地法单行条例，约在 5 月中旬，任务完成，正准备去汉口，因夏斗寅叛变，占领咸宁，武长铁路中断，未能成行，省委与中央的联系亦中断。下面简述我在“马变”过程中的经历：

（一）夏斗寅事变发生后，长沙风声紧张，我和省委估计湖南也有发生反革命事变的可能，省委因此通告各县，工农武装要准备就地自卫。当时考虑，反革命进攻，要武装还击，但在未得到中央指示时，不主动进攻。

这个通知，现在尚未发现原件，但柳直荀 1928 年 5 月在《布尔塞维克》第二十期发表的《湖南马日事变的回忆》可资佐证。他说：“事变之前，我们知道事变之将到，原有一个反攻的计划。但是当时的共产党虽则组织尚好，但只是一个太平时代的党，没有斗争的经验，不能应付这个斗争的环境，而只是一个反攻，不是知道事变将至，取积极进攻的计划。因此事变临头，手忙足乱，一切计划全归失败。”此外，最近发现的我在 1940 年写的“自传”，那里面也说：“夏斗寅事变时，曾给了各县以训令，农民自卫军遇到攻击时，须予以抵抗，并指定了四路总指挥。”

（二）“马变”先一天（5月20日）晚上，省委开会，书记夏曦提出，如事变发生，几个公开活动的负责人郭亮、戴晓云、李维汉和他本人等，在长沙很难隐蔽，应转移地方。我同意他的提议，但主张：（1）省委几个负责人分路转移，就地指挥工作（但是还没有决定什么人到什么地方），同时就地派人到中央报告请示，我自已仍设法去中央；（2）在长沙成立秘密临时省委。大家同意这样办，并决定薛世纶、王则鸣、林蔚为临委成员（5月22日，薛世纶逃跑，王则鸣、林蔚在坚持工作），并给准备转移的几个人和我发了用费。

（三）第二天（5月21日）即“马变”当天，早餐后，接到报告说：夏曦未告知省委，出走了。他在国民党省党部留了一张条子，说是去武汉中央报告工作去了。当日国民党省党校开学仪式，原定夏曦代表中共省委出席并讲话，至此只得由我出席。谢觉哉同志的回忆中也曾提及此事。我在讲话中仍宣传土改必要。下午长沙市委活动分子会，也由我出席，报告形势后，提出仍须准备应变，领导机关作转入地下准备等。

晚上省委开会，推郭亮代理省委书记。分析形势时，估计反动事变仍有发生可能，确定工农武装准备就地自卫、秘密省委的成立等准备应变的方针和措施继续有效，并要抓紧向中央请示。

散会不久，约在十时左右，枪声四起，事变发生。

（四）事变第二天（5月22日）至5月31日

22日凌晨，我转移至近郊离城约二十里左右黎瑾（党员）的家里。黎瑾的父亲是地主，同徐特立友好，徐亦来他家，与我同住一室。

我在黎家九天，同省委有过三次通信，彼此用的都是代号，当时不知省委谁在主持。我三封去信的内容记得有：（1）建议省委尽可能同中央取得联系，报告请示。（2）建议那个土地单行条例作废，仍准备秋后按农民插标分田。（3）省委来信计划组织长沙城（区）郊（区）暴动（并非所谓各路农军攻长沙计划），我去信表示不赞成，认为工纠武装被缴械，省农协武装已转移或溃散，事属冒险，且此举应当请示中央。

郭亮22日离长沙去湘阴，24日到武汉的事，我是以后才知道的。

（五）5月31日上午，黎瑾报告浏阳农民自卫军来了，我感到突然（因为不知有外县农军进攻长沙的计划），当即前去联系，在路上看到自卫军向小吴门前进，但队伍不整齐，女宣传队走在前头（1927年6月19

日《晨报》报道，也有“以妇女走头做先锋”的记载），后面男自卫军背枪的，肩梭标的，还有挑炊事用具的，行列混杂，不像要攻城打仗的样子。离城不远处，找到县委书记潘心源，我问他们怎么来的？他说，是三天前，柳直荀自株洲来电话，要他们5月31日来长沙会师。我问他农军开来多少，他说动员仓促，未能总集合，是通知各区如期开拔上路，数目不知多少。谈话间，忽闻小吴门方向有枪声，随即看见农军向后退却。心源问城内敌人多少，我告知有三千，他说那攻城没把握。问及政治形势，我告知报上登载以谭平山为首的国民党中央政治委员会组织的特别委员会要来湖南，可见两党中央合作关系没有发生问题，我已一再建议省委向中央报告请示。他问现在浏阳农军怎么办？我说可以退回原地自卫，听候中央指示。心源未继续谈下去，即赶赴队伍。

（六）如上所述，我在“马变”过程中主张的方针和措施，可以归总为三点：

（1）工农武装就地自卫。

（2）总的方针应等候中央指示。

（3）党组织应准备转入地下。

二、中央的方针是和平解决

“马变”前后，我和中央失去联系，对中央的方针只是从报上看到国民党中央政治委员会组织的特别委员会要来。省委在“马变”后是否同中央取得联系，也不知道。

现在，根据得到的材料，中央对待“马变”的方针是和平解决。所据如下：

（一）从1927年5月25日中央政治局议决的《对于湖南工农运动的态度》和同年6月1日中央政治局议决的《农民运动策略大纲》中，可以看到中央当时主张避免“纠纷”的态度。

（二）5月25日国民党中央政治委员会派谭平山等五人组织特别委员会赴湘调查军队与农工冲突事，同行的有鲍罗廷。特别委员会提出处理湖南问题五点意见：“（1）改组湖南省政府；（2）改组湖南省党部及农协、工会；（3）制裁越轨军人，由周斓调查；（4）命令停止军队与农工之军事行动，不听者严厉执行；（5）其余善后问题，听中央办理。”

（三）毛泽东同志赞成和平解决。“汪精卫六月十三日在国民党中央执行委员会政治委员会第二十次会议上报告说：‘刚才在军事委员会同程潜、唐生智、谭延闿、毛泽东同志的讨论，来综合报告一下。这次的事变，毛泽东同志说得很详细。……讨论的结果，是对于湖南事件不用武力解决，免得引起纠纷。唐生智同志并愿意亲自到长沙去走一趟，以和平的方法，实行改组农民协会及农政部所提出之乡村自治条例等计划。毛泽东同志也承认不用武力的办法是对的’。”

又，同一资料载吴玉章同志也赞成和平解决。

（四）中央决定毛泽东去任湖南临时省委书记。但他直到6月中旬才去长沙，现在看来是在两党中央协议用和平方法解决湖南事件之后才去的。易礼容（中央决定他去的）于5月29日到达长沙代行省委领导职务。罗章龙说他因毛泽东同志的邀请，不久也去了长沙。我问过他们两人，都说毛泽东同志没有要他们组织武装暴动，又都说“八七”会议以前，毛泽东同志没有提及过组织武装暴动或反攻的事。

以上四点可以证明中央对“马变”是采取和平解决方针。

三、关于《告党员书》和《机会主义史》中的批判

（一）关于《告党员书》中的批判

《告党员书》是新到国际代表罗明纳兹起草的，未经过当时中央实际负责人的集体讨论，临到8月6日晚上，瞿秋白才开始翻译，他翻一页，我读一页（我和他住在一处）。读到上述译文时，我提出：浏阳农军攻城经过，我到武汉陈独秀、张国焘、瞿秋白接见我时，向中央详细汇报过，现在这样写不合事实，应当修改。秋白说现在夜深了，要修改还要去找“毛子”，明天开会就要用，来不及了。我说明天我在会上作个声明。秋白说会议时间很短，你作声明，会引起议论，耽误时间，劝我算了。当时环境险恶，我也就算了，但心里存着一个疙瘩。上面所说

我到武汉时向中央详细汇报过的内容，就是我在本文第一节（五）项所述的经过。

《告党员书》说：“一个长沙城被十万农民军所包围”，“正当进攻长沙的前夜，中央政治局的委员湖南党部的指导者下了一个命令，取消进攻长沙的计划……停止进攻的命令送到了各地农军，大多数农军因此而退却……”这个批判的基本点，不符合事实。

（1）已有十万农军包围长沙城，只待进攻命令，事实不是这样。当时《晨报》报道，扑城的浏阳农军有三千余人，长沙河西第十区农协“啸聚党羽”“约期进省捣乱”的也只三千余人。参加“马变”的原三十五军一师三团团长李仲任回忆，攻长沙的浏阳军有两千余人。柳直荀回忆在湘潭附近的姜畲地方聚集有工农义勇队万余，但已被敌人各个击破。据易礼容于 6 月初亲往该地了解的情况，是柳至姜畲时只带有零零散散的几个人。这可能是义勇队已被击破后才到姜畲地方。只潘心源回忆说：“一夜之间，集合农民约数万人。”但我于 5 月 31 日上午在长沙近郊见到的浏阳农军，决无数万之众。我问潘来多少农军时，他也不知数目。当时担任湖南省委军委书记并兼任代理省委书记的易礼容于 5 月 29 日回到长沙，到 1928 年春节前一日，他都在湖南。据他说，十万农军攻长沙的事他不晓得，下令撤退的事也不晓得。

（2）当时，我同中央没有联系，省委也未曾告知我有各路农军攻长沙的计划，因此也就谈不上取消这个计划。省委也未告知我有中央要农军“等一等进攻”的信（有无此事，我至今不知），因而也谈不上所谓我曾向各地农军下达过“停止进攻的命令”。柳直荀说，省方负责人认为不可盲动，中途改变方针，叫工农义勇队停止出发的论断，是否柳身历其事，还待商榷。因为据李淑一回忆，5 月 22 日晨，柳即已化装离开长沙，经湘潭浏阳，又转回长沙，至长沙的当晚即去武汉。潘心源回忆中说，在长沙近郊遇到我时，是我告诉他“省委已通知各地不必进攻”，实际并无其事。因为，如上所述，当时我只知省委有一个城区的暴动计划，并不知有要各地进攻的计划。我见到潘时也并未阻止他们前进，我要他们退回原地自卫，已是在农军后退下来之后。

柳直荀和潘心源的回忆都提到有省委通知停止进攻的事。如确有其事可能是中央通知省委这样作的，因为中央一开始就主张和平解决。但这也只是推想，尚无证明。即使确有其事，我也并不知情。

（二）关于《机会主义史》中的批判

《机会主义史》所揭发的事实中，只有一点，即给几个人发用费，虽有出入，却确有其事，我在前面已经提到。其他则都与事实不符。

（1）《机会主义史》说："湖南马日事变，不是许克祥的功劳；乃是湖南省委负责人及中央特派员指导自溃的结果"，在"马变"前，省委即"自行解散"，"各自逃亡"，"'藏两个月再说'"。原文在"藏个两月再说"几个字上打了引号，似是和森引用的当时湖南省委负责人或中央特派员的原话。《机会主义史》的这个论据与事实不符。

第一，如我在前面讲到的，"马变"前，5 月 20 日和 21 日，我参加的两次省委会议，一次为夏曦主持，决定：如事变发生，几个公开负责人，分路转移，就地指挥工作；加强工农武装，就地自卫，成立秘密临时省委，指定临委委员。另一次是在"马变"当晚，因夏曦出走，推郭亮代理省委书记。会议由郭亮主持，确定上次省委会议决定的应变措施仍然有效。据此事实，怎么能得出在"马变"前，省委即"自行解散""各自逃亡""藏两个月再说"的结论呢？至于夏曦在第一次省委会后，不辞而别，无疑是错误的，但也不能因夏曦的出走而得出省委"自溃"的结论，更不能说夏的出走，是省委或所谓的中央特派员让他这样作的。

第二，"马变"后，省委仍在长沙活动，因为我同省委仍有三次书信往还。郭亮、柳直荀以及临时省委的薛世纶虽然先后离开长沙（当时我不知道），但是作为省委组织仍尚有活动却是事实。据谢觉哉同志回忆，"马变"后，"省委出面的同志都仓促走了，由林蔚等同志组织临时省委。"刘英同志的回忆也说，临时省委成员之一的林蔚在"马变"后"一直在长沙，没离开"，"当时在省委工作的彭公达、何资深、夏明翰也在长沙。"我估计王则鸣也未离开省委，因为从未见过反证材料，所见到的是他后来牺牲于外县。

（2）《机会主义史》说："后来五人临时委员会决定号召长沙附近各县三十万农民于五月三十日进攻长沙，李维汉同志见此命令大发雷霆，斥为小孩子的把戏。"这完全不符合事实。"五人临时委员会"究竟是中央的机构还是省委的机构，至今我也不清楚；号召三十万农民进攻长沙之事，我更无所闻。因此，我不可能对我当时根本不知道的事"大发雷霆”，并“斥为小孩子的把戏。”而和森说的这些所谓的事实，即“五人临时委员会”的组织和三十万农民“进攻长沙”的决定，在1927年5月25日中央政治局议决的《对于湖南工农运动的态度》，以及6月1日中央政治局会议通过的《农民运动策略大纲》中都没有提到。而且有关湖南的这样重大的决定，当时既不通知湖南省委书记毛泽东，也未告知即将赴湘的省军委书记和兼代省委书记的易礼容。因为据易礼容后来同我谈及“马变”问题时说，他从未听到毛泽东同志或当时中央的负责人向他谈及这个事实。

(3)《机会主义史》中提到的中央特派员，并无其事。因为我并非中央特派员，当时中央也无其他所谓特派员在长沙。这个由当时政治局常委兼秘书长蔡和森虚构的所谓特派员，几十年来，在一些有关的文艺作品中，不仅充当了陈独秀主义分子，而且充当了叛徒、特务分子的角色。

《告党员书》和《机会主义史》对我在“马变”中一些情况所作的基本上不符合事实的批判，现在有必要加以澄清，它不仅涉及我个人，而且是党史上一段重要史实应予恢复本来面目的问题。

关于八七会议的一些回忆

八七会议在我党历史上是一次重要的会议。这次会议是在第一次国内革命战争已经失败的紧急关头召开的。我参加了这次会议。在纪念我们党建立六十周年之际，回忆起当时会议的一些情况，记录于后。

八七会议的历史背景

1924 年到 1927 年的第一次国内革命战争，由于我们党采取了正确的政策，曾经取得了迅速的发展和伟大的胜利，但在 1927 年遭到了失败。

这次大革命之所以遭到失败，在客观方面，主要是由于帝国主义同中国的买办资产阶级（包括江浙财阀）和封建势力勾结在一起反对中国革命。它们的势力很强大，特别是在英美帝国主义和买办资产阶级势力的主要集中地长江流域。在北伐军打到长江流域，占领武汉、南昌、南京、上海以后，帝国主义、江浙财阀和封建势力，就伸出千百只手来，先把蒋介石拉了过去，随后又把汪精卫等拉了过去。在主观方面，主要是由于陈独秀为代表的投降主义的领导。那时，我们党还处在幼年时期，经验是很不足的，对于马克思列宁主义的普遍真理和中国革命的具体实际还缺乏统一的了解，对领导权的问题、武装斗争的问题、统一战线的问题，都认识不够。正因为党还处在幼年时期，陈独秀为首的投降主义才得以在 1927 年上半年在党中央占了统治地位。当时，陈独秀、彭述之等人，自愿地放弃了对农民、城市小资产阶级和中等资产阶级的领导权，尤其是放弃了对武装力量的领导权，以致当蒋介石、汪精卫背叛革命发动突然袭击的时候，党和人民不能进行有效的反抗。

陈独秀投降主义的基本观点是二次革命论。他认为“国民革命成功后，在普通形势之下，自然是资产阶级握得政权”，要待到资本主义发展以后，再来一次无产阶级的革命。因此，他没有在被迫同资产阶级分裂时，实行武装斗争，夺取政权的思想准备。他反对共产党创建自己领导的军队，而把国民革命军全部让给国民党去领导，并帮助国民党去扩大和巩固它。当北伐军胜利占取长江中、下游，农民革命高涨时，他又不敢放手武装农民，夺取农村政权，实行土地革命，却依靠上层谈判，而谈判则往往以退让、妥协告终。

陈独秀投降主义助长了阶级敌人的反革命气焰。从 1927 年“四·一二”开始，蒋介石等国民党反动派，在帝国主义和国内豪绅买办阶级策动、收买和支持下，先后在上海、广州、长沙等地发动了反革命政变。同时，汪精卫集团也加速了叛变革命的步伐。6 月，汪精卫解除鲍罗廷国民政府最高顾问的职务；纵容朱培德在江西强制“礼送”共产党人和军队中的政治工作人员出境，并派兵搜查革命群众团体；表面上决定对湖南马日事变采取所谓和平解决办法，实际上支持何键、许克祥等反动派继续实行白色恐怖，等等。这一切都是汪精卫等准备全面叛变革命，实行“宁汉合流”的步骤。

就在上海、广州、长沙等地发生反革命政变之后和武汉发生反革命政变以前，我于 1927 年 6 月下旬到武汉就任党中央组织部长职（五届一中全会决定调我任中央组织部长）。我到达武汉时，陈独秀还在主持工作，党中央机关内部的情况很混乱。6 月 30 日，党中央政治局在武昌举行扩大会议，讨论国共合作问题。我也参加了这次会议。在会上，陈独秀提出一个所谓十一条国共两党关系的议决案。这个议决案是陈独秀投降主义在政治上的最突出的暴露，是一个彻头彻尾地放弃领导权向国民党反动派投降的纲领。在讨论时，团中央书记任弼时同志代表团中央提出一个批评这个“议决案”的书面意见，当面交给陈独秀。陈独秀看了大发雷霆，也不传阅，就把它撕得粉碎，扔在地下，用脚踏上。任弼时同志要求发言解释，陈独秀横蛮拒绝，以致大家不便多发言，而集投降主义错误大成的十一条也就不明不白地通过了。

接着，在 7 月 4 日以后到 7 月 12 日以前，党中央召开了一次政治局会议。鲍罗廷参加了这次会议。（我估计这时鲍罗廷已经接到了共产国际关于斥责投降主义、调回鲍罗廷及改组中共中央领导机关的训令，但鲍罗廷没说有这个训令。）这次会议决定陈独秀去共产国际讨论中国革命问题，国内组织一个五人政治局常务委员会代行中央政治局职权，成员有张国焘、周恩来、李立三、张太雷和我。在五人常委中为什么没有瞿秋白，我至今搞不清楚。蔡和森在《党的机会主义史》里说："不知道是七月初几（……），老鲍（按指鲍罗廷）提议独秀、平山去莫斯科与国际讨论中国革命问题，秋白、和森赴海参崴办党校，新指定国焘、太雷、维汉、立三、恩来五人组织政治局兼常委。自此独秀即不视事。"他还说："鲍之提议改组五人政治局及独秀、平山赴莫斯科等皆系敷衍国际的；又恐独秀、平山知道此情，故又提出秋白、和森赴海参崴陪衬。这种用心，至'八七'会议时才有人说出"。李立三在 1930 年 2 月 1 日作的《党史报告》中也说："当时国际对于中国的指导有不少电报来，可是党没有看到，都到了老鲍袋里去了，并且他宣布改造中央也是用手段，找我们五人去，说形势非常紧迫，要主要负责同志走开，陈独秀、谭平山到莫斯科，和森、秋白到海参崴办党报（校），另组织五人的中央，五次大会的中央就是这样不光荣的结束。"这次改组中央领导机构，虽然还谈不上已经是对投降主义的纠正，但开始改变了右倾投降主义统治我党中央的状况，改变了向汪精卫反动集团一味退让的政策。7 月 13 日，我党中央发表对政局宣言，公开揭露汪精卫等所把持的武汉国民党中央和武汉政府的反革命活动，并命令参加武汉国民政府的我党同志退出政府。这是我们党改变政策的开始。

与此同时，汪精卫于 7 月 14 日晚召开秘密会议，确定了"分共"计划。7 月 15 日又召集"分共会议"，正式宣布和共产党决裂，公开背叛了革命。接着，在武汉地区公开向革命力量进攻，大批屠杀共产党人和工农革命群众，一场轰轰烈烈的大革命终于遭到失败。

汪精卫公开背叛革命不久，新的国际代表罗明纳兹来了。在这前后，罗易和鲍罗廷走了。罗易是共产国际的执行委员，也是共产国际派驻中共的代表。1927 年 6 月 5 日，他把在 6 月 1 日接到的共产国际给他和鲍罗廷的电报交给汪精卫看，让汪精卫找到了背叛革命的借口，所以共产国际很快就把他调回去了。鲍罗廷是国民政府的政治顾问，我党在 7 月 13 日发表对政局的宣言后，他随即和瞿秋白一起到了庐山，7 月下旬他从庐山回到武汉，随即回国。罗明纳兹是 7 月下旬到达武汉的。当时，五人常委开了一次会，罗明纳兹在会上传达了国际的指示，作了批判陈独秀的报告。那时，五人常委代行中央职权。在五人常委掌权期间，主要决定了三件大事：

第一是同意举行南昌起义。汪精卫公开叛变后，五人常委派了李立三、邓中夏、谭平山、恽代英等一部分中央负责干部前往九江，准备组织党在北伐军中的一部分力量，重回广东，继续革命，反对新老军阀。旋因军事形势变化，敌情紧急，李立三同志等一致向中央建议，在南昌举行起义，并征得当时在庐山休息的瞿秋白同志的同意。政治局常委同意了他们的建议，并派周恩来同志前往南昌担任前敌委员会书记，委员还有李立三、恽代英、彭湃等人，遂于8月1日胜利地举行了有重大历史意义的南昌起义。这里附带提一下张国焘的问题。过去只记得他有问题，但具体问题是什么记不得了。现在查阅1927年10月李立三写的《八一革命之经过与教训》和其他有关历史资料，得知原来政治局常委同意南昌起义的建议后，同时报告了共产国际。国际复电说，如有成功把握，可举行暴动，否则不可动，把在军队中的同志退出，派到各地农民中去。常委派张国焘去前方传达国际电示，张借此反对起义。前委同志都不同意他的意见，经过两次激烈争论，张始同意举行。由于周恩来、李立三、张国焘都到前线去了，到召开八七会议时，在武汉的常委仅剩下张太雷和我两个人。瞿秋白同志在“八一”以前已回到中央，参加并主持八七会议的准备工作。

第二是决定发动秋收起义。这是五人常委在汪精卫公开叛变以后至7月下旬这段时间里决定的。根据这一决定，中央在8月3日以前就草拟好了《最近农民斗争议决案》草案。随后中央农民部还根据《最近农民斗争议决案》草案，为中央草拟了《中共中央关于湘鄂粤赣四省农民秋收暴动大纲》。8月3日，中央便作出决定，通知各有关省委。《大纲》明确要求在上述四省组织秋收暴动，并规定了秋收起义的战略。八七会议在讨论《最近农民斗争议决案》时，我又向大家说明：中央农民部已根据《最近农民斗争议决案》草案拟定了湘鄂赣粤四省秋收暴动计划。这样，五人常委会关于秋收起义的决定就得到了八七会议的追认。中央除通知有关各省坚决配合八一起义军的行动外，并于8月8日致电前委，指示“南昌暴动，其主要意义，在广大的发动土地革命的斗争。因此这一暴动，应当与中央决定之秋收暴动计划汇合为一贯的斗争。”

第三是决定召开中央紧急会议。中央紧急会议原来准备在7月28日举行，并由秋白、太雷和我与国际代表一起进行筹备工作。但是，由于当时的形势非常紧张，交通困难，28日未能集会，而先由常委发出7月29

日的中国共产党告国民党同志书，同时设法召集附近各省代表准备开会。到了8月3日，常委讨论了紧急会议的各项准备工作，确定了紧急会议的议程。可是，仍然因为时局紧张，交通非常不便，不但北方、上海、广东等地代表来不及召集，就是江西代表虽经召集也不能到会。直到8月7日，出席会议的人仍不能到齐，中央委员到了不过半数，各地到会的只有湖南代表及尚未赴上海的新任书记邓中夏同志。在这种情况下，便只有召集在武汉的中央委员、监察委员、共青团中央委员及湖北、湖南、上海的负责人开会。因此，这次会议既不叫中央全会，也不叫中央政治局会议，而是叫中央紧急会议。

五人中央常委除了决定这三件大事之外，还进行了其他一些工作。例如，在八七会议以前，各路退下来的大批干部，大部分到了武汉。那时我和陈乔年任中央组织部正副部长，我们按照中央规定的三项办法进行安排：凡能秘密返回原地原籍工作的便派回原地原籍；不能返回原地原籍的，派到其他地方工作，其中大部分（包括一些党外进步人士）派到南昌参加起义。此外，还有一小部分送往莫斯科学习。

以上情况表明，八七会议是在我党中央领导机关犯了陈独秀投降主义的错误，使第一次国内革命战争遭到失败之后，在非常困难和非常危险的时刻，根据共产国际的指示和党内同志的要求召开的。当时召开这个会议是完全必要的。

八七会议的经过

八七会议是1927年8月7日在汉口召开的。参加这次会议的人数，我过去回忆是二十几个人。现据八七会议记录记载，出席会议的中央委员，候补中央委员，监察委员，共青团代表，上海、湖南、湖北代表和军委代表，共计二十一个人。瞿秋白、张太雷、邓中夏、任弼时、苏兆征、顾顺章、罗亦农、陈乔年、蔡和森、李震瀛、陆沉、毛泽东、杨匏安、王荷波、李子芬、杨善南、陆定一、彭公达、郑超麟、王一飞、罗迈（就是我）等人参加了会议。同时，参加会议的还有邓小平同志。当时，他任党中央秘书处长。此外，国际代表罗明纳兹和其他两个俄国同志也出席了会议。虽然出席会议的人不多，但因环境险恶，中央内部交通却花了三天工夫，将他们一个一个地带进会场。一进一出前后花了六天工夫。

八七会议的会场，设在汉口市原三教街四十一号（现在是鄱阳街一百三十九号）。这是一座公寓式的房子，会场选在楼上的一间房内。当时我对会场的安全负有责任，对这个地方的环境和条件很注意，因而留下了比较深刻的印象。邓小平、陆定一同志也都认定这个地方是八七会议会场所在，因而现在中共武汉市委决定在这里陈列会议有关文物，开馆展览。

由于环境险恶，八七会议由上午到晚上只开了一天。

会议由我担任主席。我代表常委首先向大家报告会议酝酿和筹备的经过，随后宣布这次会议的三项议程：

第一项议程——由共产国际代表罗明纳兹作报告。他在报告中首先指出了召开中央紧急会议的重要性和迫切性，以及这次紧急会议所要解决的问题。尔后他就《中共“八七”会议告全党党员书》（以下简称《告党员书》）草案的主要内容作了长篇发言。由于国际代表的报告很长，加上他讲一段还得由瞿秋白同志替他翻译一段，这样他的报告就花去了将近一个上午的时间。国际代表报告完毕，我随即向大家指出：国际代表的报告中包括几个重要问题：一、阶级斗争与国民革命；二、工人问题；三、农民问题；四、对国民党的关系问题；五、对国际的关系问题。并向大家说明：这个报告常委已经接受，现在各同志可以发言。

毛泽东同志首先发言，着重讲了四个问题：第一是国民党问题，批评党的领导对共产党员加入国民党不是去做主人而只是去做客人的错误。第二是农民问题，指出他的湖南农民运动考察报告在湖南发生了影响，但对中央则毫无影响，广大的党内党外的群众要革命，党的指导却不革命，实在有点反革命的嫌疑。第三是军事问题，批评不做军事运动专做民众运动的错误，指出湖南这次失败可说完全由于书生主观的错误。他强调说，秋收起义非军事不可，要求新政治局常委要更加坚强起来注意此问题，“须知政权是由枪杆子中取得的”。第四是组织问题，指出以后上级机关应尽心听下级的报告，然后才能由不革命的转入革命的。毛泽东同志的发言，是在党领导革命的根本性问题上，不但总结了以往的经验教训，而且提出了对尔后具有重要意义的指针。

随后发言的中夏、和森、亦农、弼时等同志都指出，五次大会后党中央机会主义领导的中心在于强调联合小资产阶级，拒绝执行大会关于土地革命的决议。所谓联合小资产阶级，实际只看见上层，却不见群众（中夏并指出：甚至把谭延闿等等地主买办军阀都看成为小资产阶级了）。为了向上层让步，把国民革命引向深入发展阶段的关键——土地革命束之高阁。亦农还指出党不注意为夺取政权而掌握武装。和森还指出：过去一切错误都无五次大会后的错误那样厉害，并自我批评说，他是过去政治局的一员，应负此错误的责任。弼时还指出机会主义者不但未深入领导民众，而且还要抑制群众的斗争。党要改变过去的错误，非有新的领导机关不可。秋白只对《告党员书》提了几点需要补充的意见。

发言者都表示拥护国际代表的报告，同意改组中央领导机构，都着重地揭发和批判以陈独秀为代表的投降主义领导的错误。由于大家的意见比较一致，我便建议停止讨论，由国际代表作结论。接着，国际代表对鲍罗廷、罗易、魏金斯基的错误问题，领导机关的工人成分问题，目前形势的估计问题和民族革命中的几个矛盾问题，发表了结论性的意见，并提议对《告党员书》在原则上付诸表决。这个《告党员书》，是由国际代表罗明纳兹起草的，并由瞿秋白同志在 8 月 6 日晚上连夜翻译成中文。在会上，瞿秋白同志把它念了一遍，大家就在原则上一致通过了。并决定以瞿秋白、我和苏兆征三人组成委员会进行文字修改。

第二项议程——瞿秋白同志代表常委作党的新任务的报告。秋白不是五人常委的成员，为什么却能代表常委向八七会议作报告？这是因为秋白在 7 月中旬由武汉赴庐山，下旬已从庐山回到武汉，参加了中央常委的领导工作，并主持了八七会议的筹备工作。秋白在报告中，首先分析了当时的形势和任务。随后，他又根据当时的形势提出了党的策略是独立的工农阶级斗争。为了使这一斗争策略付诸实现，他提出了三条具体方针，第一，要更加注意与资产阶级争夺领导权；第二，为了纠正过去的错误，要由下而上地注意争取群众；第三，要在暴动中组织临时的革命政府。最后，秋白提出将《最近职工运动议决案》、《最近农民斗争议决案》和《党的组织问题议决案》交会议讨论通过，同时要求会议对 1927 年 7 月《中国共产党中央执行委员会致中国国民党革命同志书》予以追认。

接着，我依次将常委与国际代表起草的三个议决案，即《最近职工运动议决案》、《最近农民斗争议决案》和《党的组织问题议决案》，一一提请大家讨论。在讨论这三个议决案时，都是先由秋白宣读议决草案全文，经大家发表意见后，由秋白作结论或由国际代表答复问题。会议决定，三个议决案的文字修改权交临时政治局，政治局应将会议讨论通过的新政策发布各地。

第三项议程——选举临时中央政治局。开始，先由国际代表提议政治局委员七人，候补委员五人，并提出候选人名单付诸讨论。讨论中，我和蔡和森等主张让毛泽东加入政治局，而毛泽东却一再提出，他准备去参加秋收起义，不能加入政治局。后来，国际代表认为可将名单付表决。表决前决定正式委员和候补委员各增二名。表决结果，选出临时政治局正式委员九人，候补委员七人。九名正式委员是：苏兆征、向忠发、瞿秋白、罗亦农、顾顺章、王荷波、罗迈、彭湃、任弼时；七名候补委员是：邓中夏、周恩来、毛泽东、彭公达、张太雷、张国焘、李立三。

选举完毕，我宣布会议圆满结束。

会议结束以后，8 月 9 日，由秋白主持，召开临时中央政治局第一次会议，选举秋白、兆征、罗迈为临时中央政治局常委。决定由秋白兼管农委、宣传部并任党报总编辑，兆征兼管工委，我兼管组织部和秘书厅。

为什么大家都推选瞿秋白同志负责？我认为从实际情况来看，秋白在当时是比较适当的人选。建党初期秋白即在中央担任宣传和理论方面的负责工作，积极宣传马克思主义和党的政治主张，对中国革命和党的建设有贡献。在陈独秀推行投降主义时，他曾进行过抵制。他在党的“五大”时，发了《中国革命中之争论问题》的小册子。这篇文章是 1927 年 2 月写的，是驳斥彭述之的谬论的，彭述之与陈独秀的根本观点是一致的，批判彭述之，实际上也是批判陈独秀。在当时，这是有系统地驳斥投降主义观点的一篇文章。党的“五大”时，他把这篇文章发给代表们看，也送给我看，问我的意见，我说赞成。后来，这篇文章还印成了单行本。由于瞿秋白同志的理论水平比较高，无论是反对戴季陶主义，还是反对陈独秀投降主义，他的旗帜都比较鲜明。所以陈独秀的总书记职务被撤销以后，大家很自然地就推选了他。

有的同志提出，当时应不应该让陈独秀参加八七会议？现在回过头来看，1927 年 7 月间陈独秀拒绝去共产国际，实际上已经靠边站了，但八七会议主要是批判他所代表的投降主义，应当要他参加会议，允许他进行申辩或保留意见。在这里附带地叙述一下陈独秀问题的处理经过。八七会议前后，陈独秀住在汉口前花楼，黄玠然继续在他那里当秘书。八七会议后，秋白和我到他那里，把八七会议的情况告诉他，并劝他接受国际的指示，到莫斯科去。但他坚持不去，并表示他的错误共产国际有责任。后来，党中央于 1927 年 9 月底至 10 月上旬陆续迁到上海，也照顾他迁居上海。秋白和我又一次去看他，劝他去共产国际，他仍然坚持不去。当时党中央对他的态度是对的，并没有把他当敌人看待，中央也没给他处分，他的待遇还是同往常一样。直到 1929 年他发展到有组织地进行分裂党的活动，11 月 15 日，才被中央开除出党。陈独秀所犯的错误并不是一时的错误，而是如前所述，有他的“二次革命论”作为根源的。因此，他当时对待错误的态度很顽固，以致后来堕落到同托派相结合。陈独秀从 1921 年党的成立到 1927 年 7 月下台，前后当了六年的总书记（开始称书记，“二大”、“三大”称委员长，“四大”、“五大”称总书记）。在这期间，特别是在建党初期，他是为党做了工作的，我们对他要进行具体分析，要历史地看问题，实事求是地评价他的功过。以前某些历史书把他的名字根本抹掉是不对的，现在中国革命博物馆展出他的照片是对的。目前对陈独秀有三种看法：一说他不是好的马克思主义者；一说他是非马克思主义者；一说对他要一分为二。我赞成他不是好的马克思主义者的说法，对他在党的历史上的是非功过要一分为二。

对八七会议的评价

八七会议是我党历史上的一个重要转折点。当时不开这个紧急会议，就不能纠正我们党中央领导机关所犯的投降主义错误，就不能确定新的方针和政策，就不能产生新的中央领导机构。八七会议的历史功绩就在于它在中国革命的危急关头坚决地纠正和结束了陈独秀为代表的投降主义，确定了土地革命和武装反抗国民党反动派统治的总方针，号召全党和人民群众继续革命的战斗。这些都是正确的，是它的主要方面。正如毛泽东同志所指出的，“一九二七年八月七日党中央的紧急会议反对了政治上的右倾机会主义，使党大进了一步。”

但是，八七会议也是有缺点、错误的。它的主要缺点是“在反对右倾错误的时候，却为‘左’倾错误开辟了道路。它在政治上不认识当时应当根据各地不同情况，组织正确的反攻或必要的策略上的退却，借以有计划地保存革命阵地和收集革命力量，反而容许了和助长了冒险主义和命令主义（特别是强迫工人罢工）的倾向。”同时在组织上开始了惩办主义的过火斗争。

当时党在理论上和经验上还属幼年，还很不成熟。在八七会议上和会议以后，还不能对陈独秀投降主义在理论上思想上作系统正确的分析和清算，也不能对新的方针和政策在理论上思想上作系统正确的分析和阐释。尤其是党第一次遇到严重白色恐怖的环境，大批同志和革命群众被敌人逮捕杀害了。许多不坚定的分子和投机分子跑的跑，叛变的叛变。那时报纸的广告栏里，常常登载着一排排退出共产党的声明。当时留在党内的同志，看到革命被陈独秀投降主义断送了，看到国民党反动派天天在屠杀共产党人和革命群众，比较普遍地存在着一股愤恨的情绪和拼命的精神。特别是在革命干部中占多数的小资产阶级知识分子出身的同志，他们具有赴汤蹈火的革命决心，却还缺少无产阶级的坚韧精神，这种“左”倾情绪更容易滋生起来。在八七会议上，这种情绪是有反映的。会议的文件中就有“左”的东西。我自己就有一种“左”的情绪。那时“左”比右好的观点就已发生，不少人认为“左”是站着斗，右是跪着降，怕右不怕“左”。这种“左”倾情绪在八七会议后继续生长，到了1927年11月党中央的扩大会议，就形成为以瞿秋白同志为首的“左”倾盲动主义错误。同时组织上的惩办主义的打击政策也发展了起来。

在八七会议的“左”倾错误中还有重要一点，就是看到民族资产阶级在1927年附和了蒋介石的反革命以后，便笼统地提出反对资产阶级的口号，而以后在党内长期把蒋介石反动统治笼统称为地主资产阶级专政。这种把中等资产阶级和大资产阶级同样对待的“左”倾政策，给党在白区和根据地的工作带来重大损失。直到遵义会议以后，毛泽东同志为首的党中央才改正了这个错误，对民族资产阶级采取了又联合又斗争的正确政策。此外，八七会议还有其他的缺点，这里不再具体叙述了。

八七会议以后，在新的临时中央政治局的领导下，通过各种秘密渠道迅速向党的各级组织和广大党员传达了八七会议精神，大大鼓舞了广大党员的斗志。许多优秀共产党员率领广大革命群众，在湖南、湖北、江西、广东、江苏、河南各省部分地区纷纷举行了武装暴动，同时积极开展工人运动、学生运动、妇女运动。并在极端困难的条件下，开始恢复、重建和整顿党的组织，建立党的秘密工作机关，组织全国的秘密交通网，出版党内刊物，向阶级敌人展开了新的斗争，从而把党从第一次国内革命战争失败所造成的严重困难局面中挽救出来，胜利地进入了土地革命战争的新时期。当时，毛泽东同志受党中央的委托，以中央特派员的身份，到湖南负责传达八七会议精神，改组党的湖南省委，建立工农武装，领导湘赣边界的秋收起义。随后，他根据当时敌强我弱、革命处于低潮的形势，把战略上的退却和进攻巧妙地结合起来，率领秋收起义剩下来的部队向敌人统治力量薄弱的罗霄山脉中段进军，开始创建井冈山革命根据地，在理论和实践上逐步解决了八七会议和后来的“六大”所没有解决的重大问题，开辟了以农村包围城市并最后夺取城市的正确道路，为马克思列宁主义关于国家与革命的学说增添了新的内容，对中国革命做出了伟大的贡献。

对瞿秋白“左”倾盲动主义的回忆与研究

八七会议以后，瞿秋白同志是党中央的主要负责人，我是临时中央政治局的三个常委之一。现就记忆所及，并重温有关文献，把瞿秋白同志和我们推行“左”倾盲动主义的问题作一些回忆和研究。

八七会议后的政治形势和党中央所做的主要工作

八七会议以后，紧接着在 8 月 9 日召开了临时中央政治局第一次会议。出席会议的有苏兆征、瞿秋白、我、罗亦农、王荷波、张太雷、毛泽东、蔡和森、彭公达、任弼时、顾顺章及国际代表罗明纳兹等人。会议由瞿秋白同志任主席。议程共有十一项，其中主要讨论决定了以下几个问题：

一是关于常委问题。会议对常委人选进行了比较充分的讨论，多数通过国际代表提出的名单，以秋白、兆征和我三人组成常委会。至于分工，会议决定由秋白兼管农委、宣传部并任党报总编辑；我兼管组织部、秘书厅；兆征兼管工委；恩来负责军事部，因他已率领南昌起义军去广东，由秘书王一飞代理部务；杨之华负责妇女部；顾顺章负责交通局；出版局暂由郑超麟负责。

二是关于北方、南方工作问题和湖南问题。关于北方工作问题，会议决定将蔡和森、王荷波二同志派往北方，组织北方局，蔡和森、王荷波、刘伯庄、彭述之和共青团的一名代表参加，王荷波为书记，蔡和森为秘书，管理顺直（今河北省）、山西、满洲、内蒙和山东等省党的工作。对于这个问题，8 月 11 日《中央给山东省委山西满洲临委的信》中也写道：北方局“以和森、荷波、述之、昆弟、伯庄为委员，以荷波为书记，管理顺直、山东、满洲、山西及内蒙各党部”。会议特别指出，北方局负有报告八七会议决议案并以会议精神整理所属各省党组织的任务。关于南方工作问题，会议决定派张太雷同志去广东任省委书记。接着，8 月 11 日，《中央给广东广西省委及闽南临时委员会的信》中说：“临时政治局请派恩来、太雷、彭湃、陈权、代英、黄平、国焘为中央之南方局，以国焘为书记，并在南方局之下组织一军事委员会，以恩来为主任，管理广东、广西、闽南及南洋一带特支。恩来等未到以前，由太雷、杨殷、黄平组织临时的南方局。临时南方局之职权在于准备并指导上述区域内之暴动及一切政治军事事宜，此外并须报告此次中央紧急会议之决议案，且根据之整顿该三省党部组织之责。至于前敌委员会与临时南方局相遇之后，前敌委员会即可取消。”关于湖南问题，会议决定改组湖南省委，吸收与群众接近的人加入，加强湖南党的领导；由毛泽东、彭公达与湖南省委商选新省委名单报告中央，新省委由九人组成，其中至少要有工农分子三人，工农运动的负责同志三人，彭公达为新省委书记。会议批评湖南省委不应在湖南组织一师与南昌起义部队共同取粤，而应使湖南形成一广大基础，将革命力量扩大到全省。在批评中，毛泽东同志指出，大家不应只看到一个广东，湖南也是很重要的。湖南民众组织比广东还要广大，所缺的是武装，现在适值暴动时期，更需要武装。毛泽东在这以前不久曾起草并经中央常委通过的一个计划，即主张在湘南农民起义中形成一个师的武装，占据五六个县，形成一个政治基础，发展全省的土地革命。他认为即使武装起义失败也不应去广东而应该上山去。毛泽东同志自 1927 年马日事变以后，就明确指出农民武装在处境十分不利的情况下，即应上山，“上山可造成军事势力的基础”。当时只有他提出了这种马克思列宁主义与中国国情具体结合的远见卓识。

三是关于政权问题。会议决定在乡村中一切政权归农民协会——农会政权；在城市中一切权力归革命委员会。革命委员会在暴动前是指挥暴动的机关，由我党指派同志及少数真正国民党左派分子组织之；暴动成功后，即是临时革命政府的性质。

八七会议后，党中央领导机关仍在武汉，9 月底至 10 月上旬陆续迁往上海。当时将中央机关迁往上海，主要是因为上海的革命力量比武汉强，同时也比较容易隐蔽。

当时，国内政治局势是非常紧张的，白色恐怖十分严重。以蒋介石为代表的国民党反动派，在帝国主义和封建势力的支持下，已经建立了反共反人民的新军阀统治。民族资产阶级和上层小资产阶级的许多人为人民大革命所吓倒，也附和了蒋介石的反动。我们党和其他革命力量遭到了极大的摧残，许多共产党员、革命知识分子和工农群众惨遭杀害，党的组织遭到严重破坏，党的活动被迫转入地下。革命已经由高潮暂时转入了低潮。在这种形势下，我记得党中央由武汉迁往上海前后主要做了以下几件工作：

第一，通过各种秘密渠道迅速向全党传达了八七会议精神。八七会议以后，临时中央政治局于8月12日和19日先后发出了《中央通告》第一号、第二号，阐明了党中央召开八七会议的重大意义，并要求各级党组织迅速将会议精神传达到全党。为了在学生运动、妇女运动等各项革命运动中也能贯彻八七会议精神，中共中央于8月份还陆续发表了《最近妇女运动的决议案》、《今后学生运动方针议决案》等各种文件。与此同时，中央还通过党的组织系统下达会议精神，并派了一些同志到各地去进行指导。八七会议后，湖北省委很快传达了会议精神，并制定了秋收暴动计划。在湖南方面，改组了湖南省委，迅速传达和贯彻了八七会议精神。湖南的秋收暴动是毛泽东、彭公达回去布置的。毛泽东同志到湖南后，曾多次将会议精神向他所到地区的党员干部作了传达。在广东，张太雷同志向本省的党员、干部和到达广东的“八一”起义部队领导人周恩来同志等传达了八七会议精神。在北方，王荷波、蔡和森同志也把八七会议精神迅速传达了下去。八七会议精神下达后，大大鼓舞了广大党员的革命斗志，使全党精神为之振奋。

第二，按照八七会议确定的土地革命和武装反抗国民党反动统治的总方针，和把发动农民举行秋收起义作为当前党的最主要任务的决定，各地党组织先后发动了湖南、湖北、江西、广东、江苏、河南、河北、陕西等省部分地区的武装暴动。在湖南，有湘赣边界的秋收起义。在湖北，有蒲圻、咸宁、公安、石首、松滋、沙市、通城、通山、崇阳、孝感、麻城、黄安等地的起义。中央在武汉时，瞿秋白、罗亦农和我在亦农家开过会，共同布置了湖北的秋收起义。在江西，有修水、德安、星子、鄱阳、弋阳、横峰、万安等地的起义。在广东，有海丰、陆丰、琼崖等地的起义。在江苏，有宜兴、无锡、江阴、崇明等地的起义。在河南，有光山、四方山等地的起义。在河北，有玉田等地的起义。在陕西，有清涧等地的起义。这些起义大半是我们党领导的，也有许多是零星的自发斗争。这是我们党在这段时间最重大的任务和最主要的工作。这些起义虽然大部分失败了或遭到了挫折，但是它英勇地回击了国民党反动派的疯狂屠杀和围攻，而且也有一部分起义取得了胜利。特别是井冈山斗争取得的胜利，对创立红军和农村革命根据地的伟大斗争，起了先锋、模范作用，具有极为重要的历史意义。

第三，在各地举行武装起义的同时，党积极开展了工人运动、学生运动和妇女运动。在国民党新军阀的统治下，工人阶级处于毫无政治权利、毫无经济保障的地位，原来曾经拥有三百多万会员的各地工会均被封闭，工人领袖和积极分子大部分遭到杀害和监禁。面对这种情况，当时的工人运动，主要的工作是开展经济斗争，建立秘密工会，进行工农革命夺取政权之宣传。

在新军阀的统治下，学生的境遇日益痛苦，广大青年学生和知识分子不但毫无民主权利，而且大批失学、失业，致使许多人流落街头，彷徨无依。因此，就学生运动而言，当时主要是组织秘密学联，发展左派学生青年团体的组织，领导学生群众参加政治上、思想上和争取学生本身应得利益的各种斗争。

至于广大妇女，她们在旧社会的地位本来就比男子更为低下，这时又遭受国民党新军阀残酷的经济剥削和政治压迫，更是痛苦不堪。为了积极开展妇女运动，当时主要是恢复各级妇女部组织，给妇女干部传授秘密工作知识，并要她们积极向女工、农妇做工作。

经过我党的工作或在我党影响下，当时有些地方便爆发了一些零星的斗争。拿工人运动来说，1927 年 9 月 26 日，郑州市的纱厂和铁工厂的工人结队进行了游行请愿。同日，汉口邮务工人罢工。10 月 4 日，上海英美烟草公司第一、二厂工人八千余人罢工。10 月 14 日，广州工人万余人举行大示威，反对反动政府委派工贼组织的“工会改组委员会”。这些事实说明，当时工人阶级的斗争虽然已经由进攻的性质转变为防御的性质，并且大多数都是自发的、分散的经济斗争，但他们的斗争却是持续不断的，并有少数斗争取得了胜利。

第四，根据八七会议关于要“造成坚固的能奋斗的秘密机关，自上至下一切党部都应如此”① 的决定，中央在全党散乱之际和遭受严重的白

① 见《中央紧急会议文件：党的组织问题议决案》，1927 年 8 月 7 日。

色恐怖的情况下，进行了极其艰苦而又重要的组织工作，开始恢复、整顿或重建党的组织，建立了党的秘密组织系统和工作机关，组织了全国的秘密交通网，出版了党的秘密机关报。党中央除在八七会议后立即成立了北方局和南方局外，因中央迁往上海与长江各省相隔较远，为了加强党的领导，又设立了长江局。长江局所辖范围是湖北、湖南、河南、江西、四川、安徽、陕西七省。“长江局不是中央在上列七省的通讯机关而是代行中央职权，指挥上列七省的革命运动与党务，上列七省的党务须纯全受长江局的指挥，但长江局须随时将所处理之工作与决定报告中央，受中央的指导”①。10 月 2 日，长江局召开第一次会议，出席会议的有我、罗亦农、王一飞、任旭四人。会议决定罗亦农为长江局书记兼所辖各省军事特派员，易礼容为秘书长，蔡振德为秘书。会议还讨论了湘、鄂、皖、豫、赣各省的工作。各局建立以后，先后派人巡视各地，实际指导各地工作，在党的内部工作中注意培养党的干部和从党员群众中提拔负责人，领导党员和群众为反对国民党反动派进行了极其艰苦而英勇的斗争。

第五，对湘、鄂、赣、粤四省的秋收起义和南昌起义做了许多善后工作。南昌起义军南征失败后，10 月 12 日《中央致广东省委函——关于叶贺军队失败后广东的工作及善后问题》中谈到：“关于从前线溃散之同志，南局应即在香港厦门汕头等处设一招待处招待他们，……招待的详细办法由昌颐兄面商，大要是可以留在广东的工作同志或可以就近归家之同志，须尽量留在广东或暂时回家，不能留者则令其回沪。现尚在前敌负重要工作的同志，无必要留在前敌时须一律设法回沪。”当时，我在中央常委中分管组织部和秘书厅。南昌起义军失败后，许多人辗转到上海是由组织部负责接待的。贺龙同志也转移到了上海。他名声很大，是个“危险人物”。我们在上海租了一幢两层楼的公馆，让他一个人住在楼上，下面安排一对夫妇带着小孩作二房东。当时我代表中央与他进行了长时间的谈话。他认为南昌起义有两个错误：一是用国民党的旗帜；二是未没收土地。在谈到湘西问题时，他说湘西是有希望的，主要的是要俟农民起来。事后，我把与他谈话的情况向中央常委会作了汇报。秋白同志听了汇报后说：是否要他去干一干呢？我说：我以为可以。去俄回湘由他自己决定。先叫他们到湘西去试一试，有办法时再派得力同志去。会后，我又去找他

---

① 引自《中央对于长江局的任务决议案》，1927 年 10 月 1 日。

谈了话。在谈话中，他表示不愿去莫斯科，要回湘西。我说，你怎么能回湘西呢？武汉和长江你很难过去。他说，只要过了武汉，走水上、陆路到湘西，我什么问题也没有，以前凡是打我的旗帜的，就不会遭到强盗抢劫。他还说，我很保险，你不要管，我只要出了武汉就行。后来中央同意他回去。我就派人掩护他出了武汉，回到桑植。结果，他回去又干起来了。在南昌起义军南征失败后辗转到上海的，还有周恩来、李立三、叶挺、谭平山、张国焘、郭亮、夏曦以及党外的朱剑凡（周南女校校长）等许多人。对于这些人，党中央都进行了妥善的安排，有的分配工作，有的送去莫斯科学习，周恩来回到临时中央政治局工作。

在这一时期中，还有一个重要的决定，我认为也应该提出来，这就是抛弃了左派国民党的旗帜，打出了苏维埃的旗帜。1927 年 9 月 19 日，临时中央政治局会议通过了《关于“左派国民党”及苏维埃口号问题决议案》。这个决议案根据当时“几月的经验（包括南昌军队中的暴动与两湖广东革命的农民暴动的爆发）指示出中央以前复兴左派国民党的估计不能实现。”因为，一方面，“资产阶级军阀的反动已经很快的把国民党变成政治的尸首”，并“由其腐烂的尸体中产生出赤裸裸的军阀专政”。另一方面，“以前国民党在群众中的革命威信，已因资产阶级军阀之到处利用国民党的旗帜实行流血屠杀恐怖与压迫而消灭了”。在群众眼里，国民党的旗帜已经成了“资产阶级地主及反革命的象征，白色恐怖的象征，空前未有的压迫与屠杀的象征。”因此，中央认为：“八月决议案中关于左派国民党运动与在其旗帜下执行暴动的一条必须取消。”后来，11 月召开的临时政治局扩大会议通过的《中国现状与共产党的任务决议案》则重申：“本次会议完全赞同中央九月间关于取消组织左派国民党之计划及提出苏维埃口号之决议。”

现在看来，当时打出苏维埃的旗帜（只是“苏维埃”一词是音译过来的，不易为中国老百姓了解）是正确的。事实上，在 11 月扩大会议以前，海陆丰已经打起了苏维埃的旗帜。毛泽东同志在秋收起义时也没有用左派国民党的名义，而是旗帜鲜明地以共产党的名义号召群众，他并致信党中央提议放弃国民党左派的旗帜。至于南昌起义部队，在开始时虽曾利用国民党左派的旗帜。但到汕头失守以后也决定取消左派国民党的旗帜。

从以上几个方面来看，在八七会议以后，我们党在很短的时间内做了许多工作，取得了不少成绩。但是，在第一次国内革命战争失败以后，由于对国民党屠杀政策的仇恨和对陈独秀投降主义的愤怒而加强起来的革命急性病，使党内的"左"倾情绪很快地发展起来。这种"左"倾情绪在八七会议上就已露头。八七会议反对右倾错误时的"左"倾成分，主要见之于由罗明纳兹起草的《中共"八七"会议告全党党员书》中。应该肯定，《告党员书》的方向是正确的。它的目的是批判陈独秀的投降主义，并且基本上达到了目的，但其中在阶级和阶级斗争问题上确实存在"左"倾论调。首先，关于民族资产阶级问题，《告党员书》说：国民政府"它从革命的政权机关变成了资产阶级之反动的执行机关"（着重点是我加的，下同），这里所讲的"资产阶级"是包括民族资产阶级在内的。《告党员书》明白地说："民族资产阶级这种政策上的变节，以蒋介石在上海的屠杀而著名。中国民族资产阶级……他如今和买办阶级、封建阶级的大地主相象，将要成为外国资本对于中国统治之支柱。正因为这种情形，更使无产阶级的斗争——力争自己真正的阶级要求的斗争，变成民族解放革命所必须的条件。"这里是把民族资产阶级视为同买办阶级"相象"。《告党员书》还说："中国无产阶级要履行自己解放中国民族的使命，只有随着力争自己的阶级要求的斗争的发展，就是反对外国资本及中国资产阶级斗争的开展，而日益实现这个使命。"并说："谁要民众解放革命得到胜利，谁要中国完全脱离外国的压迫，他便应当促进、扩大并激励工人反对资产阶级，农民反对地主的阶级斗争，他便应当赞助社会斗争，使之进于全体平民革命之新方式。"这里笼统地强调无产阶级对资产阶级的斗争，而且只是工人阶级一己利益的斗争。这样，在《告党员书》中就混淆了民族资产阶级与买办资产阶级的界限，不知道民族资产阶级具有两面性，主张对民族资产阶级只讲斗争，不讲争取和联合，这显然是错误的。其次，关于对待城市小资产阶级的问题，《告党员书》说："社会之中既然发生了两大阶级——资产阶级与无产阶级的斗争，小资产阶级便无论如何不能有自己独立的策略；他或者和资产阶级同道，或者和无产阶级同道，无产阶级应当明了小资产阶级之动摇是不可免的；正因为如此，所以他自己应当有坚决的政策，去以革命的方法解决目前的问题。"这个分析，基本上是对的，问题是用什么样的革命方法。《告党员书》的回答是："工人阶级及其政党的斗争愈坚决愈剧烈，农民反对地主的斗争愈深入，则小资产阶级愈能转向左倾，愈能站到革命的战线上来。"这里有两个问题：首先，这里讲的"工人阶级斗争"，如前所述，是指他们"力争自己的阶级要求的斗争”，这种斗争“愈坚决愈剧烈”，势必不仅会对民族资产阶级过左，而且会过火到侵犯小资产阶级的利益。农民对地主的斗争，也存在这个问题，这在第一次国内革命战争时期曾经出现过。其次，这里没有区分农民对地主，工人对民族资本家两种斗争的不同，更重要的是没有把城市小资产阶级当作必须极力争取和联合的对象、同盟者，没有认识到要克服小资产阶级的动摇性，一方面要照顾他们的利益，并进行适当的教育，另一方面要领导他们在对敌斗争中取得胜利。与此相反，却把“一般手工业者、商人、学生、店员及城市贫民”统统当作小资产阶级，对小资产阶级又不是联合第一，不讲照顾他们的利益，而是用绝对的无条件的阶级斗争，即所谓“革命方法”来强使小资产阶级跟着自己走，这种做法就会把小资产阶级大部分驱到豪绅一边。如此等等。由于《告党员书》中存在着一些“左”的错误理论和偏激情绪，不够实事求是，它又“为‘左’倾错误开辟了道路”。

事实表明，在八七会议以后，这种“左”倾情绪继续滋长，致使在中央领导机关和一些地方党的工作中，都包含有盲动主义的因素。例如，河南省委在1927年9月4日写给中央的信说，冯玉祥反动以后，党的工作无形中停顿，党的组织非常薄弱，好多个县市缺书记，军事工作更是缺人。同时，“在农民中，没有我们的基础。”“工人对政治态度非常冷淡”①。但中共中央在9月24日却指示河南省委说：“河南现时客观的情形，一面反动统治不能稳定，一面工农革命情绪又很高，尤其是农民武装暴动，差不多继续不断普遍于全省。正是我们党从各方面领导工农穷苦民众实现这个总目标的好机会。”在这前后，中央领导机关和某些地方党的组织还提出“红色恐怖”②、“大杀豪绅地主”③ 等口号。当时上海正在搞赤色恐怖，中央迁上海后，我同秋白去看上海新任书记邓中夏同志。他汇报这事，我们三个人都反对在城市搞赤色恐怖，市委随即制止（当时中央对城市恐怖政策还是反对的）。

党内“左”倾情绪的不断发展，到了1927年11月党中央的扩大会议，就导致以秋白为首的党中央犯了“左”倾盲动主义的错误。

---

① 《河南省委报告》节录，1927年9月4日。
② 《江苏省委给宜兴的信》，1927年11月2日。
③ 《中央给陕西省委信》，1927年11月6日。

十一月扩大会议的召开和我对几个决议案的看法

八七会议以后，经过党在各方面的工作和斗争，到 1927 年 10 月，形势已经发生了明显的变化。在《中央召集紧急会议的通告》中这样说：“现在湘鄂粤赣四省的秋收暴动均已告一段落”，全国局势“已有大的变化”。但是，“在这些运动中我们的党充分的暴露了他的弱点，同时也得了不少的教训，这些弱点和教训均须有一番正确的整理”，“本党今后的政策和组织须有一个新的决定”。因此，秋白同志和我们几个常委研究后，“特决定十一月十二日在沪召集紧急会议，凡中央政治局委员及中央指定出席的政治局候补委员均须列席；被指定之重要省委或中央分局亦须派代表出席。”接着，在《中央关于召开紧急会议的更正》中，则将召开会议的日期由 11 月 12 日改为 11 月 8 日，并要求“到会的人务于七号以前赶到上海”。

随后，11 月 1 日，中共中央常委会开会。出席会议的有瞿秋白、苏兆征和我。会议除讨论了政治通告问题、两广问题和北方问题外，主要讨论了中央紧急会议的准备问题。关于当前的革命潮流是高涨还是低落的问题，秋白同志说，中国革命潮流仍是高涨的。当时我也说，中国革命潮流高涨的形势，此时已比八七紧急会议时还要明显。农民的暴动简直出乎我们的意料之外。农民暴动已显然走到土地革命的阶段。目前中国革命，客观条件上可以综合各地的暴动发展成一个总的暴动。关于党的状况，我说，从前党有组织基础的是上海、湖南、广东三处，经过大压迫之后，湖南、广东党的组织几乎没有了。上海比较好些，还存在一点，但也不大好。其他地方更可以想见，甚至南昌等处党的群众都没有了。因此，我又说，当前党的力量实无力来适应客观条件的需要，不能负起如此重大的责任。会上我还提出这次紧急会议对于组织问题要下一决心，坚决地改造党，撤换一般知识分子的领导，提拔工农分子等。对于这个问题，秋白也说：党的组织是一非常严重的问题，一定要坚决地提拔工人分子，党不但灵魂要换，而且躯壳都要换过。凡旧的同志稍微不好的即请他自己去找职业。现在看来，秋白和我的这些意见，特别是我自己的意见，都是错误的，其中也都有国际代表的影响。这次会议，为在十一月扩大会议上形成“左”倾盲动主义作了准备。

一切准备就绪，中共中央于 11 月 9 日在上海召开了临时政治局扩大会议，历时两天。这次会议召开的时间，正是 9 月两湖农民暴动遭受挫折以及叶贺军队失败之后。这次会议的主要任务，按当时中央的说法，就是“不但要指出中国革命的性质与前途，指出我党今后斗争的策略，并且要指出根本上重造我们的党，强健我们的党，彻底肃清机会主义，严厉的整顿政治纪律。”①

出席这次会议的人，除中央常委外，还有中央政治局委员、中央指定的政治局候补委员、重要省委（山东、直隶、河南、江苏、广东、湖南、湖北）或中央分局的代表。在 10 月 19 日《中央召集紧急会议的通告》中通知参加会议的人有：任弼时、彭湃、顾顺章、罗亦农、向忠发、王荷波、毛泽东，张太雷、李立三、张国焘、邓中夏。当时，毛泽东同志正在井冈山领导革命斗争，可能这个通告他没有接到，就是接到了他也走不开，因此他没有出席这次会议。张国焘随叶挺贺龙部队南征至汕头失败后，当时已从香港到达上海。张在《我的回忆》一书中说，他没有参加这次会议。王荷波同志在八七会议后被中央派去任北方局书记，10 月 18 日已在北京被捕，因此他没有参加会议。中央于 10 月 23 日致南方局并转广东省委的信中说：“太雷已到此（按：指上海）”，“省委即由太雷代表出席不必另派人来，彭湃既已派往闽南即可不出席，并请你们通知恩来务于七日以前赶到上海以便出席”②。因此，张太雷参加了会议，彭湃没有参加会议。蔡和森在 1928 年 1 月 28 日《致中央的信》中，曾谈到他在 1927 年 12 月 18 日到天津前“去沪月余”，在《关于顺直问题的口头报告》中又说他“动身来参加十一月扩大会之前一日接到中央纠正盲动主义的信”，由此看来，他是参加了会议的。1927 年 12 月 12 日《湖北省常委向湖北省委扩大会的报告》中说：当时“任旭已赴中央扩大会”，可见任旭参加了会议。这样，参加会议的有瞿秋白、苏兆征、我、任弼时、顾顺章、罗亦农、向忠发、周恩来、张太雷、李立三、邓中夏、蔡和森、任旭等人。此外，国际代表罗明纳兹也出席了会议。

① 见《中央通告第十六号——中央临时政治局扩大会议的内容与意义》，1927 年 11 月 18 日。
② 见《中央致南方局并转广东省委信》，1927 年 10 月 23 日。

这次会议是由瞿秋白同志主持的。会议的议程我记不太清楚了。10月19日《中央召集紧急会议的通告》称，会议的议事日程为：一、政治报告和讨论；二、党的组织问题；三、召集第六次代表大会问题。会上通过了以下几项决议：

(一)《中国现状与共产党的任务决议案》

按11月1日中央常委会上的决定，这个《决议案》是罗明纳兹起草的。

首先，关于革命性质问题，《决议案》认为：“中国革命是马克思所称为‘无间断的革命’。——（一）在革命性质上，因为中国资产阶级没有能力实行推翻封建军阀的民权革命，所以中国革命进展的过程中决不能有民权革命自告一段落的局势（所谓二次革命的理论）；这一革命必然是急转直下从解决民权革命的责任进于社会主义的革命。”《决议案》还认为：“中国革命虽然简直还没有开始其民权主义任务的解决，但是现在的革命斗争，已经必然要超越民权主义的范围而急遽的进展；中国革命的进程，必然要彻底解决民权主义任务而急转直下的进于社会主义的道路。”

秋白在《中国革命是什么样的革命?》一文中也说：“国民党是背叛革命，并未完成国民革命，而且还是取消国民革命已得的胜利，帮助着统治势力的复辟。‘第一次’单命并没有完成而是中断，根本上无所谓‘第二次’的革命。”他又说：“中国革命虽然现在已经是要革国民党的命，已经是工农的革命，然而他的任务仍旧首先便是国民革命——土地革命。……这一革命的性质，由他的主要领导者来说，如今更显然是工人阶级(共产党）领导的革命，由他的社会内容来说，却还首先是彻底的民权主义革命。”他还说：“中国革命中民权主义的任务，要在工农反对豪绅资产阶级的革命的阶级斗争之中，方能实现。可是，即使为着彻底实现土地革命，工人阶级就不能不领导着农民根本推翻中国的资产阶级，——因为中国资产阶级根本上与剥削农民的豪绅地主相联结相混和。中国革命要推翻豪绅地主阶级，便不能不同时推翻资产阶级。……中国革命要彻底推翻旧社会关系（半封建制度的资本主义前期的社会关系），也就不能不超越资产阶级的民权主义的范围。所以中国当前的革命，显然是由解决民权主义任务急转直下到社会主义的革命。”最后，他指出：“总之，中国革命，不论是在速度上或是在性质上，都是无间断性的革命，要说中国革命已经是纯粹社会主义的革命，固然不对，要说中国革命仅仅是民权主义的革命，仿佛革命之后，只开辟些‘民治气象’得着纯粹资本主义的，更是不对。”

所有这些，都是对陈独秀的“二次革命论”的否定与批判。陈独秀把中国新式资产阶级民主革命（新民主主义革命）当成西方旧式资产阶级民主革命（旧民主主义革命），在新民主主义革命和社会主义革命之间，横插一个资产阶级专政的阶段，认为无产阶级只有等待资产阶级共和国建立，资本主义经济有了发展后再来干社会主义革命，并且认为当时蒋介石的法西斯专政即资产阶级的专政。《决议案》和秋白的论文在这里说得很清楚：国民党是背叛革命，国民革命并未完成，而是中断。夺取政权的革命只有一次，根本上无所谓陈独秀等人所说的“二次革命”。因为中国的资产阶级不但“没有能力实行推翻封建军阀的民权革命”，而且“根本上与剥削农民的豪绅地主相联结相混和”。因此，这个时候的革命“已经是要革国民党的命”，“已经是工农的革命”，然而它的任务仍旧首先便是继续完成国民革命——土地革命。这一革命的性质，从其“主要领导者来说”，显然是工人阶级（共产党）领导的革命，而从“他的社会内容来说，却还首先是彻底的民权主义革命”。这个革命“根本上不能在民权主义的阶段上再成一个段落，象法国大革命似的”；这个革命“除非不胜利，要胜利便是工人阶级领导农民武装暴动获得政权开辟社会主义道路的革命”，因而它是“马克思主义所称为由民权主义生长而成社会主义的最明显的实行。”——这些就是《决议案》和秋白论文中在中国革命性质问题上的“无间断革命论”的中心思想。在当时，这实在是极为新鲜的思想，也可以说是光辉思想或光辉思想的萌芽。这些思想已经为后来的革命实践所证明。

但是，在《决议案》和秋白的论文中也包含了一个重要的错误观点，即：“即使为着彻底实现土地革命，工人阶级就不能不领导着农民根本推翻中国的资产阶级”。这个错误观点，混同了中等资产阶级（即民族资产阶级）与大资产阶级；不认识中等资产阶级有两面性；不认识蒋介石只是在他制造“三二〇”中山舰事件以前是代表民族资产阶级的，而在这个事件之后已转到大资产阶级的立场。过去很长时间内都认为，蒋介石一直是民族资产阶级的代表，蒋介石的叛变就是民族资产阶级的叛变。这种认识从"五大"宣言起即见之于党的正式文件，几乎贯通于整个第二次国内革命战争时期，这不是某些个人的责任。这个观点是共产国际、斯大林的观点。然而这个错误观点，却是"左"倾错误的一个主要的根源。

由于这个错误观点，至少主要是由于这个错误观点，便引出了模糊民主革命与社会主义革命一定界限的错误论调，即前面引述过的所谓"因为中国资产阶级根本上与剥削农民的豪绅地主相联结相混和。中国革命要推翻豪绅地主阶级，便不能不同时推翻资产阶级。""中国革命要彻底推翻旧社会关系（半封建制度的资本主义前期的社会关系），也就不能不超越资产阶级的民权主义的范围，所以中国当前的革命，显然是由解决民权主义任务急转直下到社会主义的革命。"中国当时的革命斗争"已经必然要超越民权主义的范围而急遽的进展"。这样，就明显地"混淆了民主革命和社会主义革命的一定界限"，不懂得无产阶级在领导人民大众夺取了政权之后，还需要经过一个在政治上、经济上实行新民主主义纲领的过渡时期。

但是，《决议案》和秋白的这种错误观点，同李立三、王明等"一省数省首先胜利的开始即是向社会主义革命转变的开始"，在提法上不相同。前者的提法是：革命既反对民族资产阶级和民族资本，革命的性质就超越民主主义的范围。这种混淆在历史上一直延续到瓦窑堡会议以前。后者除了这种混淆外，还加上革命在"一省数省首先胜利的开始"就是"革命转变的开始"，冒险性更为突出，再加上义主要靠红军打大城市，正是"主观地急于要超过民主革命"。

其次，关于对革命形势的估计问题。《决议案》从"左"的观点论述了"中国社会的总危机与农业危机"、"工商业的危机"、"帝国主义侵略之急进"、"民族资产阶级与国民党"统治内部的冲突之不能稳定，然后说道："所有这一些情形，都使中国共产党中央临时政治局扩大会议认为：现时全中国的状况是直接革命的形势；中央临时政治局扩大会议的这一观察，并不带着'革命在最短期间必定完全胜利'的幻想。中国的客观情形是如此；直接革命的形势之时期，并非几个星期或几个月的事，而是好几年的事"。《决议案》还认为："在革命速度上，中国革命的进展虽然受着历次的挫折，但是他始终继续不断的发展，因为统治者阶级之间自身的冲突矛盾非常剧烈，他们的统治不能稳定，民众革命斗争，尤其是农民暴动自发的到处爆发，而有汇合起来成为工农民众的暴动推翻军阀豪绅资产阶级统治之趋势。”

广州暴动失败之后，秋白在《中国革命低落吗?》一文中还断言：“中国革命无疑的是在高涨。”其理由是：“第一，广州暴动之后，国民党的豪绅资产阶级统治更加分崩离析，军阀的混战更加要扩大。”“第二，广州暴动之后，不断的军阀战争，正在广东湖南河南山东福建等等省份大大的发展起来，这是许多杂色军队的小军阀的战争，亦就是桂系与蒋派间接的战争。”。“农民暴动的事实，差不多每天的报纸上都可以看见”。“许多乡村之中农民群众自己开始寻找共产党。”“第三，广州暴动之后，开始兵士的参加革命。”因此，秋白说：“固然，白色恐怖摧残我们的力量，但是伟大的艰苦的斗争之中，共产党的力量和群众的基础是在生长起来。”

显而易见，《决议案》和秋白论文中的上述观点有两个方面：一方面，提出革命必然要高涨，革命高潮必然要到来，这是完全正确的。因为大革命失败后，在蒋介石的反动统治下，所有民主革命的任务都没有解决，而且当时明显的事实是反动派不能稳定自己的统治；另一方面，这里指出的“高涨”是“无间断的高涨”，“不断高涨”，这种关于中国革命形势一直高涨的说法，否认了当时总的说来中国革命形势是低潮，否认了中国革命发展的不平衡性，这种说法是不符合当时的实际情况的，也是违反辩证法的。

大家知道，标志直接革命形势的三个根本条件是：统治阶级不能继续统治下去；下层群众不能继续生活下去，并具有对统治阶级进行生死斗争的决心；中间阶级日益动摇，脱离统治阶级，倾向下层革命群众。这些条件当时在全国根本不存在。实际上，秋白等人是把全国已处于革命低潮中的一些此起彼伏的农村暴动，夸大成为“直接革命形势”，这显然是错误的。

如果上面这个错误还是带理论性质的话，那么，《决议案》关于“民众革命斗争，尤其是农民暴动自发的到处爆发，而有汇合起来成为工农民众的暴动推翻军阀豪绅资产阶级统治之趋势”的论断，就明显地是直接影响政治实践的严重错误。至于秋白写在广州暴动失败之后的论文，他所列举的第一、第二、第三条理由，即使全部是事实，也得不出“中国革命无疑的是在高涨”，更得不出这是“直接革命的形势”的结论。

我认为如实地估计当时的革命形势，情况可能是这样：

第一，虽经大革命失败（蒋、汪叛变）和严重白色恐怖，又经历八一起义军南征的失败，但革命斗争并没有熄灭，仍旧在继续，这主要表现在一些地方的农民暴动。

第二，农民暴动有失败，有胜利，失败多，胜利少，但斗争仍在继续，并未消失。各地农民起来暴动，特别是胜利的暴动，以及几处农民游击战争的坚持，证明八七会议关于武装反抗国民党反动统治和实行土地革命总方针的正确。

第三，当时的农民暴动，并不都是“自发的”，其中大都是党组织领导的。这证明当时党的组织在一些地方仍有战斗力，响应了八七会议的号召。

第四，当时的革命形势就全国来说还不是高潮，而是低潮；但在一些地方已经出现了星星之火（农民暴动），它有一定的可能（这里必须有正确的指导这个主观条件）逐渐发展成为燎原之火，即逐渐发展成为高潮。因此，盲目乐观是错误的，悲观失望也是错误的。

再次，关于“现时的总策略”问题，《决议案》根据它对中国革命形势所作的“左”倾错误估计，提出了当时党的盲动主义策略总方针，即“（一）努力使群众自发的革命斗争得有最高限度的组织的性质；（二）努力使互相隔离零星散乱的农民暴动，形成尽可能的大范围内的农民总暴动；（三）努力保证工人阶级的爆发与农民暴动互相赞助互相联络。”（“总策略”（一）使用了“自发的”这个形容词，实际上当时群众的革命斗争在多数场合是党组织在那里推动和领导的，其中有的还带有强迫命令的性质。）

《决议案》指出：如果农民暴动，“事实上不能估量到较大范围内的胜利，那么，党应当使这种暴动采取游击式的战争（不去占领县城或巨大的地域，长久的时期，不去费力建立大规模的军队等等，而以人数虽少却是团结巩固的暴动军，经常不断的袭击政府的军队或地主的武装）。”这是提出了当时中国同志中间除了毛泽东等同志外，一般还没有认识清楚的关于游击战争的观念。这在当时是非常宝贵的。紧接着又指出：“这种游击战争，随后很容易发展而生巨大的农民暴动，进一步而达到在较大的范围内夺取政权。”对游击战争的发展前途来说，这也是对的，但在当时只能在小范围内进行。同时，就当时形势来说，这个“很容易发展而生巨大的农民暴动”和上面“总策略”（二）中的“尽可能的大范围内的农民总暴动”相结合，很难不产生盲动主义。

严重的盲动主义倾向是“总策略”的（三）。《决议案》指出：“城市工人暴动的发动是非常之重要；轻视城市工人，仅仅当做一种响应农民的力量，是很错误的，党的责任是努力领导工人日常斗争，发展广大群众的革命高涨，组织暴动，领导他们到武装暴动，使暴动的城市能成为自发的农民暴动的中心及指导者。城市工人的暴动是革命的胜利在巨大暴动内得以巩固而发展的先决条件。”秋白也说：“城市之中这种工人的斗争不能胜利，乡村中农民的斗争始终不能超出游击战争的限度而得到巩固的胜利，乃因为单是农民暴动而没有暴动的城市做他的中心和指导者，便不能团结集中而形成伟大的胜利的革命权力。”① 大家知道，秋白在《武装暴动的问题》一文中，曾引用了列宁对于1917年十月革命前准备暴动的指示：“暴动要能够胜利，必须不依据于军事投机，并不只依据于党，而要依据于先进的阶级。此其一。暴动要依据于民众的革命高潮。此其二。暴动要依据于日益生长的革命达到历史上的转变关头，就是革命敌人的动摇一天天的增加，而且薄弱的骑墙的不坚决的革命友军也一天天的更加动摇。此其三。解决暴动问题的这三个条件，便是马克思主义与白朗吉主义不同的地方。”秋白说：“列宁这几句，是革命发展到决定胜负的斗争时期，所应当特别注意的。”可是，他在“城市工人暴动的问题”中，却没有严格遵守列宁的指示，而是依据他的“中国革命无疑的是在高涨”的错误估计。

由此可见，“总策略”的核心便是武装暴动，是农村暴动和城市暴动的汇合，是以工人暴动为“中心”和“指导者”的城乡武装暴动。这种暴动的推行者并不认识在农村实行“工农武装割据”的重要性，而是强求城市工人暴动，搞的是城市中心论，而对农民暴动的估计，也是盲目乐观，以为很容易发展成为巨大的农民暴动，甚至农民总暴动。

此外，《决议案》还规定了一系列“左”的政策。例如关于阶级政策，《决议案》写道：“工农武装暴动的策略，尤其应当注意的是：对于豪绅工贼及一切反革命派，应当采取毫无顾惜的消灭政策；……对于上层小资产阶级——店东商人等等，切不可以存着犹豫动摇的心理，如惧怕扰乱他们的安宁秩序，因而不去发展革命的群众的独裁制，甚至阻止群众的

① 见瞿秋白：《中国革命是什么样的革命》。

剧烈的革命行动。"这些"左"的政策，在某些农村暴动中，例如在湘南成为"杀尽土豪劣绅"以及烧毁他们房屋的所谓"烧杀政策"；甚至引进了城市。这种错误政策曾使革命遭受到不应有的损失。

（二）《最近组织问题的重要任务议决案》

依11月1日常务委员会决定，这个《议决案》是秋白起草的，共十个部分，即"（1）组织任务之重要"，"（2）党的组织之大弱点"，"（3）党的改造之重任"，"（4）党的基本组织与民主主义化"，"（5）工会的组织问题"，"（6）农民的组织问题"，"（7）党与青年团的关系"，"（8）党与反动团体"，"（9）党的组织与纪律"，"（10）发展党员的数量问题"。其中最突出的是"党的改造"问题，其政策的核心就是要"将工农分子的新干部替换非无产阶级的知识分子之干部。"

《议决案》指出：党组织上的主要缺点，"有很大的政治意义的——就是本党领导干部并非工人，甚至于非贫农，而是小资产阶级知识分子的代表。"《议决案》分析这种情况的形成是在"中国无产阶级没有自觉的成为一个阶级的时候"，"工农阶级运动初具雏形的时期"。在这一过去的时期中，"站在民族解放运动的最主要的、最激进的革命的小资产阶级分子，渗入了我们的党。这种成份形成中国共产党的最初干部。"而工人贫农群众加入共产党，"这已经是比较迟的一时期里的现象，因此，中国共产党的指导作用，竟留在小资产阶级出身的分子手中，当时这一部分革命的小资产阶级分子，仅仅受着最初一时期革命高潮的冲动，并未经过马克思列宁主义理论的锻炼，并不知道国际无产阶级运动的经验，并且是站在工人贫民的阶级斗争之外的，他们不但没有能改造（成）彻底的无产阶级革命家，反而将自己在政治上不坚定、不彻底、不坚决的态度，不善于组织的习性，以及其他种种非无产阶级的小资产阶级革命者所特有的习性、习气、成见、幻想，……带到中国共产党里来。这种组织成份，就是武汉反动以前本党政策机会主义孟塞维克主义的策源地"。

《议决案》的以上这些论述对不对呢？据我所知，在第一次国内革命战争时期，中央和地方领导机关的负责干部大多数确实是知识分子出身，他们中间的确有许多人在思想上、政治上、组织上、作风上，或多或少或大或小还带着一些小资产阶级的尾巴，在一定意义上可以说是党内产生右倾机会主义的阶级根源之一。有不少人，在大革命失败后的紧急关头消极了，逃跑了，甚至叛变了。只就这个范围来说，《议决案》的上述评论或多或少可以说是合乎实际的。

但是，这些评论有很大的片面性，对当时知识分子出身的干部采取了近乎“一刀切”的否定态度。很显然，《议决案》忽视了在半殖民地半封建社会的条件下，工人阶级政党不可能直接从工人阶级中产生，只能由信仰马克思主义的革命知识分子作先导。这就是第一次大革命时期，知识分子出身的干部在中央和地方组织中占主要地位的客观原因。事实上，在党的第一代知识分子出身的领导干部中，有相当一部分人参加过工人运动和农民运动，他们同工农相结合，初步得到了实际锻炼，并在不同程度上学习过马列主义的初步知识，因而在第一次大革命中起了骨干作用。一般地说，他们的工作是积极的，斗争是英勇的。否认了他们的这个骨干作用，就很难理解我们党在政治上和组织上对大革命所起的领导作用，也很难理解大革命的惊人的迅速发展。大革命失败以后，他们中间的许多人经受了严峻的考验，有些同志牺牲了宝贵的生命，有些还在继续奋斗。由于增长了丰富的经验和斗争成败两方面的考验，在当时更成为党的宝贵财产的一部分。中国革命经验证明（外国的革命经验也同样证明），一切爱国的知识分子，在民族斗争中往往起着先锋作用，而其中真实信仰共产主义的部分，即本文称之为革命的知识分子的部分，则能在实际斗争中逐步同工人农民相结合，形成整个革命中的基础力量和领导力量。中国革命胜利的主要条件就是革命知识分子与广大工农分子在共产党领导下的密切结合，没有这种结合不可能有胜利。可是，《议决案》的上述论述却忽视了这种革命知识分子的作用。当然，他们当时还只有几年党龄，在理论上、政治上都还很幼稚，还带有这样那样的弱点，以至跟着陈独秀主义走过。但是，由于对党和革命的忠诚，全国性的和地方性的、已经牺牲的和正在继续斗争的这样一批知识分子出身的优秀干部，是决不可以否定，决不可以采取虚无主义态度，而相反是应该予以表扬和鼓励的。这是头一个问题。

第二个问题，《议决案》还把八七会议后的某些错误和失败也归罪于知识分子出身的干部。《议决案》写道：“最近许多正确的彻底革命的党的决议案和方针，如土地问题，农民暴动的策略问题，劳动问题，国民党问题（八七紧急会议及其后中央临时政治局的决议），往往在各地并不执行，谬解而成机会主义的实际行动，这是因为实行这些决议的分子，仍旧是那些小资产阶级的机会主义代表的旧干部。”这也不是站在无产阶级的正确立场上实事求是地来对待他们，而是从盲动主义的观点来指责他们。我认为临时中央政治局领导上从八七会议开始就有“左”倾盲动倾向，逐渐发展到十一月扩大会议而形成盲动主义错误。这是当时的主要倾向，在党内有它的思想基础。盲动主义政策到头来是行不通的，要碰得头破血流的。在地方上直接领导暴动的干部，当然首先要受到这种惩罚，也就是知识分子干部首先要受到这种惩罚。但责任应当主要在中央，不能简单归罪于许多在地方上担任领导工作的知识分子干部，更不能指责他们为“机会主义代表的旧干部”。

第三个问题，《议决案》说：“因此而得的结论，自然便是：中国共产党最重要的组织任务是——将工农分子的新干部替换非无产阶级的知识分子之干部。……使党的指导干部之中无产阶级及贫民的成份占最大多数。支部书记、区委、县委、市委、省委的成份，各级党部的巡视指导员的成份，尤其是农民中党的工作（人）员的成份，必须大多数是工人同志或贫农同志。工会机关的干部，则须全部换成工人。这一改造工作，当然不是一下子可以做成功，但是必须愈快愈好，应当开始建立各级党部的巡视指导制度，去切实（实行）这一改造工作。”这实际上就是要对大革命失败后留下来的革命知识分子干部实行大换班。

应当承认，培养和提拔工农干部（在城市斗争中是工人干部，在农村斗争中是农民干部），在当时，是党的建设上一项根本的带紧迫性的任务。同时也应当肯定，这项任务应该是也只能是有计划有步骤地审慎地进行，并且决不能由此而得出用他们去取代一切革命知识分子干部的结论。但是，《议决案》却简单地采取大换班的办法，而且要求实行得愈快愈好，这又是“一刀切”。这个问题，周恩来同志曾经作过如下的评论。他说：“关于领导机关工人化的问题，在‘八七’会议后，就把与机会主义作斗争看成了简单的人事撤换，这种形式主义影响到后来关于领导机关的工人化，把工人干部当作偶像，对知识分子干部不分别看待。那时李立三同志当广东省委书记，曾说：知识分子的作用完了，今后只有依靠工农干部。所以到广州起义失败后，教导团有几百学生退到海陆丰，就没有把他们当作干部来使用，而把他们编到第四师去当兵，后来绝大多数在作战中牺牲了。”①

① 《关于党的“六大”的研究》，见《周恩来选集》上卷，第180—181页。

在组织上，采取以工农分子新干部替换知识分子旧干部，这种大换班的办法是要不得的。即使是下面搞错了，也不能这么做。这是因为，八七会议的总方针之一是秋收起义，而起义就是武装暴动，就是要夺取武装，打游击战争，实行土地革命，可是当时党内干部中几乎没有人有这种经验。不但没有经验，而且很少有真枪实弹（只有少数几处暴动先有部分正规武装为骨干），只有用梭镖、土枪、刀棍去夺取敌人（多半是民团、小部敌军、警察所）的武器。这首先要有很大的勇气，还要有几分冒险性。但是由于武器劣，经验缺，往往是失败多，胜利少。一切工农武装起义的成功和游击根据地的建立，都是经过反复多次的斗争和失败，才达到胜利的。天才（比别人聪明一些）的领导者毛泽东同志（他本人也是知识分子出身的干部）也是在秋收起义部队与优势敌人多次战斗受挫折以后，才说服干部，率部上井冈山，争取与袁文才、王佐合作的。如果一遇挫折和失败就进行大换班，那就不但不可能取得胜利，而且只能由于新提拔的干部的更加缺乏经验而加速失败。无论知识分子出身的干部，或工农出身的干部，都得在战争中学习，而且主要是从败仗中学习，经常不断地总结斗争经验。大换班的性质是组织上的盲动主义，是对武装起义和游击战争既缺乏知识，又不了解实际情况的主观主义的产物。

以上，就是我对于组织问题议决案的核心问题——干部政策的几点看法。

由此可见，十一月扩大会议在政治上是盲动主义的，在组织上是为政治上的盲动主义服务的。十一月扩大会议后，在11月的《中央工作计划》中，就明显地把“组织问题的重要任务”和政治上的盲动主义紧密结合起来，前者为后者服务。《中央工作计划》一开头就指出：“目前党在组织上的主要任务为严格的执行最近中央扩大会议的决议使扩大会议决议的精神深入于党员群众中；坚决的改造各级党部，洗刷一切机会主义的遗毒，改造党的成分，使党的核心建筑在工农的身上，如此才能使党成为一个斗争的布尔塞维克的党。”接着，1927年12月1日，中央又发出了《关于党的组织工作》的中央通告第十七号，对各级党的机关在组织上和成分上的改造作了一些具体规定。这个通告在干部政策上完全是十一月扩大会议决议案的翻版。随后，12月10日，中央发出第二十号通告，指示“改造党的具体办法”：一、重新改组各级党组织；二、选举前要热烈讨论党内问题；三、上级党委要派人到下级指导讨论和改造；四、扩大党内民主；五、上级不必派人到下级作书记或常务委员。11 月 14 日，中央常委会（我出席了这次会议）决定改变中央组织机构。临时中央政治局的常委，在 8 月 9 日召开的临时中央政治局第一次会议上选出的是瞿秋白、苏兆征和我三人，十一月扩大会议将常委扩大到五人，增补周恩来和罗亦农。组织局主任是罗亦农（兼组织部长）。组织局成立后，取消南方局、北方局和长江局。职工运动委员会主任是苏兆征，秘书是罗章龙，委员是苏兆征、向忠发、郑覆他、王藻文、陈郁、项英、胡×、万兴、黄五一、李立三、黄平、郭亮、许白昊、周文雍、张昆弟。党报委员会总编辑是瞿秋白，秘书是郑超麟，委员是瞿秋白、郑超麟、罗亦农、邓中夏、蔡和森、张太雷、黄平、周以栗、任旭、毛泽东、王一飞、任卓宣、周恩来、王若飞、李立三、恽代英、陆定一、刘昌群、罗章龙、刘伯庄、任弼时、尹宽、李富春、罗绮园、夏曦、夏之栩等。

（三）《政治纪律决议案》

这个《决议案》是国际代表罗明纳兹提出来的。在十一月扩大会议前，我在党内已工作了好几年，从未听说过有什么"政治纪律"。因此，当罗明纳兹为了处罚领导起义失败的同志而提出"政治纪律"这个名词时，我感到很新鲜。恩来同志在《关于党的"六大"的研究》中也说：十一月扩大会议规定了政治纪律，"这也是国际代表提出的。"他当时也"觉得这一条很新鲜。"在这个历史文件中，受处分的有十案，其中属于"暴动区域党部指导机关犯了严重错误"的有四案。这四案的性质都关系到是执行还是反对八七会议总方针的问题。八七会议的总方针有三项，即：清除陈独秀投降主义；武装反对国民党反动派；实行土地革命。而武装斗争和土地革命，也就是在政治上清除陈独秀投降主义的主要标志。所以，凡是为实行八七会议总方针而斗争，大方向就是正确的。

就当时的情况而论，在实行八七会议总方针的斗争实践中，犯这样或那样的缺点和错误，是不可避免的。因为这些起义都是实行土地革命战争的最初尝试，都是新鲜课题。土地革命也是新鲜课题。土地革命和武装起义相结合更是史无前例。在实践中结束陈独秀投降主义在当时也是刚刚开始。在这种情况下，谁能保证不犯"左"的或右的错误呢？

犯了错误怎么办？本来当时中央应该采取的态度是，首先要分清是非轻重，即：要分清是不是错误；如果是错误，还要分别情节轻重，同时还要找出犯错误的原因。其次，既然暴动区域党的指导机关都是在实行八七会议总方针的斗争实践中所犯的错误，而且这些起义又都是实行土地革命战争的初次尝试，那么，对他们的处理方法，最重要的就应当是总结经验教训，适当进行批评和自我批评，尤其是中央领导要有自我检查，决不可以把责任都推在地方上。但是，《决议案》并没有采取这些办法，也没有对错误进行实事求是的分析，当时的中央领导更没有自己承担应该承担的责任，相反，却简单地指责和处罚下面的有关负责同志。结果，有的不应该处分的处分了，有的斗争过火了。总之，当时是重组织处理，而不是重思想教育。从现在看过去，我认为这是惩办主义。这种组织上的惩办主义，也是为政治上的盲动主义服务的，同样是盲动主义的组成部分。

在属于“暴动区域党部指导机关犯了严重错误”的四案中，这种组织上的惩办主义最重要最突出的表现，就是对南昌起义和秋收起义负责同志的指责和处罚都是完全错误的。

南昌起义打响了反对国民党反动派的第一枪，用武装斗争的实际行动批判了陈独秀的投降主义，在全国人民面前树立了一面鲜明的武装斗争的旗帜。这是一次伟大的、胜利的起义。这次起义的发动和胜利，是由于以恩来为首的前委，坚决地击退和克服了张国焘主张联合张发奎、企图阻挠起义的右倾机会主义的结果。但《决议案》却无理指责南昌起义前敌委员会执行的是“机会主义的旧政策”，在政治上、策略上、军事上都犯了“极大的错误”，是什么“软弱的军事投机”，给周恩来同志为书记的前委全体成员（包括李立三、恽代英、彭湃同志）以“警告”处分。这就完全抹煞了周恩来等同志在八一起义中的作用和功绩。当然，南昌起义胜利后，没有就近联合湘东的革命力量，发动和领导湘赣土地革命战争，而是驱军南下广东夺取中心城市，是一个失策，一个错误。恩来在1944年说，南昌起义的“主要错误是没有采取就地革命的方针”，这个论断是对的，但主要责任在中央，不在前委。因为第一，当时党内的指导思想还是城市中心论，武装起义就要占领城市。李立三等同志建议南昌起义，就是脱离张发奎，去占领广州。毛泽东、彭公达八七会议后回湖南的计划，就是要打长沙。第二，还是正规战思想占优势，不是游击战争思想占优势。后来的山地游击战争的思想在全国都是逼出来的，甚至带着某种不自觉性（历代农民起义都有打游击的习惯，统治阶级称为“流寇”。大革命失败后，各地党员尤其是农民党员不能不受这种历史传统的影响)。上面这两种指导思想都是共产国际经过它的代表传过来的，中国同志由于幼稚没经验，无条件接受了。至于南昌起义军要南征去占领潮汕，以便接受苏联的援助，更是共产国际的具体指示。

毛泽东同志领导的秋收起义是一次具有伟大历史意义的起义。这次起义不但保存了革命武装力量，而且开辟了井冈山革命根据地。这不是偶然的事情。我在前面已经叙述过，在马日事变以后和八七会议以前的 7 月间，毛泽东对农民游击战争就已有一定的认识。八七会议后，毛泽东、彭公达回到湖南，代表中央改组了湖南省委，新省委提出了举行长沙暴动的计划，得到了中央的批准。当时，由省委书记彭公达直接组织长沙暴动。前委书记毛泽东去发动和领导安源、醴陵、浏阳、平江一带的起义，组织进攻长沙的敌军，加之吸收了武汉国民政府警卫团，组成一个约有五千人的师，准备与省委发动的长沙近郊和粤汉路的暴动里应外合，相机夺取长沙。后来见势不可能，便放弃了这个计划，而集中力量在平、浏一带创造割据局面，但没有成功，而且因反复激战，部队减员，只剩下千余人枪，被迫地却是机智地上了井冈山。

至于省委直接部署的暴动，在此种形势下则只能有零星的发动。那时有个“马同志”(即国际代表马也尔)住在长沙，规定湖南省委要某天举行暴动，以配合前线。彭公达等人认为条件不成熟，没有暴动。后来国际代表又一次叫暴动，彭公达他们又没有执行。由于彭公达和省委两次停止预计的长沙暴动，便受到了马也尔的严厉指责，并向罗明纳兹和党中央作了反映。彭公达受到指责后，对于第一次暴动没有搞起来，他没有承认错误；对第二次暴动没有搞成，他承认了错误。现在看来，当时的长沙暴动计划，无论从主观条件和客观条件来说，都是冒险性质的，停止和放弃它是完全必要的、正确的。同时，从土地革命战争的开端及其以后的发展来看，毛泽东率部把红旗插上井冈山，实在是具有伟大战略意义的转变(还有一些同志或前或后在若干地区展开或大或小的游击战，在当时都具有重要的战略意义)。可是，《政治纪律决议案》却指责湖南省委“完全违背中央策略”，是“单纯的军事投机”，并宣布给予如下的处分：“湖南省委委员彭公达、毛泽东、易礼容、夏明翰，应撤销其现在省委委员资格。彭公达同志应开除其中央政治局候补委员资格，并留党察看半年。毛泽东同志为八七紧急会议后中央派赴湖南改组省委执行中央秋暴政策的特派员，事实上为湖南省委的中心，湖南省委所作（犯）的错误，毛同志应负严重的责任，应予开除中央临时政治局候补委员。”（附带说，这也可能就是毛泽东同志曾经所说开除了他的党籍的说法的由来。十一月扩大会议给毛泽东同志的处分，我过去记不得。在1962年党的八届十中全会上谈到这个问题时，毛泽东同志说，开头听说是开除党籍，后来又说不是，究竟怎样不清楚。周恩来同志对这个问题也不清楚，他便发问：罗迈，你记得吗？我答：不记得。现在我重新阅读了这个《决议案》的全文，对于在十一月扩大会议上谁受了处分，因何受处分，就一目了然了。）

这里还需要指出的是，《决议案》严厉地指责八一起义军前委犯单纯军事行动的错误，毛泽东、彭公达等人犯军事投机的错误，都是由于他们不发动农民实行土地革命。这种指责不是实事求是的。第一，当时的政治形势是革命处于低潮，到处笼罩着一片白色恐怖，在遭受国民党反动派残酷镇压的地方，群众的革命情绪已经低落下去了。湖南原来是农民运动最有基础的地方，浏阳、平江更是处于前列地位，但当时从浏、平巡视回来的夏明翰说：“这次我军所到之地农民并未起来，远不及北伐军到时农民的踊跃。大多数农民甚恐慌不敢行动，恐怕军队失败大祸临来的心理充满了农民的脑筋。”“所有前在农协工作的农民，除一部分外，已被土劣送解省城县署枪决囚禁外，余均逃了不能回籍，妻离子散，居住（处）被封者极多，情形非常凄惨。……这次暴动中，农民不敢起来，这个原因也有极大关系，惟恐失败后又遭土劣残杀。”① 在湖南如此，在江西更不会好些。刘伯承写的《南昌暴动始末记》中说：“广昌以北曾见农运组织，但极幼稚，曾雇少数农民为力夫，其他无所表现，至在广昌以南为赖世璜的反动军队驻防之下，无甚农运组织，且其他在蒋介石命令实行清党，在民众（中）作反动宣传十分厉害，傍路居民逃避极多，我军来在一地停驻，无从作我们党的宣传，革委各机关及各军中负政治工作者，只得照例写得一些解放农民条例全文，没收二百亩以上之土地，继承国民党正统，打到广东去等等标语，顺道贴在路旁”。第二，暴动就是夺取政权的武装斗争。这里有两个问题：一是发动群众，二是发动分田。其一，要使暴动成为群众性的暴动，必须有事前的准备，或者临事有发动的时间。在安源，因为有准备，加上当时主客观条件都具备，才成为群众性的暴动。在

① 《中央政治通讯》第十二期，湖南秋收暴动专号。

搞长沙暴动时，虽有准备暴动的时间，但因为群众情绪低落和党的组织力量薄弱，群众没有发动起来，结果只有几个零星的“暴动”。另外，起义部队边打边走时，只能做些口头或文字宣传，要待部队战胜敌人，取得短时间就地休整的机会，才能放手发动群众。这一层，八一起义部队和湖南秋收起义部队都是做了的，例如八一起义部队之在瑞金和在汀州，秋收起义部队之在醴陵和在浏阳。其二，至于发动农民起来分田，就需要有更高的条件。如果起义部队已经占据了一块地方，粉碎了敌人的进攻，站住了脚，就可以而且必须努力鼓动和组织群众打土豪分田地，造成游击战争与土地革命相结合，建立工农民主政权和革命根据地。这就是土地革命战争的起点。在秋收起义部队向罗霄山脉中段进军和八一起义部队南进时，都没有取得这种条件，因为在当时他们都是边打边走，其间在一个地方只有停驻几天的机会。毛泽东率领的秋收起义部队，是经过反复苦战之后，才上了井冈山的，上山同袁文才、王佐部队会合后，才开始了分田斗争。因此，《决议案》批判南昌起义部队前委和秋收起义部队负责同志犯了“单纯军事行动”的机会主义错误，是主观主义的，是没有道理的。

综上所述，这个《决议案》的总的精神，是为盲动主义服务的惩办主义。在这个错误精神指导下，当时错误地处罚了一批党的领导机关和负责同志，这是十一月扩大会议的主要错误之一。

除了上述突出表现“左”倾盲动主义的三个主要决议案外，扩大会议还通过以下几个决议案。

一是通过了《关于土地问题党纲草案的决议》。在十一月扩大会议前，中央公布了《中国共产党土地问题党纲草案》。十一月扩大会议决定征求各级党组织及一般党员对这一草案的意见，尔后提交党的“六大”讨论并作出决定。这个土地问题党纲草案和会后的讨论，为“六大”通过的《土地问题决议案》，提供了一些有益的思想，也是国共两党关系破裂以后第一个土地法草案。

二是通过了《关于召集第六次全党代表大会之决议》。这个决议对召开“六大”的时间、代表选举法、议事程序、各省党的代表会议的日期及议事程序等等，都作了明确的决定。

三是会议还特别组织了一个委员会，专门讨论和通过了新的职工运动决议案。这个决议案认为，八七会议之后，各地大致都有忽视职工运动的倾向，同时指出了反对反动工会和争取群众的任务，并要各级党组织从日常经济政治斗争引导工人群众认识苏维埃暴动的意义，以及工会的武装准备等工作之重要。这个决议案里的问题，主要是夸张地估计了当时工人斗争的形势，并对职工运动的任务提出了过“左”的要求。

此外，会议还有两项特别的新的决定，即（一）“一切政权归工农兵士贫民代表会议”（苏维埃）的口号，成为暴动的主要口号，而且大城市中斗争剧烈时，即应组织工农兵等群众斗争的代表机关，就是组织苏维埃，以为暴动的指导机关；（二）“没收一切土地，由农民代表会议自己支配给贫农耕种”，在乡村中也实行苏维埃的口号，取消一切政权归农民协会的口号。

总之，十一月扩大会议通过的《中国现状与共产党的任务决议案》、《最近组织问题的重要任务议决案》和其他决议案及中央所发出的一些《通告》，以及瞿秋白同志在这期间所发表的文章，一方面，包含着一些正确的思想和主张，如严厉批判了党内的悲观思想，强调要深入批判陈独秀的右倾投降主义，重申放弃国民党的旗帜，打出苏维埃的旗帜，号召真正革命的分子团结在共产党的旗帜下，继续进行革命斗争（见《中国现状与共产党的任务决议案》）；认为当时中国的革命仍然是“民权主义的性质”，是“彻底的土地革命” （见瞿秋白《中国革命是什么样的革命》），而不是法国式的资产阶级革命，也不是陈独秀的所谓“二次革命论”，明确提出了推翻新军阀国民党政权，和建立工农民主政权的目标；提出中国革命一定要在党的领导下，“联合最彻底的民权革命的伟大力量——中国的农民”（同上），组织“工农革命军”，在军队中建立“党代表政治部的制度”（见《中国现状与共产党的任务决议案》）；并指出在发动农民暴动，进行游击战争时，一定要“树立创造革命地域的目标”（见瞿秋白《武装暴动的问题》），等等。这都是应该肯定的。但是另一方面，从这些文件的主要倾向来看，却是发展了八七会议以来加强起来的“左”倾情绪。因而提出了中国革命是“民权主义到社会主义的无间断的革命”（见瞿秋白《中国革命是什么样的革命》），中国革命“不能不同时推翻资产阶级”，“不能不超越资产阶级的民权主义的范围”（同上），中国革命的形势是“不断高涨”，由此得出的全国总暴动的策略，以及在组织上采取惩办主义政策，等等，则是互相联系和一贯性的严重“左”倾错误。这样，在十一月扩大会议上就形成为以瞿秋白为首的“左”倾盲动主义，并在党中央领导机关取得了统治地位。

盲动主义“总策略”的执行和我去两湖巡视的情况

十一月扩大会议所规定的“现时形势之中中国共产党的总策略”，实质上是幻想全国总暴动的策略。这个“总策略”的执行情况，从十一月扩大会议后至共产国际 1928 年 2 月来信传到中国，中央的政治态度可分为两个阶段。

第一个阶段，是从 11 月扩大会议后到停止两湖年关总暴动以前，具体来说就是从 1927 年 11 月中旬到 12 月中旬。这个时期贯彻执行“总策略”的情况，我记得比较突出的有以下几点：

第一，在十一月扩大会议以后，我们几个中央领导同志于当月制定了一个《中央工作计划》。这个计划明确规定：“目前党在组织上的主要任务为严格的执行最近中央扩大会议的决议使扩大会议决议的精神深入于党员群众中；坚决的改造各级党部，洗刷一切机会主义的遗毒，改造党的成份，使党的核心建筑在工农的身上，如此才能使党成为一个斗争的布尔塞维克的党。同时要特别注意恢复和发展各重要省份的工人运动，以及组织并发动各重要省份的农民暴动，创造新的军事工作的基础。而组织中央本身之强固的建立以及引导各地党部走入组织之正轨，亦为中央目前之重要的工作。”根据这一总的要求，《计划》规定了三个月内应做到的十七项工作和分三期订出具体工作计划。在第一期（从 11 月 20 日到 12 月 20 日），中央决定派人巡视两湖、江浙的工作，布置这几个省的工农暴动的局面。这样，随着十一月扩大会议精神的下达和《中央工作计划》的贯彻执行，就使“左”倾盲动主义在实际工作上有了进一步的发展。

第二，广州暴动问题。南昌起义后，在起义部队南下广东时，中央曾指示广东省委，如起义部队在东江地区取得胜利向广州进军时，广州即应举行起义，夺取广州。后来，由于南昌起义部队攻取东江地区的军事计划失败，中央又通知广东省委说，广州起义的条件暂时丧失，但仍应积极准备，以待时机。十一月扩大会议之后几天，中央又与广东省委书记张太雷同志讨论了广州暴动问题，根据粤、桂军阀战争即将爆发，工人运动迅速发展的形势，决定了广东总暴动的计划。接着，12 月 11 日，在张太雷、叶挺、叶剑英、周文雍、恽代英、聂荣臻等同志领导下，发动了广州起义。这次起义，是广州工人与革命军人联合起来反对国民党反动统治，武装夺取政权的又一次英勇尝试。从当时的实际情况来看，广州起义是可能取得胜利的。后来的事实证明，起义取得了胜利，占领了广州，建立了广州苏维埃政府，给敌人以严重打击，对革命群众则给以很大的鼓舞。正如毛泽东同志所说："革命失败，得了惨痛的教训，于是有了南昌起义、秋收起义和广州起义，进入了创造红军的新时期。"[①] 但当时党中央还是以城市为中心，想保住这个胜利，而在广州的共产国际代表纽曼（德国人），又力主起义后坚守广州。所以，在起义的当夜，当叶挺看到要坚守住广州并不容易，正确地主张把队伍撤退到农村时，纽曼便大骂叶挺动摇，说广州起义是进攻的，应该"进攻进攻再进攻"。结果，本来可以是英勇的胜利的一战，却由于盲动主义的指导，终于失败，使广州的广大人民群众遭受了极其残酷的大屠杀，而成为"退兵的一战"。广州起义虽然失败了，但从总的方面看，对这次起义还是应该肯定，它是开始土地革命战争新时期的三大起义之一，对中国革命具有重大的影响。当然，不能否认，在起义的指导思想上也直接受了"左"倾盲动主义的影响。

第三，关于两湖暴动问题。十一月扩大会议后，中央曾对两湖的工作作了多次指示。11 月 15 日，《中央致两湖省委信》指出："唐生智系军阀已日趋败溃，据沪报载唐已出亡，武汉交何键，湖南交刘兴，八军亦退湖南。这虽不足证明唐系军阀纯全溃败，亦不足证明南京系军阀程潜、李宗仁等之大胜利。但两湖大小新军阀从此混战的局面将益趋激烈而不可收拾。"

在对这种现状的估计之下，中央认为"在极短的时期内有造成两湖工农大暴动夺取政权之可能"，因此特命令"两湖省委注意两湖革命最近发展之前途，同时命令两湖省委利用唐生智系军阀崩溃与大小军阀混战，工商业财政破产的局面，更积极的发动两湖的革命，创造部分的暴动，汇合而成为总的夺取政权建立工农兵士代表会议的政权的暴动"。

在城乡主张采取"左"的政策，信里写道：在城市中当战争激烈以及某一部分军队败溃时，应当"杀尽改组委员会委员，工贼，侦探，以及反动的工头"；"尽量发动工人的经济罢工以至总同盟政治罢工"；"领

① 《战争和战略问题》，见《毛泽东选集》第 2 卷，第 512—513 页。

导失业工人捣毁失业救济局，劳工部，警察局"；在汉口和长沙可领导工人"打外国人"。在乡村中则要"发展游击战争，杀尽土豪劣绅，大地主，烧地主的房子"，如此等等。

至于两湖农民暴动的部署，信中说："鄂省委应当在极短的时间内领导农民割据公安、石首、当阳向极西发展。并与湘西联合，割据天门、沔阳向四周发展，割据麻城、黄安向鄂东与京汉路发展，恢复鄂南的工作成为一独立割据的局面，与湘北联合，恢复鄂东的工作；湘省委，应当发动广大的农民群众割据湘西，湘南，湘北各数县与鄂西、鄂南联合。应当恢复长沙附近数县的农民运动，以至与长沙工人联合扑城。"

现在看来，中央这个指示是推行盲动主义的一个典型例子。这个文件只讲客观条件，不讲主观条件，不问群众情况。一味强求暴动，提倡烧杀，不计影响和后果。这种烧杀政策，后来在湘南造成极坏的后果。

至于两湖暴动的执行情况，其中盲动主义表现得比较突出的主要是两个问题：

一个是武汉暴动问题。1927 年 10 月，爆发了宁汉战争，南京下令讨伐唐生智。10 月 23 日和 27 日，党的湖北省委和党的长江局第九次委员会先后开会，讨论唐生智败退时党的政策，主张利用宁汉之战趁机在武汉三镇举行暴动。28 日，中共长江局书记罗亦农自长沙回到武汉，召集长江局（罗亦农、陈乔年、任旭、刘昌群）会议，讨论长江局工作，次日通过了罗亦农起草的《长江局最近政治决议案》，认为"目前绝非继续总的暴动时期"。我认为长江局和罗亦农的这一决定，从主要的方面来看，无疑是正确的。因为唐生智败退时虽然给了革命力量的发展以可乘之机。但就武汉当时的情况而言，敌大我小、敌强我弱的根本形势并未改变。当时，我们在武汉只有六百名党员和三千名工人群众，要想夺取敌人的中心城市是不可能的。但是，共青团湖北省委的一部分人却认为，唐生智溃败是两湖暴动的唯一时机，无论如何不能放弃。针对这种情况，中共长江局于 11 月 1 日召集长江局及省委常委联席会议，特请罗亦农报告长江局 10 月 29 日的政治决议案，和答复共青团湖北省委一些人的怀疑。会议决定取消党、团湖北省委关于立即准备暴动的计划，改为从 11 月 8 日至 14 日举行武汉三镇反新军阀战争政治宣传周，但团省委的同志不同意。11 月 9 日，团湖北省委常委会认为，唐倒已迫在眉睫，党应下令举行罢工和实行红色恐怖等等。在他们的压力下，党的湖北省委常委为"避机会主义之嫌”，决定13日上午八时武汉三镇总同盟罢工，同时下午集合群众攻友益街。但群众的情形实际上还是不能暴动，因此直到15日，武汉三镇罢工的很少。15日至17日，中共湖北省委开扩大会议，讨论罢工事件，认为省委未看清形势，党的组织太差。但共青团湖北省委一部分人却指责这是长江局政治决议案的错误和省委领导的错误，并认为：如果利用这次时机，“在武汉我们不仅可以推翻敌人的政权，而且可以把革命的政权建立三天至五天之久”[①]。显然，当时共青团湖北省委一部分人的意见是错误的。后来，团长江局、团湖北省委代表刘昌群、韩光汉曾向中央控告罗亦农和党的湖北省委在唐生智溃逃时“畏缩不前，临阵退缩”，“犯了极严重的机会主义之错误”，要求中央“彻底查究”[②]。据此，中央派出了一个由苏兆征、贺昌、郭亮组成的三人特别委员会前往湖北查处。特委赴湖北后，采取了错误的党内斗争方针，对武汉暴动问题作出了错误的结论。由于中央和特委对湖北问题的处理引起了湖北党内广大党员和干部的不满，同时全国总暴动的方针在实践中也遭到了严重的挫折，因此，在听取了争论双方的意见后，12月24日召开的中央政治局会议确认：唐生智崩溃时，武汉不能举行夺取政权的总暴动，罗亦农对湖北的政治指导并没有犯所谓机会主义的错误[③]。

另一个是长沙暴动问题。根据党中央对两湖工作的多次指示精神，中共湖南省委于1927年11月24日发出了为夺取全省政权总暴动的总动员通知，“决定于最近期间，开始夺取全省政权之总的暴动。”接着在12月1日发出省委第二十一号通知，号召长沙暴动。到了12月7日，省委又决定7日至10日为暴动日期，命令各县按时尽量暴动起来。但三天过后，长沙并未罢工。时至10日中午，在省委委员伍桐亲自指挥下，铁路工人才开始罢工，而人力车和码头工人仅在街上停着。晚七时，省委组织了二百人的敢死队，进攻电灯公司、军事厅和卫戍司令部，并由省委书记王一飞、省委委员伍桐亲自指挥，各打一路，结果只破坏了电灯公司。当晚，敌人调来一个师，暴动很快就被镇压下去了。

第四，关于上海暴动问题。1927年11月初，江苏宜兴、无锡的农民相继暴动起来，斗争是英勇的。这就引起了上海暴动问题，即以上海响应

---

① 《湖北C. Y. 代表刘昌群、韩光汉对于湖北问题的报告》，1927年12月13日。

② 见《中央政治通讯》第二十期。

③ 《罗亦农给中央常委并转政治局信》，1927年12月26日。

宜兴、无锡暴动的倾向在江苏省委中发展起来。11 月 9 日，江苏省委发出第八号通告说：“上海暴动时期……现在确确实实的到来了。”通告还说：“今日上海举行暴动，可说比从前三次大暴动的时机尤为成熟”。因此，通告提出“应以最迅速的手段加强主观的力量（如党的组织，工会组织，军事组织)，同时变小的经济斗争为大规模的经济斗争，纱厂丝厂便须做成整个的总罢工，由这种斗争很（迅）速的达到暴动。夺取武装，夺取政权。”通告最后要求各区委接到省委 11 月 9 日通过的紧急决议案后，“应即召集活动分子大会讨论执行。绝对不准丝毫犹豫，凡犹豫不积极执行者，省委必决不容情的予以最严厉之处罚。”他们的天真想法和妄图发动上海群众举行暴动的特别方法是：先用几个武装的红色恐怖队去一厂一厂地威吓工人罢工，如此弄成总罢工，这样，暴动就可以起来而获得成功！江苏省委发出这一“刺激性”的八号通告，使党员同志在领导罢工时，只以强力打厂手段扩大罢工。结果，他们这样做反而脱离了群众，孤立了自己。后来，中共中央与江苏省委共同开会纠正了这种做法。

第五，关于北方顺直“大暴动”问题。1927 年 10 月上旬，在北方发生了奉晋战争。中共北方局便利用这一时机，立刻在 10 月 6 日通过暴动计划，决定顺直区域（三特区、南口、京津、唐山、京东）的“大暴动”。当时，他们听到张作霖失败消息的传闻，便立刻下令叫天津、唐山暴动起来，并准备在天津站不住就退往热河去与外蒙联络。对于农民运动，他们特别注意于玉田、遵化，因此，北方局书记王荷波等同志曾带着新方针前去改组那里的党组织和指导农运。结果，只有玉田在 10 月下旬举行了起义，而且很快就失败了。这次暴动虽然发生在十一月扩大会议以前，但搞的也是盲动主义的一套。

从以上这些情况来看，这个阶段是完全执行十一月扩大会议总暴动策略的。

第二个阶段，是从中央决定停止两湖年关总暴动到共产国际二月来信传到中国，也就是从 1927 年 12 月下旬至 1928 年三四月间。在这个阶段，我想谈以下两点：

第一，在广州暴动失败以后，曾搞了《中央关于中国政治现状与最近各省工作方针议决案》。这个文件的原文无时间。我 1928 年 1 月上旬在上海时，这个文件尚未搞出来，但是 1 月 20 日中央致我的信中已经谈到了这个文件，并把文件寄给了我。所以，可以设想这个文件是在 1 月中旬制定通过的。

这个《议决案》错误地认为，在广州暴动失败以后，表面上看来革命又受到一次挫折，但从广东的海陆丰、江西的万安、湖南的茶陵、湖北的黄（安）麻（城）等处农民斗争的情况来看，当时中国“革命潮流一般的普遍和高涨”的形势是很明显的，“中国仍然在直接革命形势之中。”

接着，《议决案》按照对客观形势所作的错误分析，阐明了当时全党的工作方针，即“领导工农兵士群众暴动而夺取某一省或几省的政权，建立苏维埃政权，以扩大革命胜利于全国”，并认为这是“绝对正确而必要的政策”。

那么，当时哪几个省份最具备夺取政权的客观条件呢？《议决案》认为是“两湖和广东，其次是河南等省。”同时，由于广州暴动的失败，湖南便成为“最有胜利机会的省份”。加上考虑到湖南与湖北、江西地域上的关系，以及历来革命运动发展的相互关系，尤其是武汉民众革命的胜利和湘赣边境农民暴动的胜利在维持湖南全省范围胜利中的作用，《议决案》认为“湖南与湖北江西应成一革命的中心区域”。

至于我党对于这些省份的主要工作，《议决案》认为当时应当利用军阀战争，发动广大农民群众起来进行斗争，造成武装割据的局面，同时要发展“军阀军队中的革命兵士运动，发展城市中尤其是长沙的工人斗争，引导一般贫民群众到总的争政权的斗争，以至于总暴动而夺取湖南的省政权。”《议决案》还认为，武汉工人群众的团结与斗争格外重要，在那里“必须切实的建立工人的斗争组织，使他们与湖南湖北各地的暴动农民相联络，使武汉的群众运动能够切实准备以至于暴动”。总之，《议决案》认为应当肯定以夺取省政权为目标，但这个目标在当时是无法达到的。

随后，《议决案》指出了在广州暴动之后党的严重使命：要“认真建立党的群众基础”，“指导群众的日常斗争”，“发动领导汇合群众的斗争及其革命意识，以创造总的革命高潮，造成群众力争政权之决心，而勇敢的领导他们到决定胜负的暴动的发动。”《议决案》说，如果不要群众，而是只凭“少数共产主义者的勇敢，施行个人的暗杀，或在乡村中实行与群众脱离的游击以杀人放火，或者不问直接暴动的形势与条件具备与否，轻易号召立刻在大城市暴动起来，轻易的脱离群众，实行少数党员的暴动”，那便是“玩弄暴动的盲动主义”。这些指示基本上是正确的，也是想要防止盲动主义。可是，由于党中央的“总策略”本身就是盲动主义的，这段话在执行过程中就不可能起到防止盲动主义的实际作用了。

最后，《议决案》认为当时的中国革命运动有一个应当特别需要注意纠正的缺点，这就是“客观上好象农民运动超过于工人运动，……工人阶级有不能领导农民争斗，城市不能成为农民暴动中心的危险”。其实，这种看法是错误的。首先，忘记了农民革命是在工人阶级先锋队领导之下进行的。毛泽东同志后来批评说：“农村斗争的发展，小区域红色政权的建立，红军的创造和扩大，尤其是帮助城市斗争、促进革命潮流高涨的主要条件。所以，抛弃城市斗争，是错误的；但是畏惧农民势力的发展，以为将超过工人的势力而不利于革命，如果党员中有这种意见，我们以为也是错误的。因为半殖民地中国的革命，只有农民斗争得不到工人的领导而失败，没有农民斗争的发展超过工人的势力而不利于革命本身的。”①

总之，这个《议决案》是在推行十一月扩大会议“左”倾盲动主义“总策略”已经受到挫折的情况下制定的，这时中央的方针已经有后退，因而其中有些论述是正确的，但从文件的基本倾向来看，仍然是一个继续推行“左”倾盲动主义的文件。

第二，关于停止两湖年关总暴动问题。在党中央推行“左”倾盲动主义使革命不断遭受损失的时候，1928 年 1 月上旬，中央决定派我到两湖去，停止两湖同时搞阴历年关总暴动（不是停止和取消两湖搞暴动或两湖各自准备的暴动），根据中央的决定。我于 1 月中旬到达了武汉。

中央于 1928 年 2 月 3 日致我及两湖省委信说，中央在《关于中国政治现状与最近各省工作方针议决案》中“并未肯定全国的暴动中心（即全国苏维埃政权的中心），而只说从工农革命群众主观的力量与豪绅资产阶级军阀政权的动摇，这许多主要条件之下，以广东与湘、鄂、赣易于举行与得到全省总暴动夺取政权的胜利。因此广东与湘、鄂、赣应为全国革命发展的中心区域。在湘、鄂、赣因为地理的关系，工农兵士群众以及工农兵士群众的领导者——C. P. 力量的关系与暴动发动取得一省政权与维持这一胜利的关系，湘、鄂、赣三省举行暴动应以湖南为中心。”可见当时中央的方针，第一是把广东和湘、鄂、赣当作全国革命发展的中心，第二，湘、鄂、赣三省暴动则以湖南为中心。

为什么党中央在十一月扩大会议后要急切地抓紧两湖暴动呢？因为当

---

① 《星星之火，可以燎原》，见《毛泽东选集》第一卷，第 99 页。

时那里的军阀混战正在激烈地进行，中央抓紧两湖暴动有配合广州起义的意图。可是，十一月扩大会议前后的两个月以来，武汉、长沙总暴动发动未成的经验，广州起义后失败的经验，使中央看出两湖年关暴动也搞不起来，便不得不决定停止两湖的年关暴动，并对两湖暴动从新加以部署。当时中央给我和两湖省委的信中说："不但暴动的中心问题湖南应是湘鄂赣三省的中心，并且这三省的暴动形式，也不能象广东一样先以长沙武汉三镇做发动暴动的开始。这一要义，迈兄在中央时已讨论过几次，望详细地为省委同志加以解释。总之无论湖南湖北那一省举行全省总暴动，在主观条件上必须要中心城市的群众工作做得很好，中心城市附近各县的农民群众普遍的起来，对于暴动均有相当的认识。各外县的农民必须要有许多县份造成割据的局面，全省都在暴动的恐怖与骚扰中，有确实把握的比较大的兵士兵变才能举行。"

显而易见，当时党中央的这些总结性的意见是好的，在暴动问题的认识上比原来提高了一步。这些意见说明，当时秋白等人在暴动问题上犯盲动主义错误，是由于缺少经验，因而是认识问题。同时，这些意见在事实上阻止了两湖总暴动的再提出。并且，这些意见还很可能是随后中央容易接受共产国际批评的主观因素之一，但是，当时中央并没有从议程上取消两湖暴动的问题，我去两湖仍然按照中央的方针和指示执行了巡视任务。

我从上海到汉口时，湖北省委书记是郭亮同志。其他负责人我只记得有夏明翰、苏先骏。我一到武汉，先与郭亮接上了头。那时武汉的形势很严重，连住的房子也找不到。湖北省委只有郭亮租了一栋房子，其余的人都没有地方住。夏明翰当时是湖北省委委员，他住在龚饮冰介绍的湖南商号中。由于省委租不到房子，没有地方招待，我在武汉期间一直住在法租界一个旅馆中。当时我化了装，头戴瓜皮帽，蓄着胡子，身穿驼绒长袍和直贡呢马褂，带有水烟筒和珠算盘，装作是上海坐号商人，准备回长沙结账，因两湖战争，行旅不便，在此地滞留若干日。平日来我处找我的为郭亮、夏明翰及共青团长江局书记刘昌群等人。为了作掩护，有时我们还一起搓搓麻将。阴历除夕，郭亮和夏明翰到旅馆看我。郭邀了熊季光来搓麻将。郭、熊走后，我同夏明翰买了一瓶白兰地，一边喝酒，一边谈话，谈到天亮，白兰地也喝完了。阴历大年初一，郭亮还要我到他家去吃过一餐饭。

在工作方面，我与省委接头后，随即向省委传达了中央停止年关总暴动的指示，并共同商定了新的工作部署。当时外县的农民暴动，鄂北和鄂东南较有起色。我在一饭店楼上会见过黄安来的同志。他们有的是到省委来接头的，有的是到武汉买盒子枪的，一个个都精神抖擞。但都不注意保密，甚至还把买到的枪支放在饭店的楼上。我曾告诉郭亮，这样是危险的，万一被敌人破获，就全完了。

1928 年 1 月 3 日《中央政治局关于湖北党内问题的决议》中谈到：对于湖北省委扩大会议选举的省执行委员会和省监察委员会名单中"郭亮贺昌两同志中央另调工作，加派刘伯庄袁达时加入省委为委员"。此后，中央决定成立湘鄂赣边特委，以郭亮为特委书记。根据中央的方针，我在武汉期间，同郭亮等同志商定了湘鄂赣边特委的区划，决定该特委辖湖南之浏阳、平江、岳阳、临湘；湖北之咸宁、蒲圻、通山、通城、崇阳、嘉鱼；江西之修水、铜鼓，共十二个县，特委机关驻岳阳，受湖北省委领导。郭亮离武汉后，省委书记由刘伯庄继任。郭亮很快即去岳阳就职，不久因军事部长苏先骏在长沙被捕叛变，带领敌人至岳阳将郭捕到长沙杀害，时湖南省长为程潜。郭亮在岳阳被捕的事，现在还有刘英可证实。

我到武汉不久，就收到了中央 1 月 20 日给我的信。信中说，共青团湖北省委曾于 1 月 11 日写信给中央，认为"湖北已经到了工农兵暴动夺取政权时候……工农群众已经普遍的起来。省委已于十一日决定湖北全省总暴动的日期及一切具体的计划"，对此，中央表示"反对即刻举行总暴动"。并希望我斟酌情形，按照中央寄来的《中国政治现状与最近各省工作方针议决案》关于湘鄂赣工作的指示，督促湖北省委布置湖北的工作。信中又谈到，中央还收到湖南省委寄去的湘南特委报告，中央看了之后认为，湘南特委主持工作的同志有不正确的非无产阶级的政治倾向。如他们的口号有："暴动起来恢复农民协会实行农民协会专政"，"暴动起来工人占据工厂自己管理"，等等。他们还认为当时的革命环境"已较好于十月革命前之俄国"。中央信中，希望我到湖南时加以纠正。

在中央来信之后，我于 1 月 25 日晚上给中央写了封信。信的主要意思是说，湖北农村的斗争比湖南深入，湖南乡村豪绅的统治相当的稳定，同时湖北还有其他的条件，如政治经济的意义和工人区域等等，因此两湖暴动应以湖北为中心。中央收到我的信并听了其他同志的口头汇报后，在 2 月 3 日给我和两湖省委写了封信，答复湘、鄂、赣三省举行暴动，仍应以湖南为中心。

在武汉住了一段时间，本来我是打算去长沙的。我已派出准备陪我去长沙的郑伯祥去长沙同省委联系，以便作些准备。可是他去后一直没有回音（后来我约在1930年知道，他已被捕自首，但没有供出我来）。当时，军阀战争已发展成为蒋派（在湘）与桂系（在鄂）之间的战争，形势很紧张，武汉和长沙白色恐怖很厉害。湖南省委连续遭到破坏，先是省委书记王一飞被捕牺牲，接着继任书记任卓宣又被捕后叛变。因此，中央通知我说，目前长沙危险，不要去长沙。于是，我在2月4日晚上给湖南省委写了封信。在信中，我首先针对湖南省委在遭受损失后所产生的悲观情绪，分析了湖南的有利条件，说明他们应"一方面急图指导机关的建设，一方面则应根据中央的指示具体指导全省工作。"接着，我讲了中央的指示中有两点应加以修正：第一，关于两湖暴动以湖南为中心的问题，根据当时两湖的实际情况应以湖北为中心；第二，关于湘西北割据的问题，我们不能太重视这一区域在两湖暴动中的地位。第一点意见，经中央来信改正，仍以湖南为中心。第二点意见，现在看来也是不对的。接着，我谈了工作安排问题，指出："湖南亦是外县很好，长沙太坏，与湖北一样。由此可见中央对湖南指示中，关于长沙市工作的一方面是异常正确的，兄处应当把这一指示具体的实现起来"。其次对外县工作区域，提出了包括新规定的"湘鄂赣边特委"的区划在内的几点建议。最后，我在信中说："我因工作上之需和环境关系，不能来长，我预备十五天以外回中央，十天以内召集京汉粤汉二路负责同志规定二路工作计划，十天到十五天之间召集湘鄂赣豫四省委代表在汉开一次会（定本月十四日）讨论四省共同关系，对于湘省工作请省委根据中央之指示及这封信，定出：（1）湘省政治任务及工作方针决议，（2）职工运动具体计划，（3）农村斗争计划（包括客观分析及批评割据，长沙为中心之区域及一般工作），（4）长沙市工作计划，（5）党的组织上的改造和发展及人力的分配，（6）军事工作计划等六个草案，派伍桐兄及另一多熟悉点情形的工人同志来汉决定。"我去信的方针，仍然是准备两湖暴动。湖南省委收到信后，派何资深（即伍桐）来到武汉，我与他共同商定了一个湖南的工作计划由他带回。

我在武汉期间，中共河南省委还派一位负责人带着该省党代表大会的决议到我处来过，我从他的口头报告中知道了河南各方面的近况。2月19

日，我给河南省委写了封信。在这封信中，首先分析了当时的形势。我写道：“河南目前客观的革命环境异常之好，冯玉祥之统治比较以前更加不稳定，工农群众固然对冯极端怨恨，就是一般穷苦小资产阶级也成了反冯的群众，只有豪绅资产阶级站在冯的方面。……依现在大局形势，北伐已经成了蒋冯阎互相牵制推诿的局面，蒋介石缓北急南和奉除桂的趋势已日益显明，这次蒋冯会面据我个人的推测，蒋的目的恐怕不是真正去促进北伐战争吧！无论冯玉祥在最近的将来继续北伐或者反戈而南，河南的统治必定是愈向崩溃的路上发展，河南的党应抓住这一时机发动一个革命的富于群众的斗争高潮。”

根据对河南形势的分析，我在信中明确表示：“大体同意”河南省党代表大会的决议，并向他们指出了要注意的几个问题。其中特别谈到：“在党的力量上看，全省工作的布置，不要取普遍的主义，而应当抓住几个中心去集中力量发展，依我的意思，平汉陇海道清三铁路及其他工人区，郑州为中心一区，开封为中心一区，洛阳为中心一区，卫辉为中心一区，许昌郾城为中心一区，信阳为中心一区，光山为中心一区，南阳为中心一区，每区的范围包括三县至五县，豫南的光山南阳二区虽然过去深有基础，但必须加紧力量去发展起来，造成割据局面。因为这几区在声援湖北总暴动上关系极为重要。其余各区原来都有点基础的，如果能根据新的策略在这几区做了相当的工作，可以说就是河南革命前途上建立了相当的根据。”

我在武汉把一切工作料理完毕，即回上海。

我一回到上海，便将我赴两湖巡视的情况向党中央作了汇报。中央对我在武汉的工作基本上是满意的。1928 年 3 月 10 日，《中央致湘鄂赣三省委信》说：

“中央认为中央巡视员罗迈同志对于两湖工作的布置和决议及湖北省委自己的决议大体都是对的，惟尚须指明的：

（一）湖北——在政治任务决议案中大体是对的，惟目前因情势已有变更，故在中央特派指导湘鄂赣豫四省工作的临委到后须另成一新的决议，在此新的决议中要注意将各项工作说得具体些。鄂中是湖北的一个重要区域，原有决议中对此稍嫌忽略，这是不足的，在新决议中应注意及此。职工运动决议案亦可适用，惟对于各厂各业的斗争策略尚嫌不足，此须在实际工作时详加讨论规定。此外在各县的决议案中要注意各县应向武汉这个中心发展。

（二）湖南——罗迈与资深同志商草之湖南工作决议案湘省委应当依此决议执行，惟中央尚有下列几点意见：首先，在工作中要特别注意几个重要的区域：A、湘鄂赣边界一区；B、以醴陵为中心的一区；C、以常德为中心的一区；D、以衡阳为中心的一区；E、郴宜的一区；F、茶攸一区。湘潭为中心的一区取消，因为该区的工作可由省委直接指挥。至于发展的趋势应该注意从广东到湖北的湘赣边界，各区发展的趋势应趋向于长沙。在朱培德部队占据的郴宜等县应注意土地革命之深入，群众向外发展的路线应是西向宝庆，北向衡潭，至其在军事上则应向衡潭发展。其次，湘东之醴萍茶攸酃与赣西南之遂川宁冈莲花诸县在工作上应有一密切的联系，湘东特委与赣西南特委必须经常发生密切关系，如将来在这些地方的割据将会合时，临委可以决定此两特委合并归湖南指挥。至毛泽东的军队之分配应看两特委之需要，由两特委共商调遣，不必专于死板的决定其驻在某地。

（三）江西的工作，中央最近已有详细的指示，江西省委应努力实行中央这些指示，并须注意加紧各处割据局面之创造、扩大与深入，对于南浔路的工作要特别的加紧，不要只专注意于赣西南的局面。”

上述情况表明，在这第二个阶段，中央的部署还没有摆脱全国性质的暴动，还是在推行盲动主义。但是，由于广州暴动的失败，使中央已有所觉悟，因此即去停止两湖年关总暴动。可是，中央仍然没有取消湘、鄂、赣三省的暴动（八七会议前是决定在湘、鄂、赣、粤四省举行秋收暴动），并且又加上了河南暴动。但暴动计划和部署，与以前大不相同，即是采取分区创造割据，包围中心城市，同时加强城市工作，而不是像以前一样，首先就是要夺取长沙、武汉。对盲动主义的实行来说，这是一大退步，反之，在认识上却是不小的进步。这是后来容易接受国际指示的历史前提。

另外值得注意的是，在执行“总策略”的过程中，还出现了几种重要的错误倾向：一、认为没收一切土地已经是社会主义革命。从前是说忽视土地，这时已经说到没收一切土地了，甚至分配土地给贫民了，这就使一些同志错误地认为，从前搞的是民权革命，这时已经是社会主义革命了。他们这样自己问自己：平均地权的平等主义，还不是社会主义的运动么？他们不明白农民的土地革命乃是属于资产阶级民主革命的性质，因而忽视了自耕农抗捐抗税的民主斗争，混淆了民主主义革命和社会主义革命的界限。二、主张没收一切资本家的财产。在十一月扩大会议时就有人提议：农民可以分到土地了，工人只得八小时工作制是不够的，不能引起他们暴动的热心的，最好说，汽车夫没收汽车，工人店员没收工厂商店，各人有所得才好。广东省第一次省委扩大会时，也有许多人提议：没收一切资本家的钱财。这种想法，其实不是社会主义。他们的出发点是：农民得田地可以成小资产阶级，工人也应当分得些钱财，成为小生产者。很明显，当时他们这样做是完全错误的。三、实行烧杀政策。当时，有些地方的农民运动除杀戮豪绅之外，还"必须"加上烧屋的工作。如湖北汉川农民暴动的指导者，要烧去整个儿的城市，湖北许多村庄整个儿的都烧尽。湖南某些指导者，主张烧光县城，只取出暴动农军所需要的东西（如油印机等）。江苏省委的暴动须知也说："必须挨家挨户告以暴动口号，号召……起来参加，不来者以反革命纪律制裁。"对于这种强迫群众的错误作法，中央曾经纠正过。这种烧杀主义，对革命是十分有害的。四、把民众政权变成了党的政权。以前各地的工农运动，往往只有党员个人领袖的英雄主义，没有党团的作用。到了这时，"党权运动"高涨，变成了党的政权，而不是工农民主政权。海陆丰的情况也是这样。暴动胜利后，仍旧不是群众政权。党组织完全代替苏维埃，没有广大的群众参加政权。如此等等。这几种错误倾向后来才逐渐得到纠正。

以上，就是以"广东与湘、鄂、赣为全国发动中心"的各重要省份准备和发动总暴动的经过简况。它证明了当时临时中央政治局确实犯了盲动主义错误。

共产国际的二月决议和"左"倾盲动主义的基本结束

我去武汉停止两湖年关暴动后，大约在 2 月下旬回到上海。在这期间，共产国际执行委员会于 1928 年 2 月 25 日召开了第九次扩大会议，通过了苏联及中国共产党代表团和斯大林、布哈林等所提出的《关于中国问题的议决案》。共产国际曾指令我们党的向忠发和李震瀛出席了会议。向忠发于 1928 年 9 月 14 日写过一份《中国工农代表团来苏联经过报告》，其中专门有一节讲了“国际第九次扩大会议中的中国问题”。这个报告我最近已经找到了。

报告说，共产国际执委第九次扩大会议所讨论的问题共五个，即反对派问题、职工问题、中国问题、法国问题、英国问题。其中对职工、中国、法国和英国问题并组织了特别委员会。中国问题，在这次大会上占了非常重要的地位。在中国问题预备会议上，在特别委员会上，经过很长久和热烈的争论，所得出的决议，把过去丰富的斗争经验作一结论，正确地指出中国革命在目前阶段的性质，并指出目前革命形势和党在组织上及策略上的任务。

报告说，在讨论中国问题的会议上，有各种各样的意见和观点：有极右的意见，亦有极左的意见。极右的意见说：“中国革命遭了极大的失败，一切群众组织和党的组织归于破坏，党与群众发生裂口……广州暴动是军事冒险，是中国革命到了背城借一的形势……我们现在只有把过去犯错误的党的组织一概都不要，重新再来过，革命工会应取得公开，用群众请愿示威方法，取得合法组织，当利用现有合法工会（黄色工会和政府工会）做我们活动……”这样说法，其结果必致走到合法的改良的路上去，其结果必然要反对党的暴动政策，反对组织苏维埃。对这种极右的意见，在中国党内机会主义流行时期，或可以找到一些应声者，但在这次国际会议上，绝没有一个附和者了。至于极左派的意见，倒反有许多人附和，他们说，中国革命无论从它的客观内容、任务、动力来看，都已非资产阶级性的民主革命，已到无产阶级性的社会主义革命……中国革命是不断性的革命……中国资产阶级只有资产者没有形成整个阶级，中国民族资产阶级之叛变革命走向反革命中去，反使反革命营垒的力量减少，更增加他们内部的矛盾冲突，反动统治一点绝无稳定可能，革命力量向上涨，反革命力量向下降，现时的革命形势是不断的高涨……中国革命发展的前途只有不妥协的革命的社会主义道路，改良的资本主义道路绝无一点可能……这种极左的意见，恰与中央十一月扩大会议的决议内容相合……在这次国际大会上，指出他们（极左的意见）理论的误解，观察的不清，分析的矛盾，和估量的错误等，而定出正确的列宁主义的意见，已如中国问题决议中所言。

报告紧接着说，这个决议案简单明显，而所指示的，各方面都顾到，对于各国共产党和工人阶级帮助中国革命的意义和必要，更具体的确定的指出来，这个指示绝不是一纸具文，官样文章，而要切实的积极的去执行，这是决议精神中重要的一点。这个决议，本来为在国际六次世界大会前短时期内适用的，这次国际六次世界大会对中国革命问题当有更详细更具体更正确的决议和指示，不久前中国党第六次全国大会中对政治问题的估量、分析和决定，完全与国际九次扩大会对中国问题决议一致，从国际扩大会到现在，国内所经过的实际政治变化，所经过的革命形势和党应有的路线及策略，都证明国际第九次扩大会议对中国问题的决议完全是正确的。

《中国工农代表团来苏联经过报告》，是出席共产国际执委第九次扩大会议的向忠发在担任我党总书记期间所作的报告。

共产国际执委第九次扩大会议所通过的《关于中国问题的议决案》分析了中国革命的形势，阐明了中国革命的性质，指出了当时我们党的工作中心和党本身的任务，它的内容基本上是正确的。例如：

第一，在革命性质问题上，《议决案》正确指出了"中国革命现时的阶段是资产阶级民权革命的阶段"，批判了共产国际代表罗明纳兹关于中国革命性质是所谓"不断革命"的错误主张。

第二，在革命形势问题上，《议决案》正确地指出："中国工农广大的革命运动之第一个浪潮，大致都在共产党的口号并且大半在共产党指导之下者，已经过去。"当时"还没有全国范围的新的群众革命运动之强有力的高潮。"这就很自然地会得出这样的结论，当时是处在两个高潮之间。但"两个高潮之间"的说法是到党的"六大"时才明确起来的。《议决案》还说："第一个浪潮的终了，是革命运动的几个中心地域，工农受着极厉害的历史失败，一部分共产党及一般革命的工农干部，受着极残酷的屠杀摧残，社会阶级两极端剧烈的发展，互斗的阶级各自确定自己的政治纲领，国民党军阀之指导完全暴露自己是反革命的指导，广大的劳动群众得着极大的革命经验，最后，使中国群众的革命运动，整个儿的进于新的苏维埃的阶段。"

第三，关于中国革命运动发展不平衡的问题，《议决案》正确地指出："中国革命的经验证实它的一种特性，就是运动的发展在各省是不平衡的，各自有当地历史的条件。它至今的发展，在城市与乡村之间也是不平衡的。"这一点非常重要。可以说这是实行农村割据、走农村包围城市道路的重要理论根据之一。但认识了中国革命发展的不平衡性，并不等于就找到了农村包围城市的正确革命道路，共产国际、斯大林都没有这个认识。

第四，《议决案》正确指出：当时党的主要的政策路线，是“准备革命之新的浪潮之高潮”，当时“党的工作之中心，是在争取几千百万的工农群众”。《议决案》还正确地、中肯地、有力地指出：“现时形势之中的最大危险，就是工农运动的先锋因为估计现时形势的不正确，而过于轻视敌人的力量，可以脱离群众而过于前进，散乱自己的力量，而使敌人得以各个击破。如果共产党不了解组织群众与争取群众之必要，如果它不能战胜种种使它忽视准备群众到新的革命高潮之企图，战胜种种使它忽视准备当前的中心任务之尝试，那么，共产党一定要被击散而散乱自己的组织。”这是深切的告诫。

第五，在具体的政策上，《议决案》指出要“注意加紧工农之间的群众工作，必须竭力加紧组织工会的群众工作，为此目的而利用工人所谓‘兄弟会’等等”。并指出：“如果黄色工会多少有些群众组织的性质，那么，也可以渗入公开的甚至黄色的工会，以夺取阶级敌人影响之下的工人。”这可能是第一次提出可以参加有群众的黄色工会。同时还提出：必须“永久抛弃职工运动中的恐怖政策”，必须“最坚决的反对以强迫方法举行罢工”，必须“坚决的反对工人阶级某种成份之中的盲动主义，反对无准备无组织的城市与乡村中的发动暴动，反对玩弄暴动”。这些提法都很好。

第六，《议决案》指出：党“在‘八七’会议之后，大致纠正了自由的机会主义错误，……可是它还没有完全适应现时形势的新条件，表现策略上的动摇（看轻盲动主义的危险，职工运动中之恐怖方法，……）以及组织上的动摇。”在这里，《议决案》在实际上指出了策略上的动摇的主要方面是“左”倾，是政治上的盲动主义。同时，《议决案》还指出党本身的当前任务是“巩固党部组织，吸收新党员，巩固中央党部与地方党部的联络，建立坚强的党的机关，正确的党与非党群众的关系，反对机会主义的余毒，反对‘左倾高调’（先锋主义，组织‘新共产党’的论调，恐怖主义，盲动主义，强迫罢工等等）”，这些都是很正确的。

此外，《议决案》还提出了一些有益的意见，如反对各式各样的分裂党的活动，号召各国党要赞助中国革命，等等。

由于共产国际执委第九次扩大会议《关于中国问题的议决案》基本

上是正确的，因此它对纠正临时中央政治局推行的“左”倾盲动主义起了积极作用。

当然，这个《议决案》也有它的错误和缺点。虽然《议决案》中承认广州暴动中的错误共产国际执委会也有责任，但《议决案》并没有对共产国际关于中国革命的一些“左”的指导思想进行自我批评，所以一些错误的认识仍然存在，仍然在起着指导作用。例如，《议决案》说：“资产阶级不但进而与封建军阀结合（成）完全的反革命联盟，而且事实上和外国帝国主义者妥协。”这种说法，对买办资产阶级即大资产阶级而言，是完全正确的，对民族资产阶级中极少数转到反动的右翼分子而言，也是正确的，但若对民族资产阶级也这样说，那就像八七会议所开始的那样，继续混淆了大资产阶级（买办阶级）和中等资产阶级（整个民族资产阶级）的区别。又如，《议决案》说：当时“许多朕兆，都指示工农革命正走向这种新的高潮。”这种估计，也是不恰当的。就当时工农革命的实际情况而言，还不能说“正走向”新的高潮。再如，《议决案》认为，中国各省区农民自发的游击暴动，“只有在他们与无产阶级中心之新的革命高潮相联结的条件之下”，才可以变成全国暴动胜利的出发点。并认为党的主要任务，“是在准备城市与乡村相配合相适应的发动……因此，必须反对对于游击战争的溺爱，反对沉溺于散乱的、不相关联的、必致失败的游击战争（这些危险在两湖等处曾经有过）。”这些论点仍然包含着各个地区的游击暴动要以城市为中心的思想，并且批评了当时刚刚发展起来的某些地区有根据地的游击战争。这种城市中心的思想显然是错误的。

共产国际的二月决议约在 1928 年三四月间到达中国后，临时中央政治局常委会开了会，在会上，大家都表示拥护共产国际的决定，并且作了自我批评。会后，中央于 1928 年 4 月 30 日发了一个通告，即《中央通告第四十四号——关于共产国际执委会二月会议中国问题决议案的问题》。

通告明确表示：“中国共产党中央政治局，讨论共产国际执委二月会议的中国问题议决案之后，接受这一议决案之一般方针，并且认为在最短期间，于本党第六次代表大会之前，必须切实执行这议决案必要的具体步骤。”在实践中，中央对那些包含大中城市在内的暴动，确实是停止了，不再搞了。

通告接着说：“中央政治局认为自己过去的工作，正是一面与机会主义余毒奋斗，一面即尽自己的力量指正党内各地所表现出来的盲动主义。——这种盲动主义的倾向，不但表现于无产阶级的工商业中心之玩弄暴动，而且反映着小资产阶级式的农民原始暴动的情绪，如杀烧主义，忽视城市工人阶级的倾向等等。——国际的决议亦就是指导我们努力继续战胜这些盲动主义以及青年团之先锋主义倾向，在艰苦的斗争之中锻炼真正布尔塞维克的思想，彻底肃清机会主义的余毒。”应该承认，当时的中央有“指正党内各地所表现出来的盲动主义”一面，如上面所提到的，特别是在广州暴动失败以后停止了两湖阴历年关总暴动。同时，虽然中央当时并没有终止继续准备以湖南为中心的两湖暴动计划，但却指出了“无论湖南湖北那一省举行全省总暴动，在主观条件上必须要中心城市的群众工作做得很好，中心城市附近各县的农民群众普遍的起来，对于暴动均有相当的认识。”① 这是在广州暴动失败以后中央所作的一个好的总结。这种思想认识使中央较为容易地接受了共产国际的指示。但也应当承认，当时的中央还有推行“左”倾盲动主义的一面，而在这段话里，中央本身却缺乏自我批评。

通告在部署各项工作时还说：“中央政治局认为不但要切实的准备城市与乡村之间邻近省区之间相配合相适用的发动，而且要加紧的领导自发的农民暴动，加紧的执行城市工人中之群众工作及宣传，加紧的执行兵士运动，使这些斗争相配合相适应起来。……苏维埃的区域之中要切实实行土地革命，并且要努力建立红军，联合农民及革命兵士的力量。”中央关于当前各项工作的部署基本上是对的。

最后，通告对十一月扩大会议关于中国革命是所谓“无间断革命”的提法进行了解释：“至于中国革命性质的问题，则中央政治局向来明白的认清中国革命还是资产阶级的民权革命（土地革命）。托洛茨基一九〇五年的‘革命无间说’，认为‘俄皇倒了，政府是工人的’。确是要跳过民权革命的阶段（工农民权独裁制）。而直接进于社会主义的革命。这种观点如果移到中国革命上来，是显然不正确的。中央政治局去年十一月扩大会议的政治决议案，指出中国革命是无间断的革命，只是要指出：中国之反对帝国主义豪绅资产阶级统治的‘资产阶级民权革命’，是有确定的生长而成社会主义革命的趋势与前途。”关于这个问题，我在前面论述过，十一月扩大会议和秋白的论文有正确的一面，也有不正确的一面。看

① 《中央致罗迈同志及两湖省委信》，1928年2月3日。

来，共产国际的二月决议只注意其中不正确的方面，而当时中央政治局的决议则只注意其中正确的方面。

总之，我认为这个通告基本上是正确的，但也有缺点。其中最大的缺点，就是对十一月扩大会议决议及其实践中的盲动主义没有自我批评。有的同志说，这个通告是“羞羞答答的接受”共产国际的二月决议，事实确实是这样。一方面，当时的中央政治局基本上执行了共产国际执委第九次扩大会议关于中国问题的议决案；另一方面，又不认真地作自我批评，并且对错误有点遮遮掩掩，甚至对十一月扩大会议关于中国革命在政治上组织上形成那么严重的盲动主义没有进行深刻的自我批评。但是，我们应当看到，后来秋白他们在六大会议上对这个问题有了进一步的认识。

至于推行盲动主义和惩办主义的主要责任，都在以罗明纳兹为首的共产国际代表。但共产国际执委第九次扩大会议关于中国问题的决议案，只是在中国革命性质问题上，指出了国际代表关于中国革命是所谓“不断革命”的错误主张。而中共中央关于接受共产国际二月决议的通告，则一概未提及国际代表的事，这可能是出于对共产国际的尊重。

以上，就是我对中央第四十四号通告的一些看法。其中，材料和观点都可能有缺点、错误。当时，这个通告是中央常委一致通过的。在发这个通告时，我记得还把共产国际的决议附在上面，发了下去。这样，以瞿秋白同志为首的临时中央政治局所推行的“左”倾盲动主义，就在全国范围内的实际工作中基本上结束了。

瞿秋白“左”倾盲动主义错误的
思想根源和历史背景

从以上的叙述中我们可以看到，八七会议产生的临时中央政治局，受命于危难之际。当时，全国一片白色恐怖，但我们中国共产党人和广大人民群众“并没有被吓倒，被征服，被杀绝”，而是“从地下爬起来，揩干净身上的血迹，掩埋好同伴的尸首”，“又继续战斗了。”在这个过程中，以秋白为首的临时中央政治局，坚持八七会议关于清除陈独秀投降主义、实行土地革命和武装反抗国民党反动统治的总方针，率领广大党员和人民群众英勇奋斗，开辟了中国土地革命战争的新时期。它号召和指导有些地方由于大革命失败和陈独秀主义影响而趋于或接近于涣散的党组织和党员干部重新振作精神，保持了革命传统。在整个临时中央政治局时期，许多地方的农民暴动，经过“斗争，失败，再斗争，再失败，再斗争”，直到创造和扩大工农红军，实行土地革命，建立革命根据地和工农苏维埃政权，成为以农村包围城市的起点。凡此种种，都是应该肯定的。

但是，秋白等人也实行了由八七会议开始的一些“左”的错误，并逐渐发展到十一月扩大会议，而形成为政治上的盲动主义和组织上的惩办主义的严重错误。其中，主要表现在“主要省份”特别是两湖的总暴动，其次还有不问主客观条件的地方暴动。这些严重错误，曾给予党和革命事业以重大的损害。对此，我在前面已经夹叙夹议地进行了分析和批评(同时也指出决议案和秋白论文中某些正确的东西，没有给以抹煞)。还应当看到，以秋白为首的临时中央政治局所犯的“左”倾盲动主义错误，既不同于因胜利而骄傲起来的李立三“左”倾冒险主义，更不同于篡党夺权的王明“左”倾冒险主义，因为我们是在执行八七会议总方针过程中所犯的错误。

我写这篇回忆录，把上述情况全部摆出来，其目的在于解剖和批判秋白为首的临时中央政治局的盲动主义错误，同时也是解剖和批判我自己，因为我是临时中央政治局主要成员之一。下面，我将对盲动主义发生的思想根源和历史背景试作分析，这同时也是我的自我反省。

以秋白为首的临时中央政治局，所以会犯政治上的盲动主义错误和组织上的惩办主义错误，其原因是多方面的。据我观察，主要原因有以下几个：

第一是马克思主义太少。

马克思列宁主义是我们党的指导思想，这是自党成立的时候就确定下来的。但是，如何把马克思列宁主义正确地运用到中国革命的具体实践中，解决中国革命一系列的新问题，这不是一件轻而易举的事情。这需要有一个认识和实践的过程，甚至需要一个多次反复并付出相当代价的过程。既要不断地、认真地学习马克思列宁主义，掌握其立场、观点和方法；又需要以马克思列宁主义为指导，对中国社会及其特点做深入细致、全面系统的调查研究，并制定出符合中国实际的路线、方针和政策。只有这样，中国革命事业才能得以逐步发展并走向胜利。否则是不可能的。

1927 年大革命失败后，中国革命面临着许多极关重要的新问题。例如：中国革命的形势，是高潮还是低潮？中国革命的性质，我们已经抛弃了陈独秀的“二次革命论”，那么继续要进行的是胜利后可以过渡到社会主义的彻底的新式民主革命，还是允许所谓“超越民主主义范围”的“不间断革命”？中国社会的阶级状况，民族资产阶级、买办资产阶级应不应加以区别？中国革命的道路，是否应当继续以“城市为中心”，还是应当积极探索适合中国国情的新道路？再如，怎样反对陈独秀主义，怎样贯彻八七会议的正确方针，怎样举行秋收起义，怎样搞土地革命，怎样建立军队，怎样打仗，以及在斗争中联合谁、打击谁，等等。总之，在中国这样一个半殖民地半封建的东方大国里，特别是在革命情势的转变关头，遇到的这许多特殊问题，靠背诵马克思列宁主义的一般原理，机械地执行共产国际决议，照搬苏联经验，是不可能解决的。

那时，秋白等同志，对马克思列宁主义有一定的了解，对中国革命问题也提出过一些正确的主张。但是，总的说来理论水平不高，还缺乏经验，也有些教条主义。对于中国的历史状况和社会状况、中国革命的特点、中国革命的规律没有很好地研究，对于过去的经验教训没有很好地领会，未能把马克思列宁主义的普遍原理同中国革命的具体实践结合起来，这是犯错误的根本原因。当时，毛泽东同志已经开始把马克思主义的普遍原理和中国革命的实际相结合，观察和处理问题，但是未被公认。八七会议他只当选为临时政治局候补委员，十一月扩大会议更被撤销了。虽然两次都是国际代表的提议，但又都是与会的中国同志举手通过的。

第二是“左”倾急躁情绪的发展。

在大革命失败以后，我们党已经懂得了大革命失败的主观原因，主要是由于陈独秀等人犯了右倾投降主义的错误。在以秋白为首的临时中央政治局领导期间，同陈独秀主义彻底决裂了，并进行了坚决的反陈独秀主义的斗争。但是，并不懂得清除陈独秀主义要从思想上清除，才能肃清其在党内的影响，而是简单地主要地采取组织处理的方法。结果，一声吼，陈独秀被打倒了，但陈独秀的思想和影响还在，而且在反右的同时，“左”的情绪又滋长起来。

当时，我们党的许多同志对大革命失败的痛苦经历有非常深切的感受。在极端严重的白色恐怖下，要革命的人日子很不好过，甚至连自己的头都保不住，然而他们凭着对共产主义事业的崇高信念，凭着百折不挠、不怕牺牲的革命精神，继续进行革命斗争，希望迅速冲破失败的局面而复兴革命。并由于对白色恐怖的极端仇恨，不能冷静地总结教训，尤其是在农村的武装暴动中不能不带有冒险性。这样就产生了狂热、拼命和冒险情绪——革命者的急躁幼稚病。当时，这种“左倾情绪”，在革命者内部乃是普遍现象。除了这种“左倾情绪”外，还有一个认识问题，即所谓“左”比右好。“‘左’是站着斗，右是跪着降”，当时在党内（一定范围内）已经形成了舆论。而“左”倾情绪和“左”倾认识（理智）结合起来，就成为盲动主义发展的动力。这个动力有两重性，站着斗争，这是正确的；但是这种斗争受“左”倾情绪支配，便带有盲动性。由于这种急躁幼稚病，又由于接受共产国际关于中国革命的一些“左”的理论和政策思想，例如，在八七会议《告党员书》里面，就存在着一些“左”的形而上学的偏激论断，而这个《告党员书》和罗明纳兹的政治报告，在八七会议上是受到一致拥护的。拿我自己来说，在八七会议前夕，秋白彻夜翻译《告党员书》，他译一页，我看一页，最后翻译完毕时，秋白问我：“怎样?”我答：“一剂清热散（意指清醒脑筋），好极了!”这样，就没有能够在党内正确地树立起反投降主义的旗帜，开展既反右又防“左”的两条战线的斗争，而只是树起一个“右是跪着降”的对立面——过左的“站着斗”的旗帜，于是，盲动主义代替了投降主义。

第三是对革命形势和敌我力量的对比作了错误的估计。

在第一次大革命失败以后，秋白等人并不认识当时是敌大我小，敌强我弱，革命处于低潮时期。相反，他们却认为当时“全中国的状况是直接革命的形势”。在广州暴动失败以后，他们也不认识广州暴动是退兵一战，而仍然宣称当时的革命形势是“继续高涨”。由于他们从主观主义出发，对中国革命形势和敌我力量对比盲目乐观，不恰当地看大了革命的主观力量，而看小了反革命力量，在伴随而来的行动问题上，就制定了举行全国总暴动的冒险计划。其结果，就必然走上了盲动主义的道路。

后来，到召开党的“六大”时，对这个问题还有争论。当时，“中国代表曾争论到斯大林同志面前。斯大林同志说，现在的形势不是高潮，是低潮。李立三同志则说，现在还是高潮，因为各地还存在工人、农民的斗争。斯大林同志说，在低潮时也有几个浪花。”① 实际上，在低潮时的几个浪花，就是在革命失败后重新点燃起来的星星之火。而秋白等人的错

---

① 见周恩来：《关于党的“六大”的研究》。

误，就是把低潮时期的几个浪花当作革命的高潮。

经过以上这一番争论，最后，党的“六大”《政治决议案》才指出：“广州武装起义，客观上是革命失败过程中的‘退兵战’，但是这一点我们党底指导机关却没有估计到。”当时的指导机关“轻视了帝国主义及反动派底势力，夸大了农民运动底胜利，对于革命失败程度的估量也是不够，因此，例如没有估量环境的两湖武装起义计划，就是错误的。”这一段论述，虽然还有点自我宽恕，但终究说明了问题。

第四是不懂得中国国情——半殖民地半封建社会的特点。

六届七中全会《关于若干历史问题的决议》指出：旧中国“是在强大而又内部互相矛盾的几个帝国主义国家和中国封建势力统治之下的半殖民地半封建的大国，其经济和政治的发展具有极大的不平衡性和不统一性，这就规定了中国新民主主义革命的发展之极大的不平衡性，使革命在全国的胜利不能不经历长期的曲折的斗争；同时又使这一斗争能广泛地利用敌人的矛盾，在敌人的统治比较薄弱的广大地区首先建立和保持武装的革命根据地。”这是中国社会的重要特点之一。

可是，秋白等人在当时并不了解这一点。然而，这却是一个极端重要的问题。毛泽东同志在《中国的红色政权为什么能够存在?》一文中指出：红色政权的发生必然是在帝国主义间接统治的经济落后的半殖民地的中国。因为这种奇怪现象必定伴着另外一种奇怪现象，那就是白色政权之间的战争。这种现象产生的原因有两种，“即地方的农业经济（不是统一的资本主义经济）和帝国主义划分势力范围的分裂剥削政策。”因为有了白色政权间的长期的分裂和战争，加上强大的帝国主义及其在中国的反动同盟军总是长期地占据着中国的中心城市，而农村特别是几省交界的偏僻山区则是反动统治锁链中最薄弱的环节，这就造成了反动统治的缝隙，使革命力量有可乘之机。后来的实践告诉我们，1927 年秋毛泽东把红旗插上井冈山，经过短短的三年时间，我们党就在全国创造了几个大块苏区和几支强大的红军，以至能成立中华苏维埃共和国中央政府。这是我们当时做梦也没有想到的。

但是，这并不是说秋白等人的认识没有变化。在广州暴动后，中央的认识有点进步，停止了两湖年关总暴动，明确对湘、鄂、赣三省的暴动不是从占领中心城市开始，而是先从分区割据做起，同时加强城市工作。不过，当时还不懂得利用中国政治、经济发展不平衡和不统一的特点，从敌人统治力量比较薄弱的地区做起。实际上，中国政治、经济发展的不平衡和落后，正是革命发家的条件，只看我们能否正确认识和能否正确利用。

关于政治发展不平衡，包括两个方面：敌人统治力量的不平衡，革命群众基础的不平衡。例如，1924 年至 1927 年的革命，在政治上造成了南方和北方革命发展的不平衡，南方九省经历了广大群众的革命高潮，北方农村却只是一般发动起来。可是，后来王明“左”倾冒险主义的代表者们却否认这一点，错误地反对所谓“北方落后论”、“北方特殊论”，要求在北方乡村中普遍建立苏维埃政权，在北方白色军队中普遍地组织哗变成立红军，结果给革命带来了不应有的损失。而到了抗日战争时期，由于日本帝国主义的入侵，情况发生了相反的变化，以毛泽东为首的党中央紧紧抓住这一点，因势利导，结果排除了所谓的“北方落后论”，使北方的广大人民群众在抗日战争中发挥了很大的作用。

第五是机械地搬用俄国十月革命和中国北伐战争关于城市中心和正规战争的经验。

毛泽东同志说过：“革命的中心任务和最高形式是武装夺取政权，是战争解决问题。这个马克思列宁主义的革命原则是普遍地对的，不论在中国在外国，一概都是对的。”① 但是在同一个原则下，就无产阶级政党在各种条件下执行这个原则的表现说来，则基于条件的不同而不一致。列宁在领导俄国革命中，实行的是中心城市武装起义，然后把革命从城市推向农村。中国则不同。在这里，“共产党的任务，基本地不是经过长期合法斗争以进入起义和战争，也不是先占城市后取乡村，而是走相反的道路。”②

但是，以秋白为首的临时中央政治局在领导期间，并没有能够把马克思列宁主义的普遍原理同第一次大革命失败以后的中国革命的具体实践相结合，以便根据中国的实际情况，提出在中国实行武装夺取政权的新道路。相反地，却照抄照搬俄国十月革命的经验，盲目追求以中心城市暴动取得全国革命的胜利，或者幻想北伐时期正规战争的再现。正因为如此，我们当时特别强调要发动城市工人暴动，并极力主张“使暴动的城市能成为自发的农民暴动的中心及指导者。”当时所谓重要省份的暴动，都是

① 《战争和战略问题》，见《毛泽东选集》第二卷，第 506 页。
② 同上书，第 507 页。

这样要求以城市为中心的城乡结合总暴动。

同时，当时所有有关文件和文章都贬低农民暴动，如把农民暴动称之为"自发的"农民暴动，或称之为"农民之自发的游击暴动"，意思都是指这些农民暴动还没有得到工人阶级的直接领导（当然不是没有得到共产党的领导，因为不是经过共产党组织和发动的纯粹自发的农民暴动，事实上虽然也有，但那是极个别的）。共产国际 1928 年的二月决议还以"反对对于游击战争的溺爱"来反对小块割据，反对由点到面的路子（即由点发展到面，或由点的结合而成面）。

总之，以秋白为首的临时中央政治局对武装起义固无经验，也缺少研究。他们不懂得我们党领导的秋收起义是农民武装起义，是打游击战争，而只是照搬俄国十月革命和中国北伐战争的经验：占领中心城市，打正规战争。

不过，秋白等人的主张，在当时是并不奇怪的。毛泽东同志在领导秋收起义过程中，开始也是主张攻打长沙的。后来他感到在敌强我弱、革命处于低潮的形势下攻打长沙不行，便很快放弃了搬来的公式，把秋收起义部队带上了井冈山，并在斗争实践中不断总结全党的经验，找到了适合中国国情的新公式——农村包围城市的正确道路。这是毛泽东的伟大功绩。而当时以秋白为首的临时中央政治局常委，则虽经一再挫折，仍固执地坚持搬来的公式。因此，秋白为首的党中央所犯的盲动主义错误，带有浓厚的教条主义色彩。

第六是无论政治上的盲动主义，组织上的惩办主义，以及其重要的"左"倾政策，其创造者都不是中国同志，而是国际代表，主要是罗明纳兹。

共产国际及其代表罗明纳兹，在帮助我们召开八七会议，结束陈独秀投降主义，确定土地革命和武装反抗国民党反动统治的总方针等方面，是有功绩的，这要加以肯定。

但是，他们对盲动主义和惩办主义负有重要责任。据我所知，八七会议上的政治报告是罗明纳兹根据国际的指示作的，八七会议《告党员书》也是罗明纳兹根据国际的指示起草的；十一月扩大会议上的《中国现状与共产党的任务决议案》和《政治纪律决议案》，都是罗明纳兹等人搞的。他们不仅是盲动主义和惩办主义的创造者，而且是强迫推行者。因为，我们相信和尊重共产国际，同时也相信和尊重它的代表。据我的记忆，我们当时对国际代表，确实是言听计从的。

1919 年 11 月，列宁在全俄东部各民族共产党组织第二次代表大会的报告中指出："你们面临着一个全世界共产主义者所没有遇到过的任务，就是必须根据欧洲各国所没有的特殊情况来运用一般的共产主义理论和共产主义措施，必须看到农民是主要的群众，要反对的不是资本而是中世纪残余，要根据这种情况来运用一般的共产主义理论和共产主义措施。"列宁的这个指示是非常正确和非常重要的，但上述情况表明，当时共产国际特别是它的代表，违背了列宁的指示。

第七是"左"倾盲动主义能在全党贯彻执行，主要是中央自上而下强迫推行的结果。

盲动主义在全党的贯彻执行，固然是反映了基层组织和党员群众的拼命、冒险情绪，但主要的是来自中央和自上而下强迫推行的，因此在组织上相应地产生为政治上盲动主义服务的惩办主义，错误地处分了一部分负责干部。

在推行"左"倾盲动主义时，中央领导成员之间的情况因职务不同而各异。但是，那时秋白同中央领导班子里的几个人经常在一起，中央在作出什么决定时，他是能够听取别人意见的，在作出决定后几个人就分头去执行。因此，党的六届七中全会通过的《关于若干历史问题的决议》中对"左"倾盲动主义的批评，当时以瞿秋白同志为首的中央领导班子里的几个人都是有份的。

第八，关于瞿秋白。

秋白同志是我们党的著名政治活动家、理论宣传家和才华横溢的文学家，也是我们党早期的重要领导人之一。在第一次和第二次国内革命战争时期，他在党内外、国内外都是一个有声望的共产主义战士。在第一次国内革命战争时期，他积极反对国民党右派反共反人民的"戴季陶主义"和党内的陈独秀右倾投降主义。第一次国内革命战争失败以后，在中国革命危急关头，他主持召开了党的八七会议，坚决纠正和结束了陈独秀的右倾投降主义，确定了新的方针，这个作用在当时来说是很关紧要的。在李立三"左"倾冒险主义使党的工作遭到重大损失的情况下，他与周恩来等同志一起，于 1930 年 9 月主持召开了党的六届三中全会，对停止李立三的"左"倾冒险主义起了积极的作用。1931 年 1 月六届四中全会以后的三年里，王明等人对秋白进行了无情打击，但他并没有因此消极下去，相反，他根据自己的特长，主动地为党在文化战线上做了许多工作。当然，我们也应该承认，像一切杰出历史人物都有他的缺点一样，秋白同志也不是完美无缺的，他犯过“左”倾盲动主义的错误。但是，如同我在前面论述过的，这不是他一个人的责任，也不是他一个人负主要责任，主要责任更在国际代表。况且，当时党还不成熟，秋白还年轻，他主持中央工作期间只有二十八岁，犯错误的时间也只有短短的几个月，而且很快就改正了。他犯错误主要是认识问题。我认为秋白是一个正派人，他没有野心，能平等待人，愿听取不同意见，能团结同志，不搞宗派主义，事实上，临时中央政治局是一个五湖四海的班子。他的弱点是在接触实际上有点教条主义。临时中央政治局顺从国际代表，他有一定责任。他遵守纪律，四中全会上撤销他的政治局委员职务后，我问他准备怎样，他说听从党的分配，以后几年果然行如其言。1935 年被捕以后，他在敌人面前宁死不屈，英勇就义。因此，正如，《关于若干历史问题的决议》所说，他的“无产阶级英雄气概，乃是永远值得我们纪念的。”

列宁说：“在分析任何一个社会问题时，马克思主义理论的绝对要求，就是要把问题提到一定的历史范围之内”（见《论民族自决权》）。这个夹叙夹议的回忆录，特别是以上八条，究竟对不对，符不符合列宁指示的原则，有待指正。

回顾党的六大前后

我现在对党的六大前后若干情况和主要工作，根据个人回忆并参考文献记载，作一简要论述。

六大的历史背景和准备工作

我们党在 1928 年 4 月基本结束瞿秋白盲动主义之后，面临着三种情况：

一是国民党新军阀在帝国主义和江浙财阀的支持下，加强了反动统治，使我们党的组织受到严重摧残。据粗略统计，从 1927 年 3 月至 1928 年 6 月，惨遭杀害的共产党员和革命群众竟达三十一二万人[①]。工会、农会、学生团体等，都被打散或被打入地下。

二是革命力量逐渐恢复。我看过 1928 年 6 月 30 日的《组织问题报告大纲》，这个材料说，自宁汉反动后至党的六大，我们党领导过的重要罢工约四十七次，参加罢工的群众有三十一万至三十四万多人。同时，我们党在农村中领导的暴动约有九十四次，参加斗争的群众有三十四万多人（两广的数字未计入）。其中，有二十六处成立了县苏维埃，三十一处成立了乡苏维埃。此外，还有许多自发斗争（这个材料可能有超过实际之处，现在没有找到核证的材料，但革命斗争正在复兴，则是可以肯定的）。在这些斗争中，特别是经过南昌起义、秋收起义和广州起义，开始建立我们党独立领导的人民军队和革命根据地，开创了“工农武装割据”的新局面。在这期间，党的组织也有了一定的恢复和发展。据统计，到召开六大时，全国共有省委十六个，南洋临委一个，特委三十七个，县委四

---

① 周恩来：《组织问题报告和结论》，1928 年 6 月 30 日。

百个，市委三十六个，区委四十一个，特支一百三十八个[①]。党员人数已从第一次大革命失败后的一万多人上升到四万多人。这个数字是目前许多同志的一种估计。恩来在党的六次大会所作的《组织问题报告和结论》中说，全国党员人数为十三万零一百九十四人，但他同时指出十三万多人这是“夸大数字，无法保证是正确的”。据历史文献记载，1927 年 11 月中央临时政治局扩大会议时，全国党员由近六万人减少到一万余人。1929 年 6 月六届二中全会时，党员发展到七万三千多人。因此，在召开六大时，党员人数已在上升，这是可以肯定的。

三是大革命时期遗留下来的几个重大理论问题，还没有统一认识，有待于正确地澄清和解答，否则便不能适应历史前进的要求。例如：中国革命的性质问题。中国革命的性质是什么，它是由什么来决定的？资产阶级民主革命为什么却要无产阶级来领导，怎样实现无产阶级领导权？这些问题，当时许多人还搞不清楚。加上陈独秀散布过资产阶级民主革命理应由资产阶级来领导，彭述之鼓吹过无产阶级对资产阶级民主革命有天然的领导权，当时虽然对这些错误论调进行过批评，但没有从理论上完全弄清楚。六大前，共产国际代表罗明纳兹混淆民主革命与社会主义革命的所谓“不断革命”论，更搞乱了我们党内的思想。这样，中国革命的性质问题在当时就成了一个很突出的问题。又如革命形势问题。当时到底是高潮还是低潮，许多同志的认识也是很模糊的。有些同志对革命高潮到来的客观条件与主观力量的关系分不清楚，往往只强调有利的客观条件，不重视主观力量强弱的影响和作用。同时对革命高潮与直接革命形势也分不清楚，不知道革命高潮的到来，不等于直接革命形势已经形成；一个大城市直接革命形势的形成，也不能说全国可以马上起义。总之，在这些问题上常常争论不休。再如在斗争策略上，当时是应该退却还是应该继续进攻？如果是退却，那么在总的退却中还可不可以在局部的地方举行进攻？诸如此类的问题，大家在当时也是搞不清楚的。

针对这些情况，为了总结大革命失败的经验教训，弄清大革命失败后的政治形势和革命性质，确定党在新时期的政治路线和策略方针，迎击敌人的残酷进攻，领导革命胜利前进，在八七会议时，中央临时政治局已规定在六个月内准备召开六大。11 月，中央临时政治局扩大会议又通过了

① 见《组织问题报告大纲》，1928 年 6 月 30 日。

《关于第六次全党代表大会之决议》，决定六大“于一九二八年三月初至三月半之间召集”，“大会会期和地点，由中央常委决定”。大会代表的选举办法是：一、“各省党部得选举有表决权的代表。代表应由各省党部代表大会选出，如因秘密组织的环境关系，不能开代表大会，则由各省委全体会议派出代表，然而应当尽可能由扩大的省委全体会议选派”；二、“各省党部选派代表以五百党员选出一代表为标准，五百人以下的党部，亦得选一有表决权的代表；无表决权的代表各省党部亦得选派，但必得中央的同意”；三、“中央委员或中央候补委员如果没有被某一省党部选为代表，因而无表决权，则可以无表决权的参加大会”；四、“共产青年团中央委员会派五人出席大会”；五、“出席大会代表必须入党一年以上的方能当选”。至于六大的议程，决议规定为：国际代表报告国际状况和共产国际的任务和策略；中央的政治与党务报告；中国革命过去的分析及将来之前途与党的任务和策略；土地问题党纲；革命工会的任务；党的组织任务；共青团工作；选举中央委员会及出席共产国际第六次代表大会的中共代表团。后来，由于情况的发展变化，代表产生办法和大会议程都有所改变。

到了 1928 年初，关于在什么时候和什么地方召开六大的问题，因环境关系，中央还未能作出决定。至 3 月底，共产国际来电，让六大代表去莫斯科开会，这样，开会地点就最后确定下来了。

关于六大代表的产生，本来是准备按照上述选举办法进行选举的，但由于当时环境十分险恶，加上时间仓促，4 月份代表就得启程，而这时多数省份还没有选出代表，因此来不及按照选举办法进行选举。除了广东、河南等省的代表是开会选出来的，其余大多数是中央指定的。出席大会的代表究竟有多少，我记不准了。我记得的代表有瞿秋白、苏兆征、周恩来、刘伯承、向忠发、张国焘、蔡和森、关向应（共青团代表）、阮啸仙、周秀珠、霍锟镛（湖北代表），刘义（湖南代表）、李子芬（共青团代表）、余茂怀、夏曦、李立三、邓颖超、张昆弟、罗明、杨之华、蔡畅、邓中夏、项英、罗章龙、王仲一、任旭、王凤飞、黄平、王灼、杨殷、胡锡奎、毛简青、王藻文、华少峰、徐锡根、何资深、王若飞、唐宏经等人。上述名单中有些名字有待党史资料征集过程中证实，未能回忆出来的名字，也有待查证。

确定六大代表人选的工作，是有缺点的，主要有两条：一是过分强调工人成分；二是没有让一些从事实际工作、具有丰富革命斗争经验并在党内享有声望的同志参加六大。关于这两条，我完全同意周恩来在《关于党的“六大”的研究》一文中所作的评论。

以上所说的是关于六大的组织准备工作。下面再说关于六大的政治准备。

早在1927年十一月扩大会议前，中央就指定专人草拟了《中国共产党土地问题党纲草案》。十一月扩大会议要求各级党组织和一般同志参加讨论这一草案，提出书面的修改意见，同时要搜集当地的土地问题材料以及一切关于土地问题的理论或分析的意见，把这些意见和材料随时上报中央，在党报上讨论，以待六大作最后的决定。后来，六大通过的《土地问题决议案》可能参考过这个土地问题党纲草案。

接着，1928年2月25日，共产国际执行委员会第九次扩大会议，通过了苏联和中国共产党代表团提出的并经过斯大林等修改的《关于中国问题的议决案》。六大所讨论的主要问题，如关于中国革命性质、革命动力、革命形势、党的工作中心、党内所要反对的主要错误倾向等等，在这个决议案上都有阐述。

到了1928年4月12日，秋白写了《中国革命与共产党》，作为向六次大会的报告。这个报告是根据共产国际对中国问题的决议精神写成的。它叙述了1925年至六大前中国革命斗争的发展阶段，总结了成功和失败的经验教训，肯定了中国革命仍然是资产阶级民主革命性质，批评了陈独秀的右倾错误和大革命失败后党内出现的“左”倾盲动主义，原则地提出党的五项任务，内容比较丰富，研究这段历史时值得一读。但是这个报告对当时的革命形势作了过分估量，继续坚持反对民族资产阶级和上层小资产阶级，坚持城市中心和加紧准备总暴动等“左”的错误。

对召开六大作了必要的准备工作之后，从1928年4月开始，南方各省的代表便在上海集中，陆续前往莫斯科。由上海去莫斯科的代表，一般都是经大连、哈尔滨，在满洲里下火车，于夜间渡过国境线，进入苏联境内，沿途有苏联同志接应。周恩来和邓颖超是1928年5月一起离开上海去莫斯科的。瞿秋白离开上海的具体时间我已记不太清楚，据秋白本人在《多余的话》里说，他是1928年4月30日“离沪出国”的。

秋白、恩来到达莫斯科后，继续为大会的召开进行准备工作。开会前，斯大林又找部分代表谈了话。准备工作基本就绪后，大会于6月18日下午正式开幕，7月11日闭幕，历时二十四天。

六大期间留守中央的工作

六大开会期间，我和任弼时受命负责留守中央，中央秘书长是邓小平。从1928年4月开始到同年9月新中央负责人回来的期间，开会的地方仍在上海四马路天蟾舞台后面楼上的两间房子里。这个秘密机关是1927年冬或1928年初建立作为中央常委开会的地方。房子是租赁来的，由熊瑾玎、朱端绶夫妇住守（熊瑾玎任中央会计）。那时，开会的同志从天蟾舞台西侧云南路的一个楼梯上去，就可以直到开会的房间。房间内朝西的窗下有一张小桌子，开会时，小平就在小桌子上记录。这个机关从建立起一直到1931年1月六届四中全会以后，都没有遭到破坏。后来，大概由于1931年4月顾顺章被捕叛变，中央才放弃了这个机关。（1952年毛泽东在杭州主持起草宪法时，通知小平和我到他那里去。路过上海时，小平和我去看过那个老地方，那时房间结构和形式如旧，里面设了一个卫生站。1980年4月我到上海又去看过，其结构完全变了，成了一排市民住宅中的一间。从云南路上楼的途径也没有了。）当时，每天上午九时，我、弼时和小平碰头处理日常事务，不是在这个地方，而是在离此不远，隔一条街的一个商店楼上，到场的还有熊瑾玎、内部交通主任和其他个别负责干部，例如江苏省委留守负责人李富春有时也来参加。

中央（留守）在六大开会期间，主要抓了以下几项工作：

一是开展反日运动，同时反对英美帝国主义乘机侵略中国，反对国民党政府勾结英美出卖山东、满洲权益给日本帝国主义。

1928年5月3日，日本帝国主义借口保护侨民，向济南大举进攻，几天之内屠杀中国军民三千余人，并杀害国民党政府山东特派交涉员蔡公时及其交涉署职员十六人。在胶济铁路和青岛，日军也有同样的暴行。面对这一情况，蒋介石不但不敢抵抗，还扬言要继续北伐，自动将军队调离济南，进行新军阀对旧军阀的战争。同时又严令取缔“有碍邦交之标语与宣传”，以示“镇静”。但日本帝国主义则步步进逼，继续从青岛、满洲和国内派遣飞机、军舰到山东、上海、南京、武汉等地。

日本帝国主义的侵略行径和蒋介石的奴颜婢膝，激起了全国人民的极大愤怒。在这种形势下，中央（留守）于5月9日发出了《中央通告第四十五号——“五三”惨案后反帝斗争工作》，指出：“我党目前对于反帝国主义运动，应当领导工农群众积极参加”，要求“各地特别是上海、南京、广州、香港、济南、青岛、天津、北京、开封、郑州、武汉、九江、南昌、长沙、芜湖、安庆，接到此通告后，须立即制定当地行动大纲执行之，并将执行情形报告中央”。随后，在不到一个半月的时间内，中央（留守）先后发出四次通告，有些地方还派了人，有些地方另有书面指示。在这些通告中，中央（留守）根据形势的发展，不断揭露日本帝国主义侵略山东和满洲的事实，不断揭露英美帝国主义纵容日本侵略而自己也乘机侵略中国的事实，强调在反对日本帝国主义的同时，也要反对英美帝国主义，并提出斗争的口号和策略方针，要求各地加紧这一工作，努力“使反帝运动与一般小资产阶级运动和工人运动以至党的组织的改造联系成一片”①。

在群众反帝运动开展起来的时候，国民党政府也高唱废约修约等论调，企图骗取反帝领导权，以控制广大群众的反帝斗争。针对这种情况，中央（留守）在7月26日发出的《中央关于城市农村工作指南》中强调指出：“反帝工作此时特别重要，各地应认真执行中央历次反帝的通告，去发动群众反帝高潮，揭破资产阶级与国民党反帝的黑幕，而取得这一运动的领导地位。”

在我们党抓住济南惨案发动全国反帝运动，并向民众揭破国民党投降卖国的政策之后，情况逐步发生了一些变化：第一，在党组织的领导或直接、间接影响之下，许多重要城市掀起了反帝运动，同时还通过反帝运动揭露了国民党出卖满洲、山东和压制群众爱国运动的丑恶面目；第二，一些地方的党组织已能运用中央（留守）所指示的策略和方法去领导反帝运动，推动了工人运动的开展，扩大了对小资产阶级的影响。这是大革命失败后民族解放运动的新的兴起，也表明了我们党虽然遭受了严重的摧残，但仍然对运动起了一定的领导作用。

二是建立城市工作的群众基础，加紧城市工人运动。

大革命失败后，由于严重的白色恐怖和“左”倾盲动主义所造成的危害，在许多大中城市中，工人运动受到重大挫折。但是，经过党的努力

① 见《中央通告第五十四号——国民党军阀打下平津后的形势和深入反帝运动复兴城市工作问题》，1928年6月21日。

工作，在济南“五三”惨案之后，工人群众的罢工斗争即开始复兴。反帝运动也在发展，不仅工人群众参加，并且还有一部分城市小资产阶级参加。面对这种情况，中央（留守）在《中央关于城市农村工作指南》中要求各级党组织打破一切困难，去创造城市工作的基础，特别是广州、上海、武汉、长沙、郑州、天津、九江、南昌、青岛、济南等城市的党组织更应加倍努力。各地县委也应当打破过去忽视城市工人运动的错误倾向。对于城市工作，还提出了两个应当注意的问题。

首先，建立工人群众统一路线。当时除我们党领导的工会外，全国尚有下列各种不同性质的工会组织：一是工人为保障自身经济利益自发组织起来的工会。这类工会能够站在工人方面要求改善工人生活，并防止资本家的进攻，但不反对国民党，甚至在形式上还与国民党发生关系，如上海邮务、商务印刷所、商务印书馆、报业、南洋烟草及英美烟草公司、电汽等七大工会。这类工会都有两面性，都有相当的群众基础。二是工会组织的头头多半是由国民党指定的，当时叫它“御用工会”。这类工会在政治上完全受国民党的指挥，但大都有一部分群众，在一定程度上尚能站在工人利益方面来调停劳资纠纷，仍有两重性，还不完全是“御用”的，如厦门、福州等地的工会组织。三是完全由国民党指定的“忠实同志”所组织的御用工会。这类工会只有上层机关而无下层组织。他们违背工人利益，利用国民党的势力压迫工人斗争，时常引起工人群众的反对，如上海的工整会（即由上海“工人总会”与反动的“工会统一委员会”合并而成的“工会整理委员会”）等类组织。四是在工人贵族领导下的工会。这种工会在政治上与国民党有极深的关系，历来与我们发生冲突，如广东的机器工会，它是由各个企业的机器工人抽出来成立的。这种工会是分裂工人，不是联合工人。由于机器工人在企业中具有重要地位，它能破坏工人罢工和统一的斗争，是特种形式的反动工会，我们的工作是争取其群众。

对于这些工会组织，“我们运用统一战线策略的根本意义，是统一各派工人群众斗争的行动，在斗争中去获得群众工会的群众。”① 在这一原则之下，对于如工整会一类完全没有群众的反动组织，我们就在工人群众中揭破其黑幕，防止它在工人中发生影响。对于其他各类工会，则按其性质的差别，切实运用统一战线的策略。具体方式是：一、对于一、二、四

① 见《中央关于城市农村工作指南》，1928 年 7 月 26 日。

类工会的群众，经常用我们领导下的工会（或其他工人结社）的名义，提出当地工人最迫切而实际的要求，广泛地向工人群众宣传，尤其要使这些宣传深入到右派工会组织及其影响下的工人群众中去，鼓动他们在这些要求之下一致行动；二、在有这类工会的工厂中，设法建立党的支部组织，并派一部分身份没有暴露的共产党员加入他们的工会活动，用结拜兄弟姊妹①等方法组织左派力量，监督其领袖分子的行动，推动其群众左倾，直至适当改造其指导机关；三、在他们为工人利益领导斗争时，我们的工会就站在工人阶级利益上号召工人起来援助（发宣言、传单，派代表慰劳群众，以至举行同情的怠工或罢工），以便影响其群众，同时注意及时揭破其领袖妥协、畏缩或出卖工人利益的活动；四、在斗争爆发之前或斗争紧张时，我们的工会可用书面形式要求第一、二种工会作一致行动，如他们同意便可与之作一致的斗争；如在一致行动中他们的领袖表现畏惧退后时，则向群众宣布其欺骗黑幕以争取其群众。

现在看来，提出建立工人群众的统一战线，把它作为联合和团结各派工人的策略方针，是正确的，特别是在摆脱“左”倾盲动主义的错误时，提出这个策略，是更必要的，但在策略的灵活运用上还有不足和缺点。例如：对第一类工会的上层，有可以争取、可以中立、需要孤立的三种人，应该加以分析和区别对待；第三类、第四类的上层，在群众压力之下，也可能发生分化，就是说对某些可以争取或中立的上层也要做统一战线工作，这些在以后的经验中都是有过的，而当时我们却没有这个认识。

其次，是纠正过去错误的斗争方式。在这以前，我们党发动斗争的方式有过两种错误倾向：第一，用恐怖手段威胁群众，派人以武力制止工人进厂工作，以造成罢工形势；第二，把罢工、暴动看成是工人斗争的目标，忽视了发动小的能够争取和教育群众的各种形式的斗争。这两种错误倾向妨碍了工人运动的发展。我们当时决定立即予以纠正，并提出了发动工人斗争必须注意的几个问题，即一、抛开武力胁迫的方式，着重说服教

---

① 关于结拜兄弟姊妹的问题，六大《职工运动决议案》中说：“中国原有的许多工人群众自己的互助组织和斗争组织，如青帮等所谓‘抱义气’的组织，现在严重反动之后，甚至赤色工会会员也自己退而组织‘兄弟团姊妹团’等原始形式的组织——‘抱义气’的组织。这些方式党固然应当努力去领导和运用——这是群众深处自动发展的斗争方法；但是他的短处便是复古到小的秘密结社，而不去创造或巩固赤色工会。党应当经过党团领导这些组织实行斗争，而在斗争的过程中领导这些组织，使他们合并统一团结到赤色工会的组织方面上来。”（引自中央档案馆编：《中共中央文件选集》）

育，同群众商量，定出合乎实际情况的斗争要求；二、切实领导工人日常的斗争，在小的斗争中聚集群众的力量去准备大的斗争；三、建立赤色工会，发展工人结社（兄弟姊妹团等）；四、有计划地组织赤卫队或自卫队等工人武装，并用体育队、习武队等名义公开组织卫护工人的团体；五、注意开展手工业工人运动。

我们做了一系列工作以后，工人运动获得了一些进展。特别是在反帝运动中活跃了工人斗争，这在上海特别明显。上海的反帝斗争开始时也是很难领导起来的，但因江苏省委比较能执行中央（留守）指示的策略和方法，工作渐有起色。5 月 30 日和 6 月 3 日（是"五卅"三周年、济南惨案周月纪念）两次示威行动，有数千工人学生参加。他们在上海南京路和西门一带，散发传单，高呼打倒卖国的国民党等口号。虽然有许多人被捕，但很快就被释放出来。这两次示威行动，在党内党外都有很好的影响，鼓舞了群众。有些比较涣散的支部也精神为之一振。因此，到 1928 年 8 月 1 日，在两个月的时间内，上海就爆发了大小近四十次的工人经济斗争。其中少数完全胜利，大多数得到部分胜利，失败的只有三数起。除上海外，广州、安源（矿工）、天津（纱厂）、济南（失业工人）、淄博（矿工）、豫南、汕头、佛山、海口市、镇江、苏州等城市的工人经济斗争（约三分之二是罢工）都陆续起来了，而且差不多都是由党直接领导的。这样，在全国范围内，几个月来沉寂的城市工人运动，又重新活跃起来。这说明我们当时注意争取其他工会的工人群众和注意纠正过去两种"左"倾错误的斗争方式是对的。

三是整顿和发展农村工作，注意组织农民暴动。

八七会议以后，我们党在组织农民暴动方面是有成绩的。但是，由于盲动主义的影响，不少地方党组织不顾主客观条件，一定要把斗争引导到武装暴动和武装割据，这样便出现了一些错误倾向，即一、不注意群众的日常组织工作（如江苏的江北）；二、普遍忽视对群众的政治宣传与教育；三、只注重如何利用"土匪"枪会组织（如安徽）；四、不去努力发展和领导群众进行小的经济斗争；五、未能造成巩固的农村党组织，在盲动失败之后，党组织就瓦解消失。这些错误倾向，使一些割据区域形成了单纯军事割据，未能坚决组织和发动群众以执行没收地主土地的政策，因而不能推动广大群众起来为切身利益而拥护革命和苏维埃政权。

中央（留守）分析了这些错误倾向之后，在《中央关于城市农村工作指南》中，明确指出：当前“农村工作的主要方针就是发动农民抗税抗债抗捐分粮一直到秋收时抗租没收土地，在群众与我们有力量的地方即须实行割据与暴动。我党应即抓住这一秋收时机创造农村工作的新局面，尤其是在湘鄂赣粤四省必须特别注意在此时期中推进全省总暴动的布置。”（六大以前，中央曾指示湘、鄂、赣三省要努力创造区域割据的局面。中央（留守）指示：“必须特别注意在此时期中推进全省总暴动的布置。”这仍然是未彻底脱离盲动主义的思想。）与此同时，中央（留守）还要求农村工作应当特别注意以下几点：一、要防止脱离群众的盲动主义倾向。为了防止这种错误倾向，中央（留守）还就具备什么条件方可攻取县城作了明确的规定；二、要注意城市与乡村及各区的配合发展，在湘、鄂、赣、粤四省之内尤其应当特别注意这一点（这也反映了当时还没有脱离盲动主义倾向）；三、要加紧农民群众的组织工作，如注意建立和发展农民协会（或用其他名义）的组织，注意“乡村无产阶级”群众的特殊组织工作（在割据区域建立雇农工会，在未割据区域建立手工业工人工会，在农协已有相当群众基础时设立雇农部），建立农民武装与开展游击战争，等等。

经过各级党组织和广大革命群众的努力，农民暴动也有了进一步发展。在广东，群众组织因零乱而失败的现象已经减少，海陆丰和海南岛乡村的革命势力仍然在党领导之下，东江的革命力量也在向四周发展。在湖南，以湘东为中心，沿湘东北以至湘粤大道，农民暴动的声势在继续发展，并且比以前深入。湘西的群众斗争也开始发展，那里还时常发生兵变加入农民暴动的事情。在江西，赣西、赣南、赣东、赣东北的农民暴动继续不断，特别是赣西以井冈山为基地的宁冈、永新一带，已经分配了土地。赣东北的弋阳，数十万群众坚持了五六个月的割据局面。从湘赣两省来看，当时有组织的红军约有一万人以上，尤其毛泽东、朱德率领的部队在政治上、军事上都有很好的基础。在湖北，虽然武汉三镇的工作尚未完全恢复，但外县的党组织都还存在，鄂东、鄂北、鄂中、鄂西各区域的农民斗争仍在此起彼伏地发展。总之，在湘鄂赣粤四省中，湘鄂赣三省的农民暴动都在继续发展，土地革命的内容一般都比以前充实，群众的基础比以前更扩大了。此外，闽南（以平和、永定为中心）、豫南（信阳等地）、浙江的临海温（临海、温州一带）、山东的胶东一带、苏淮（以南通、如皋为中心）以及陕北地区，都有农民游击战争。

为了加强对湘赣边界斗争的领导，中央认为有必要重新组织前敌委员会。1928年6月4日，中央发了一封给毛泽东、朱德转前敌委员会的指示信。这封信是中央（留守）发的，也可能在秋白、恩来出国前曾讨论过。这封信肯定了“中国革命现在仍然是资产阶级民权革命的性质”，“只有无产阶级来领导农民直接的来完成此一革命的使命”；批判了“以为现在中国已经超过了民权革命的阶段，而是社会革命”的错误理论、不顾主客观条件“玩弄暴动”的盲动主义、专以攻城夺地为目标的“单纯的军事行动”和过“左”的烧杀政策；同意在湘赣边界以“军事实力发动广大的工农群众，实行土地革命，造成割据的局面向四周发展”。关于前敌指挥机关，“中央认为有前敌委员会组织之必要”，并指定前委由“毛泽东、朱德、一工人同志、一农民同志及前委所在地党部的书记等五人组成，而以毛泽东为书记”。中央在信中还指示：要在“前委之下组织军事委员会（同时即是最高苏维埃的军事委员会），以朱德为书记。此外还须组织一职工运动委员会，以前委之一工人同志为书记。军委及工委的名单由前委决定”。前委所管辖的范围“要由环境决定”。所有管辖区域内的工作“完全受前委指挥”。“前委在江西境内时受江西省委指导，在湖南境内时受湖南省委指导”。现在看来，中央信中的这些指示是适当的，是合乎斗争需要的。中央这封信的错误方面，就是只把中心区域的割据作为“全省总暴动”的条件，并要求红四军向四周发展，“而推动湘鄂赣粤四省暴动局面的发展”。同时，还错误地要在红四军中“取消党代表”制度。1928年11月25日井冈山前委对中央的报告说，湘赣边界党的领导机关接到中央来信后，认为“这封信好得很，纠正了我们许多错误，解决了这边许多争执的问题”。这封信一到，当即印发给军队和地方的各级党组织。11月6日，由湘赣边界特委召集特委委员、军队及地方党的活动分子三十余人开会，讨论中央来信。会议认为：“中央来信除一二点（如游击区域过宽与废党代表制）具体事项外，全部原则及政策都切合实际，应依照执行。”同日，“依中央的指定”重新组织了根据地党的最高领导机关——前敌委员会，以毛泽东，朱德、谭震林（地方党部书记）、宋乔生（工人同志）、毛科文（农民同志）五人组成，毛泽东为书记。湘赣边界特委和红四军军委统辖于前委。由于重新组织了井冈山前委，就使湘赣边界工农武装割据的巩固和扩大，有了更加坚强可靠的组织保证。

四是派得力同志到敌军中工作，加紧士兵运动。

在第一次大革命时期，北伐军中的士兵曾以极大的热情参加了北伐战争，但大革命失败后，在新军阀蒋介石之流的反动统治下，他们没有得到丝毫的利益。当时，新旧军阀手下的士兵生活条件十分低劣。有的军队一年四季只有一套衣服，到了夏天就将棉衣的棉花抽去作为单衣。有的军队士兵不但领不到欠饷，而且还有被裁减的危险。这正是我们发展士兵运动的机会。同时，由于朱培德已派军队妄图“围剿”井冈山根据地，湖南的敌人在高唱“清乡”，北方的军阀也在进行“平匪”的军事行动。如果我们不加紧士兵运动，进行争取和瓦解敌军的工作，那就会给革命增加许多困难。

但是，在我们开始搞留守工作的一段时间，除在广东的一部分敌军中建立了相当的工作基础外，其他各省的士兵运动只有一些零散的活动，有些地方的党、团组织还没有开始进行这一工作。就是稍有士兵运动的地方，在工作观点和方法上也有某些错误，如有的省委对于士兵工作主张“有一个变一个”，有些地方忽视“秘密艺术”，以至遭受极大的损失。

针对这些情况，中央（留守）于1928年7月10日发出了《中央通告第五十八号——兵运策略》，提醒各级党、团组织严重注意这项工作，指出：“目前革命斗争的发展，不仅须注意城市工作与乡村斗争的配合适应，同时须注意士兵运动与工农斗争配合适应的发展，仅在工农兵的争斗联系起来才能推动革命运动更迅速的向前发展与扩大。”通告还要求各级党团组织“应即于一周以内成立士兵运动委员会，讨论这一工作具体进行的计划”。7月26日中央（留守）在《中央关于城市农村工作指南》中又强调指出：“士兵运动关系我们争斗的工作十分重要，今后不独努力使城市与乡村的工农适应的发展，各地应即切实计划进行这一工作。”至于在军队中开展工作的方法，主要就是派出得力的同志到敌军中去，如各个军阀经常需要补充兵额，有的军队实行征兵制度，我们就利用这种机会派同志进去。此外如军阀创办下级军校，我们随时注意派同志去报考。如没有入伍的机会，则派同志接近士兵，注意争取军队中的中心力量，发展我们的组织。在这个过程中，尤其要利用大军阀假借裁兵名义裁撤异己军队，不发清士兵欠饷，不抚恤救济死伤残废，不给退伍士兵工作等等，鼓动士兵群众兵变，以动摇军阀统治，增加工农斗争的声势。这项工作，在当时收到了一定的成效。

五是整顿和发展党的组织，加强党的秘密工作。

在我们开始留守中央时，党内存在着几个值得严重注意的问题。首先是在严重白色恐怖下，党的组织在几个月内遭到了几次重大的破坏。尤其是两湖省、市、县委干部的损失非常大。中央政治局常委、组织局主任罗亦农被叛徒何家兴、贺稚华夫妇出卖，于 1928 年 4 月在上海被捕牺牲。这对我们震动很大。当时秋白、恩来还在上海。我们考虑，党组织遭到重大破坏的原因固然是由于反动统治阶级的猛烈进攻，但我们党的组织不适应于秘密工作的环境，以及叛徒的告密，乃是党组织遭到破坏的关键。同时，我们又考虑到有些党组织在白色恐怖下往往失去了领导斗争的力量，甚至不能与广大的群众联系，因此对白色恐怖下党的组织问题必须严重注意，必须坚决采用适当的组织形式保护党的组织和干部。巩固下层组织的基础——党的支部，以便使各地党的组织既不致遭到破坏，又能积极领导当时的斗争。

为此，中央于 1928 年 5 月 18 日发出了《中央通告第四十七号——关于在白色恐怖下党组织的整顿、发展和秘密工作》。在发出这个通告时，秋白已经离沪出国，恩来也可能刚离沪出国。他们二位对发这个通告有没有提出什么具体建议，我已记不得了。在这个通告中，提出了关于整顿组织与秘密工作的九项办法，要求各级党组织特别予以注意。这九项办法可以说是许多共产党员和革命群众用鲜血换来的经验，今天读起来，仍感到它的重要意义。

例如第二条办法说，在秘密环境之下务使党的组织适合于这一环境，使敌人不易破坏党的机关与组织，或者破坏一部分而不致连带到其他的部分。因此，以后凡超过五人以上的支部必须按职业或工作部门分成支分部，每一支分部的同志不必知道其他支分部的同志，支部只开支分部书记联席会议或代表会议以代替支部全体大会。除负责同志外，一个党员只知道五个同志，一遇破坏，也不致影响全部组织。如支分部超过六人时，亦须分组开会，开会时务须特别注意秘密技术。支部书记须设正副二人，干事会亦须有候补委员，一旦发生破坏能有人继续工作。

又如第四条办法说，为健全指导并卫护指导机关起见，以后区市县委须各预备一候补书记和一二内部工作人员，他们平时应少与普通同志发生关系，不出席执委以下的各种会议而偏重于内部工作。在书记被捕或平时向外活动委员发生问题不能继续工作时，他们能够代替前者的工作。再则，县执委委员必须轮流到所属县区党部巡视工作（广东、湖南等省须有五六个巡视员，其他省份须有二个或二个以上的巡视员），常会所在之地至多留三人。只有这样，才可以加强对各地的实际指导，同时又可避免原组织全部被破坏的危险。以后，当地上级对下级的指导非十分必要时不应用书面形式，执委委员的姓名不必向普通同志公开，出席各种会议时只讲代表机关不必宣布个人的姓名。

再如第七条办法说，过去许多割据区域的党组织与负责同志常常忽视秘密工作，以为“既然被我们割据了便永远（是）C. P.（共产党）的天下”，因此把党的一切机关都公开起来，负责同志也常常把自己的“官职”公开，以致反动局面临头，公开机关便全部被敌人破坏，负责同志和干部也全不能立足或遭敌捕杀，以后应特别注意纠正这种现象。在割据区域的党组织固然应当公开一切党的活动，但必须保留一部分秘密的机关和负责的同志，以便在敌人进占后我们可以继续活动。

这些办法下达以后，对于整顿和发展党的组织，加强党的秘密工作，起了很好的作用。

在四个多月的留守工作中，中央除了与山西、陕西、四川、云南等省事实上断绝了关系以外，曾通过各种方式如和一些省委的代表接谈、给一些省委写指示信和派人到省里去巡视等，对各省都进行了个别指导，并根据当时的政治形势发了一些通告、决议，给各省的工作提出了总的指导方针。在中央（留守）、各级党组织和广大党员群众的共同努力下，当时的工运、农运、兵运、反日运动、党的整顿等方面都取得了一定的成绩。

1928 年 10 月 5 日，毛泽东在《中国的红色政权为什么能够存在?》一文中说：“最近数个月来，工农阶级在共产党领导之下的有组织的城市罢工和农村暴动，在南北各地发展起来。军阀军队中的士兵因饥寒而酝酿着很大的不安。”“中国的民主革命的内容，依国际及中央的指示，包括推翻帝国主义及其工具军阀在中国的统治，完成民主革命，并实行土地革命，消灭豪绅阶级对农民的封建的剥削。这种革命的实际行动，在 1928 年 5 月济南惨案以后，是一天一天在发展的。”这是这个时期全国革命形势和党的工作的一个简要概括。

六是传达和贯彻六大的指示电。

在我们留守中央期间，出席六大的同志对国内工作是很关心的。曾发来一份《对国内工作指示的电稿》。电稿首先表示：“第六次大会无疑义的同意第九次国际全体执行委员会会议的决议案。”[①] 电稿接着说：“现在第一个革命浪潮以屡次失败而完结，而新的浪潮没有来，党的总路线是争取群众、统一群众、团结群众于党的主要口号，加紧日常工作，尤其是城市产业工人之中的工作。利用帝国主义对中国民众的一切暴力的机会，要激动一切阶级冲突并使之深入。”电稿又说：“必须与主要口号同时提出工农运动的部分口号。党与群众脱离是主要的危险。全国范围之内暴动只是宣传的口号。坚决的反对盲动主义，决不能削弱农民的游击战争之指导。必须扩大苏维埃的根据地及加紧组织红军。”电稿最后还说：“最大限度的引起群众于反帝国主义运动，使这种运动与反国民党反军阀的斗争相联结起来，然主要的任务仍旧是推翻帝国主义的统治，实行土地革命，力争工农民权独裁制的苏维埃的政权，继续坚决的改造党。”[②] 我们收到这个电稿后，曾进行反复讨论，并按照来电的要求，发到各地进行了讨论。这样，就及时地传达了六大精神，指导了全党工作。看来这个指示电反映了六大总的精神和方向，是在大会有了结论时发出的。

七是关于《中央通告第五十四号》。

1928 年 6 月 21 日，中央（留守）从实际情况出发，起草了《中央通告第五十四号——国民党军阀打下平津后的形势和深入反帝运动复兴城市工作问题》。当时，国民党军队已经打下了平津，蒋介石政府已发表了对内对外宣言，豪绅买办阶级军阀内部的冲突、帝国主义的态度、一般民众对国民党的感觉，都较前明朗起来。中央（留守）第五十四号通告在分析了这一形势之后指出：

“现在是我们发动反帝高潮，复兴城市运动的时机，我们要全体动员参加反帝运动推进反帝运动，……主要的路线是深入群众运用工人统一战线的策略，我们在这个运动中要时时增进反国民党的意识和行动，但我们的方法是曲线的，不是一开始便很简单的叫打倒国民党吓跑了群众，因为群众的反帝运动和自身斗争能够起来，必然的走到反国民党。”

通告接着说：“当此我们在城市没有基础的时候，我们要有独立的政治宣传和批评，不断的指出群众的出路，但我们却还没有力量以 C. P. 的名义公开的领导群众运动，因此我们的行动只有潜伏在群众里面，愈能深

①② 见中央档案馆编：《中国共产党第六次全国代表大会文件》，第 235 页。

入群众，则愈能取得群众而愈能建立党在群众的基础。中央曾坚决的严厉的批斥有些党部想以激烈的行动（打杀）发动群众运动，因为这是脱离群众，不要群众的拼命主义。”

通告接着又指出：“现在日本帝国主义在满洲山东的侵略和屠杀正在一天紧似一天，国民政府的外交更是一天软弱一点，以收回满洲和山东主权为骨干的反帝运动，更可以大大做起来。同时民权运动已经是一切城市民众的迫切要求。”因此，关于我们党在当时的工作，中央（留守）除提醒各地党组织仔细地执行中央已经发出的四次通告外，又进一步作了八条指示。

第一条是：“把反帝运动和民权运动汇合起来并且联系到工农小资产阶级本身利益的斗争以发动城市广大的群众特别是复兴城市运动。”在这条指示中，提出了十七项总要求作为当时群众运动的总目标。其中，除了提出“要求外交公开”、“废除一切不平等条约”、“收回山东满洲的主权”，“驱逐在华帝国主义的海陆军”、“反对军阀战争”、“释放一切争自由争国权的政治犯”、“工人有自己组织工会宣布罢工之自由”、“没收地主土地交给农民士兵耕种”、“废除一切苛捐杂税”、“贪官污吏处以极刑”等等以外，还提出了“要求恢复民众运动”、“实行民众政权”以及“召集国民会议选举全国政府，国民会议由工农小商人学生自由职业者等民众自己选举的团体派出代表及军队以连为单位由士兵选举之代表组织之。反对御用的包办的国民会议”等条文。通告说：“这些要求自然不能算作我们的政纲，这只是我们用以发动群众的口号，使之成为目前民众的要求，在这种要求之下起而斗争，从斗争中扩大群众组织的基础和斗争的力量，更加明确其反国民党的意识而有反国民党的决心和勇气。总之这些要求特别是复兴城市运动的策略。”

第二条是：“中央另外以党的名义发一宣言指示民众目前的出路和应有的要求，口号比上面更直接，因为这是党的立场说话与上面要民众采用由他们此时自己提出者不同，各省委各市委各县委特委应根据那个宣言用党的名义发出宣言，总的原则和态度不能逸出中央宣言之范围，但必须把中央宣言所指出的要求，依据当地的事实化成更具体而切实的口号。这样的宣言要设法多多的散到工人农民士兵学生小商店中去，同时要注意使党的要求变为各种民众自身的要求自己发表出来，由口号而变成行动。如果在开始的时候某种群众尚不能完全接受我们的党的宣言所指出的要求，那么至少限度须使他们采用本通告所指出之要求，从他们自己队伍中叫出来方有意义。”

随后，通告就宣传鼓动工作、城市工作、党内组织动员工作、农村工作、国民党内反对派问题等一一作了指示。在这些指示中，对中华革命党（当时我党称它为第三党，其领导人物是宋庆龄、邓演达、谭平山、陈友仁等左派人士）的分析和策略是有明显的错误的。1927 年底，宋庆龄、邓演达、陈友仁等以“中国国民党临时行动委员会”的名义在莫斯科发表了一篇宣言。宣言痛斥了蒋介石、汪精卫背叛革命的罪行，决心为实现孙中山的三民主义革命纲领而斗争。但是，通告却认为第三党的宣传是“虚伪”的，最后他们“当然成为蒋介石的走狗”，因此“我们党从中央以至地方须尽可能从理论上给他们以打击，同时对党内外群众指明他们的虚伪的狐狸面具”。除此之外，其余各项指示大体上是正确的。例如第四条指示说：“在城市工作主要的是如何扩大工人组织（不一定叫做工会）发动工人斗争，取得广大的工人群众。有黄色工会或反动工会的地方并且要注意运用工人统一战线打入他们的群众中去。再则如何进行或开始士兵运动和学生运动，求其发展。C. Y. 更要加紧学生和青年工人的运动。再则对小商人须时时提出代表他们利益的要求引他们参加反帝运动和民权运动，使他们日益脱离国民党的影响而倾向我们。”

当时，中央（留守）的文件都经过共产国际驻中国的代表转报国际和六大主席团。共产国际曾来电对五十四号通告进行严厉的批评。国际来电原文现来找到，但查到中共第六届中央执行委员会中央政治局第一次会议记录。这次会议结论认为五十四号通告“工作方法是对的，工作策略路线或政治路线是非常右倾错误的”，并建议国际代表即日以紧急电报指示国内中央。

接到共产国际的来电后，我们经过研究，于 1928 年 8 月 2 日通过了《答复国际来电的决议——对国际批评五十四号通告的回答》。在这个决议中，我们对国际来电作了八条答复。即：

（一）“与 54 号同时发出的有中央宣言（已寄来），宣言中提出二十余口号‘打倒国民党’‘暴动推翻豪绅政权’‘建立工农兵苏维埃政权’等都有。在 54 号通告中指明各级党部须尽可能使中央宣言的口号变成群众自身的口号，在落后群众中，至少亦须采用通告中的口号。”

（二）“中央在宣言布报（布告）及行动大纲等其他文件都主张‘自

动的恢复民众运动'，实际各地发动群众亦不是经过要求国民党的形式。"①

（三）"中央在最近几个月中指示各地党部发动群众斗争，在斗争时抓住公开活动的机会，使公开工作与秘密工作联系起来，反对旧时离开群众的秘密方式，同时又反对幻想在国民党谅解下的合法运动。"

（四）"在反帝运动中和工农斗争中，党都随时揭破国民党的假面具提出打倒国民党的口号并取得了群众的欢迎。"

（五）"第三党在一部分学生中有点信仰，党久已公开的与第三党奋斗。"

（六）"54号通告提出'工农兵及城市穷苦小资产群众代表会议的民众政权'其内容本即是'工农兵城市贫民代表会议'的意思，'民众政权'四个字不妥当加改正，但党的公开口号始终是'苏维埃政权'。"

（七）"国民会议的口号在五四号通告中原是一种策略，但在宣言中素来即是'反对国民会议'的口号，以后当继续在群众中宣传，反对御用的国民会议以揭穿国民党的欺骗。"

（八）"现在全国城市运动已有活跃的现象，党的独立的宣传异常重要，中央虽历次督促，但各地对此工作仍缺乏，今后当更加紧此方面工作。"

中央（留守）对国际来电作了上述八条答复以后，并于8月11日，发出《中央通告第六十二号——目前党的根本策略与政治宣传鼓动》，其中规定"目前政治上的中心口号"共十八条。这些口号包括："一切土地国有"、"打倒卖国的国民党"、"打倒替资产阶级作走狗欺骗群众的第三党（中华革命党）"、"武装暴动是工农兵的出路"、"反对御用的国民会议"、"'苏维埃'是工农兵自己的政权"，等等。关于对这些口号的运用，通告作了三条规定："第一，利用每次群众运动和一切可能接近群众的机会，向群众宣传。第二，用党和团或秘密工会的名义口头的或文字的不断

① 六大后的新中央对"恢复民众运动"的口号也是有不同看法的。1928年9月18日《中央通告第三号——目前革命形势与党的战术和策略》在谈到当时"几个战略上的错误的偏向"时说："认为现在部分群众的政治意识非常落后，现在党的战略上的口号太高，群众暂时不能接受，所以党应该把政治的口号降低（如主张党的口号可以与第三党大略相同或主张'要求恢复民众运动'的口号，对国民会议根本不反对，只反'善后会议'式的国民会议，而要求工农小资产阶级的国民会议，又如对反国民党的动摇等），所以党的政治口号应该看群众接受的程度来决定这一偏向，实在含有莫大的危险，很可恢复到过去的机会主义。"

的向群众宣传，并加以解释。第三，这些口号当然不要与日常的经济口号及临时事件的口号隔离，而要使之联贯一气。又五十四号通告中‘民众政权’及‘召集国民会议’二口号须停止宣传，因为足以混淆工农对苏维埃政权的意识。”

从第六十二号通告的内容来看，当时中央（留守）已经接受了国际来电的批评，并在实际行动中有了表现。

现在回过头来看，对共产国际来电和六届中央政治局批评五十四号通告策略路线和政治路线右倾，我申述下列的见解：

（1）口号问题。党的口号历来分宣传、鼓动两种。宣传口号带战略性、纲领性，表达一个阶段的革命目标和革命任务，以教育和提高广大群众的革命觉悟水平；鼓动口号带策略性和临时性，是直接根据群众的觉悟程度和迫切要求，能够即时发动他们起来斗争的口号，引导群众从切身利益的斗争中逐渐认识党的宣传口号的正确加以接受而为之奋斗。中央（留守）一方面用党的名义公开发表宣言，提出“打倒国民党”、“暴动推翻豪绅政权”、“建立工农兵苏维埃政权”等口号；又一方面发出五十四号通告，提出一些带策略性的口号，是有意区别这两种口号的。

群众的觉悟程度往往有进步、中间、落后的区别，一般是两头小，中间大。我们必须从多数群众的觉悟水平出发，提出恰当的斗争口号。对于落后群众，也应当争取他们。但当多数群众的觉悟程度还处于比较落后的状态时，比如多数群众还对国民党存有幻想，坚持要向它提出实际上不能实现的以至政治上不适当的要求（如“召集国民会议”等等），我们应当怎样办呢？是退出运动，撒手不管，甚至与群众对立起来呢？还是始终同群众一道并领导他们前进，一方面，深入细致地进行宣传教育工作，另一方面，从实际的经验教训中帮助他们提高对国民党的认识，提高政治觉悟？当然应当采取后一种态度。因为群众的觉悟主要是靠从自己亲身的经历中提高起来的。但在“左”倾领导时期，我们还不懂得这条群众路线的领导艺术。

五十四号通告指示，提出斗争口号时要根据群众的觉悟程度，“我们在反帝运动中要时时增进反国民党的意识和行动，但我们的方法是曲线的，不是一开始便简单的叫打倒国民党吓跑了群众，因为群众反帝运动和自身斗争能够起来，必然的走到反国民党。”这个策略指导思想，在当时情况下，我看是正确的。问题在方法上，不是指导下级组织从当时当地多数群众的觉悟程度和要求出发，而是由中央一般地、主观地规定一些意在照顾觉悟程度较低的群众的口号，而且大都是采取向国民党反动统治提出要求的形式，这是不适当的，有错误的。

（2）“工人统一战线”问题。五十四号通告提出了“运用工人统一战线”的策略，指出：“有黄色工会或反动工会的地方，并且要注意运用工人统一战线打入他们的群众中去。”这是正确的，在当时尤为必要（关于这个问题，我在前面已作过一些论述）。中央（留守）在1928年6月4日给江西省委信中说得更加透彻。该信写道：“至于你们对于黄色工会的意见中央仍然不能同意。中央现在的策略，黄色工会如果是有群众的时候，我们必须加入到里面去活动，以公开的地位接近其群众，领导他们作日常的斗争，从斗争中揭破黄色工会的假面具，获得其群众。至于在宣传方面，我们当然要公开的批评黄色工会的欺骗，但是不能够简单的站在群众以外笼统的提出打倒或反对黄色工会的口号。至于对于空招牌的反动工会天天去压迫欺骗工人，我们当然要无条件的号召群众起来推翻它。过去各地对于黄色工会的态度，一方面自己未去做职工运动组织群众领导群众斗争，一方面又不管是有群众的黄色工会或无群众的黄色工会，一概笼统地机械地提出打倒的口号，结果黄色工会并不因为我们的反对打倒而受任何影响。事实上，工人群众因为得不到出路反而一天一天接受黄色工会偶然的欺骗而受其影响。这从上海的教训告诉我们这种政策是错误的，希望你们仔细考虑此问题。”

我认为中央（留守）的这些意见是正确的，与六大《职工运动决议案》的内容也基本一致。中央（留守）提出的“工人统一战线”策略，很明确不是要同反动上层搞统一战线，而是要在工人之间结成统一战线。可惜六大职工运动决议说“此时不宜提出‘统一战线’的口号”①，而六

① 六大《职工运动决议案》对这个问题是这样说的：“许多有工人群众的反动工会、改良工会、行会工会中，如广州的机器工会，广东总工会及上海几个工会（英美烟公司工会，商务印书馆工会，邮务工会、南洋烟草职工同志会等）中我们是应当到里面去作工的。我们同志并不是要加入政府或国民党所指导的反动工会的上层机关，乃是要在这些工会下面所组织的群众之中工作。若不派遣工作同志到这些工会中去，那就是我们对这一部分重要的工业无产阶级抛弃在反动的影响之下。无情的揭破反动领袖出卖阶级性，在群众面前揭破他们的法西斯面具，应当夺取这些工会中的群众，彻底的破坏反动工会，但此时不宜提出‘统一战线’的口号。”（引自中央档案馆编：《中共中央文件选集》，第225页）

大后新中央对“工人统一战线”这个口号则正式予以批判和否定①，自此以后，我们的职工运动长期遵循着赤色职工国际“左”倾路线，跳不出来。

（3）对待第三党的问题。否定统一战线的“左”倾策略，还表现在对待第三党即中华革命党的态度上。第三党的发起人亦即他们当时的领袖人物，如前所述都是真正的左派人士。他们的政治主张有妥协性的一面，如不满意共产党所谓“超过时代”的政策，主张“工农小资产阶级政治同盟”，对土地革命主张和平地合法地没收地主土地，对国民党主张恢复民二时代的中华革命党。但他们反对国民党“在朝派”，不反对共产党，而“标榜以孙总理及其主义为圭臬”，并想与共产国际发生关系。对于他们，为什么不应该采取积极争取和联合的政策，反而只采取斗争，而且是公开的斗争的手段呢？在这个问题上，当时中央（留守）的策略也是错误的。但中央（留守）的错误仍然来源于共产国际，因为共产国际执行委员会第九次扩大会议《关于中国问题的议决案》早已预断他们是“蒋介石及其他工农刽子手的走狗”。

综上所述，第五十四号通告虽有错误，但总的来说，是比较正确的，决不是政治路线上的右倾。而国际来电和六届中央政治局的批评则是过分的。他们进行政治批评的出发点基本上是“左”倾教条主义，是反对争取和联合民族资产阶级与城市上层小资产阶级。这一点，下文我将谈到。

我对六大的几点看法

我没有参加六大，对六大的具体情况我不清楚，不可能作什么回忆。下面根据学习有关文献，提出几点看法。

关于对六大的评价，过去是有不同看法的。直到 1944 年在延安学习两条路线斗争问题时，在一部分同志间仍有分歧，有争论。后来，统一于

---

① 六大后的新中央于 1928 年 9 月 18 日发出的《中央通告第三号——目前革命形势与党的战术和策略》中说：“我们不应采取‘统一战线’的口号，因为这些口号可以引起工人群众对于国民党工会的幻想，应普遍的发展工厂委员会（另有通告说明其作用），把在国民党及改良主义影响之下的工人群众完全夺取到我们方面来。”（引自中央档案馆编：《中共中央文件选编》，第 399—400 页）

党的六届七中全会通过的《关于若干历史问题的决议》。

我完全同意《关于若干历史问题的决议》、毛泽东《学习和时局》以及周恩来《关于党的“六大”的研究》中一致肯定的，六次大会的路线基本上是正确的结论。这是经过长期历史证明了的。

同时，上述文献，在一致肯定六大路线基本正确后，又都指出六大有缺点和错误。几十年的历史也证明了这些评价是正确的。

那么，这些文献是怎样评论六大的缺点和错误的呢？

《关于若干历史问题的决议》指出：“它对于中间阶级的两面性和反动势力的内部矛盾，缺乏正确的估计和政策；对于大革命失败后党所需要的策略上的有秩序的退却，对于农村根据地的重要性和民主革命的长期性，也缺乏必要的认识。”

在《学习和时局》中指出：“第六次全国代表大会亦有缺点，例如没有指出中国革命的极大的长期性和农村根据地在中国革命中的极大的重要性，以及还有其他若干缺点和错误。”

在《关于党的“六大”的研究》中指出：六大“在具体的实际的问题上犯了许多错误：一、不认识中国革命的特点是农民斗争与武装割据，中国革命的中心问题是农民土地问题。二、不认识中国阶级关系变化的复杂性，没有把策略观点着重放在争取中间阶级上。三、不认识革命形势发展的不平衡性，因而没有重视农村工作与建党工作，虽然当时还不可能产生乡村包围城市的观点。四、没有更认真地总结过去的经验教训，从而认识武装的重要，以武装建党、建政、做群众工作，这些，毛泽东同志当时已经做了。所以说，‘六大’是有原则性的错误，对以后发生了坏的影响。”

恩来是“六大”的主要负责人之一。他在《关于党的“六大”的研究》中，揭示了六大本身的一些重要事实和他评论六大的一些重要论点。但是，他和其他在中央工作的同志（周恩来、李立三、龚饮冰等），回国后在传达六大或关于六大的谈话中，很少提到这些。我想这可能是由于历史的局限，一是认识的局限，二是为了团结全党为六大路线奋斗，当时有许多实际情况要保密。这是完全可以理解的。

我现在重新学习历史上的经验教训，认为六大的缺点和错误主要是“左”倾，又主要表现在两个重要战略性问题上：即城市中心论和反对民族资产阶级。现就这两个问题作些回顾和论述。

一、主张举行以城市为中心的武装起义。

六大《政治决议案》提出了“争取群众，准备武装起义，以推翻地主豪绅资产阶级政权”的点方针，并说：“争取群众的任务，就是准备武装起义的任务”，“党底总路线是争取群众，党要用一切力量去加紧团结收集统一无产阶级底群众，使他们围绕着党底主要口号”①。这些当然是正确的。

但《决议案》又指出：“反动的统治在各区域巩固的程度是不平衡的，因此在总的高潮之下，可以使革命先在一省或数省重要省区之内胜利”。同时又说：“这里，城市领导作用底重要，和无产阶级群众底高潮，都将要表显它的决定胜负的力量”②。这些论点都表明《决议案》提出的武装起义，是以城市为中心的。当时，毛泽东关于中国革命要走农村包围城市的道路的理论，还处在探索和孕育的过程中，关于武装起义还只知道巴黎公社和俄国十月革命的经验，广州起义就是这种经验的再现。总之是搬用了外国的经验。

其实，实行以城市为中心的武装起义这个观点，在1927年11月临时中央政治局扩大会议通过的《中国现状与共产党的任务决议案》中，在1928年2月共产国际执委第九次扩大会议通过的《关于中国问题的决议案》中，以及在六大的《政治决议案》中，基本上是连续一贯的。六大决议批评了瞿秋白“左”倾盲动主义的一些具体特征，却没有批评临时中央政治局十一月扩大会议《决议案》的以下一段论述，即“城市工人暴动的发展是非常之重要；轻视城市工人，仅仅当做一种响应农民的力量，是很错误的，党的责任是努力领导工人日常斗争，发展扩大群众的革命高潮，组织暴动，领导他们到武装暴动，使暴动的城市能成为自发的农民暴动的中心及指导者。城市工人的暴动是革命的胜利在巨大暴动内得以巩固而发展的先决条件。”更没有批评共产国际《关于中国问题的议决案》所说的这么一段论述：“党指导着各省区之农民自发的游击暴动，就应当注意到：这些农民暴动可以变成全国暴动胜利的出发点，只有在他们与无产阶级中心之新的革命高潮相联结的条件之下。”这是因为六大决议与十一月扩大会议决议以及共产国际一九二八年二月决议，所主张的都是

① 见中央档案馆编：《中国共产党第二次至第六次全国代表大会文件汇编》，第213、222页。
② 见中央档案馆编：《中国共产党第二次至第六次全国代表大会文件汇编》，第221—222页。

搞中心城市的武装起义。

历史证明，这种中心城市的武装起义对中国革命的危害是很大的。李立三“左”倾冒险主义，正是坚决执行以城市为中心的武装起义论的错误，结果使党和革命遭受到很大的损失。比李立三的“左”倾冒险主义更“左”更冒险的城市中心论者王明等人，在把城市工作的资本几乎输尽以后，又要求红军进行最后决战，结果在 1934 年使党和革命遭受了类似 1927 年的大失败。

“城市中心”论的思想根源是教条主义。它不认识或不承认中国半殖民地、半封建社会这个根本特点，不了解中国社会在经济上、政治上、军事上以及文化上的极大的不平衡性，不了解农民是中国革命的主力军，因此就不了解中心城市和交通要道都在帝国主义及其走狗中国军阀的武力统治之下，中国革命不能如俄国的十月革命一样走城市武装起义，夺取政权，然后进军农村的道路（这已有广州暴动的经验可以佐证）；而只有经过共产党领导农民利用经济、政治、军事等极不平衡的特点，实行武装斗争和土地革命，创立根据地和革命军队，走农村包围城市最后夺取全国政权的道路。虽然毛泽东已经创造性地探索到这条道路，取得了光辉的胜利，但教条主义者王明等，仍然不予承认，以致把革命引到失败。毛泽东当时在《湖南农民运动考察报告》中即已发挥和发展了党的四大关于无产阶级必须争取同农民的联盟才能领导革命到胜利的思想，肯定农民革命乃是“乡村的民主势力起来打翻乡村的封建势力”，是摧毁“帝国主义、军阀、贪官污吏的墙脚”的革命。他总结出“国民革命需要一个大的农村变动。辛亥革命没有这个变动，所以失败了。”他同时强调要“推翻地主武装，建立农民武装”。大革命失败后，他主张发展农民武装斗争。1927 年 7 月，他说农民武装斗争有困难时可以上山。当有人主张集中农民武装在湘南建立一个师去援助八一起义军时，他主张把它留在湘南创立割据区。八七会议上他提出“枪杆子里面出政权”的光辉思想，八七会议后他亲自下乡领导秋收起义。而以后在长期实践过程中成功地开创了一条把中国革命引导到胜利的农村包围城市的道路。在这个重要战略问题上，毛泽东思想的发生和发展表现了它紧密结合中国社会特点的一贯性和正确性。

二、反对民族资产阶级，排除小资产阶级。

早在 1926 年“三二〇”中山舰事件以后，共产国际和我们党的一些文件中就开始反对民族资产阶级。例如，1926 年 11 月，《共产国际第七次扩大执行委员会会议中国问题决议案》认为：蒋介石的 3 月 20 日事变是民族资产阶级脱离革命联盟的开始，“革命运动已到了第三阶段之门”，即“无产阶级、农人及城市小资产阶级的结合”之门。又如，1927 年 5 月，《共产国际第八次执行委员会全体会议关于中国问题决议案》认为：蒋介石的“四一二”事变，标志“民族资产阶级离开了民族战线，跑到反革命的营垒去。”再如，同年同月，《中国共产党第五次大会宣言》认为：“蒋介石及其部下的行动，自三月以后都是反对国民革命的，他们的行动决非个人的行动，乃是代表了一个阶级——民族资产阶级。”

共产国际第八次执委会关于中国问题决议案还说：当时的“武汉国民政府及左派国民党，就其主要的趋势看来，是城乡小资产阶级与无产阶级的革命联合之表现。”在以汪精卫为首的武汉国民党和武汉政府叛变以后，当时的中央领导机关又进一步认为：“城市底上层小资产阶级，极大部分是和封建的土地关系有密切的联系，并且同外国资本相关联。这种小资产阶级分子动摇而背叛革命。”①

党的“六大”并没有把民族资产阶级和买办资产阶级加以区别。也没有认识到民族资产阶级的不少分子虽然一度附和了反革命，但他们并没有取得政权和发展民族资本主义经济的条件，因而他们与帝国主义、地主买办阶级仍有矛盾。“六大”把国民党的反动政权断定为“地主、军阀、买办、民族资产阶级底国家政权”，认为“中国之反对帝国主义的、彻底变更土地制度的资产阶级民主革命，只有反对中国民族资产阶级，方才能够进行到底，因为民族资产阶级是阻碍革命胜利的最危险的敌人之一。”同时，对于城市小资产阶级，“六大”虽然认为“对于反帝国主义反军阀的运动，是要引进城市小资产阶级的参加”，但又说中国革命的动力，“现在只是中国底无产阶级和农民”②，即把城市小资产阶级也排除在动力之外了。

党的“五大”和“五大”以后反对民族资产阶级，党的“六大”和“六大”以后进一步排除小资产阶级。特别在以教条主义者王明为代表的“左”倾冒险主义统治期间，这种政策发展到极点，使党和革命受到了极

① 见中央档案馆编：《中国共产党第二次至第六次全国代表大会文件汇编》，第 215 页。
② 见中央档案馆编：《中国共产党第二次至第六次全国代表大会文件汇编》，第 212、225 页。

其严重的损害。这种“左”倾的阶级政策，直到1935年12月瓦窑堡会议及其以后才得到彻底纠正。

到了解放战争时期，毛泽东在《关于民族资产阶级和开明绅士问题》一文中，对阶级政策问题作了完整的分析和结论。他指出，中国的资产阶级有大资产阶级和中小资产阶级之分。大资产阶级即官僚买办资产阶级，历来是革命的对象。“一切受迫害、受限制的民族资产阶级，即中小资产阶级。”“这个阶级曾经参加了1924年到1927年的革命运动，而在1927年到1931年（九一八事变以前），他们中间的不少分子，曾经附和了蒋介石的反动。但是，决不能因为这一点，就认为那个时期我们在政治上不应该争取他们，在经济上不应该保护他们；就认为我们在那个时期内对民族资产阶级的过左的政策不是冒险主义的政策。相反地，那时我们的政策，仍然应当是保护和争取他们，以便我们能够集中力量去反对主要敌人。”

产生这一错误的思想根源，也是教条主义，也是由于不认识或不承认中国的特殊国情，因此，就不了解不承认民族资产阶级（包括中等资产阶级和上层小资产阶级）在政治上的两面性，即既有革命性一面，又有妥协性一面。这种两面性，是他们“从娘肚子里带出来的老毛病”，是同时存在不可分离的，只是在不同的历史条件下，表现为这一面或那一面占主导地位。历史实践正是这样证明了的。其实四届三中全会上的中央政治报告和毛泽东在《中国社会各阶级的分析》中，都早已指出民族资产阶级具有两面性的特点。毛泽东由此在实践中创立和发展了对民族资产阶级又联合又斗争的理论和政策。但是右倾机会主义者认为民族资产阶级只有革命性的一面，因而对他们节节退让，而“左”倾教条主义者拒不承认民族资产阶级有革命性的一面，坚持一切斗争、否认联合的“左”倾错误到底。

上述两个战略性的“左”倾错误观点——城市中心论和把民族资产阶级混同于买办资产阶级——及其实际影响，直到遵义会议后，在以毛泽东为代表的新的中央的正确领导下，才获得纠正。

必须指出，六大的这些缺点和错误，虽然被后来的“左”倾思想片面发展和极端扩大，但仍然不足以掩盖第六次大会的主要方面的正确性。因此，党在这次大会以后一个时期内，即到六届四中全会以前的工作，是有成绩的。六大已作为在大革命失败以后的历史转折关头召开的一次具有重要历史意义的大会而载入我党的光荣史册。

回忆江苏省委

（1928 年 10 月至 1930 年 12 月）

1928 年党的第六次全国代表大会后，新的中央负责同志陆续回国。10 月，中央任命我为中央巡视员，巡视上海市的工作。1929 年 1 月，江苏省委改组，我任省委常委兼组织部长。1929 年 9 月或 10 月间任代理省委书记，11 月底任省委书记（省委兼上海市委）。现就这两年多的历史作一简略回顾。

一、巡视上海工作期间

（1928 年 10 月至 1929 年 1 月）

上海市是全国最大的工业中心，当时拥有产业工人八十万。上海工人阶级经受了 1919 年的“六三”大罢工、1925 年的“五卅”反帝运动、1927 年三次工人武装起义和反对蒋介石“四一二”反革命政变的考验和锻炼，有光荣的革命传统。我党在上海的力量比较强，群众工作的基础也比较雄厚。上海和反动统治阶级的首府南京，同时又是帝国主义、大资产阶级的政治、经济中心。因此，无论是对于革命或对于反革命来说，这两个地区都具有重要的意义。

“六大”后的中央政治局由向忠发、周恩来、苏兆征、项英、瞿秋白、张国焘、蔡和森、李立三、彭湃、杨殷、罗登贤、关向应、徐锡根、卢福坦等组成。中央政治局兼中央常委会主席向忠发，中央常委会秘书长兼组织部长周恩来，宣传部长蔡和森（后为李立三），农民运动委员会书记李立三（后为彭湃），职工运动委员会书记苏兆征，妇女运动委员会书记张金保，军事部长杨殷，团中央书记关向应。党中央根据“六大”关于用一切力量去争取团结广大群众，以准备武装暴动的总路线，决定将巩固和发展党在天津、武汉、上海、广州、香港等重要城市产业工人中的基础，建立产业工人中心支部作为首要任务。中央十分重视江苏省委和上海的工作，将上海市看作是领导全党工作的基地，党中央机关就设在上海。江苏省委和上海市委是接受中央指示最快的地方，许多工作都是在党中央直接指导下进行的。

1928 年 11 月，中央为了加强、改进江苏省委和上海市的工作，组织了两个巡视委员会，一个由周恩来、康生（省委组织部长）、李子芬（团省委组织部长）和我组成，恩来任主席，任务是巡视上海党的工作；另一个以中央职工运动委员会书记苏兆征为主席，任务是巡视上海工会的工作。我参加的巡委会于 11 月 16 日正式成立，制定了巡视计划，主要是巡视上海各区的重要产业工人支部。由于恩来要处理全党的工作，没有时间到基层参加支部会和区委会，因而他一般只参加巡委会议，听取我们的汇报。到各区、各支部开会的主要是我和康生。后来省委又派了何孟雄、马玉夫参加巡视工作（实际参加的是孟雄）。巡视的时间一直延续到 1929 年 2 月间。

当时的工作是很紧张的。两个月中我对上海七个区的区委及下属的重点支部进行了巡视，参加的各种会议有八十多次，往往一天要参加两三次会。我参加各区的主要会议有：区委常委会、区委会，区的宣传、组织、工会工作的专题讨论会，重点产业支部会（亦称中心支部），支书联席会等，同时还进行个别谈话。我巡视过的部分党支部和党小组有：沪西区的祥昌、同兴、中新、内外棉四厂和五厂等纱厂和绢丝厂；沪东区的老怡和、恒丰、永安等纱厂、茂昌蛋厂、英商电车公司和码头；沪中区的药材、估衣等行业，裕昌火柴厂、劳动大学、《民众日报》；闸北区的邮务、商务印书馆、苏州河码头、海员、电汽车公司；法南区的法商水电公司、华商电车公司、金银业和振华纱厂；浦东区的英美烟草公司等。参加会议一般只有三至五人，均为区委和支部的主要负责人。开会地点一般在区委机关或支部接头处，有时也在工人宿舍或工人家里。如沪东区恒丰纱厂的老板聂云台是湖南人，厂里的工人很多是湖南籍，我们以同乡的关系为掩护，时常在这个厂或这个厂的工人家里开会。我每次外出开会都要化装，由区里或支部同志带到约定的地点去接头。有一次我去工厂开会，途中突然被人紧紧抱住，一看是巡捕，他要抄把子（搜身），结果什么也没有搜到，便放了我。我每巡视完一个区后，即写一份综合报告呈送中央，并向巡委会作汇报，省委同志也参加。

前两年在档案馆找到了当时经过抄正的我的一部分巡视日记，它记载了我从1928年11月16日至1929年1月16日两个月的巡视工作情况，有十余万字，内容包括上海的政治形势；各区党、团组织状况；工会组织、工人斗争情况，以及我对工作方法、斗争策略、存在问题的分析。经过这段时间的巡视，使我比较深入地了解了江苏省委和上海各区党的组织和工作的基本情况，为我起草提交1929年3月省委扩大会议讨论的《上海工作方针决议案》、《组织问题决议案提纲》和说明书，以及《上海组织现状和工作计划》等文件准备了素材。当时我了解的基本情况综合起来有以下几方面：

（一）江苏省的党、团组织和群众组织在大革命失败以后，遭到国民党的破坏，到1928年底已有初步恢复。当时，省委由李富春（代理书记。原书记项英去莫斯科参加党的“六大”未归）、何孟雄（负责宣传和农村工作）、康生（负责组织工作）、徐炳根（上海总工会党团书记）、马玉夫（上海总工会委员长）、王克全（负责职工运动）、吴振鹏（负责团的工作）组成。省委兼上海市委，市委下辖沪东、沪西、沪中、法南、闸北、浦东、吴淞等七个区委，一百四十多个基层党支部，一千二百多党员。上海各区的基本情况是：

工人分布情况：沪东、沪西区的产业工人较多，大都分布在由中国和日本资本家开办的纱厂、丝厂和英、美资本家开的水电、电汽车公司中。沪西区轻纺工业的工厂较多，因此女工、童工就多，受压迫剥削也最深。沪中区为商业中心，店员、手工业者占了绝大多数。闸北区手工业工人、自由职业者和码头工人较多。浦东和吴淞区为工农混居的郊区，有部分产业工人，因濒临黄浦江，船工、车夫、水木工较多；还有上海市以外八个县的农民和反动军队的士兵，也是一部分不可忽视的革命群众。

党的组织情况：七个区委中，沪东、法南、沪中、闸北区的力量较强，浦东区最弱。工人党员占全市党员总数的百分之七十一。知识分子党员为百分之十六，其中以法南区、吴淞区、闸北区为最多，他们大部为学校的老师、学生和文化工作者。还有少量的女党员和士兵党员，农民党员最少。市区的几个区委都有会议制度，区常委会大都每周开会一二次。上海的一百多个支部中能经常开会的有一半多。还有一部分组织不健全，不能很好发挥作用。有些大工厂还只有党员，而无支部组织。

各区委都出了小报或刊物，向工人散发，也有销售的。如沪西区出的《无产阶级》，每期可以销售二百多份，工会系统出的《工人之路》每三天出一期，每期印四百五十份，材料丰富，消息及时，受到工人的称赞。沪东区有《沪东工人》。闸北区出有《沪北工人》。沪中区出版的刊物较多，小报有《党的生活》、《伙伴》，还印发了一些小册子，如《六千信条》、《什么叫共产主义》、《秘密工作须知》等。有些工厂支部还出了壁报，揭露资本家压迫工人的罪恶，介绍其他厂工人斗争的情况。当时，省委分配下来的中央刊物《布尔塞维克》、《红旗》，因工人文化低，看不懂，销路不好。各区出版的读物，尽管有的质量不高，但对于扩大党的影响，启发工人觉悟还是起了作用的。在白色恐怖下，党的基层组织能坚持出版这些刊物是很不容易的一件工作。

上海以外的县、市党组织有沪宁（12 月改为特别区）、徐蚌、盐淮、南通、扬州、淞浦等六个特委和南京市委，领导着五十多个区委、县委和特支。

根据康生 1928 年 11 月 18 日代表省委向中央巡视委员会介绍全省情况时提供的材料，当时全省有一万一千多党员，其中工人党员二千多，还有一千多团员。从这个数字看，同全国其他省区比，江苏和上海党组织的力量还是比较强的。

（二）上海的工人运动，在 1928 年济南“五三”惨案以后，开始复兴。为反对日本帝国主义在济南的暴行，在上海总工会领导或影响下，百余工会团体和学生，联合组成“反日会”、“济案后援会”等反日组织，散发传单，抵制日货，组织演讲队到各区讲演，揭露日本帝国主义的罪行和国民党反动政府的屈辱妥协行为。“五卅”这天，全市实行总罢工、罢课。以学生为主的数千群众在南京路和西门一带示威游行，散发传单，高呼“打倒帝国主义”、“打倒国民党”的口号。6 月 3 日为纪念“五三”周月，群众反日情绪高昂，举行纪念大会。上海人民的这些反日革命斗争，成为“四一二”后上海人民反帝斗争复兴的起点。在经济斗争方面，1928 年 10 月，上海邮务工会因资方迟迟不答复四月提出的改善生活的要求，举行罢工；1929 年 1 月和 2 月，上海新新公司职工八千余人，为反对资方开除工友，克减膳费，并强迫全体工友更新保单，连续两次举行罢工。此外，上海内外棉九厂和老怡和纱厂的工人和金银业、熟货业的店员都举行了罢工、怠工或其他形式的斗争。据国民党上海市政府社会局统计，1928 年 8 月至 12 月，上海工人罢工就达七十一次。这些斗争虽然只有少数取得胜利，大部分或因国民党政府的镇压和破坏，或因领导工作的缺点失败了，但它毕竟反映了大革命失败后受到严重摧残的上海工人运动开始复兴的形势。

（三）当时江苏的党在思想上、组织上和斗争策略等方面还存在着不少问题，一部分党员和工人的消极和恐惧情绪仍然严重存在；不少党支部还没有恢复和建立起来，即使恢复和建立起来的，也还比较涣散，不能发挥战斗堡垒作用。有的区委组织不健全，缺乏集体领导，工作作风也不够深入。不注意领导同群众切身利益有关的日常经济斗争，不善于进行艰苦细致的工作，当时，存在这些问题的主要原因，一是国民党的白色恐怖严重；二是“左”倾盲动主义虽然受到批判，但并未完全克服。我已觉察到这些问题，感到要改变这种状况，就应该正确贯彻“六大”制定的总路线，大力争取群众，注意发动日常小的经济斗争，逐步提高工人的觉悟和斗争情绪，提高党团员的工作主动性。基层支部工作应当灵活地运用“宁小勿大，宁少勿多”（按：这是李维汉同志以镜松化名于1928年12月《关于巡视沪西工作报告》中提出的）的原则，脚踏实地地做艰苦的工作。在组织上，要加强中心支部的工作，改进支部生活，改进区委的领导作风和工作作风。我还主张省委应改变由上海总工会直接向各区、各支部派特派员和组织员的领导方式，而加强基层党组织对基层工会的领导。我的这些意见虽然不够全面，但大体上还是符合当时上海党内的基本状况的。

在我巡视上海工作期间，江苏省委与中央之间发生了一次纠纷，后来称为“江苏问题”。

新中央为了加强江苏省委的领导，贯彻“六大”将工人干部提拔到主要领导岗位上来的组织路线，10月间决定派工人出身的中央政治局候补委员罗登贤任江苏省委书记。省委则主张选本省的工人出身的中央政治局候补委员徐锡根任书记，不同意罗任书记。后来，中央同意省委意见，但要罗登贤兼省委常委。省委也接受了中央的决定。1928年12月，上海法商电车电灯自来水公司（简称法商水电公司或法电）工人，因要求资本家承认工会、改善待遇、缩短工时，连续举行两次罢工。中央非常重视这次斗争，想通过这次罢工推动江苏的工作，因此，决定由党中央、团中央、全国总工会、上海总工会和江苏省委联合组成“行动委员会”，领导这次罢工。不久，中央又将省委与行委合并，统一由行委领导和指挥法电罢工。中央的这些做法引起省委不满，认为“简直中央可以代替省委”①。

① 见《江苏省委常委会会议文件》，1928年12月18日。

这次罢工由于遭到帝国主义、国民党的镇压和工贼的破坏，由于党的力量薄弱，没有取得胜利。这次罢工的失败使中央更加感到省委特别是上海各区委的领导有加强的必要。因而中央又进一步讨论加强江苏省委的问题。讨论时有两种意见：一是撤销省委，由中央兼；一是中央不兼，抽一部分人员去加强省委，省委部分人员到区委加强区的工作。两种意见争执不下，于是中央决定组织“特别委员会”专门研究这个问题。我也参加了特委会。特委会在向忠发、李立三主持下，作出了中央兼省委的决定。正当中央政治局准备将这个决定通知省委时，1929 年 1 月上旬，恩来去北方解决“顺直问题”后回沪。他反对中央兼省委的做法，强调中央深入群众的办法不是简单地兼省委、市委，而是要深入基层，转变作风。于是政治局又连续开会讨论，意见仍不能统一，决定由向忠发、周恩来、李立三、项英等重新组织“特别委员会”再一次研究。1 月中旬，恩来带我去参加特委会，经恩来的说理，会议决定中央不兼省委，由政治局派出部分同志参加省委，同时加强上海各区委的领导。

但是，在特委会作出中央兼省委的决定尚未传达付诸实施时，团中央的个别同志错误地将决定告诉了团省委个别人。党的省委的同志也得知了这一消息，非常不满，即错误地召集各区委负责人会议，传达省委与中央纠纷的经过，进行反对中央的宣传，并在部分省来沪联系工作的同志中进行违反纪律的活动。这样，中央与省委间的纠纷发展得更为严重，中央严厉批评省委的做法是“非组织行动，离开了政治路线。”[①] “是别有用意，是派别问题。”[②] 省委向中央申诉了党和团的中央不应兼省委的意见，批评了“C. Y. 中央先将兼省委事通知 C. Y. 省委，而不与党在政治上作一致行动”[③]，是违反组织原则的做法。后经中央多次开会，省委勉强接受中央的批评，承认了错误。鉴于以上情况，党中央于 1929 年 1 月下旬，决定将江苏省委解散，分别给省委成员以警告处分，并指定六个同志组成新的省委常委会，派罗登贤任书记，任弼时为宣传部长，我为组织部长，彭湃为农民运动委员会书记兼军委书记，原省委常委康生为秘书长，徐锡根为职工运动委员会书记。原省委的一些成员，如李富春分配到法南区

① 见李立三：《江苏问题与全体党员应有的认识——在各省来沪代表会议中的报告》，1929 年 1 月 15 日。

② 见《中央关于党内宣传派别问题决议案》，1929 年 1 月 18 日。

③ 见《江苏省委对中央工作的意见》，1929 年 2 月。

委，何孟雄分配到沪东区委工作。

“江苏问题”的解决，前后历时约三个月。这个问题反映了当时党中央的领导水平不高，江苏省委的组织纪律性不强，有严重错误，但主要责任在中央。一是中央过分强调领导干部的工人成分，认为调工人干部加强省委领导，才有助于贯彻“六大”决议。当时，省委和各区委的领导工作虽有缺点和错误，但还没有到不能继续工作的程度。二是处理问题简单。调整省委领导班子，不同省委同志商量，召开各省来沪代表会议时，不通知江苏省委派人参加，就简单地决定停止江苏省委的职权和工作。恩来当时不在上海，党中央虽由向忠发负责，但实际上是李立三说了算。这些做法虽然主要出自立三的意见，但中央其他同志，包括我在内，都是有责任的。立三听不进省委同志的不同意见，以救世主的态度来处理这个问题，我当时是有感觉的。三是中央对省委问题的分析，言过其实。对于党内的不同意见，采取扣帽子、打棍子的办法，促使了矛盾的激化。

江苏省委在未正式接到中央政治局关于中央兼省委的通知时，凭小道消息，不顾党的纪律，进行一系列违反组织原则的活动，甚至将在“六大”召开期间争论的一些问题不加区别地进行传达，进行反对中央的宣传。在这方面，也是极其错误的。

二、省委领导的加强和工作的开展

（1929 年 1 月至 1930 年 6 月）

1929 年 1 月底新省委成立后至 1930 年 6 月间，省委和上海市委总的工作路线和斗争策略基本上是正确的，工作是有成绩的。但从 1929 年 11 月江苏省党的“二大”以后，省委中“左”的思想逐渐发展，为后来贯彻立三路线准备了条件。

（一）我参加省委时省委的基本情况

新省委成立后，省委常委办公机关设在北四川路南头路西的一个弄堂里，对外以写字间为掩护。这个机关一直到 1931 年初我离开江苏省委止从未遭过破坏。当时省常委每天碰头一次，处理日常工作，决定重大问题。省委每周召开一次上海各区委书记和群众团体党团书记联席会议，先由各区书记汇报情况，然后讨论工作。常委还分工联系上海各区并参加区委会议。对外县除派巡视员外，还召集特委或县委书记到上海来讨论工作。

省委各部的组织比较精干。以组织部为例，我开始任部长时，共六个人，任作民（任弼时的弟弟）任副部长，另外有秘书、干事、发行和做技术工作的各一人。组织部主要管地方党组织和基层党支部的组织工作、干部工作、巡视工作。全省的发行分配工作也归组织部管。

1929年二三月间，组织部为了全面了解全省党组织的基本情况，就省委、区委、市委、特委、县委、特支的领导成员，全省党员的社会成分，各党支部的组织生活状况，各级党组织掌握的积极分子数量，妇女党员数和被捕同志数等问题，分类进行了一次调查。根据这次调查统计，上海共有支部一百四十三个，党员一千三百人。南京市有支部十三个，党员一百一十四人。从1929年上半年开始，上海党员的成分已由主要是店员和手工业工人向产业工人发展，铁路、海员、矿山、金属业、纺织、电汽车等轻重工业中已有党员和党的组织。党在产业工人群众中的影响有一定扩大，党群关系有所改善，能起作用的支部较前多了。至于全省的组织统计，因部分县委将党员数和受过党的影响的群众数混合计算，就不准确了。

省委宣传部工作由任弼时负责。宣传部根据中央和省委提出的任务，拟定宣传工作计划和宣传大纲，编写各种宣传品，编辑出版党刊党报，督促和指导各区出版供工人阅读的通俗刊物和工厂小报。宣传部编印的《每日新闻》，把每天报纸上的重要新闻汇集起来，供省委机关同志阅读。1929年6月出版省委党刊——《教育周刊》，因环境恶劣，实际每月才出一期。在中央宣传部的具体指导下，1929年4月17日，省委宣传部出版了供上海工人、学生和市民阅读的半公开的报纸《上海报》，到1930年8月14日停刊，共出了三百八十五期。《上海报》内容通俗，文章短小精悍，形式多样，有图片，有漫画，有文艺专栏“海上俱乐部”，每天都刊有上海工人和江苏省其他县市以及外省工人、农民斗争的消息。还经常报道红军战斗的消息。该报深受欢迎，每天销量达五千余份。在1929年纪念“五卅”运动四周年的示威运动中，八千余份《上海报》五个小时就一销而空。此外，省委还指导各区委和工厂支部办好以工人日常生活和斗争为素材的能够启发工人觉悟、联系群众的工厂小报。省委编印的各种宣传品，在斗争中也起了不同程度的作用。但是，那时的宣传工作也存在较大的缺点，在罢工、示威游行中只满足于印发了多少万份传单、标语、宣言，不善于到群众中去做深入细致的宣传和启发工作。有些宣传品，特别是宣传大纲、宣言等，文字冗长，内容空洞，口号成串。这些都影响了宣传的效果。

（二）省委扩大会议的召开

为了进一步贯彻党的“六大”决议，制定全省工作计划，并为江苏省第二次党代表大会的召开作准备，省委于1929年3月召开了一次扩大会议。参加会议的代表有上海各区委，外县各特委、市委的主要负责人和省委代表共十九人，他们是：沪东区委组织委员毛春芳、沪中区委书记俞伯揆、法南区委书记李富春、沪西区委书记林育英、闸北区委组织委员陈德辉、浦东区委书记王克全、吴淞区委书记霍锟镛、南京市委书记游无魂、盐淮特委组织委员吕冰心，徐州特委书记蒋云、扬州特委书记夏采晞、南通特委书记叶守信、无锡县委书记黄亦武、淞浦特委书记孙予真、共青团省委书记吴均鹤、团省委组织委员李子芬、上海总工会党团书记徐锡根、江苏省委书记罗登贤、省委常委彭湃；此外，与会的省委常委和省委部委负责人还有李维汉、康生、蔡畅。中央的周恩来、李立三、项英等也到会指导。扩大会议的主席团由罗登贤、吴均鹤、游无魂、徐锡根、毛春芳等五人组成。会议成立了政治任务和策略路线、组织工作、宣传工作、职工运动、妇女运动、上海工作方针、共青团工作、农民运动、全省代表大会计划等决议草案的修改委员会。《组织计划决议草案》和《上海工作方针计划决议草案》由我起草，这两个修改委员会的书记也由我担任。会议于19日正式开始，23日结束。在会议召开前的17日晚，主席团开会，由于环境恶劣，决定会议分三个小组讨论并通过各项决议草案。我参加了第二组的讨论。18日晚，主席团召开外县代表开会，特别解释了这次会议的意义。会议的第一天，由中央代表李立三作《党的第六次大会经过及目前政治报告》，罗登贤代表省委作副报告。会议最后通过了上述各项决议。这些决议的主要内容是：

（一）分析了全国和江苏的政治形势，指出在中国的各帝国主义势力之间和中国统治阶级的内部都存在着不可调和的矛盾，它是促进中国革命发展的重要条件之一。江苏是帝国主义侵略势力在中国的中心，是中国买办资产阶级和民族资产阶级的中心，江苏人民处在帝国主义和资产阶级直接压迫剥削之下。“帝国主义的侵略，买办资产阶级的剥削，民族工业的发展”，“在城市造成了广大无产阶级”，并促进了它们的革命化。在农村，“造成农村经济破产，促进了土地革命的条件。”①

（二）指出江苏群众斗争已开始复兴，但“工人斗争是部分的时起时伏的，还没有汇合成广大发展的局面，农民斗争虽是继续发生，但亦没有成为广大群众参加的斗争，因此，我们不可有过分的估量。”② 根据这种估计，会议确定江苏党仍然要遵循“六大”制定的争取广大群众，准备武装暴动的总路线，加紧发展工农的日常斗争，使日常的经济斗争同政治斗争相结合。同时要进行深入的政治宣传，把广大群众团结在党的周围。

（三）确定了职工运动、农民运动、士兵运动的工作方针。职工运动的主要方针是加紧“发展日常斗争，鼓动革命情绪”，并“联系经济斗争与政治斗争”③，把重点放在大产业，特别是重工业中。要争取黄色工会中的群众，发展赤色工会的组织，“利用各种名义的组织，加紧赤色工会的斗争作用”④，并注意女工、童工工作。关于农民运动，提出要注意领导自发斗争、恢复暴动失败区域的工作，既要反对畏惧斗争的右倾情绪，又要注意纠正盲动主义的残余。农村斗争要以贫雇农为主体，并建立包括富农在内的农村中极大多数的统一战线，并加紧土地革命和建立苏维埃的宣传。关于士兵运动，会议指出江苏是反动统治的中心，驻扎着强大的反动军队，党应注意发展反动军队中的士兵组织，加紧士兵中的工作。

（四）确定党的组织路线是发展党的无产阶级基础，建立产业支部，建立和健全地方党部，使党的生活布尔塞维克化。会议认为，江苏党要努力发展工农组织，建立士兵组织，培养训练干部，深入工农群众，以达到“党成为工人阶级自己的群众化的战斗的党的目的。”为此，党内必须克服“盲动主义残余”、“小资产阶级意识的纠纷”、“极端民主化”、“非集

---

① 见《江苏省委扩大会议报告》，1929 年 3 月 19 日。

② 见江苏省委扩大会议《组织问题决议提纲》，1929 年 3 月。

③ 见《江苏省委扩大会议报告》，1929 年 3 月 19 日。

④ 见李维汉在闸北区组织会议上的讲话，1929 年 4 月 10 日。

体的手工业式的个人指导方式”、“命令主义、委派制度”① 等错误思想，以实现“六大”提出的政治任务。

这次省委扩大会议的决议是符合“六大”路线要求的，是基本上正确的，对江苏省委的工作起了积极作用。但是会议过分强调反对资产阶级改良主义，认为在全国在江苏，民族资产阶级在政治上的比重都在日益增大，而民族改良主义则是资产阶级的主要策略，“改良主义的欺骗在工人群众中的影响已有很大的发展”，“在争取群众工作中事实上已成了我们最毒辣的敌人”②。因此，“一切群众工作都须注意反对改良主义斗争”，如果“忽视对改良主义的斗争，必然要变成党之路线走上和平发展的道路”③。在扩大会议上，淮盐特委同志认为对改良主义的影响估计过于严重。认为近来发生的一些群众斗争是群众受压迫太甚而进行的退兵一战，还不是复兴的形势。会议反对淮盐特委代表的意见，认为他们的意见是革命失败情绪的一种反映。现在看来，淮盐特委同志对改良主义影响的估计是正确的，扩大会议的分析则是错误的。第一，它延续了“六大”把民族资产阶级作为革命的危险敌人的错误分析；第二，它把改良主义当作民族资产阶级的主要策略，没有区分哪些是统治集团内部矛盾的反映，哪些确实是民族资产阶级的要求；第三，尤其错误的是把一切改良主义都当作敌人的反革命欺骗而加以反对，不去联合那些哪怕是暂时可以联合的各种社会势力，以孤立最主要的敌人。

（三）深入基层共商区委和支部工作

为了贯彻“六大”和省委扩大会议的决议，我于 4 月初开始，用一个多月的时间，先后到沪西区委（与林育英等）、闸北区委（与陈德辉等）、法南区委（与李富春等）连续开会，研究区委本身和下属支部的工作和建设问题。这些会议讨论的主要问题有：

（一）加强产业支部（中心支部）的工作。当时各区委都确定了一批数量不等的中心支部。中心支部的条件是：党的力量比较强，支部工作较好，工人斗争热情较高。闸北区确定的中心支部有邮务、商务印书馆、苏

① 见江苏省委扩大会议《组织问题决议案提纲》，1929 年 3 月。
② 见江苏省委扩大会议《组织问题决议案提纲》，1929 年 3 月。
③ 见《江苏省委扩大会议报告》，1929 年 3 月 19 日。

州河码头、电汽车、电话、海员等；沪西区确定的中心支部有电汽车四厂和五厂，同兴、振泰、中新纱厂和绢丝厂等。区委要求中心支部无论在党的生活和群众斗争中都要起核心的作用。

（二）慎重对待大革命失败后离开党的老党员，积极发展新党员。大革命失败后，一部分党员在严重的白色恐怖中，或因消极或因被工厂开除失去了党的组织关系，但他们并没有变节行为，其中部分人有恢复组织关系的要求。当时区委的一些同志对这部分人不大信任，不愿进行积极的工作。对这个问题，经过讨论统一了认识。在残酷的斗争面前消极畏难，当然是错误的，但他们原来受过党的教育和实际斗争的锻炼，只要他们还要求继续革命，我们就应热情帮助他们，多做工作，坚定他们的信念，鼓励他们积极工作，经过严格考核后还可以重新入党。发展新党员的工作也十分重要，在上海八十万产业工人中，当时只有八百多个党员，极不适应工作的需要。支部和党员要深入群众，主动、耐心、细致地工作，宣传党的政纲和路线，在日常斗争和生活中发现和培养积极分子。

（三）妥善处理失业工人问题。大革命失败后，工人中的部分党员和积极分子失了业，少数失业工人为了生活，被资本家收买利用，一部分消极。如何妥善处理这个问题，在当时也很重要，处理不好，将影响党同群众的关系。解决这个问题的根本出路是启发工人觉悟，使他们认识到阶级压迫和失业的根子在国民党的反动统治，要消灭剥削和失业，必须起来推翻国民党的反动统治。同时要组织和领导失业工人起来和资本家进行必要的斗争，争取就业，并帮助他们找工作，必要时要捐款接济。

（四）确定争取黄色工会中的群众，破坏黄色工会，建立赤色工会的方针。这个方针是从中央来的。它对黄色工会一概否定，总想建立与它对立的赤色工会，这是并不正确的。黄色工会一般有相当的群众基础，为国民党当局所承认，只是领导权不在我党手中。在白色恐怖的环境下，我们应该利用它和它的附属组织，进行各种公开活动，团结、教育和争取工人群众。对其领袖，也应根据其不同的政治态度或团结争取或给予打击，而不应一概打击。对黄色工会的总策略不应一概破坏，不应把工会招牌涂得很红，重要的是争取对黄色工会的实际领导权。实际上，在许多大工厂中党的组织薄弱，工人群众在严重的白色恐怖下，畏惧斗争的情绪相当普遍，打出赤色工会的招牌，很难争取群众。它的活动也很难公开。

会议还根据中央关于开展“五一”到“五七”纪念周活动的指示作

了布置。我同区委同志就上述主要问题的讨论，对于贯彻省委扩大会议决议，起了推动作用。

（四）参加党的六届二中全会

1929年6月25日，中央为贯彻共产国际训令，制定今后的工作方针，在上海召开六届二中全会。我作为江苏省委的代表列席了会议。这次会议全面总结了第六次全国代表大会以来的工作，确定今后党应该继续执行“六大”规定的“争取广大群众以准备武装暴动”的总路线，并规定争取广大群众的十项任务。其中主要是：反对帝国主义，反对国民党统治，反对军阀战争，深入土地革命，领导游击战争，加强兵士运动，注意青年妇女工作，扩大党的路线方针的宣传等。会议强调指出：农民土地革命斗争的发展，坚决领导游击战争，扩大苏维埃区域与建立工农红军，“是推进革命高潮，决定全国工农最后暴动胜利的主要条件之一”。会议认为发动群众的日常斗争，仍然是目前争取群众的主要方法，“党只有提出一切的群众的日常的痛苦来发动群众的斗争，正确的运用斗争的策略取得不断的胜利，然后才能渐次提高群众斗争的勇气，而调动广大群众团结到党的政治口号之周围”①。会议所规定的上述基本任务大体上都是正确的。但是这次会议在许多问题上所规定的策略口号都带有明显的“左”的倾向，许多是延续了“六大”的缺点，例如：在反帝斗争中强调拥护苏联；在反对军阀战争的问题上，不知道利用矛盾，而主张“对于任何一方面都加以坚决的攻击”；在土地革命中，主张“必须坚决的反对富农”；对于民族资产阶级，否认其两面性，认为资产阶级改良主义“仍是目前革命的最危险的敌人”；在职工运动中继续强调赤色工会与黄色工会对立等等。这些“左”的规定，对江苏省委工作中“左”的倾向的发展有很大的影响。

（五）省委成员的调整和群众工作的加强

六届二中全会后不久，省委成员进行了调整。1929年8月24日，省军委的彭湃、颜昌颐及中央军委的杨殷等五同志，因叛徒出卖被捕牺牲；

① 见《中国共产党第六届中央执行委员会第二次全体会议文件·政治决议案》，1929年6月。

罗登贤奉调离开省委，省委书记先由任弼时后由我代理；法南区委书记李富春和外县工作委员会负责人陈云调省委工作。9 月 12 日，省常委会议上决定，由任弼时、康生、陈云、李富春和我等六人任常委。后来，中央又决定，省委会由六个常委加团省委书记和基层的电车、汽车、纱厂、金银业支部的同志，以及做妇女工作的女同志共十二人组成。当时认为这样做可以使省委同基层有较密切的联系，也有利于培养锻炼干部。为了处理工作敏捷，又将原来的六个常委改为正式三人，候补三人，常委每天碰头研究日常工作，常委和候补常委每周开会一次，决定重大问题。我任代理书记后，组织部长由康生担任。

军委和农委的工作原由彭湃兼管。彭湃牺牲后，9 月 9 日常委会决定军委由富春负责，成员有张天民、陈云、顾作霖和工联会一人；农委由陈云负责，成员有周孟平、英举、赵和尚。妇女运动委员会的工作开展较迟，到 1929 年底蔡畅同志任妇委书记后才积极地开展工作。外县工作委员会仍由陈云兼管，下设若干巡视员，负责与六个特委和省委直属县委的联系。

新省委调整前后，为贯彻省委扩大会议决议和党的六届二中全会的决议，加强了对工人运动、农民运动和青年运动的领导，使各方面的斗争都有些发展。

1929 年 6 月，省委将上海的纱厂工人总工会、码头工人总工会、手工业工人总工会、店员工人总工会等同一产业系统的工会和各区的工会联合成立上海工会联合会（简称“工联会”，党内称赤色工会），并领导一些行业的工人举行了罢工，如 5 月到 9 月间，上海市二百五十家估衣店员一千六百余人，为支援沪西衣庄工人的斗争和改善自身待遇，举行了近一百天的罢工；7 月，虹口区二十家丝厂女工一万一千余人，为要求加薪和改善待遇，举行同盟罢工，坚持了三个月；10 月，南洋烟厂七百余工人，为反对国民党通缉工人中所谓“反动嫌疑”分子举行罢工。这些罢工斗争规模较上半年大，有的带有明显的政治性。

江苏省委领导的农村斗争的范围，是外县各特委和上海的吴淞区、浦东区所属各县。省委依据“六大”规定的农村工作路线和省委扩大会议的精神，在南通区、徐海区、淮盐区和常州、扬州、丹阳、靖江等地建立了农会组织，发动农民进行反苛捐杂税、抗债、抗租的斗争。淞浦区领导崇明和常州、南通的农民进行抗租斗争。农民自发的斗争也不断发生。部分地区的农民提出了土地要求。在南通、海门、泰兴和启东地区还组织了红军游击队，开展了游击战争。这是江苏省最早的一支红色武装。南通的红军游击队在春荒斗争中支持农民打土豪，分粮食，配合农民协会武装打击保甲武装，并逐渐形成了一个游击区。南通东乡还进行了没收土地、建立苏维埃政权的宣传。1929 年 6 月，如皋、泰兴两个中心县委决定将该地区的游击队统一编为“如泰工农红军”，使这个地区的斗争有了新的发展。省军委曾派薛衡竞去该地区加强领导。海门、启东地区的党组织，也领导农民开展了抗租、抗粮斗争，成立了地方武装赤卫队。根据这个地区斗争形势的发展，1929 年秋，省委决定成立通海特委，指定李超时为书记，王玉文、张辛、陆克、刘瑞龙、顾臣贤等为委员，统一领导通海、如泰地区的斗争。这些，说明江苏农村的斗争形势是在向前发展。

在这期间，青年运动也有所恢复。华南大学、上海艺术大学、中华艺术大学、暨南大学、复旦大学、浦江中学、泉漳中学等十几所大中学校都有党员或党支部。1928 年冬，南京晓庄师范学校的共青团支部和共产党支部先后成立。刘焕宗（刘季平）为党支部书记，徐一冰为团支部书记。该校党支部领导党员和积极分子深入农村进行调查研究，发动附近农民组织“联村自卫团”。青年团的组织也有所发展。据 1929 年 6 月统计，上海青年团已有一百余个支部，一千余团员。南京、南通、无锡等地团员也有一定的发展。省委还领导各校成立学生会，反对国民党对学生的政治压迫。在上海，成立了青年工人联合会、青年反帝大同盟、青年革命互济会等群众团体。这些青年组织在斗争中一般都能起作用。

在党的领导和影响下，一些青年学生、青年工人、青年农民和青年士兵积极参加反帝、反军阀、反国民党的示威游行，而学生又是这些活动中最活跃的力量。1929 年 9 月，党、团组织发动学生参加上海各界人民为抗议国民党的反动统治，追悼彭湃、杨殷、颜昌颐、邢士桢四烈士的活动。10 月，日本东京发生逮捕无辜中国学生的事件，引起国内学生的愤怒。10 月 27 日，上海举行援助旅日中国学生的示威和罢课运动。在外地，如东海、南通、松江、苏州等地的中学学生也举行了罢课。此外，一些学校，还进行了维护学生切身利益的斗争。

1929年的“五一”“五三”“五四”“五九”①“五卅”“八一”②等纪念日和苏联十月革命节，省委根据中央的指示，都曾组织过大小不等的公开的示威活动。“五卅”纪念活动，党内成立了由党中央、团中央、省委、团省委、上海总工会等单位负责人参加的“总行动委员会”，指挥这次行动。党外的群众团体成立了上海各界纪念“五卅”运动四周年筹委会。印发了大量的宣传大纲和传单。30日清晨，示威群众从各方面陆续汇集南京路两旁。十时正，一声哨响，积极分子拥上街头，一面散发传单，一面高呼“打倒帝国主义”“打倒国民党”等口号。少数积极分子撤退时砸了电车和国民党在上海的机关报《民国日报》馆。这天，有的区也分片组织了示威、群众大会或飞行集会。有的工厂举行了罢工或关车数小时以示纪念。这次示威的总指挥部设在南京路北侧一家大商店的后院楼上，我和恩来都在指挥部观察，恩来说要下去看看，我没有让他去，我去看了。这次活动有近百人被捕。

“五卅”示威后，省委又着手筹备“八一”总示威。这次示威运动是我党历史上的第一次。党中央于6月就制定了工作计划。省委根据中央指示，决定在上海、南京等大中城市同时举行示威、罢工、飞行集会，也同样成立了由党中央、团中央及省里的一些团体的负责人组成的“总行动委员会”，指挥这次示威。由于群众对“八一”国际赤色日一无所知，省委要求进行广泛的宣传。7月14日和26日还进行了两次预演式的示威。“八一”当天有数千工人、学生和少数农民、士兵，冲破中外反动派的警戒封锁，在南京路、福州路、白渡桥、天潼路示威游行，持续了三四个小时。上海各区也举行了罢工、飞行集会或群众大会。南京、常州也在这一天举行了示威活动。以后的一些纪念日省委也组织了示威游行。

上述的示威活动，一方面说明，江苏和上海的党员和非党积极分子，激于对国民党反动派的义愤，仍然保持着革命热情，经过省委的发动，敢于在严重的白色恐怖下开展斗争。但另一方面也反映了省委在工作指导上存在着“左”的错误，把“六大”提出的在客观可能的条件下争取公开

---

① 1915年日本帝国主义向袁世凯政府提出独占中国的秘密条款（二十一条），袁世凯于5月9日予以承认，并签订了卖国条约。中国人民将“五九”定为“国耻日”。

② 1914年8月，是第一次世界大战开始的时间。1928年6月，共产国际第六次代表大会决定，为反对世界大战，保卫苏联，号召全世界被压迫群众在8月1日向帝国主义作总示威，并将“八一”定为“国际赤色日”。

的路线简单地理解为以公开的政治口号，通过公开的群众组织，发动群众罢工、示威、游行。这样公开的结果，公开工作不是掩护了秘密工作，而是暴露了秘密工作。有一些做法更近于愚蠢，如将示威的时间、地点公开在《上海报》上刊出，这无疑是给敌人报信，所以每次行动，几乎都有人被捕。

（六）文化工作的开展

党的“六大”以后，一批在上海从事革命文化运动的党员，如潘汉年、成仿吾、李初梨、冯雪峰、冯乃超、朱镜我、彭康、阳翰笙、钱杏邨、夏衍、孟超、田汉、杜国庠、柯柏年、许涤新等的党组织关系都在上海市委，归江苏省委宣传部领导。他们大部分编在闸北区委、法南区委所属支部。1929 年 6 月，党中央成立了文化工作委员会，潘汉年任书记，直接领导“我们社”、“太阳社”、“创造社”、“艺术剧社”、“南国社”等文艺社团的工作，并通过“创造社”、“太阳社”同鲁迅建立了联系。

这些同志在党的领导下，经营书店，编辑出版革命文艺书刊，翻译出版马克思、恩格斯、列宁、斯大林的著作、苏联文学作品和其他社会科学的书籍，创办《太阳月刊》、《创造月刊》、《新思潮》等期刊，宣传马克思主义和无产阶级革命文艺的主张。有的同志还在学校、工人夜校和工人补习班授课，通过各种途径在学生和工人中开展革命文化的普及工作。为支持工人斗争，他们在书写和印刷宣传品方面也做了大量的工作。

1929 年春，“创造社”被查封。“太阳社”鉴于客观条件的艰难，在征得党组织的同意后于五六月间主动解散。在此之前，中央就曾打算联合鲁迅等人成立一个左翼文艺界的组织。1929 年夏秋之交，由潘汉年和省常委李富春先后向原“太阳社”和“创造社”的负责人冯雪峰、钱杏邨等传达了中央的这个意见，并研究了具体办法。经过多次磋商和积极筹备，1930 年 3 月，成立了“中国左翼作家联盟”。第一任党团书记是冯雪峰。接着又陆续成立了“中国左翼社会科学家联盟”、“中国左翼戏剧家联盟”等左翼文化组织。1930 年 6 月组成的“中国左翼文化总同盟”为上述左翼文艺组织的总机关。几个左翼文艺团体成立后，他们的工作完全由中央文化工作委员会领导，省委就不再兼管这方面的工作了。

（七）反对托陈取消派的斗争

1929 年下半年，根据中央的指示，江苏省委在党内开展了反托派（亦称取消派）的斗争。中国党内开展反托派斗争，同共产国际和苏联共产党内反对托洛茨基反对派和反对布哈林右派的斗争有着直接的关系。

1927 年前后，在莫斯科“东方大学”和“中山大学”学习的部分中国留学生，接受了托洛茨基的政治观点，加入托洛茨基反对派组织，进行反对共产国际和苏联共产党的活动。1927 年 11 月，托洛茨基被开除出联共（布）党后，在联共党内开展了肃清托派分子的斗争。1928 年秋和 1929 年，中国留学生中的托派分子先后被遣送回国，他们开始在上海、北京、香港等地建立中国托派组织。当时国内的托派组织有：梁干乔、张特、区芳等组织的“我们的话社”；刘仁静、王文元、宋蓬春等组织的“十月社”；刘胤、王平一等组织的“战斗社”。他们出版刊物，宣传托派理论。1929 年 5 月，陈独秀和在上海工作的彭述之，郑超麟、尹宽等接受托派的理论和主张，反对党中央和“六大”制定的路线，否定共产国际对中国革命的指导路线，公开打出托派反对派的旗号。9 月，陈独秀同彭述之等组织了人数最多、影响较大的托派组织“中国共产党左派反对派”（即后来的“无产者社”），由陈独秀担任总书记，进行分裂党的小组织活动。他们认为中国革命“是资产阶级取得了胜利”，封建势力已“变成残余势力之残余”；“资产阶级与封建势力的矛盾也没有了”，“革命斗争不是开始复兴，而是更加衰落”。还认为“工农苏维埃在目前只是宣传口号”，主张以“召开国民会议”为目前的总的政治口号等等，其实质是取消革命，故被称为托陈取消派，或称反对派。1929 年 8 月 13 日，党中央发出《关于中国党内反对托派问题》的第四十四号通告后，在党内全面开展了反对托陈取消派的斗争。针对陈独秀等人分裂党的非组织活动，中央在同年 10 月 15 日通过了《反对党内机会主义与托洛茨基主义反对派的决议》，揭露和批判陈独秀等反对中央路线，进行小组织活动的错误。陈独秀拒绝接受党的批评，坚持错误，11 月 15 日，党中央将他开除出党。

当时，在上海党内活动频繁的托派分子有闸北区委第二街道支部的彭述之、汪泽楷，沪东区委的马玉夫，沪中区委的蔡振德等，他们与陈独秀的观点完全一致。1929 年 10 月 11 日，省委决定开除他们的党籍，并报党中央批准。12 月，省委又将郑超麟、李季、尹宽、刘伯庄等开除出党。

（八）省第二次党代表大会的召开

正当江苏省和上海市的各项群众运动和反对托陈取消派的斗争日益发展和取得不断胜利的大好形势下，1929 年 11 月 18 日至 26 日，江苏省委在上海秘密召开第二次全省党代表大会，贯彻共产国际和六届二中全会以来中央的各项指示精神。参加会议的正式代表三十七人，都是上海各区、特委和市、县委以及省委的主要负责人。我记得有上海工联会党团书记徐锡根、上海工联会委员长徐炳根、上海市沪中区书记何孟雄、沪中区委员吴国治、沪西区书记游无魂、闸北区书记王克全、法南区书记陈德辉、沪东区常委顾作霖、徐海特委书记陈资平、通海特委常委刘瑞龙、南京市委书记夏采晞、上海革命互济会主任王弼、上海反帝大同盟负责人孟济平、沪宁线党的负责人管文蔚、中学生代表惠浴宇，还有做妇女工作的蔡畅、徐大妹、苏雪华等。省委代表三人：我、富春、康生。恩来和立三代表中央参加会议指导，他们分别向大会作了政治报告和中央组织问题报告。大会主席团由周恩来、徐锡根、康生、王克全、吴国治、孟济平、徐炳根、陈资平、顾作霖和我组成，由我担任主席团主席，王克全担任主席团秘书长。

会议由我主持。会前，我同陈云商讨后，由我执笔起草了《江苏政治状况与党的任务和策略》的书面报告。根据这个报告，我抽出几个主要问题代表省委向大会作了副报告。康生、陈云、徐锡根也分别代表省委向大会作了关于江苏省组织问题、农民运动和职工运动的报告。大会通过了政治、组织、职工运动、农民运动、妇女运动、青年团运动及对青年团工作、武装保护苏联、反对党内取消主义与取消派等决议案，还发表了宣言和致中国工农红军书。

大会选出新省委委员十七人，候补委员九人；审查委员三人，候补委员二人。李富春、康生、徐锡根和我为省委常委，陈云和王克全为候补常委。新省委的分工是：我为省委书记，富春为宣传部长兼军委书记，康生为组织部长，陈云为农民运动委员会书记，徐锡根为职工运动委员会书记，王克全参加组织部工作。11 月 27 日省委召开常委会议，决定组建职工运动委员会，徐炳根为委员长，徐锡根为党团书记，胡光明任组织部长，金鳌任宣传部长。

会议肯定了十个月以来省委工作的成绩：（1）群众运动有了进一步的发展。这表现在：1929 年 1 月至 10 月，上海共罢工一百零九次，参加者有六万多人；5 月至 10 月，无锡、南通、常州共罢工二十次。农民斗争日益扩大，抗租、抗税斗争不断发生，有的开始走上土地革命和游击战争的道路。学生、妇女、士兵等工作也有一定的成绩。（2）党的组织有一定的发展，全省党员六千八百人，其中工人党员一千二百人；党员质量有所提高，产业支部有所加强。（3）开展了反对托陈取消派的斗争。

这次会议在政治形势的分析和今后工作方针上，存有不少问题。例如：（一）过高估计世界革命和中国革命发展的形势。认为国内政治形势是“革命危机日益加紧，统治阶级正在日益崩溃”。认为帝国主义进攻苏联的战争“是马上就要爆发之震撼世界之巨变”，要求江苏省全体党员“用尽一切力量号召广大群众起来实行武装保护苏联，推翻帝国主义国民党豪绅资产阶级的统治，力争中国革命的胜利，全世界社会主义革命的胜利”。（二）对国民党政权的性质和民族资产阶级的认识，仍根据中央的观点作了错误的分析，认为蒋介石大地主大资产阶级的政权，是豪绅买办阶级和民族资产阶级的“联合政权”。认为民族资产阶级、上层小资产阶级和富农都已变成了反革命，应予坚决的打击或排斥。（三）坚持城市中心的观点，把农民运动的重点放在中心城市周围和铁路沿线附近，把游击战争看作是城市武装暴动的一种准备。（四）否定城市工作在战略上应取防御的方针，反对一切改良，不顾条件的追求政治罢工和示威运动。

会议期间，何孟雄等少数代表对中央和省委的报告提出不同意见。他们认为，中央和省委对革命形势作了夸大的分析，革命刚刚开始复兴，但极不平衡，还不是“成熟的复兴”。党的策略应该是“准备进攻的路线”，而不是“直接进攻的路线”。对于李立三在报告中否认革命需要主观力量的充分准备的观点，一些代表也提出批评。徐海特委代表陈资平提出“西北群众痛苦万分，每天饿死几万人”，这样易于爆发革命的客观条件，“如何没有革命高潮”发生？就是因为“没有群众的自觉力”。有的代表虽然同意大会制定的“进攻路线”，但又提出不能一味的不停顿的进攻，要根据不同情况灵活运用。有的代表还反对不顾客观和主观条件是否具备，遇有纪念节日，一概组织政治示威的做法，认为“过去为示威而工作，忽略日常工作”，“放弃日常斗争”，结果脱离了群众。现在看来，当时许多代表指出中央和省委在政治路线上存在这些问题的意见是正确的，而中央和省委却并未认识。会上，立三和我同孟雄等同志发生了争执，我们认为孟雄等“右倾”，执行党的路线不坚决，公开指名批评孟雄是“调和主义”“调和路线”。立三更把孟雄的正确观点同取消派的错误观点对比地加以批判，简单粗暴地迫使孟雄在组织上“服从结论”。

大会的缺点，主要反映了大革命失败以后，特别是近一年来共产国际的指示和中央的观点。1928 年 8 月，共产国际第六次代表大会提出了一个关于资本主义总危机从 1928 年起已进入“第三时期”的理论，“资本主义稳定进一步瓦解”“资本主义总危机急剧尖锐化”“必然会引起一个新的冲突的时期”，即帝国主义国家之间的战争，“反对苏联的战争”时期，“也就是大规模阶级搏斗的时期。”① 1929 年 5 月，中国发生了“中东路事件”，国民党政府用武力强行接管由中苏双方共同管理的中东路（以哈尔滨为中心，西至满洲里，东至绥芬河），驱逐任职的苏方人员。蒋介石命令东北军开赴绥芬河，发动对苏联的进攻。共产国际要中国党发动群众，支持苏联。国际认为，“推翻地主资产阶级联盟的政权，建立苏维埃政权”的时机在中国已经成熟。事实上，共产国际对世界革命和中国革命形势的分析是不正确的，而中国党却完全接受国际的观点，不断作出决议要各级党组织努力贯彻。江苏省委也不例外地贯彻执行了。

省“二大”闭幕后，我于 12 月 4 日向上海各区委书记、委员和各群众团体主要负责人传达了会议精神。12 月 23 日，省委发出关于组织同盟罢工的通告和计划大纲。1930 年 1 月 5 日，省委作出《关于接受共产国际对中国职工运动决议及中央通告六十二号——接受国际对中国职工运动的决议案》，主要内容是加强组织同盟罢工和政治罢工；加紧发展赤色工会；反对黄色工会等。在此后的半年多时间里，每逢纪念日或遇有工厂罢工和其他活动时，差不多都要按照上述决议的精神组织示威活动。

① 见共产国际第六次代表大会《国际形势和共产国际的任务》提纲。

1930年1月13日沪西区美国资本家经营的安迪生灯泡厂一千多工人，为反对国民党军警枪杀工人举行罢工。15日，中央发出通告，要求“以灯泡厂惨案为中心”，“结合目前迫切任务——反军阀战争，武装保护苏联与准备武装暴动”举行示威。同日，我召开上海各区委书记、党团书记联席会议，决定19日举行总示威。这次行动，只有同兴纱厂实现了罢工，参加示威的群众一千多人，示威的结果是数十人被捕。但省委并未从这次行动中接受教训，又要求各区委“抓住阴历年关的斗争”和“二七”纪念周，继续组织罢工，并接着布置纪念“三八”的示威活动。“三八”这一天，全上海只发动了一千四百余人参加示威游行，有二十人被捕。

1930年2月间，在党的领导和推动下，以鲁迅为代表的上海左翼文化界人士，为争自由，反对国民党法西斯统治，成立了“中国自由运动大同盟”。本来，争自由运动是符合争取公开和利用合法斗争的策略的，但当时从中央到省委，总想把本来是或应该是有广泛群众性的团体，涂上很红的色彩，似乎只有这样才是最革命。当时省委号召党员、赤色工会会员和进步学生加入自由大同盟，“使小资产阶级自由运动，变成无产阶级领导下的争自由运动”，以汇合成准备全国总暴动的政治斗争。结果使可以合法存在、公开活动的群众组织也很难存在和活动。自由大同盟在国民党反动政府的迫害下，不久即停止活动。

在这期间，江苏省的一些县、市的工人所进行的小的经济斗争，只要不是以同盟罢工为着眼点的，大部分都取得不同程度的胜利。如1929年12月初，南京市浦镇大厂工人包围机务处处长，要求发还被扣的11月份工资，取得了胜利。1930年初，南京市龙潭水泥厂工人罢工，要求厂方抚恤被机器轧死的工人，发年关双薪和工人请假不得克扣工资，取得部分胜利。无锡市成衣业工人罢工，要求增加工资，经调解签订协定，也取得了胜利。另一方面，从省“二大”后，我们天天喊组织同盟罢工、政治罢工，却总不能形成同盟罢工的形势，更达不到政治罢工的目的，斗争屡遭失败，党员数量下降，法南区由二百二十人减少到一百五十人，沪中区由一百多人减少到九十人，吴松区则只有三十人。当时，全上海的党员最多不过一千人，其中还有些不坚定分子。赤色工会会员人数也下降了，沪西区原有三百人，减少到一百人。群众斗争情绪也日益消沉。但上述两个方面的事实，并没有使省委从政治路线上去总结经验教训。

在这期间，上海区委以及一些基层干部和党员，由于在实际斗争中遭到种种失败和挫折，对中央和省委的路线及政策产生不满或怀疑，对斗争策略也有不同意见。他们认为：由于群众力量薄弱，不少群众因害怕被开除、被捕而不敢起来斗争，因此应进行日常小的斗争，不能盲目、持续地坚持罢工；罢工时提出的条件不宜过多过高；示威运动也不宜搞得太多，以致损失太大。对于这些合理意见，省委、区委都不加区别地扣上“取消同盟罢工路线”，“怯懦的机会主义观点，害怕斗争”等等帽子，给予批判或处分。这样，就更助长了“左”倾思想的发展。

在这一时期，中央对黄色工会和赤色工会的策略更加“左”倾。1929年12月17日，省委向上海各区委书记、党团书记传达了共产国际对中国职工运动的决议和中央接受国际决议的六十二号通告。主要精神是要以赤色工会代替黄色工会，消灭黄色工会，批评“过去只提出打倒黄色领袖，不反对黄色工会”的策略是“机会主义”的错误。而事实上，工会应该是广泛群众性的组织，应该尽量吸收工人参加，利用合法的条件，公开进行活动，人为地制造赤、黄对立是错误的。当时，省委要求党员和积极分子加入黄色工会，其目的不是为了利用这一合法组织来进行公开的斗争，而是要打倒它、消灭它，以赤色工会取而代之。在严重的白色恐怖之下，赤色工会把自己的面貌涂得如此之红，就从根本上破坏了自己存在的条件。其结果是赤色工会愈来愈脱离群众，会员愈来愈少。

省“二大”以后，通（南通）海（海门）如（如皋）泰（泰兴）地区的游击战争有了新的发展，开辟了通海、如泰两个游击区，并开始进行了没收分配土地的斗争。约在1929年冬，根据中央军委的决定，省军委将如泰地区和通海地区的红军游击队组建为中国工农红军第十四军。省委先后派何昆、徐德、黄火青等熟悉军事的干部到苏北，加强部队工作。不久组建成红十四军军部，何昆为军长，通海特委书记李超时兼政委，薛衡竟为参谋长，余乃诚为政治部主任。徐德、黄火青分别为如泰和通海区的军事特派员。军部成立后，从思想上和组织上整顿了部队。1930年2月，通海地区的红军游击队正式编为工农红军江苏第一支队，刘廷杰为队长，后改为二师，秦超为师长，陈雪生为政治部主任；如泰地区的红军游击队编为工农红军江苏第二支队，后改为一师，何昆兼师长，黎时中为政委。

4 月底，红十四军启东大队成立。经过整编后的红十四军约有二千余人，几百条枪，这对南京、上海的反动势力是一个相当大的威胁，是革命的宝贵力量。

但是，由于缺乏经验和受“左”倾思想的影响，红十四军连续冒险攻打敌人地方武装，因敌众我寡而失败。4 月中旬，红十四军一师，以及赤卫队和革命群众一万余人，分三路围攻如皋西南的老虎庄，军长何昆在战斗中英勇牺牲。4 月下旬，红十四军又围攻泰兴东北的顾高庄，参谋长薛衡竟负重伤后牺牲。5 月，红十四军二师及群众万余人，进攻通海边境的反动道会门——白龙党的老巢汤家沟，打死地主和反动武装六七十人，打击了白龙党的反动气焰，但师长秦超在这次战斗中牺牲了。此后，通海特委和红十四军军部，继续实行“左”的冒险行动，使幼小的红十四军不断受到损失。

1930 年上半年，爆发了蒋介石和阎锡山、冯玉祥的军阀混战，全国出现了有利的革命形势。红军和革命根据地得到了进一步的巩固和扩大，全国红军发展到近十万人，建立了十几块大小不等的革命根据地。党在国统区的组织和工作也有了一定的恢复和发展。在这一有利的革命形势下，党内的“左”倾思想又进一步发展了。1930 年 2 月 26 日，中央发出第七十号通告《目前政治形势与党的中心策略》，认为“一省或几省首先胜利的前途，特别是武汉及其邻近的省区表现着更多的可能”；党最迫切的任务是：“促进和准备武装暴动的直接革命形势的到来”，“要变军阀战争为国内阶级战争，推翻国民党统治建立苏维埃政权”。要求各级党组织集中力量积极进攻，组织政治罢工、地方暴动和组织兵变。3 月，李立三发表了《准备建立革命政权与无产阶级的领导》一文。他在文章中除阐述通告的思想外，还形象地表述了“城市中心论”的思想。他说：乡村是统治阶级的四肢，城市才是它的头脑与心腹，单只斩断了它的四肢，而没有斩断它的头脑，炸裂它的心腹，还不能制它于死命。要达到此目的，就要靠工人阶级最后的激烈的武装暴动。3 月下旬，中央又连续发出通告，要各地党组织开展“红五月”运动。

省委根据中央指示精神，于 3 月下旬，成立了纪念“五一”的总行动委员会，各区成立了区行委会，支部成立了干事会，群众团体成立了筹备委员会。省委还成立了由我、石心、朱瑞、潘汉年、王弼组成的“特别委员会”，专门研究示威时如何组织群众占领马路等技术问题。上海的

"红五月"运动是在李立三直接领导下进行的。从3月底到4月底，李立三多次在上海各区书记和党团书记联席会议上、上海活动分子会议上作长篇报告，反复宣传他的"左"倾观点，动员准备"五一"总示威。4月8日，省委在北京大戏院召开上海"五一"总示威第一次筹备代表大会，散会时被武装巡捕包围，百余人被捕。20日，上海各区工人纠察队近四百人，在杨树浦临青路一带公开举行检阅大会，遭到敌人冲击，许多人被捕。27日，省委在"仁济善堂"召开上海"五一"总示威第二次筹备代表大会，二百多人被捕。"五一"那天，上海有一万多群众拥到南京路，占领马路，阻拦电车、示威游行，遭到早有准备的中外军警巡捕的冲击，被捕多人。南通、如皋、邳县党组织也发动群众集会示威。南京、无锡因党组织遭到破坏未能发动。"五卅"这天，省委根据中央指示，再度组织上海群众示威游行，群众队伍冲到外滩，包围了英国领事馆，遭到国民党军警镇压，一位纠察队长牺牲。此外，还有4月份的上海公共汽车公司与英商电车公司的罢工，虽坚持二十余天，但最后失败。南京和记蛋厂的工人罢工，也遭到反动军警、英国水兵的殴打，结果千余人受伤。多次的挫折，使我的思想也开始动摇，觉得这些做法值得研究。"五卅"当天下午我去见立三，我还未作申述，他就批评我说：情况都知道了，现在的革命好比干柴，一根火柴就可以点燃，准备武装暴动的时候到了。立三还嫌我们右，干得不好。

半年来，江苏省委，特别是上海党领导的罢工和示威游行，很少取得胜利。这种冒险主义的行动暴露了自己，损失了力量，干部情绪消沉，群众产生严重的恐惧心理。由于工作难以推动，各级领导中的强迫命令、家长制、一言堂等坏作风也有了进一步的发展。在这期间，中央政治局常委在上海的除李立三外，还有周恩来、向忠发、项英等。常委会主席向忠发，工人出身，理论水平不高，缺乏独立见解，项英负责职工运动和长江局的工作，政治局的决策人实际上是恩来和立三。而恩来出国前和立三在不少问题上意见并不一致，如对革命形势的分析和组织各地暴动等问题就有争论。3月，恩来赴莫斯科参加联共（布）党第十六次代表大会，向国际汇报中国党的工作，同时处理中共驻共产国际代表团同共产国际间的一些分歧问题。恩来走后，立三更加独断专行，政策越来越"左"。有关中国革命的重大问题的决策，往往由他个人决定，党的政治生活处于极不正常的状态。

三、李立三“左”倾冒险主义在江苏的贯彻

（一）1930 年 6 月 11 日的中央政治局会议

1930 年 6 月 11 日，中央政治局召开会议，参加会议的政治局委员有向忠发、李立三、关向应、项英等。温裕成和我列席了这次会议。会上通过了李立三起草的《目前政治任务的决议》（即《新的革命高潮与一省数省的首先胜利》）。这个决议是立三“左”倾路线在党中央占据统治地位的标志。它夸大中国革命客观的有利形势和主观力量，否认中国革命发展的不平衡性，主张中心城市的武装暴动，夺取全国政权。它还夸大世界革命的有利形势，认为中国革命的爆发，将有“掀起全世界的大革命，全世界的最后的阶级决战到来的可能”。这次政治局会议后，中央即制定了组织全国中心城市武装起义和集中全国红军进攻中心城市的冒险计划。

在 6 月 11 日政治局会议正式通过这个决议之前，政治局在 6 月 9 日曾开会讨论决议草案。立三在这次会议上对决议草案作了长篇的解释发言。他在会上点名批评毛泽东，说毛泽东“有整个的路线，完全与中央不同”，“他对红军的发展，仍是保持游击战争的观念”。认为“游击战术是不适合于现时的需要的”，“游击战争的秘诀”就是“逃、跑、走”，是“乘虚进攻敌人”。他强调现在的红军“是需要夺取中心城市，向敌人主力进攻，向交通中心发展”①。

在 6 月 11 日政治局的会上，我表示同意决议案所提出的观点。并强调争取一省几省首先胜利的关键是争取上海的胜利，因为上海是全国的经济中心，也是帝国主义统治中国的中心，只要上海胜利了，全国也就胜利了②。

6 月 12 日，中央政治局向共产国际呈报了上述决议，要求共产国际承认并动员各国共产党支援中国革命。当时驻上海的共产国际远东局代表

① 见李立三 1930 年 6 月 9 日在政治局会议上的发言。

② 见李维汉 1930 年 6 月 11 日在政治局会议上的发言。

罗伯特对这个决议的几个具体问题有不同看法，因而反对下发这个决议。

李立三对罗伯特非常不满，说他右倾，妨害中国党的领导工作。6月21日，中共中央政治局以向忠发的名义向共产国际远东局提出抗议，要求将罗伯特撤走。李立三在未接到国际指示的情况下，于7月13日又召开政治局会议，布置南京暴动、上海总同盟罢工，并要求全国配合。7月16日，中央政治局又电共产国际，要求批准上述武装暴动和建立全国苏维埃政权的计划，要求“国际动员各国支部积极进行保护中国革命运动”。信中特别要求联共“派大批政治军事人材前来加紧指导与工作”。中央为贯彻上述计划，成立了北方局（贺昌任书记）、长江局（任弼时任书记）、南方局（李富春任书记）和江苏总行委（李立三任书记）。我任江苏总行委的组织部长，总行委成员还有顾顺章、吴振鹏、徐锡根。立三之所以要亲自兼任书记，主要原因是他认为江苏省委还“左”得不够，对我能否坚决执行他的政策不大放心。7月27日，红三军团乘虚攻占长沙，李立三被这一突如其来的胜利冲昏了头脑，错误地认为目前形势已到了“历史上伟大事变的前夜”，要求全国各大城市“积极准备武装暴动”。7月下旬，中央政治局收到共产国际的复电，要中共中央停止下达6月11日的决议。立三等人拒绝接受共产国际的意见，认为国际不了解中国目前的形势，是受周恩来的“右倾”观点所左右。他于8月1日和3日连续召开政治局会议，部署全国暴动的工作。8月1日的会议决定将各级党、团、工会的领导机关合并，成立准备武装起义的各级行动委员会，并决定成立中央总行委，为各地武装暴动和总同盟罢工的最高指挥机关。中央总行委的委员有十四人，即李立三、邓中夏、吴振鹏、陆定一、刘伯坚、徐锡根、向忠发、李维汉、王克全、余飞、陈郁、袁炳辉、罗章龙、潘问友。总行委的主席团为向忠发、李立三、徐锡根和袁炳辉。8月19日总行委又扩大为二十二人，加入周恩来、瞿秋白、项英、关向应、罗登贤、贺昌、温裕成。主席团扩大为七人，加入周恩来、瞿秋白（当时，恩来、秋白均尚在莫斯科）、顾顺章。政治局8月3日的会议又进一步具体研究了武汉暴动、南京暴动和上海总同盟罢工的计划。立三的设想是：武汉暴动、南京暴动和上海总同盟罢工的爆发，将引起全国总暴动的发生，届时苏联和蒙古可以出兵，将“西伯利亚数十万中国工人迅速武装起来”，支持中国革命。这样一来，“日帝国主义必很迅速地向苏联进攻”，引起世界大战，而中国革命就会在世界革命高潮中取得胜利。这是一个十足的主观臆想。会上，李立三、向忠发等人还错误地批评在莫斯科向共产国际报告工作的恩来右倾，指责他在向共产国际报告时“没有将中国革命速度和群众运动高潮的经济基础说明”。随后，中央命令红一方面军再次攻打长沙，并组织其他各路红军向武汉推进，以促成全国的革命高潮。

（二）省委积极贯彻执行中央的各项工作部署

7 月9 日，省委召集上海各区常委联席会议，贯彻6 月11 日政治局会议精神和中央的一系列指示。会议决定积极准备上海、南京武装暴动，并加紧无锡、苏州、常州等城市和沪宁线、淞浦附近各县农村的工作，以配合南京、上海的暴动。同时要求扩大通海的红十四军，并在沪宁、徐海两区加紧建立新的红军，以南京、上海为总目标，进攻中心城市。为了实现以上要求，省委在纱厂、市政、铁路组织了行动委员会，并“将（沪）东、（法）南、（沪）西、（闸）北四个区委分成八个区委”，将“手工业、店员、学校、自由职业者，编成马路支部”。

此后，省委即连续召开区委书记党团书记联席会议，具体讨论暴动计划和措施。

在上海，省委于7 月领导了英商老怡和纱厂工人为要求取消三日调班制（一星期只给三天工钱），工人举行罢工不得无故开除。老怡和厂的罢工委员会曾同申新、三新等纱厂联络试图发动同盟罢工，并领导工人打电车、打汽车，到马路上示威。当时日华、恒丰、内外棉八厂、九厂曾经响应，上海纱厂总工会也发出总同盟罢工的号召，并准备于八一举行示威。但是这些罢工，由于缺乏群众基础，遭到国民党的镇压，都失败了。同盟罢工没有实现，一些积极分子遭到逮捕。7 月16 日，根据中央指示，省委组织了上海工人、学生为反对军阀混战与拥护苏维埃区域代表大会的游行示威；7 月27 日，红军占领长沙后，省委组织了“八一”示威。9 月7 日，又举行反对帝国主义和国民党白色恐怖大示威。这些示威，每次都差不多有积极分子被捕。

当时也有取得胜利的罢工，如1930 年6 月18 日到8 月13 日，上海法商水电公司工人为要求八小时工作和增加工资所举行的罢工，就是一个例子。这次罢工之所以取得胜利，恰恰是罢工的领导人没有执行省委“左”的方针，而是实行了比较符合实际的策略的结果。法电工会的负责人是共产党员徐阿梅，他在1930年红五月运动中，认为时机不成熟，没有执行省委、区委的罢工命令而被开除党籍。6月，公司机务部工人提出改善待遇的要求，资方态度强硬，国民党社会局插手调解，资方仍不予理睬。徐阿梅等利用国民党同法商的矛盾，发动机务部工人罢工，使法租界内一度断电，自来水供应也很紧张。7月下旬又发生了“马浪路血案”，巡捕开枪打伤罢工工人三十余人，捕去二十余人，激起工人和社会的公愤。徐阿梅根据形势的变化和群众的情绪，团结公司其他各部工人和职员共一千六百余人一致罢工，争取了社会的广泛同情，最后资方被迫答应条件，罢工取得胜利。对于这次罢工，上海工会联合会虽然也组织了“后援会”声援，但只是高喊举行总同盟罢工，实现“八一”示威等空洞的口号，而法电工人罢工的胜利却恰恰不是在这些空洞口号的号召下取得的。当时省委领导并未从这件事中取得教训，反而错误地认为徐阿梅是“黄色工贼”，还说不能过分估计黄色工会领袖的作用，甚至提出驱逐黄色领袖，推翻黄色工会等口号。但省委的同志却不得不承认法电的“整个路线是随着徐阿梅跑”，“工联会的同志都去找徐阿梅，希望经过他来组织群众”，可见人心所向了。

在农村，江苏省委曾抽调干部加强沪宁线和淞浦附近各县的工作，同时部署了徐海、南通两地区的地方暴动。但只有少数地方如宿县、淮涟、南汇的泥城有过少数人军事冒险的暴动，大部分地方并没有搞起来。1930年8月20日南汇县的泥城暴动，仅有两支枪，七八个人，还成立了红十八军；淮涟只有十几个人也去攻城，结果都失败了。

对红十四军，省委和通海特委提出，为了配合南京暴动，“准备会攻南通，截断长江，进攻上海、南京”等地。这是一个根本不可能实现的冒险计划。1930年7月29日，中共南通特委召集如泰地区红军联席会议，决定在黄桥实行“总暴动”。会议认为，这是“江北革命政权与反革命政权的最后决战”，并成立了暴动委员会作为统一指挥的机构。8月3日，红军主力部队由红十四军军长兼政委李超时和省委特派员徐德两人指挥，在当地农民的配合下，进攻黄桥，同时分兵佯攻古溪、蒋垛、季家市、卢庄等据点。但因内奸通敌，部队受到意外的袭击，不得不撤出战斗。结果，红十四军在敌“协剿”下被打散。

关于南京兵暴问题。李立三竭力夸大敌军的弱点和我党在敌军中的力量，认为“现在军阀军队极端动摇，到处哗变”，“党在军阀军队中的政治影响与组织力量飞速扩大，现在镇江驻军主要部队完全在我们的领导之下，特别是十余万伤兵热烈要求党的领导”。在这种思想指导下，省委认为仅仅组织士兵哗变，已经不够了，要组织士兵暴动，夺取政权，甚至把本来可能组织成功的部分兵变也停止了。遵照中央的指示，江苏省委和南京市委抓紧发动南京兵暴。李立三命令曾中生领导的学兵营举行起义，攻击国民党中央党部，占领南京。曾中生曾反映，仅以学兵营的兵力占领南京，根本是不可能的。我在省委也提出士兵暴动后把队伍拉走，改编为红军，到农村去发展土地革命的意见。李立三批评这些都是右倾。所以兵暴工作一开始就采取公开发动群众的办法，举行飞行集会，游行示威，致使地下党暴露，结果从 6 月到 10 月，宪兵连、军官团、学兵营等国民党士兵支部的党员，因组织兵暴而暴露，遭到秘密杀害的至少有四十人。南京市委机关也因而两次遭到搜查，全市被敌人逮捕的党员有一百多人，使南京党组织受到大破坏。南京兵暴的计划终成泡影。

此外，党在学生中也进行了一定的工作，组织学生参加反帝反军阀，以及争取读书、思想、言论自由的斗争，在社会上产生了一定的影响，但由于总的路线和政策错误，也没有取得积极的成果。

几个月来，江苏省委积极贯彻执行立三路线，使革命力量受到很大损失，上海、南京等城市的一些党组织和赤色工会组织遭到破坏；群众的积极性受到打击；一些优秀党员和积极分子遭敌人杀害。仅据全国互济会调查，在 4 月至 9 月的半年中，江苏被国民党杀害的党员和群众二千一百三十人，一千四百八十人被捕。

我执行立三路线是坚决的。记得有一次，我找安徽的同志谈话，谈的过程中，我打起了瞌睡，我说：“同志，你休息一下，让我躺一躺。”那时，连觉也顾不得睡地昼夜工作。后来，因为工作推不动，罢工刚一起来就失败，同盟罢工、总同盟罢工又实现不了，武装暴动更是渺茫，使我开始怀疑立三的一些做法。8 月初，我向李立三汇报江苏和上海的情况后说：看来，上海暴动搞不起来了。要举行全国暴动，这样大的事，是否应向共产国际请示？恩来在莫斯科，是否让恩来去请示一下？立三听了我的话很生气，他说，红军已打下了长沙，攻下武汉没有问题。并说，以武汉为中心的一省或数省首先胜利的革命高潮已经形成，打下九江、南京后可以会师武汉。现在就看你们江苏的了，看你们能不能砍下蒋介石统治的“头”了。他还讲，等打下武汉，中国革命胜利了，再同共产国际讲话。

当时政治局开会的记录都要送共产国际和远东局驻中国的代表，所以李立三的话，国际都是知道的。由于在实践中碰了钉子，李立三又不听我的意见，我开始消极了。

（三）党内同志对立三路线的抵制

当时，党内许多有实际工作经验的同志也都对立三提出过不同意见，但立三一意孤行。如当时党中央宣传部负责人之一的恽代英，由于反对立三的冒险主义做法，被立三扣上“调和主义”帽子，排斥出中央机关，调到上海沪西当区委书记，随即被捕，后来英勇牺牲在南京雨花台。在江苏省委、苏准会办事处、互济总会党团中，以何孟雄、林育南、李求实等为代表的一部分干部都是较早起来反对李立三“左”倾冒险主义的，他们都遭到李立三的压制和打击，被扣上“调和派”、“取消派”、“右倾势力”等帽子，以至受到组织处理。何孟雄当时是江苏省委候补委员、上海沪中区委书记，他几次批评李立三“左”倾冒险错误，特别是在9月1日召开的上海区委书记联席会议上，尖锐地批评了李立三和中央政治局的“左”倾错误。李立三当即制止他发言，并组织对他的批判，何孟雄坚持原则，没有屈服。9月8日，孟雄向总行委和中央政治局写了《政治意见书》，系统阐述了他的意见，明确提出反对“立三同志领导路线”。结果，孟雄被立三指斥为“取消派暗探”、“右倾机会主义分子”，被撤销江苏省委候补委员和沪中区委书记职务，降为江苏省委干事。其他支持何孟雄的同志也都遭到打击。

由于李立三“左”倾冒险主义在实际工作中到处碰壁，引起党内越来越多的同志的不满，同时共产国际也不赞成李立三的做法，从而促进了六届三中全会的召开。

（四）关于纠正李立三“左”倾冒险主义问题

立三路线的产生，是受到共产国际对中国革命和世界革命一些“左”的理论的影响，特别是受到共产国际1929年10月来信的影响，但是共产国际在武装暴动的时机、条件等问题上同立三路线又有分歧，觉得立三走得太远，对立三路线的冒险主义的具体计划提出过批评。1930年7月23

日，共产国际执委会政治秘书处在瞿秋白、周恩来参加下，通过了《关于中国问题的议决案》，批评了立三对革命形势所作的不正确估量，指出立三在若干问题上所犯的一些策略上的错误。国际的这个决议对于停止立三“左”倾错误的执行起了积极的作用。但是国际在正确指出立三错误的同时，又认为“党的任务，是要同时加紧两条战线上的斗争，尤其是反对右倾，因为从顺利执行摆在党面前的任务方面看来，右倾仍是主要的危险”①。国际对中国党内斗争的这种分析，为后来王明“左”倾冒险主义的形成和发展埋下了根苗。

8 月下旬，周恩来和中共驻共产国际代表团团长瞿秋白先后回到上海。恩来带回了共产国际执委会政治秘书处的决议。他们负有回国贯彻国际七月决议的任务。秋白和恩来通过个别谈话和召开两次政治局会议，传达了共产国际的决议。政治局经过讨论，基本上统一了对于形势的看法。随后中央发出一系列指示和决定，开始纠正立三冒险主义的主要错误。1930 年 9 月 4 日，中央发出给长江局的指示信，决定恢复党、团、工会的独立领导机构和组织系统；9 月 8 日，中央发出接受国际执委会政治秘书处七月决议的指示，决定停止武汉、南京暴动和上海总同盟罢工。李立三在实际工作中的一些主要错误，在三中全会召开以前已经开始纠正。

1930 年 9 月 24 日至 28 日，党的六届三中全会在瞿秋白、周恩来主持下于上海召开。出席会议的共三十六人，其中中央委员有瞿秋白、李立三、向忠发、项英、周恩来等十四人，中央审查委员二人，还有北方局、南方局、长江局、满洲省委、青年团、全总党团的代表二十人，我和李富春、陈云、王克全作为江南省区的代表出席了会议。会议的中心议题是讨论共产国际 7 月 23 日决议，纠正李立三的错误。向忠发向会议作了《中央政治局工作报告》；周恩来作了《关于传达国际决议的报告》；李立三作了检查发言；瞿秋白作了《三中扩大全会政治讨论的结论》。周恩来和项英还分别作了组织问题和职工运动的报告。会议还讨论了国际东方部 1930 年 8 月关于《中国共产党的最近组织任务议决案》、《中国共产党在职工运动中的任务》（提纲草案）。

周恩来在《关于传达国际决议的报告》中，批评了李立三的错误，

---

① 共产国际执委会政治秘书处《关于中国革命问题的议决案》，1930 年 7 月 25 日。见 1930 年 10 月 3 日《实话》。

指出："中国革命新高潮已无可怀疑，但在今天，中国工农的力量尚未能聚集起来袭击帝国主义与国民党统治。今天尚没有全中国客观革命形势，也就是在今天尚不是全国的直接武装暴动的形势"。恩来认为这时形势的基本特点就是革命发展的不平衡，不平衡的原因"在帝国主义统治中国的分裂状态中，因之中国经济的发展还保有很多地方性，政治变动有先后，革命经验有多少，这些条件就决定了中国革命发展的不平衡"。恩来指出，立三是"将前途的某一可能""作为今日要做的根据"，从而在革命发展的速度与程度上发生了过分的不正确的估量，导致了冒险主义错误的发生。

全会根据国际决议和恩来的报告，作出《关于政治状况和党的总任务议决案》。决议比较全面地分析了立三在政治上、组织上的冒险错误，但仍然认为它仅是策略性质的错误，而不是路线错误。全会肯定前一段中央政治局的路线是正确的，是和共产国际的路线一致的。并且仍然把右倾看作是党内的主要危险，加以反对。这说明，三中全会对于立三错误的实质认识并不清楚，没有超出国际决议的认识水平。

李立三在会上承认了被指出的错误，并承担了责任，对自己和中央政治局几个月中所犯的错误作了检查。立三的自我批评，虽然对其错误所造成的实际危害揭露得很少，在革命道路和策略问题上仍然坚持城市中心和城市暴动的观点，但他检查错误的态度是严肃诚恳的，不文过饰非，勇于承担责任，并有改正的决心。全会以后，立三就离开了中央的领导岗位。

1930 年 10 月，共产国际给中共中央发出一封关于立三路线问题的指示信，对立三的批评调子突然变了：1. 批评立三犯了路线错误，认为"他所犯的错误，并不只是个别的错误，而是造成了整个错误观点的系统，定下了反马克思列宁主义的立场"。2. 认为立三路线"是与共产国际执委和中共中央代表团所共同制定的路线对立的"，是"反国际的政治路线"。随后，共产国际东方部和共产国际执委会进一步批评三中全会犯了调和错误，在中国党内又发起了一场反对所谓调和主义的斗争。

三中全会虽然结束了立三以冒险主义为其主要特征的那些错误，但没有能从思想实质上真正分清是非，清除其"左"的路线影响，这主要是由于我们党的思想理论水平不高。当时，我们党的状况虽然较之第一次国内革命战争时期有了重大进步，但是，政治上还不成熟。党中央领导机关的同志，对于中国的历史和现状，对于中国革命的特点和规律，对于马克思主义同中国革命实际的结合，仍然缺乏深刻认识。共产国际对中共六届三中全会的批评，并没有指出它的真正不足，还完全否定了三中全会在纠正立三错误上的积极作用。这个批评并不公正，因为三中全会完全是根据共产国际七月决议的精神召开的，没有一点违背这个决议精神的地方。此时共产国际为什么改变了对立三错误性质的批判调子，提出三中全会犯了调和错误呢？这是因为：第一，6 月 11 日决议通过后，立三多次对抗共产国际关于停发 6 月 11 日决议和制止武装暴动的计划的指示；第二，立三在 8 月 1 日、3 日的政治局会议上讲了一些不尊重共产国际的话，如说“等占领武汉之后，就可以用另外的方式去和共产国际说话了”，还说共产国际不了解中国的实际情况等等，这对有权指挥各国共产党的共产国际来说，是不容许的，因此认为立三是反共产国际；第三，对三中全会的主持者瞿秋白不满。瞿秋白于党的“六大”后，任中共驻共产国际代表团团长，驻在莫斯科。他在处理莫斯科中山大学中国留学生中的派别斗争问题时，因不同意受到共产国际东方部负责人米夫支持的王明等少数人的宗派活动，引起米夫等的不满。1930 年春瞿被撤销了中共驻共产国际代表团团长的职务。由瞿秋白主持的三中全会，又违背共产国际的原意，把他选进了中央政治局，这也是共产国际批评三中全会特别是它的主持者瞿秋白的一个因素。这年冬，米夫作为共产国际代表来中国工作，他直接插手中国党内的斗争，使问题更加复杂化。

共产国际的十月指示信，1930 年 11 月 16 日中央才收到。中央在共产国际和党内一部分受到共产国际支持的同志的压力下，承认了“调和主义”错误。中央政治局于 11 月 22 日，召开扩大会议，25 日通过了《政治局关于最近国际来信的决议》，完全接受了国际来信的批评。

12 月 1 日，周恩来在中央机关工作人员会议上作了关于反对立三路线问题的报告。他回顾了 8 月份以来执行国际路线的经过；估价了六届三中全会及其后中央工作的功过；着重分析了立三路线的理论基础，“左”倾机会主义实质，以及在实际工作中造成的严重影响；还论述了立三错误能够在中央领导机关形成统治的社会根源和具体的历史条件。12 月 9 日，中央政治局作出决议，准备召集紧急会议，同月发表了《中国共产党中央委员会告同志书——为反对、肃清立三同志路线的问题》。12 月 22 日，中央又发出紧急通告（第九十六号）。这三个文件都强调要通过新的决议，以代替三中全会的决议。这实际上为后来召开新的中央全会作了舆论准备。

（五）改组省委，贯彻三中全会决议

三中全会后，江苏省委改组为江南省委（管辖浙江、安徽、江苏），10月5日，省常委召开第一次会议，参加会的有我、陈云、王克全、夏采曦、顾作霖、沈先定、李求实、吴振鹏等。会议的主要内容是传达和贯彻三中全会决议，通过了《江南党的任务和策略决议案——接受国际指示与三中全会扩大会议之决议和精神》。同三中全会一样，这个决议的总精神也仍然是强调集中力量反对右倾思想，这就一面检查又一面继续坚持"左"的错误。1930年12月22日，江南省委又进行部分改组，我即离开了江南省委，准备去莫斯科学习。改组后的省委常委成员是：王克全（代理书记）、何孟雄、夏曦、许畏三、沈先定、陈资平、蒋云。

江南省委的改组，因没有实现共产国际代表米夫要安排王明等的意图，受到米夫的干涉而很快流产，省委工作陷于瘫痪。后来在米夫的操纵下，中央于12月25日决定委派王明担任改组后的临时江南省委书记，博古任团中央宣传部长，这就为王明等人取得中央领导权在组织上作了准备。

四、经验教训

上面我简要回顾了巡视江苏省委和担任省委领导工作期间的情况。下面，就这两年多江苏省委的工作谈一点自己的看法。

这两年多时间，大体可以分为两段：第一段，即前期，从党的"六大"至1930年上半年；第二段，即后期，从1930年6月立三冒险主义占统治地位以后至1931年1月党的六届四中全会以前。前期，省委贯彻了"六大"制定的争取广大群众准备武装暴动的总路线，工作取得相当成绩，表现在：江苏党和群众的组织有所恢复和发展；工、农、青年运动逐步复兴；省委做了许多争取文化界的工作，开展了革命文化运动。虽然在前期的后一段时间，即1929年下半年以后，特别是到1930年上半年，中央和省委的领导中"左"的倾向有所发展，如开始过高估计革命形势发展的有利条件，频繁组织纪念节日的示威运动，但总的还是贯彻了"六

大”的路线的。后期，中央和省委实际上否定了“六大”争取群众的路线，把发动城市武装暴动作为行动口号，使江苏成为贯彻冒险主义的一个很积极的省区。

省委领导为什么会有这样的曲折呢？我考虑主要是因为“六大”决议具有两重性，它既有正确的一面，也有不正确的一面。省委在工作中取得的成就，是执行“六大”正确方面的结果；省委所犯的“左”倾错误，则是执行和发展“六大”错误方面的结果。这主要表现在以下三个问题上：

1. 自党建立以来，就存在着照搬苏联十月革命经验，走从城市到农村的革命道路的传统观念。大革命时期，北伐军主要攻击和占领的是城市，走的是这条道路。大革命失败后，敌我形势发生了根本的变化，可是中央没有认识这个变化，在相当长的时间内，仍然坚持城市中心的观点。“六大”对于中国革命应走农村包围城市最后夺取城市的道路，认识不清。“六大”决议，只是说当时的政治形势是在两个革命高潮之间，党的任务是争取广大群众，积蓄革命力量，准备暴动。它所讲的“准备暴动”，实际上是准备城市武装暴动。1930 年上半年，中国时局发生了有利于革命的变化，如果我们党能够正确估计和利用这一形势，本来可以大大发展革命力量，但是以李立三为实际领导者的党中央，在共产国际的影响下，夸大了革命力量的发展和反动统治的危机，认为革命高潮就要到来，已进入直接革命的形势，照搬苏联十月革命的经验，制定了一整套进攻大城市，以城市为中心武装夺取政权的冒险计划。他的计划，不符合中国革命发展不平衡的规律，没有把主攻方向放在敌人统治力量薄弱的农村，如毛泽东、方志敏等同志那样，向农村进军，建立农村革命根据地，而是继续放在敌人统治力量相对强大的城市，以弱我进攻强敌。“六大”以后，省委整个工作布置，重点都放在城市，甚至把农村工作的中心地区也选择在沪宁线和上海邻县，这是很不符合实际的愚蠢做法。在半殖民地半封建的中国，城市的反革命统治比较强，而江苏又是国民党反动统治的政治和经济的中心区域，其统治力量就更为强大，革命要在上海、南京这样的城市首先发动并取得胜利，是根本不可能的。李立三的冒险主义同瞿秋白的盲动主义虽然都是城市中心论，但二者也有区别。秋白主要是不顾敌人的强大和革命失败后的群众情绪，命令少数党员和少数群众在全国组织毫无胜利希望的地方起义。立三则更加突出组织全国中心城市的武装起义。他虽然也主张发展农村革命，发展红军，但其着眼点是配合城市武装起义和集中红军进攻大城市。所以，城市中心论是产生立三“左”倾冒险主义错误的一个重要原因。当然，我们对此不应苛求，应当把问题放在一定的历史条件下进行分析。认识中国必须走农村包围城市最后夺取城市的道路，需要实践，需要有一个过程。要求“六大”对于中国革命的道路认识得那么清楚，是不实际的。

2. 党的“五大”，将民族资产阶级视为革命的对象，排除在统一战线之外。“六大”继续“五大”的观点，认为“民族资产阶级是阻碍革命胜利的最危险的敌人之一”，甚至将第三党这样的坚决反对蒋介石反动统治的民主力量，也作为民族资产阶级改良主义的代表，加以反对。在半殖民地半封建社会的中国，买办资产阶级是革命敌人，民族资产阶级应当是革命团结、争取对象。尽管它当时已附和地主买办资产阶级的反革命统治，但它们之间仍有矛盾，民族资产阶级在分化，是可以和应该争取的。“六大”提出反对中间阶级是受共产国际和苏联的影响，是完全脱离中国的实际情况的。对于富农，“六大”制定了中立富农，不要故意加紧反对富农斗争的政策是正确的，但“六大”以后，共产国际批评中国党的“六大”决议犯了“联合富农”的错误，因而指示中国党必须执行反富农的政策。1929 年 11 月，省“二大”接受了这一方针。这样，就在如何对待民族资产阶级、如何对待富农这样涉及中国革命的战略问题上，犯了根本性的“左”的错误。

3. 党的“六大”，批判了以陈独秀为代表的右倾机会主义和以瞿秋白为代表的“左”倾盲动主义，这是完全必要的。但是“六大”对“左”倾的批判是不彻底的，未能从思想上肃清其影响，因此，在一定条件下，使得八七会议以来的“左”倾思想在“六大”以后又滋长起来。托陈取消派歪曲中国社会和中国革命的性质，否认武装斗争的道路，批判他们取消主义的反动观点无疑是正确的。问题是在批判的过程中，应该把托陈取消派同一般党员因白色恐怖严重而产生的消极畏难的右倾情绪加以区别；应该把托陈取消派同党内部分同志对中央和省委方针政策的不同意见加以区别。然而中央和省委却混淆了以上的两个区别，扩大了打击面，不仅使部分同志受到不应有的批判和处分，而且使党内正常的民主生活遭到破坏，掩盖了中央和省委的“左”倾思想，助长了“左”倾错误的发展。

此外，李立三个人也有问题。他领导过大的工人运动，如安源罢工、上海的“五卅”运动，还参加领导过武汉的工人运动、上海工人武装起义，有领导工人运动的经验，这本来是好事，可以运用有益的经验指导革命，但立三忽视理论的学习，不重视总结革命的实践经验，又不从中国革命的客观实际出发，只是满足于一般的、局部的经验，把它当作普遍真理到处套用。对组织示威游行、“红五月”运动等，他是非常欣赏的。经验主义是他的一个致命伤。立三的另一个问题，是他的个人英雄主义。他是建党初期的党员，领导工人运动有经验、有贡献，就认为自己了不起了，盲目地骄傲起来。他的独断专横的作风是很严重的，不肯听取党内的不同意见，就是共产国际也不在他的眼里。

我在江苏工作的这两年多时间，既执行了国际和中央指示的正确方面，也执行了国际和中央指示的错误方面，政治上和组织上都存在着盲目性，无论是正确或错误，只要是中央决定的，我都坚决执行，特别是在组织上，是绝对服从。我之所以犯“左”的错误，更重要的还因为马克思列宁主义的理论修养不足。我从法国回国之后，就投入了繁忙的革命工作，没有时间读书。由于缺乏理论，也就谈不上如何把马克思列宁主义和中国革命的实际相结合了。

尽管江苏省委在这两年多的时间里，后期犯了“左”倾错误，使革命力量受到损失，但江苏党、团组织并没有垮，这同后来的王明路线使整个白区党的组织遭受到极为严重的破坏的情况是不同的。应该特别指出的是，在严重的白色恐怖下，江苏的广大党员和革命群众以及省委领导班子，在对国民党反动派及对帝国主义和封建主义的斗争中所表现出来的艰苦卓绝的奋斗精神和英勇牺牲精神，却是可歌可泣的。他们之中的许多人为革命献出了生命，是永远值得我们纪念的。

六届四中全会前后

党的六届四中全会，是王明为首的少数人，在共产国际及其代表米夫扶持下，取得党中央领导权的一次会议。这次会议没有什么积极意义，而且把我们党和革命事业，带到更加“左”倾冒险主义的错误中去。我根据自己的记忆，又看了一些材料，深感这次会议前后党内斗争错综复杂，经验教训也很深刻，很有研究的必要。

四中全会的召开和王明的上台

1930 年 9 月由瞿秋白、周恩来同志主持进行的六届三中全会，是根据共产国际的调子对李立三所犯的“左”倾错误进行批判的。三中全会对于停止立三的“左”倾错误起了积极作用，是有贡献的。当然，批评的还很不够，不彻底。后来，共产国际十月来信，说李立三犯的是路线错误，批评三中全会对立三的错误采取了所谓调和主义的态度。这一点后来被王明的小宗派利用了。

王明等少数人，是米夫培植起来的宗派。王明这个人我在 1927 年就认识他。1925 年秋天，在莫斯科创办中山大学，党派了一些青年到那里去读书，其中有共产党员，也有非党青年，王明就是在这个时候被派到中山大学去学习的。这个人有点小聪明，在学习期间得到中山大学副校长米夫的赏识。1927 年初，共产国际代表团（米夫在内）到中国工作时，由他当翻译。那时，我在武汉同俄国顾问谈话时，也由他当翻译。大革命失败后，米夫返回苏联，他也跟着回去了。后来，成了中山大学支部局的负责人。

1929 年 4 月，王明回国，在上海沪东区委做过一段宣传工作，后来又到中央宣传部担任《红旗》报的编辑。我当时是江苏省委书记，经常到上海各区委出席会议，见到他参加过沪东区委会。一次区委在讨论支部工作，谈到有些党员不缴纳党费时，我说：党员应该缴纳党费，要进行教育。他写了个条子给我，说党员不但要缴党费，还要做工作。我没有理他，因为我谈的只是交党费问题，没有谈别的。王明对三中全会及其后的中央的态度，在共产国际的十月来信到达中国以前，总的是拥护的，有些“左”倾观点也是同李立三一致的。王明回国不久，一些在中山大学学习的学生也陆续回国。王明得知共产国际批评三中全会的消息后，便在中山大学回国学生中互相串连，积极反对三中全会及其后的中央。11 月 13 日中国共产党收到了十月来信。11 月中旬，他和博古连续写信给党中央，批判三中全会继续立三路线，公然要求中央撤销对王明留党察看六个月和对博古等人最后严重警告的处分，公开打出“拥护国际路线”，“反对三中全会的调和路线”的旗号，抛出《两条路线》（即后来改名的《为中共更加布尔塞维克化而斗争》的小册子），煽动党员反对三中全会及其后的中央，要求彻底改造党的领导。

在这种情况下，11 月 25 日，中央通过了《关于最近国际来信的决议》（即补充决议），表示完全同意国际十月来信，并指出立三的错误是路线错误。12 月 1 日，恩来在党中央机关工作人员会议上作了批判立三路线的报告；同时也指出王明、博古等人的错误。当时中央一再对他们让步，还是不行，分配工作他们也不干，硬要召开紧急会议。有一次政治局开会，我主张跟他们进行斗争。我说，他们不像话，没有实际工作经验，还闹，分配工作还不干，党中央开的会还不行，还要开紧急会议。这个时候中央很软，他们很硬。他们为什么很硬？后来才知道他们有米夫作后台。

12 月中旬，米夫突然来到中国，直接插手中国党的内部事务。在这种形势下，党中央取消了对王明、博古等四人的处分，并委派王明担任江南省委（习惯仍称江苏省委）书记，博古任团中央宣传部长，这为他们取得中央领导权作了准备。后来，中央又发了第九十六号通告，全面接受共产国际对三中全会的批评，决定改造各级领导机关，引进积极反立三路线反调和主义的干部，尤其是工人干部到领导机关。但王明等人还是指责九十六号通告右倾。

本来我是主张同王明等人斗争的，后来共产国际代表来了，说他们是正确的，我的态度就转变了，政治局同志的态度都转变了，因为那个时候共产国际的威信是很高的。中国党自己还没有一个公认的领袖。既然共产国际来人了，那还有什么说的。我虽然改变了态度，但仍有一个看法，认为他们是吃面包的，没有中国革命的实际经验。

六届四中全会是1931年1月7日在上海秘密召开的。参加会议的有向忠发、瞿秋白、周恩来、任弼时、贺昌、罗登贤、关向应、王明（即陈绍禹，当时名陈韶玉）、沈泽民、夏曦、王稼祥、陈原道、何孟雄、罗章龙、陈郁、徐锡根、王克全、余飞、史文彬、张金宝、王凤飞、韩连会、秦邦宪、温裕成、顾顺章、徐兰芝、邱泮林、肖道德、顾作霖、柯庆施、陈云、周秀珠、袁炳辉、袁乃祥、沈先定、许畏三和我，共计三十七人。共产国际代表米夫也参加了会议。还有记录二人。会议从早晨到晚上十点多钟，共开了十几个小时。会议由推举出来的主席团主持，主要主持人是向忠发。米夫是全会的实际操纵者。会议有八项议程，四项是主要的，即向忠发代表中央政治局作报告，讨论报告；米夫代表远东局作结论；补选中央委员和改选政治局。

由于四中全会是共产国际和米夫扶持王明等人取得中央领导权的一次会议，这与罗章龙一派企图通过召集紧急会议成立临时中央以取得领导权是完全不一致的。与何孟雄等人的主张也有矛盾。所以会议自始至终都充满着激烈的争论。当向忠发刚宣布开会，罗章龙一派的韩连会首先提出会前不知道要开四中全会，仍坚持召开紧急会议。接着王凤飞支持韩的发言。米夫急忙制止，要求停止讨论，立即进行四中全会的工作。说四中全会已经得到共产国际的批准，它可以解决一切问题。王凤飞对此表示不满。接着罗章龙作了较长的发言，同意韩连会、王凤飞的意见，力主召开紧急会议，取消三中全会的决议，改变中央领导。米夫又急忙制止说：四中全会是共产国际批准的，现在要马上举行。米夫的发言得到夏曦、博古、沈泽民等人的支持。会议在米夫的坚持下，通过表决，否定了罗章龙等人的提议。但是韩连会、王凤飞、史文彬等仍然不服，罗章龙却对这些人表示支持，并保留要求召开紧急会议的权利。接着向忠发提出主席团名单：向忠发、徐锡根、罗登贤、任弼时、陈郁等五人，获得多数通过。

向忠发在会上作了《中央政治局报告》，共讲了十个问题，主要讲的是：国际路线是中国共产党唯一正确的进攻路线；批判立三路线与共产国际对立，立三敌视共产国际；指责三中全会及其后的中央站在调和主义立场上，没有实行真正的转变，秋白要负最主要的责任；提出党最迫切的八项任务。但中心是两条，一是改造中央和地方各级党部，尤其要取消三中全会补选的赞助立三路线的中央委员，引进反立三路线反调和路线的所谓“斗争干部”，尤其是工人同志到中央委员会。二是在实际工作中实行坚决的转变，在反对“左”倾的同时，更要加紧反对右倾机会主义。这个报告是共产国际十月来信和王明等人一系列“左”倾言论的翻版。

向忠发报告后进行讨论，许多人发了言。王明在张金宝、韩连会简短发言之后，以马列主义“理论家”的姿态作了长篇发言，一开场就说他的《两条路线》的意见书没有带来，要大家去详细地看，气焰十分嚣张。他一共讲了四个问题：首先说立三路线是“左”倾空谈掩盖下的右倾机会主义的消极，在每个问题上都表现得极为明显。虽然他也指出立三路线中若干“左”的政策，但主要是批判立三的右倾机会主义。如否认一省或数省的首先胜利；对自由资产阶级分子、富农、上层小资产阶级分子的右倾政策等。其次，他完全抹煞三中全会的成绩，指责三中全会在接受国际决议的名义下，继续立三路线。他点名批判瞿秋白与李立三的错误有不可分割的联系，所以对立三路线采取公开的调和态度。第三，他强调只撤换某几个中央负责人是不够的，必须发展全党的政治斗争，从思想上、政治上和组织上全面彻底地改造党，特别要以所谓反三中全会反调和路线的“新干部”、“工人干部”来代替“旧干部”。第四，他尤其强调要加紧反对右倾机会主义，等等。很显然，王明的这个发言是他的“左”倾冒险主义总纲领的体现，也是为他们取得党的最高领导权制造舆论。

王明发言之后，有几个人继续发言，有的完全同意他对立三路线的批判。接着何孟雄提议政治局的同志先发言，要听听他们是否改正了错误。何的提议得到了一些人的支持。接着周恩来、关向应、瞿秋白、向忠发、我和顾作霖等发了言。瞿秋白的发言在这种形势下主要是进行自我批评。他主动地、诚恳地承担了三中全会及政治局所犯错误的最主要责任。说他参加了国际七月决议案的讨论，对情况是了解的，他认为立三的意见和政治局的路线是个别错误，而不是路线上和国际不同，因此十月来信后没有认识到犯了“调和主义”错误，而是经十月来信所领导起来的党员群众的斗争和国际代表的指导，才了解到这一点。秋白也批评了立三路线的“左”倾错误以及和自己若干大致相同的观点，并提出党应领导中国人民进行斗争的若干建议。

我在会上也作了简短发言。首先作自我批评。我说立三路线的形成，实际上也有我的意见，我不是简单的执行者。对于说立三的错误是犯了个别的策略上的错误，我也是赞成的，因此也犯了“调和主义”错误。同时，我对立三的“左”倾路线错误也进行了批评，指出他过分估量了有利的革命形势，不去认真准备力量、建立红军和苏维埃根据地，相反却积极执行苏维埃区域和红军的冒险政策，命令其他地方到处组织暴动，取消党、团、工会和一切群众组织。指出他在党的组织军事化的口号下，实行家长制、命令主义、委派制度，破坏民主集中制，抑制党内自下的批评和自我批评，严厉打击了反立三路线的何孟雄同志。此外，我还具体批评了布置上海暴动、南京暴动、武汉暴动。批评了决定徐海蚌无条件地首先暴动、通海地区的先占南通再攻南京的盲动主义错误。现在看来，这些批评还是正确的。但其他一些批评就不完全正确，甚至还有许多过左的地方。对三中全会的批评也有许多过头的地方。

政治局的同志发言之后，何孟雄、王稼祥、罗章龙等十几人又发了言，大都是批评立三路线、批评三中全会，强调要彻底改造党的领导。至此，国际代表米夫说已有十八人发言，相信不会有新的意见发表，会议必须在十点半结束，不能再延长下去，讨论要在七点半结束。米夫的插话刚完，一些人又表示对四中全会不满，有的人要求秋白等马上离开中央。这时，米夫提出停止讨论，由他作结论。米夫的结论，强调立三“左”倾路线的实质是“右倾”，用“左倾”词句遮盖了实际工作的机会主义；批评三中全会将国际路线隐藏在立三路线后面继续推行立三路线，尤其瞿秋白要负责；指责三中全会不是反李立三，而是反对那些反李立三的王明、沈泽民等，说这些人是站在国际路线上反对立三路线，是坚决执行国际路线的。他对罗章龙等人坚持要求召开紧急会议也进行了批评。随后，会议就基本上通过了由米夫等事先准备好的《中共四中全会决议案》，选出王明等五人委员会同远东局共同修改。

尔后，即补选中央委员和改选政治局。远东局和中央政治局事先拟定了一个名单，这个名单是让我和贺昌从三中全会补选的中央委员中退出来，让瞿秋白、李立三和我从三中全会的政治局中退出来，并提出向忠发，王明等十六人为新的政治局委员或候补委员。这个名单一宣布，即遭到罗章龙、余飞、史文彬等人的反对。罗章龙不仅要求把李立三、我和贺昌开除出政治局和中央委员会，而且要求彻底改造政治局，说政治局的大半是立三路线的执行者。国际代表急忙提议先表决我和贺昌退出中央委员。许多人提出质疑。罗章龙一派的韩连会则提出另一个名单，他们是徐锡根、何孟雄、张国焘、罗章龙，可能还有顾顺章、王克全、韩连会、唐宏经、徐炳根、蒋云等。国际代表米夫立即制止这样的讨论，要求照远东局和中央政治局提出的名单先行表决，然后再提议其他人。会议通过了我和贺昌退出中央委员会。但有人仍提出三中全会补选的中委统统退出，另选中委。罗章龙表示不同意远东局和中央政治局提的名单。由于争执不下，付诸表决。结果，赞成三中全会补选的中委统统退出的只占少数。在这种情况下，罗章龙、史文彬、王凤飞等人仍坚持己见，罗章龙并威胁要退出会场，被人拉住。他说，请国际代表指定，我不表决。米夫说：应当安静地解决问题，捣乱会场是不许可的。现在要表决远东局和政治局的名单和韩连会的名单。有人提问：什么人有表决权？米夫说：现在都有表决权。在米夫的操纵下，又由于罗章龙等人对原中央领导人采取打倒一切的态度，远东局和政治局提出的名单获得多数通过。结果，退出的中委是我和贺昌，补选的中委是韩连会、王荩仁、王明、许畏三、沈先定、沈泽民、黄苏、曾炳春、夏曦等九人；退出政治局的是瞿秋白、李立三和我三人，新选入政治局的是刘少奇、王明、王克全、任弼时、陈郁等五人。这样，在米夫支持下便实现了王明等人取得中央领导权的计划，使原来连中央委员都不是的王明，进入党中央最高领导机关政治局。向忠发名义上虽然继续担任政治常务委员会主席，但实际上由王明等人独揽中央领导大权。

王明等人之所以能够上台，我认为：一是得到共产国际的赏识和支持，这是最主要的原因；二是教条主义唬住了一些人，一部分同志对他们实行妥协和支持；三是八七会议以来党内一直存在着的“左”倾情绪和政策还浓厚地存在着，容易为王明的一套更“左”的理论和政策所迷惑。

总之，六届四中全会的召开，没有什么积极的建设的作用，其结果就是接受了以王明为代表的新的“左”倾冒险主义在中央的统治，它给中国共产党和革命事业带来了更加严重的灾难。

关于罗章龙的分裂主义问题

罗章龙在立三路线时期，他在全国总工会工作，当时刘少奇同志到共产国际开会去了，不在国内，罗在那里掌权。四中全会上，他竭力反对召开四中全会，力争召开紧急会议，把执行立三路线的中央领导人，连同党中央，统统换掉和彻底改造，以选举他们这样的所谓反立三路线反三中全会的“斗争干部”或工人。由于他们提出的名单被否决，没有达到目的，四中全会后就更有组织地反对四中全会，搞分裂党的活动。

党内斗争，搞分裂是党的纪律所不允许的。组织第二党是非常错误的，这是背叛党的行为。但罗章龙等一些人却搞了一个第二党的组织，叫“非常委员会”，江苏搞了“第二省委”，上海的一些区搞了“第二区委”，他们还派人到其他地方搞分裂。因此，中央于 1932 年 1 月 27 日作出《关于开除罗章龙中央委员及党籍的决议》，这是完全正确的。

罗章龙对这段历史的态度，我是很不满意的。1977 年他来北京后，我同他谈过一次。他说在四中全会上，他们是反对王明宗派主义的，是反对米夫的。我说：你们搞第二党是实实在在的。当时，如果你们只是反对王明的宗派主义，那是对的。但我们党在当时是共产国际的一个支部，四中全会的召开是经过共产国际批准的，其结果又为共产国际所承认，因此从组织原则上来说，召开四中全会是合法的。你们对四中全会不满，另外建议召开紧急会议也是可以的，但你们单独搞会场开会，组织“中央非常委员会”，成立“第二省委”、“第二区委”、“第二工会党团”等组织，则是不对的。可是他却认为这样做不是分裂党。我说：你们搞“第二中央”的具体情况我不清楚，但你们搞“第二省委”、“第二区委”的情况我是清楚的。在江苏省委我是当事人。当时我的省委书记职务虽然已被撤销，但还没有离开省委。那时王克全、徐锡根等人参加了你们的组织，他们到江苏省委来闹事，要我们让出省委机关给你们的省委，我们没有让，并与你们进行了斗争。这是实实在在的。我是当事人，可以做证明。我说：你们是在分裂党的组织，这是党纪所不允许的。罗章龙说，他们搞第二组织，是要与共产国际发生关系。这种辩解也是说服不了人的。即使他们当时想与共产国际发生关系，也不能说明另立中央就是对的。这个问题是他的要害。

当时也有人跟着罗章龙一起闹，但后来承认了错误，就没有受处分。有的同志还被派到莫斯科去学习，陈郁同志就是这样。罗章龙没有承认错误，而且坚持错误，才被开除党籍的。当时跟着罗章龙受害的人不少，王克全等人也被开除了，这些人都是坚持分裂的。

去苏联学习

六届四中全会开完后，一天，我与秋白去吃夜餐，他问我：今后你打算怎么办？我说：我要到莫斯科去学习。他听了很赞成。

我为什么想到莫斯科去学习？因为四中全会使我产生了一个看法。以前，我看不起王明等人，认为他们是吃面包的，没有实际工作经验，当然，还有他们反对中央的路线问题。可是，他们大闹了一阵，却说他们是正确的，是有理论的；我们有实际工作经验，但没有理论，所以我们是错误的。我还举了夏曦的例子，夏在湖南时跟我一起，在我领导之下工作，但这次从莫斯科回来，中央把他派到江苏省委任宣传部长，就是为了让他和我斗争。因为立三同志离开中央领导岗位去莫斯科后，执行立三“左”倾冒险主义的人中我是头一个。但我不肯承认王明他们那一套，所以他们就派夏曦来江苏省委和我作斗争。夏曦到江苏省委后，开了好几次会斗争我，想把我从江苏省委和上海市委搞下去。把我搞下去也是有理由的，因为我执行过立三“左”倾冒险主义错误。夏曦这个人我了解，但他现在能讲很多大道理，就是因为他有理论。当时我拿这个例子为自己作辩解，这只是从形式上看问题，而没有真正认识自己的错误，也没有认识什么叫真正的理论，它和教条主义有什么不同。

四中全会后不久，周恩来同志找我谈话，要分配我的工作，谈话地点是在上海四马路天蟾舞台后面一幢房子的楼上。我估计中央决定分配我的工作是恩来同志为我说了话。因为我在路线上已承认了错误，同时王明他们在江苏省委查我的账目也没有查出问题来。恩来同我谈话时，首先要我到湘鄂西中央分局去任负责人。我表示不想去。又提出要我到赣东北方志敏、邵式平同志那里任特委书记。我表示也不想去。恩来见我两个地方都不想去，便说：你想做什么？我说：去莫斯科学习，因为我只有实际工作经验，而没有理论，所以才犯错误。后来，米夫也找我谈话，我还是坚决要求去莫斯科学习。结果，他们批准了我的要求。

中央同意我去莫斯科学习后，我在上海等了半年。1931 年 6 月 4 日，国际海员工会搞到苏联租用的一艘资本主义国家的轮船，党用“买黄鱼”的办法，买通船上的大副，让我们穿上水手的衣服上船。在船上，水手们站队我们也站队，水手们吃饭我们也吃饭，一切都听人家的。上船后，我才知道和我一起去莫斯科的还有陈郁同志，他是因为反对四中全会、参加非常委员会，后来承认了错误，而被送到苏联去学习的。这样，我们两人一路上还可以谈谈。

当船快到海参崴时，大副怕苏联的“格伯乌”上船检查，头一天晚上就把我们二人锁在货仓里。货仓堆满茶叶箱，空气很坏，很闷热。其实，我们并不怕苏联的“格伯乌”，因为他们知道我们的情况后，正好可以帮助我们解决去莫斯科的问题。当时，我的身体很差，陈郁同志身体好一些。我说：我要死在这里了。后来，我摸着仓门的铁盖子，使劲地敲，敲了一阵子，他们打开仓盖说：“格伯乌”已经检查过去了，你们出来吧！这时已是第二天的早晨。在海参崴上岸后，到了海员俱乐部，找到了联络人，他们与共产国际接上关系后，便把我们接走了。随后，乘火车去莫斯科，一共走了十二天，7 月 12 日到达莫斯科。

到莫斯科后，我们先到共产国际东方部报到。在那里，米夫找我们谈了话，把我们送到共产国际的“国际列宁学校”学习，该校专门设有中国部。当时，学校正放暑假，利用这个时间，一位俄文教员教我们学俄文，从字母教起，每天上课。也参观一些工厂和地方。后来我被安排到该校的国际班学习，陈郁同志到该校中国部学习。

这时，李立三同志住在共产国际的宿舍里，我问他：你来莫斯科后怎么样？他说：我承认了错误，是犯了路线错误。接着，我跟他谈了六届四中全会的情况，并向他提出忠告：六届四中全会是共产国际批准召开的，我们不能反对四中全会。并说：你要注意，过去你是反对共产国际的，四中全会后不能这样了。我与陈郁也是这样谈的。

九一八事变后，听说国内有人要来。谁来呢？一个是周恩来，一个是王明。但我估计恩来要坚持国内工作不会来，来的一定是王明。果然，有一天立三告诉我，王明来了。这是 10 月的事。王明到莫斯科后，先任中国共产党驻共产国际代表，后任共产国际主席团委员。王明到莫斯科后，就要改组列宁学校的中国部，很快就把该部负责人周达文和教员俞秀松、董亦湘等人赶走，控制了中国部。他还组织在中国部学习的人批判陈郁反对四中全会的问题。

我在国际部短期训练班学习，为期八个月毕业。学习期间我是很用功的。学校组织到雅尔塔海滨休养时，每天晚上有电影，我就是不看，只知道死读书，读死书，拼命读俄文。到后来，俄文版的政治理论书如《国家与革命》等，我都可以看了，俄文报纸也能看懂了，政治报告也能听懂三分之二。我想短训班毕业后，争取到三年制的专修班去学习，进一步提高理论水平，这是王明答应我的。我在莫斯科死读书读死书的结果，现在看，可以一分为二，有好的地方，就是看了点书，学了点马列主义著作，有好处；也有坏的方面，就是从本本到本本，学了些教条主义的方法。但我这个人教条不多，局部的经验却是我思想方法的基础。

1932 年下半年，当短训班快结束时，王明找我谈话，要我回国。他说，国内的党组织被破坏得很厉害，要人回去工作，决定让你回去做特科工作。我答应了，准备立即回国。回国的路线是经西伯利亚到满洲里。与我同行的有伍云甫的爱人熊天荆。路过赤塔时在那儿呆了四十天。一位工人前来接我，准备在满洲里过境。这时，满洲里已被日军侵占。在火车刚过境还没有到车站时，那位工人就带我跳下火车，到他家里住了一夜。第二天给我换了一件很不合身的长袍，还给我一只绿色小帆布箱，里面装些牙具。此时，我又准备了必要的“口供”，以便应付意外事件。这是搞地下工作的人每搬一次家或到一个新地方所必须准备的。那位工人把我送上了火车。

上车后，一下子就有六个人（朝鲜、日本、中国各二人）把我团团围住。问我：你是干什么的，从哪儿来，上哪儿去？我说：从上海来，我哥哥在满洲里做生意，被大水冲倒房子压死了，他的伙伴要我来收尸，但我到了满洲里他们都不在了，现在我要回上海。他们看问不出什么名堂，就放我过去了。到了哈尔滨，在旅馆里住下。次日上午到公园去找国际交通员，走到接头的那幢房子前便上楼去，见到一个白俄，我便问：某某在吗？他说不在，出去了。他问我：你是鞑靼人吗？我说：不是。下午又去找，找到了，是一个女同志。我在她家剃了头，打扮成商人的样子，住了一夜就走了。临走前，她告诉我：在路上有人碰你一下，你就跟他走。果然有一个人在路上碰了我一下，对我说：你还是那样！这个人姓傅，是湖南醴陵人，可能是新民学会的会员，在法国勤工俭学时我们在一起过。以后他到过延安。那时，他在龚饮冰开的哈尔滨绣花铺里工作，我在他家过的阴历年，他还带我到左邻右舍拜了年。

过年后，我离开哈尔滨到大连，然后乘船到上海。船上的日本人很凶，我刚坐下，一个日本人就来问我：你去哪儿？我说：去上海。我把事先准备好的哈尔滨绣花铺的介绍信给他看，并对他说：我是去上海结账的。他看我带有美金和哈尔滨票子，就拿出来数。在数的时候把一张美金塞进了自己的袖子，我也只当没看见。在船上又碰见了熊天荆等，我用眼睛瞪她们，意思是不要她们与我打招呼。后来，她们告诉我到上海后，到什么旅馆去找她们。

在哈尔滨时，交通员教我接头的地点和方法。他说在霞飞路（今淮海中路）的一条弄堂里有一家理发店，有个俄国理发员，你进去后就坐着理发，给他一张哈尔滨票子，他问你什么，你就答什么，然后他就给楼上打电话，与中央接通关系。可是，我到上海后找到的这家理发店却有两个俄国理发员，就没有敢进去。这时我记得戴晓云一家，戴因反四中全会已被开除党籍，但他的爱人周若明没有被开除，女儿也是共产党员。我知道他们的住处，就写了封信。他们收到信后，即把我接到他们家里去。他们夫妇俩住一间小小的亭子间，没有床铺我就睡在地板上。这个地方是党经营的酒店，实际上是一个地下联络站，谢觉哉同志经常来。周若明把我的情况告诉了谢觉哉，这样我才找到了党中央。然后我通知熊天荆，因为哈尔滨的交通被破坏，她们在那里没有接上关系。她们到上海后，是我帮助她们与中央取得联系的。

我同党中央接上关系后，李竹声（后叛变）和康生接待了我，决定分配我到中央苏区工作。这样，1933 年 4 月我就到了中央苏区瑞金，开始了新的斗争生活。

在中央苏区

1932年底，我从莫斯科回国。翌年初，我到上海找党中央。李竹声、康生接见了我，他们要我留在白区中央特科工作，不久，又要我到中央苏区去。为什么白区被破坏得很厉害，特科工作又缺人，却要我到苏区去？后来才知道，是对我不放心，认为我是靠不住的。4月，我奉命到达中央苏区。

当时，临时中央已于同年1月迁到瑞金。党中央书记是博古，中央组织部长任弼时，中央宣传部长张闻天。中华苏维埃共和国临时中央政府主席毛泽东。中央革命军事委员会主席和红军总司令朱德，总政委周恩来，参谋长刘伯承，李德是军事顾问，何凯丰后来是少共中央书记。

我一到中央苏区，很快就去中央政府所在地瑞金沙洲坝看望毛泽东。毛泽东对我说，你怎么叫罗迈呢？行不改名，坐不改姓嘛。那时，我对毛泽东于1931年11月初在江西瑞金举行的中国共产党中央苏区第一次代表大会（即赣南会议）上被撤销苏区中央局书记职务和1932年10月上旬在宁都召开的苏区中央局全体会议上被撤销红军领导人的职务这些事，都不知道。也没有听到人说毛泽东是搞“右倾机会主义”。任弼时没有对我说这件事。我在莫斯科学习时，也没有听王明等说过。

几天以后，碰上开会（昌）、寻（邬）、安（远）活动分子会议，他们要我参加。我在会场上才知道从2月开始，在福建已开展了反对所谓“罗明路线”的斗争；3月，又开始在江西开展反对邓（小平）、毛（泽覃）、谢（唯俊）、古（柏）的所谓“江西罗明路线”的斗争。当时罗明任福建省委代理书记；邓小平任江西省会昌、寻邬、安远中心县委书记；毛泽覃曾任苏区中央局秘书长，永丰、吉安、泰和中心县委书记；谢唯俊曾经担任过江西省军区的第二军分区司令员兼独立五师师长；古柏曾任红一方面军总前委秘书长。罗明、邓小平、毛泽覃、谢唯俊、古柏等从实际出发，曾分别发表过一些正确的意见，抵制“左”的做法。如主张在红军弱小的情况下应向农村发展，不赞成向中心城市和交通要道发展；主张"诱敌深入"，然后集中力量各个歼灭，不赞成硬拼；主张中央红军、地方部队、群众武装都应发展，互相配合，不赞成用削弱地方武装和群众武装的办法来扩大红军；认为根据地的中心区和边界区的工作应加以区别，不能采取同样的办法；主张健全根据地的革命群众团体；坚持正确的土地革命路线和政策；主张根据地的行政、扩大红军、地方武装等工作都由政府负责，不应由党代替政府工作。结果，这些正确主张被"左"倾领导者指责为对革命悲观失望的右倾机会主义的退却逃跑路线，被称为"罗明路线"。这时，张闻天已从福建开展反"罗明路线"的斗争后回来，也参加了这个会议，并作了反"罗明路线"的报告。这次会议的主要内容就是反对邓小平。张闻天还写了《罗明路线在江西》的文章。会、寻、安地区是苏区的边远地区，是敌人打过来、我们打过去的游击区。但会、寻、安活动分子会议却认为失掉了寻邬，是中心县委右倾机会主义的表现，是执行退却逃跑的防御路线的结果。毛泽东、朱德总结出来的游击战争十六字诀——"敌进我退，敌驻我扰，敌疲我打，敌退我追"，是红军最早的战略战术。后来红军和游击队的作战原则，都是在这个基础上发展起来的。解放战争时期，毛泽东又把它发展为十大军事原则。而反"罗明路线"，实际上是批判游击战争的十六字诀。那时苏区的边远地区，完全是赤白交错对立。毛泽东曾经说过，困难的是有中间派反水的问题。因为赤白交错对立厉害，中间派中不少人反水了。抗日战争时期，在游击地区还有革命的"两面"政权，敌人来时可以应付一下。但当时在边区只有实行游击战争的十六字诀才行。在会、寻、安活动分子会议上，我没有讲话，只是听反"罗明路线"的报告。

参加会、寻、安活动分子会议后，我还是弄不清楚反"罗明路线"与毛泽东有什么关系。有一天，博古来找我说，江西省委要在宁都开扩大会议，你同我一起去。我就同他一起去了。到了宁都，博古找省委负责人谈话，要我在旁边听。那时江西省委书记是李富春。博古说，毛泽覃、谢唯俊还与毛泽东通信，他们心里还不满，这是派别活动。当时他还没有提到古柏的名字。古柏是在扩大会议上展开斗争时才把他找来的。后来，博古要到前线去，叫我留下参加江西省委扩大会议。到这时，我才知道福建反"罗明路线"，江西反邓、毛、谢、古，与毛泽东有关系。这四个人中我有两个熟人，即邓小平、毛泽覃，其他两人我当时不认识。我错误地认为王明“左”倾路线是正确的，所以我是积极参加了反“江西罗明路线”斗争的。我一次、两次、三次地要他们作检讨。其实，他们并没有真正承认“错误”。江西省委扩大会议开完后，我回到瑞金向中央局汇报，中央局批准我写一篇文章：《为党的路线而斗争》，公开批评邓小平、毛泽覃、谢唯俊、古柏，说他们是派别活动。我写这篇文章是完全错误的。江西省委扩大会议反所谓“江西罗明路线”是完全错误的。这是我一生中犯的一个大错误。反“罗明路线”，无论在福建还是在江西，矛头都是指向毛泽东的正确路线的。然而，我当时并没有认识到这是错误的。遵义会议后几十年，我就再没有反对过毛泽东的正确路线了。

毛泽东在 1931 年、1932 年被撤销了党的和军队的领导职务后，只有一个实际上被架空了的政府主席的职务。1934 年召开的党的六届五中全会，他也没有参加。毛泽东是遵守纪律的模范，据我所知，他并没有承认自己是犯了所谓“富农路线”的错误，但他服从党的决议。他任苏维埃中央政府主席时，仍争取在党领导下做一些工作。如查田运动，他主持召开了瑞金、会昌等八县的区以上政府负责人查田运动大会等，这些都是根据中央局作的决定去做的。他到兴国作调查，写了长冈乡调查报告。中央苏区的经济建设和模范乡、模范村建设，是在他领导下搞起来的，为中央苏区的巩固打下了基础。他自己曾说过，在这段时期，他看马列主义的书，搞农村建设工作，对党的决议是服从的。他坚持三条，一是少数服从多数；二是不消极；三是争取在党许可的条件下做些工作。那时王明路线的主要负责人整人整得很厉害，不是把你拉下领导职务就算了，还批得很厉害。毛泽东在受打击的情况下，仍能维护党的统一，坚持正确的路线和主张。实践是检验真理的标准，最后王明“左”倾冒险主义失败了，还是请毛泽东出来担任领导工作。1935 年 1 月，遵义会议确立了毛泽东同志在全党和全军的领导地位，挽救了党和红军，胜利地完成了长征。十二月政治局扩大会议，即瓦窑堡会议，确定抗日统一战线的策略方针。会后他又作了《论反对日本帝国主义策略》的报告。他读了许多书，总结了全党的经验。他写的文章，都是气势磅礴的。那时，在正确路线指导下，各方面工作都是生气勃勃、蒸蒸日上的。

在“文化大革命”期间，我曾仔细思考过这个问题：为什么当时王明他们要反对毛泽东呢？为此我还写了一篇笔记。我认为毛泽东在井冈山和中央苏区威信很高，而王明路线的领导人上台后没有毛主席那么高的威信，所以他们就调兵遣将，“钦差大臣”满天飞，派很多人到中央苏区。他们先把毛泽东的党权夺去，再把毛泽东的军权夺去。周恩来说，撤销毛泽东红军总政委职务时，毛泽东说，需要我的时候，打个招呼，我就来。后来博古等没有让毛泽东出来再担负红军领导工作。毛泽东在党、军队、政府里的威信是很高的，在群众中的威信也是很高的。那么大的中央苏区，是他领导下搞起来的，当然，是集体领导。第四次反“围剿”是在周恩来、朱德指挥下进行的，红军指战员和地方上的干部和群众还是执行了毛泽东的战略和战术原则，所以取得了胜利。他们反“罗明路线”，就是要使毛泽东在地方上、党里和红军里的威信扫地。他们还准备在中华苏维埃共和国第二次全国代表大会上换班。其实，当时已经换班了，由张闻天任中华苏维埃中央人民委员会主席，实际上毛泽东已被架空了。毛泽东虽是中央政府主席，但中央和各部的实权都在人民委员会主席手里。后来张闻天在遵义会议前转变了态度，遵义会议上反对王明“左”倾冒险主义，拥护毛泽东的正确路线。

我到中央苏区时，开始是中央组织部的干事，后来任弼时调到湘赣苏区去了，便任命我为中央组织部长，但我不管军队的组织工作，也不管白区的组织工作和其他苏区的组织工作。我只联系三个省委的工作，一是江西省委，省委书记李富春，妇委书记蔡畅，省苏维埃政府主席曾山，副主席陈正人，军区动员部部长陈奇涵，省委机关设在宁都。二是粤赣省委，它是从江西省委分出去的，省委书记刘晓，妇女部长李坚真。我去过粤赣省委几次，没有开展反“罗明路线”的斗争。三是由胜利、兴国等县建立的一个省委，叫什么省委，记不清了。省委书记是朱开铨。福建省委由张闻天联系。

1933年下半年成立中央组织局，主任是我，成员有张闻天、陈云、王稼祥等同志，他们多数是政治局常委。当时，张闻天任中央宣传部部长。潘汉年是副部长，他不是组织局成员，但组织局开会，他也参加。妇女工作由我兼管。白区工作部是陈云兼管的，贾拓夫是白区工作部秘书。中央组织局每一次开会的议程，除组织、宣传外，都是由张闻天提出，会议结论也由他作。重要问题博古也出席。讨论查田问题，毛泽东也来参加过。中央组织局是一个畸形组织，会议主席是我，参加的人是常委，做结论的是张闻天，名义上是我负责，而实际上我只联系三个省委。

我在中央苏区所做的第二件事，是扩大红军。1933年冬开始的扩红工作，整个由我负责。12 月，博古通知我说，现在正在粉碎敌人第五次“围剿”，我们要扩大红军三万人，明年红五月时完成任务，这个事归你负责。他还说，这是军令状，完不成任务要杀头。这是给我的一个非常重要的任务，好像完不成扩大三万红军的任务，第五次“围剿”就不能粉碎。为了完成这个任务，整个苏区全部动员了。这时第二次全国苏维埃代表大会已经开过，群众革命情绪很高，这项任务完成得很好，扩大了五万红军。任务完成得这样好，还是以前的正确路线在那里起作用。此外，还有其他方面的配合。当时工会组织了工人师，少共组织了少共师。我对扩大红军工作很努力，经常跑到瑞金等地去检查工作。当时后勤工作由陈云负责，他管军工生产。毛泽东负责经济工作。至于前线打仗的情况，我不知道，白区的情况我也不知道。因为有关前方打仗情况的电报是不给我看的，白区情况的电报也不给我看。有一次，张闻天到中央政府去了，博古要上前线去，他临走时对我说，有电报收一收。我就把电报收下。当时，我拆了一份电报，博古回来后，对我大发雷霆。

我在中央苏区做的第三件事，就是兼管中央党校的工作，任中央党校校长。罗明被批判后，是我要他到党校工作的，他来党校教“党的建设”课程，编写“党的建设”讲义。我曾经和他一起研究如何讲课，关系还融洽。

我不是王明小宗派里面的人，很多情况我是不了解的。在第五次反“围剿”快要失败的时候，连红军要战略转移的消息，都是到 1934 年七八月间才知道的。这是因为他们要我到江西省委、粤赣省委去传达中央的意图，所以才对我透露要向湘西转移的消息。我的情况虽是如此，但我却犯了执行王明“左”倾路线的错误。我经常想，为什么会犯这次错误呢？原因是马克思主义理论水平不高。我在莫斯科学习时，读了点马列主义著作，还是有点好处的，但也学了些教条主义的方法。我这个人的思想方法，局部经验是基础。到莫斯科后，又学了些教条主义的方法。因此，对问题的是非看不准，分不清。教条主义、经验主义都是主观主义。教条主义从书本出发，否认实际，把苏联的一套搬到中国来，只承认矛盾的普遍性，否认矛盾的特殊性，脱离实际，危害当然很大。经验主义把狭隘经验当普遍真理。拿局部的经验到处推广，否认矛盾的普遍性，危害也是很大的。

中央苏区的生活是很艰苦的，现在年轻人不太清楚。当时中央苏区提出的口号是："一切为了前线"。其实，前线战士的生活也不好，只比后方人员多给些盐，饭能吃饱。那时还不知道自己搞生产，粮食运到瑞金，是用肩膀挑来的。因为粮食不够，后方人员每天只能吃两餐饭还吃不饱。吃饭前，每人把分给自己的米放在蒲包内拿到厨房去蒸，上面写着自己的名字。如果当时不是分饭吃，那么，吃得快的就多吃了，吃得慢的就少吃了。在饭不够吃的情况下，吃大锅饭是不行的。那时实行军事共产主义，搞供给制。每餐的菜都很少，菜是没有油的，盛菜的容器是铁制的小盆，菜连盆底都盖不住。每天上午十时到十二时，我们就饿得发慌。晚上也是如此。心中发慌，就在床上躺一躺，休息一下又起来工作。从其他地方来瑞金开会的同志，吃饭用饭票。从瑞金到外地出差，沿途有兵站，在兵站吃饭、睡觉，地上铺些草就睡了。当年红军的生活与现在解放军相比，真是一个天上，一个地下。当时盐运不进苏区，就自己熬硝盐。由于敌人封锁，中央苏区不但吃饭困难，穿衣也困难。衣服是蓝色的，用白布染成，很易掉色。不管到哪里，晚上都不脱衣服，和衣而睡，随时准备行军打仗。子弹更困难，打仗要留弹壳，用旧弹壳再去装火药。那时政治思想工作做得好，那样艰苦的条件，毫无怨言，一心为革命。老百姓分到革命胜利果实，得到了利益，也积极拥护革命。我亲眼看到扩大红军的情景，参加红军的，大多是基干民兵。到处出现父母送子、妻子送郎当红军的盛况。参加红军的人，背上还背着布单子和草鞋。那时党和红军与群众关系十分亲密，在群众中威信很高。

艰苦奋斗是无产阶级的政治本色，是我们党和红军的光荣传统。继承和发扬这一光荣传统，对于培养青年一代，振奋革命精神，坚定正确的政治方向，保证社会主义现代化建设胜利前进，是很有意义的。

回忆长征

一、转移准备

第五次反“围剿”斗争，由于博古等人推行以王明为代表的“左”倾冒险主义，使中央革命根据地的军民虽经一年的艰苦斗争，但终于1934年10月失败而被迫长征。“左”倾错误的领导者在第五次反“围剿”斗争中，在军事路线上，反对积极防御，实行消极防御。反“围剿”开始时，搞冒险主义，“御敌于国门之外”；遇到挫折后，搞保守主义，分兵把守，打阵地战；被迫作战略转移时，又搞逃跑主义的大搬家。这是王明“左”倾错误在中央根据地的最大恶果。

当中央红军在广昌保卫战失利后，各路敌军开始向中央苏区的中心区全面进攻，形势已对我十分不利。红军在内线破敌的可能性已经不存在的时候，1934年七八月间，博古把我找去，指着地图对我说：现在中央红军要转移了，到湘西洪江建立新的根据地。你到江西省委、粤赣省委去传达这个精神，让省委作好转移的准备，提出带走和留下的干部名单，报中央组织局。他还说：因为要去建立新苏区，需要选择一批优秀的地方干部带走，也让省委提出名单。听了博古的话，我才知道中央红军要转移了。根据博古的嘱咐，我分别到江西省委、粤赣省委去传达。那时，江西省委书记是李富春，粤赣省委书记是刘晓。传达后我又回到瑞金。

长征的所有准备工作，不管中央的、地方的、军事的、非军事的都是秘密进行的，只有少数领导人知道，我只知道其中的个别环节，群众一般是不知道的。当时我虽然是中央组织局主任，但对红军转移的具体计划根本不了解。第五次反“围剿”的军事情况，他们也没有告诉过我。据我所知，长征前中央政治局对这个关系革命成败的重大战略问题没有提出讨论。中央红军为什么要退出中央苏区？当前任务是什么？要到何处去？始终没有在干部和广大指战员中进行解释。这些问题虽属军事秘密，应当保密，但必要的宣传动员是应该的。

我回到瑞金后，开始进行长征的编队工作。

按照中央指示，将中央机关编成两个纵队。第一纵队，又名“红星纵队”，是首脑机关，也是总指挥部。博古、洛甫、周恩来、毛泽东、朱德、王稼祥、李德，还有其他负责同志，都编在这个纵队。邓颖超、康克清以及电台、干部团也编在这个纵队。干部团的前身是红军大学，学员都是从部队调来的连排级干部，他们都经历过多次的战斗。干部团人数虽不多，但战斗力强，实际上是首脑机关的警卫部队，在长征中起过很大的作用。长征开始时，毛泽东身体不好，一直坐在担架上。王稼祥在苏区负伤，不能行走，也只好坐担架。在长征路上，他们两人经常在一块讨论问题，交换意见。那时毛泽东不管事，管事的是博古、洛甫、恩来。第二纵队，又名“红章纵队”，由党中央机关、政府机关、后勤部队、卫生部门、总工会、青年团、担架队等组成，约有一万多人。中央任命我为第二纵队司令员兼政委，邓发为副司令员兼副政委，张宗逊为参谋长。纵队的编组工作，邓发花的力量大，我花的力量小。遵义会议后，红三军团的一位团长牺牲了，张宗逊被调往红三军团任团长，第二纵队参谋长由邵式平接任。李富春是总政治部代主任，也在第二纵队。第二纵队司令部有四个女同志随军行动，他们是蔡畅、陈惠清（邓发夫人）、刘群先（博古夫人）、阿金（金维映）。司令部下面还有几个单位：一、干部团或干部连（也叫工作队），约有一百多人，李坚真是指导员。这个干部团不是打仗的，是做地方工作和安排伤病员的。二、干部休养队，也有一百多人，徐老（特立）、谢老（觉哉）等都在休养队。他们不担任工作，只要身体好，能随军走就行。三、警卫营（营长姚喆）。四、教导师（师长张建武）担任后卫，约五千人，是1934年红五月扩红时参加红军的新兵，才成立十五天就出发了。它虽是后卫，但没有打过仗，因为第二纵队是由别人保卫的。配属第二纵队领导的还有一百多名地方干部，他们对政权建设有经验，准备去新区建立政权。中央党校的一部分学员，也编在第二纵队。此外，还有运输队，挑夫很多，任务很重。党中央机关的文件、资料之类的东西不多，但中央政府机关的东西很多。如中央银行携带很多银元，财政部有大量苏维埃钞票，还有银元，都要挑着走。一边走，一边抄土豪的家，得了现洋，也挑着走。因为部队发的是苏维埃钞票，不能拿苏维埃钞票买老百姓的东西。印票子的石印机也抬着走。军委后勤部把制造军火的机器也带上了，要七八个人才抬得动。每个部几乎都要抬着机器走。卫生部带的坛坛罐罐也很多。真是大搬家。这个运输队成员多数是从劳改队放出来的，体力差，又是走夜路，有的挑到半路就不行了，只好另换人。

长征前，干部的去留问题，不是由组织局决定的。属于省委管的干部，由省委决定报中央；党中央机关、政府、部队、共青团、总工会等，由各单位的党团负责人和行政领导决定报中央。决定走的人再由组织局编队。中央政府党团书记是洛甫，总工会委员长是刘少奇、党团书记是陈云，这些单位的留人名单，是分别由他们决定的。部队留人由总政治部决定，如邓小平随军长征就是总政治部决定的。我负责管的是苏区中央局的人。中央局有组织局、秘书处、宣传部。组织局还管妇女工作。中央局的秘书长是王首道，当时机要工作是邓颖超管的，李坚真也搞机要工作，他们三人都是随军长征的。

中央政治局常委决定留下一个领导机关，坚持斗争，叫中央分局。成员有项英、陈毅、瞿秋白等同志，由项英负责。关于留人问题，我没有参加意见，也未过问，是由中央政治局常委讨论决定的。但我负有直接责任的有四个人，他们是毛泽覃、周以栗、陈正人、贺昌。

毛泽覃在组织局工作，我问过博古，是否让他走。博古不同意，我就没有带他走。以后毛泽覃在保卫苏区的战斗中牺牲了。对毛泽覃同志的不幸牺牲，我长期感到内疚。谢唯俊也在组织局工作，我把他带走了。

周以栗曾任红一方面军总政治部主任，是李立三领导中央工作时派去的。他是主张打长沙，攻大城市的，后来毛泽东把他说服了，放弃了攻打长沙和大城市的计划。我在湖南时就认识他，而且很熟悉。1933 年我到中央苏区时，他已在养病，没有工作。长征时，博古决定把他留下，我也同意了。

陈正人，原是江西省苏维埃政府主席，原来我不认识他，与他没有什么工作关系。我到苏区时他在养病，长征时，也被博古留下了。

贺昌，我对他很熟悉。立三路线时，他是北方局书记，六届四中全会时被撤职。长征前他负了伤，曾到我那里要求随军走。我问过博古，博古不同意。后来他牺牲了。

上述四个同志当时都在养病，没有工作，归组织局管。他们可以留下，也可以带走，病人可以坐担架长征嘛。他们如果不应该留而被留，我是负有一定责任的。虽然博古不同意他们走，但我是组织局长，还有一定发言权，我可以争一下，但我没有争。

古柏，当时是江西省委决定把他留下的。我与古柏没有打过交道，但我曾在江西反对过邓（小平）、毛（泽覃）、谢（唯俊）、古（柏），我也是有责任的。古柏留在苏区，后来也牺牲了。

何叔衡留下，是博古他们决定的，我没有参与其事。

除了苏区中央局机关归我管以外，我还分管中央党校，从这儿调来的干部归我负责，我把他们都带走了。长征时中央宣传部部长是潘汉年，我把这个部的正、副部长都带走了。

二、长征初期

长征初期，整个中央红军的部署是错误的，可以说是个笑话。

中央的两个纵队在中间，一纵队在前，二纵队跟后。中央纵队的两边是一、三军团，他们是战斗队，作战的主力。五军团搞后卫，任务是保卫这两个纵队的。此外，还有二十二师、九军团，都是新兵组成，把他们放在离两个纵队更远一些的地方，也是做后卫的，任务是箝制敌人。几个主力军团主要起保卫中央纵队的作用，这实际上是保卫大搬家，还谈得上什么运动战？怎么能机动灵活地打击敌人？这样的部署把自己的手脚完全束缚起来了，因而处处被动挨打。

为了避开敌人，我们的办法一是夜行军，二是爬大山。实在避不开，就硬拼。我这个二纵队司令员不了解军事情况，只是按命令走。军委把命令传给二纵队参谋长，参谋长再把命令传给我。我根据命令内容，分析行军的方向。有时，我想今天可能要爬山了，因为大路会遇到敌人不能走，后来果然是爬山。

由于长征前没有进行动员解释工作，行军情况很不好，队伍稀稀拉拉，有时先头部队出发了，后卫才到达宿营地。几乎天天都被敌人尾追，掉队的很多，收容队里的人员大量增加，部队人员大量减少。我所在的“红章纵队”，也是稀稀拉拉的，实在走不动了，才慢慢地把东西扔掉，把一捆捆苏维埃银行的纸币烧掉，把机器也打烂了。我看到年轻的战士牺牲在路旁，心中很难过。后来“红章纵队”因大量减员而缩编成三个梯队，教导师补充到前线作战去了，我也由纵队司令兼政委改任梯队的队长。

由于天天夜行军很疲倦，经常边走边打瞌睡。有的时候我晚上查哨，看到哨兵坐在地上打瞌睡，我去拿他的枪却拿不动，原来哨兵把枪拴在裤腰带上。那时对哨兵打瞌睡也没有办法，战士太累了。我们走了将近一个月，才到湖南汝城附近的文明司，只走了一千多里路，平均每天才走四十多里。

1934 年 11 月 11 日，在文明司接到中央革命军事委员会主席朱德签署的命令：

罗迈：

（一）一、九军团后方部及二十二师于十一日晚或十二日晨到达文明司地域。

（二）他们配置于现地第一纵队的宿营位置。

（三）罗迈同志为文明司的卫戍司令并负责分配宿营地域及一般秩序。

为了箝制敌人，九军团、二十二师处于比五军团更后的位置，所以经常掉队，在文明司宿营，就是为了等他们。我接到命令后，就按命令分配部队的宿营地，维持军队的秩序，进行军容风纪的教育。11 月初，我们突破敌人第二道封锁线后，继续前进。11 月中旬，解放了湖南的宜章县，突破了敌人的第三道封锁线。在宜章我们住了几天。我是分管长征沿途的白区工作和地方工作的安排的，所以到宜章后，就派了一部分人进去工作。宜章县原有我党县委组织，我送给他们一些人枪，组织他们打游击。我们离开宜章后，他们在县委领导下，也打了一段时间的游击战，后来终因敌强我弱而失败，游击队也不存在了。

过湘江是在夜里，部队走得很慢，等他们过去了，我们才开始过。我对前面的消息很少知道。后来才知道“左”倾机会主义的领导者要到湘鄂川黔根据地与红二、六军团会合。敌人估计到这一点，就调兵四十万分三路围追堵截，构成第四道封锁线，企图把我军全歼于湘江边。因此湘江一仗打得很艰苦，红军损失惨重。长征出发时，中央红军和其他人员共有八万多，到这一仗打下来，只剩下三万多人。这就引起人们的深思，为什么一、二、三、四次反“围剿”都胜利了，而第五次反“围剿”却失败得这么惨呢？

中央红军渡过湘江后，经湖南、广西边境的苗族、壮族居住的越城岭山区，向湘鄂川黔革命根据地前进。

越城岭又名老山界，是红军在长征途中遇到的第一座难走的大山。过老山界时，军委命令我们随左边的三军团行动。这时彭德怀给我纵队来电说，明天他们要打仗，我们如果跟他们军团行动，整个纵队要出问题，会有危险的。他已向军委发电报，建议二纵队跟一纵队走，由五军团殿后担任警卫。要我派人到军委领新的命令。我接到彭德怀来电后，立即派人到军委去。军委批准彭德怀的建议，叫我们跟一纵队后面走。多亏彭德怀的建议，不然我们跟着三军团后面走，三军团与敌战斗，会招致很大的损失。我们纵队过老山界，是夜间行动。在漆黑的夜晚，翻越高山峻岭，一级石阶一级石阶地往上攀登，山高路陡，马不能上山，只好把马扔掉。一纵队走在前面，我们跟在后面，走几步，停几步，行动缓慢。敌人追得很紧，五军团在后面打仗，挡住敌人，保卫我们。他们也催我们快走，以便甩掉敌人，减少兵力的损失。我赶到前面了解情况，才知道一纵队的电台队的工作人员实在太疲倦了，他们边走边睡觉，走走停停，停停走走，影响我纵前进。一纵队首脑部门早已走远，丢下电台队在后面，他们也不知道。我们催他们快走，他们才紧追上去。过了老山界，下山就快了，我们追上了第一纵队，到了宿营地休息。五军团在过老山界时，吃了很大的苦。老山界一仗，进一步暴露了长征初期我军的被动情况。

三、遵义会议前后

过了老山界，因为没有敌机骚扰，我们多半是白天行军。广西一带的房子都是木结构，很容易燃烧。阶级敌人为了制造所谓“共匪”杀人放火的舆论以破坏红军与当地居民的关系，扰乱红军的宿营，使红军得不到休息，就偷偷放火，妄图诬陷红军。我们在广西扑灭了好几处火，并捉到放火者加以处置。

这时红二、六军团为配合红一方面军的行动，也对敌人发动了猛烈的进攻。蒋介石反动派害怕红一方面军与红二、六军团会合，急忙调来五六倍于红军的兵力，集中在武冈、城步、绥宁、靖县一线阻截，同时命令广西军阀配合堵击。在敌我兵力悬殊的情况下，如果还要与红二、六军团会合，去钻敌人布置好的“口袋”，红军就有全军覆没的危险。但“左”倾错误的领导者还是想与红二、六军团会合，在湘西洪江建立根据地。在这一危急关头，毛泽东积极建议放弃与红二、六军团会合的计划，改向敌人力量薄弱的贵州前进。在红军于12月11日占领湖南西南边境的通道县城以后，中央领导人举行了会议，会后继续向贵州黎平前进。12月15日，红军攻占黎平。大约一两天后，我们也到达黎平。12月18日，中央政治局在黎平召开会议，通过了《关于在川黔边建立新根据地的决议》，决定放弃北进湘西与红二、六军团会合的计划，改向敌人统治力量比较薄弱的贵州前进。会后，中央政治局将这一决定电告各军团及军委纵队首长等，然后通过他们传达到师及梯队首长。我也听了传达。黎平会议放弃了在湘西创立新的根据地的计划，决定在以遵义为中心的川黔边境建立新根据地。这个改变是因为：第一，按照当时的政治、军事形势在湘西建立新根据地已经不可能，也不适宜；第二，为尔后考虑计，能使红一方面军更有利于与红四方面军及红二、六军团一致行动，协同作战；第三，川黔边境在政治、经济及群众等条件上，有利于粉碎敌人的“围剿”；第四，该地区有利于苏维埃运动及红军的发展。

我认为长征改道是从通道会议开始酝酿，而由黎平会议最后决定的。这个决定非常重要，它既使红军避敌重兵，免遭灭顶之灾，又能放开自己的手脚，打运动战，主动消灭敌人。特别是使红一、三军团获得“解放”，可以灵活机动地消灭敌人的有生力量，红五军团也不致因担负后卫，老吃苦头。

黎平会议后，部队实行整编。一纵队二三千人，二纵队一万多人，合编为三个梯队。三个梯队没有统一的指挥机关，司令部也取消了，直属军委。我是中央机关梯队的队长。卫生部是贺诚当队长，后勤部是叶季壮当队长。过湘江时，已把笨重的印刷机等丢掉了。这时比以前轻装多了，主动多了。

离开黎平，我们向黄平前进。从黄平到遵义已经不远了。黄平前面有一道河，梯队的担子全在河边等着，只有一两只小船，来回运输，很慢。当时是白天，目标很大，很容易遭受敌机空袭。我就乘一只小船划到河中心去，测量水深，看能否涉水过河。我到河里一站，水深只到膝盖，便带领梯队涉水过河。其他梯队也跟着涉水，加快了过河速度。

1935年初，红军打败了沿途的贵州敌军，强渡乌江天险，1月7日占领了遵义。自此以后，行军作战虽仍异常艰苦，但摆脱了被动局面，部队情绪一天天振奋起来。

按照黎平会议的决议，为总结第五次反“围剿”的经验教训，纠正“左”倾领导者在军事上、组织上的错误，党中央进入遵义城后，召开了政治局扩大会议。我没有进遵义城，也没有参加会议。当时我是地方工作部部长，凯丰是中央政治局候补委员和地方工作部副部长，他参加了会议。开会回来后，我问他会议情况，他说：“谁正确，谁错误，走着瞧吧!”对这次会议的精神，我不清楚，直到以后听了传达才知道。

遵义会议后，中央红军由遵义地区北进，准备从四川的泸州和宜宾之间北渡长江，与川陕革命根据地的红四方面军会合。1 月 22 日，中共中央政治局和中央军委致电张国焘，命令红四方面军集中全力于最近时期向嘉陵江以西进攻，以策应中央红军渡江。但张国焘竟违抗中央命令，不向嘉陵江以西进攻，却北攻陕南，使敌人得以调动兵力封锁长江。

本来我军计划从土城、元厚西渡赤水，然后北渡长江。土城虽占但后来打得很艰苦，打了一天未歼援敌，我伤员很多。地方工作部的一项任务就是配合部队，动员一些地方干部，把伤员安置好，一般都是安置在老百姓的家中。长征路上，常常如此。撤出土城时，我又留下一些人，组织游击队，坚持斗争。后来游击队失败了，没有坚持下来。土城战役后，1 月 29 日，红军从土城、元厚一渡赤水河，西去四川的古蔺，准备到泸州，我又派了一些人到泸州组织游击队，并派余泽鸿到泸州工作。以后泸州游击队也失败了，有些干部回到了部队。后来，由于敌人重兵云集，渡江已不可能。毛泽东和中央军委当机立断，放弃北渡长江的计划，率领红军由四川南部的叙永、古蔺地区折向云南东北部的扎西（今威信）集中，待机破敌。

2 月 10 日，在扎西召开干部会议（也叫作军事扩大会），由张闻天传达遵义会议的精神。我参加了这次会议。当时下着蒙蒙细雨，大家集合在露天广场的一棵大树下，聚精会神地听他传达。听完传达后，我才知道遵义会议揭发和批评了第五次反“围剿”和长征以来中央在军事领导上的单纯防御路线的错误，批评了博古为第五次反“围剿”失败进行辩解的错误，肯定了毛泽东的积极防御的军事路线，通过了关于反对敌人五次“围剿”的总结决议。毛泽东被选为政治局常委，确立了毛泽东在全党全军的领导地位。

我对王明“左”倾路线的错误，有一个认识过程。遵义会议前，我对“左”倾错误领导的“正确性”已逐渐产生怀疑。

记得在中央苏区时，我和博古、张闻天等住在一个地主的大院里。有一次，我在一间房子打乒乓球，听博古对洛甫说：“老毛（指毛泽东）今后只是加里宁了，哈哈！”加里宁是苏联的国家主席。毛泽东经过赣南会议、宁都会议，只留下苏维埃政府主席一个职务，而且是个虚职，所以博古把毛泽东比作苏联的加里宁。从他们的对话中，可以看出他们对毛泽东的评价和看法。我听到他们的对话，心里觉得不是滋味。

有一次，我路过博古、洛甫的房间，无意中听到博古对洛甫说：“上海完了。”（指上海党组织被破坏完了）我猛听到这句话非常吃惊。我当时对白区工作情况、前线作战情况并不了解，他们也不让我知道。后来才知道上海党组织遭到严重的破坏。我想：在瞿秋白盲动主义的错误领导时，上海的党组织没有完；在李立三冒险主义的错误领导时，上海的党组织也没有完；为什么在自称百分之百正确的王明、博古的领导下，具有光荣斗争传统的上海党组织却完了呢？这是我对王明路线的“正确性”产生的第一个怀疑。

第二个怀疑是，红军第一次至第四次反“围剿”时，也是敌强我弱，但都取得了胜利。第五次反“围剿”时，博古给我下军令状，说要扩大红军三万人才能粉碎“围剿”，完不成任务要杀头。由于各地党组织的努力和翻身农民踊跃参军，结果扩大红军五万多人，成立了工人师、独立师、教导师、兴国师、模范师、少共国际师等，广大群众斗争情绪很高，但不久，第五次反“围剿”却宣告失败，红军被迫转移。第五次反“围剿”的失败，使我对“左”倾错误领导者的“正确性”产生了很大的怀疑。

第三个怀疑是，在红军转移的路上，不是像第一次至第四次反“围剿”那样，主动地打击敌人，歼灭敌人的有生力量，而是拼命逃跑、避战，处处被动挨打，损兵折将。

总之，这时我对王明路线已发生动摇，不像过去那么坚信，那么积极贯彻执行了。但对王明“左”倾错误错在哪里？如何克服？还认识不清楚。

听了张闻天关于遵义会议的传达，解开了我思想上的许多疑团，比较清楚地认识到王明“左”倾路线的一些错误，特别是在军事路线上的错误。因此，我一听完传达，首先起来发言，表示完全拥护遵义会议的决议，同时不点名地批评了凯丰对遵义会议的错误态度。我发言后，凯丰自己站起来说，“谁正确，谁错误，走着瞧!”这句话是他说的，表明了他的坦率态度，说明了他还是位好同志。

遵义会议是我党历史上生死攸关的一次重要会议，是我党在民主革命时期一次具有伟大历史意义的转变。从此，我们党便确立了以毛泽东为首的正确领导，开始独立自主地解决自己的问题，在毛泽东思想的指引下，领导中国革命从胜利走向胜利。遵义会议的丰功伟绩将彪炳史册，永放光芒。

今天再来认识遵义会议，我还有以下两点看法：

一、为什么遵义会议的决议没有指出“左”倾领导者在政治路线上的错误，而且还认为“军事领导上的错误”对“整个路线说来不过是部分的错误”呢？我认为这有两方面的原因：一是党内思想还不一致，条件还不成熟，多数同志还没有认识到其政治路线也是错误的；再就是鉴于紧迫的战争环境，因此，毛泽东等同志没有提出这个问题。这样做是非常正确的，因为当时是处在没有根据地，敌人前堵后追的战争环境中，战争的胜负是关系到革命成败的主要问题。这时，如果提出王明等人的政治路线也是错误的，会使党内受到过分的震动，引起大的争论，对打仗非常不利。政治路线问题可以留待以后讨论，这样做对于保持党的团结和统一，争取长征的胜利，有重大的意义。

其实，对以王明为代表的“左”倾领导者的政治路线的错误，当时党内的许多干部，特别是中央和军队的一些领导干部，也还是在不同程度上有所认识的。通过几年来对王明等人所实行的宗派主义的干部政策，赣南会议、宁都会议对毛泽东的错误批评和处理，批判所谓“罗明路线”和邓（小平）毛（泽覃）谢（唯俊）古（柏），以及对肃反政策的观察和体会，通过对“左”的土地政策、工商业政策、关门主义、冒险主义的观察和体会，特别是通过对第一、二、三、四次反“围剿”的胜利和第五次反“围剿”失败的比较，有的同志对王明为首的错误的政治路线是有清楚的认识的；有相当多的同志，对其政治上的某些政策是不满的，怀疑的，甚至是否定的；有的同志则从积极维护王明“左”倾冒险主义的一套，开始觉悟到王明等人在政治上也有若干“左”的错误（但是从全党来说，还没有深刻认识到王明等的政治路线也是错误的）。因此，到瓦窑堡会议就能逐渐从政治上批评王明路线的错误，而到后来，在毛泽东的领导下，通过延安整风，统一了全党的认识。1945 年，党中央才在

《关于若干历史问题的决议》中，对以王明为代表的“左”倾机会主义路线错误作了全面的批判。

二、遵义会议开始了我党独立自主地解决中国革命问题的历程。1921年中国共产党成立。1922年党的第二次代表大会决定加入共产国际，成为共产国际的一个支部。那时，党处于幼年时期，因此很多问题与共产国际的指示分不开。共产国际对中国革命是有过很大的帮助的，但是它又因为不了解中国国情而对中国革命造成很大的损失。历史经验证明，一个国家的革命，只能依靠本国人民，依靠本国党的正确领导，才能取得胜利。国际间的支援是需要的，但革命只能建立在自力更生的基础上，决不能依赖外国，外国也不能越俎代庖。李德本来只是共产国际派来的一个军事顾问，但博古却把他捧为“太上皇”，什么事都听他的。李德搞瞎指挥，在军事上更是他说了算，甚至一个战役中一挺机关枪放在哪里，都要听他的安排。李德以共产国际的代表自居，对中国革命指手画脚，造成了很大的损失。当然，造成损失的主要责任是中国党当时的错误领导，但一切都听从国际及其代表的，则是一个重要原因。遵义会议是我党破天荒第一次独立自主地把马列主义与中国革命的具体实际相结合，正确地解决中国自己的问题。如果没有遵义会议，仍让李德瞎指挥下去，全党全军都有陷于覆灭的危险。遵义会议的确是把我党、我军从危亡边缘挽救出来的一次重要会议。前几年，曾任李德翻译的伍修权对我说：遵义会议开会时，李德坐在门口，让他靠边站了。中国的问题由中国党自己独立自主地解决，这是一个极端重要的问题。

1935年2月，毛泽东在《忆秦娥·娄山关》一词中写道：“雄关漫道真如铁，而今迈步从头越”，正是当时的历史写照。没有遵义会议独立自主地解决中国党的问题，红军可能被敌人消灭在长征路上。而没有武装斗争，我党就不可能存在，中国革命就不能取得胜利，这是历史所证明了的真理。

四、从二渡赤水到天全、芦山

红军在扎西地区集结后，敌人沿长江两岸布防，滇、黔军也陆续追来，对红军形成一个大包围圈，因此红军不宜继续北渡长江或就地建立新苏区。毛泽东和中央军委见贵州境内是敌人薄弱之点，便率领红军东进，于2月中旬在太平渡和二郎滩二渡赤水，重入贵州，攻占娄山关，再次夺取遵义城，取得长征以来的第一次大胜利。

这次我也随军进了遵义城。这时贵州党组织已被破坏，但贵州党组织的负责人林青没有被捕。我们在遵义城外一个农民家中开会，经中央批准，成立了中共贵州工作委员会，成员有林青、邓止戈、秦天真等，仍由林青负责。我离开遵义时，留下了一些人组织游击队，他们一直坚持到贵州解放。

为了进一步调动敌军，红军在茅台第三次渡过赤水，再次进入川南的古蔺地区。我们三渡赤水时，蒋介石以为红军主力又要北渡长江同红四方面军会合，急忙调兵遣将，企图再次包围并在长江南岸消灭红军。毛泽东和中央军委立即指挥红军东进，于3月下旬又经二郎滩、太平渡四渡赤水。接着掉头南向，直指乌江。3月底红军渡过乌江，便把蒋介石集结的军队全部甩在乌江以北了。

红军四渡赤水是毛泽东军事思想的天才表现。当时谁能想得到四渡赤水后，过了金沙江，就把尾追的敌人甩掉了呢？我认为到目前为止，把马克思列宁主义军事学说发展到如此高峰的，毛泽东是第一人。

四渡赤水，我们都是跟着军委纵队走的，都是在夜里渡过赤水河，没有发生什么事。我们地方工作部每到一地，都要做地方工作，要派人打前站，头天就要去，把路标搞好，把宿营地找好。谢唯俊当时在地方工作部工作，他就是打前站的。一路上他工作很积极负责。每到一个地方，他先去了解群众情况，我们到后就可以及时开展工作了。

四渡赤水后，我们就巧渡金沙江。过金沙江也是晚上。我们在沙滩上等着过江。船很小，把马、骡放在船上是没有办法过江的，后来想了个办法，把马赶到江里，人坐在船上牵着马、骡过江。

5月5日，军委纵队渡过金沙江。5日、6日朱德连续给各军团布置作战任务。为了防止一军团被敌人隔断，军委命令他们务必不顾疲劳于7日兼程赶到皎平渡，8日黄昏前渡江完毕；命令三军团迅速渡江北进会理，消灭敌刘文辉部；命令干部团和三军团一起行动；命令五军团在皎西以南掩护红军渡江；命令九军团彻底焚毁沿金沙江各渡口的所有船只，阻止追敌于金沙江右岸，以掩护我军主力集中于会理一带。我是随三军团到会理城外的。晚上我还到了彭德怀指挥部，他正在指挥作战。会理城打不开，就采取炸城的办法，我亲眼看到他们把城炸开了一个缺口。后来因为要抢渡大渡河，就没有继续攻打会理城，而是迅速北进，攻占德昌。占领德昌后，本拟向西昌进攻，但因西昌守敌有四个团，共二三千人，城墙又高，筑有坚固工事，加以上有敌机，下有炮火，一军团无法靠拢城门，而且刘文辉准备从雅安亲率数团兵力增援西昌。为了避免硬攻消耗兵力，争取时间迅速北上抢渡大渡河，军委决定一军团向泸沽方向前进。由一军团的一师、二师的两个团为抢渡大渡河的先遣团。军委还派参谋长刘伯承为先遣队司令员，聂荣臻为政委。5 月 25 日，在安顺场渡口，一团的十七勇士乘着唯一的一条小船，在惊涛骇浪中，冲破敌人的防御，到达了大渡河东岸。随后，一师的其他部队也从安顺场过河。过河后，他们根据毛泽东的意见，从河的东岸迅速北向泸定桥，以策应西岸部队，准备攻占泸定桥。我记得我们随一纵队到了安顺场，在安顺场住了一夜，还闲谈了石达开在安顺场失败的历史故事。我们没有从安顺场过河。5 月 29 日，西岸部队组织了二十二人的英雄突击队，在红军火力掩护下，一边在铁索上铺门板，一边匍匐前进，十分惊险地夺取了泸定桥，攻占了泸定城。

当我军经冕宁向安顺场北进时，前线政治部通知我冕宁有我党的县委，书记是廖志高，叫我与廖志高接头。我在城外和廖志高接了头。廖向我介绍了那里的情况。然后我根据军委指示，要廖随军北上。廖就带了几个彝族干部同我们一起北上了。我们离开冕宁时留下了一些人坚持斗争。

部队飞夺泸定桥后，就向天全、芦山前进。休息时，洛甫要我到他的房间去。我到时陈云已经在那里了。洛甫对我俩说，白区工作很重要，中央想派你们两位去白区工作。长征途中这是第一次提出要派干部到白区开展工作。后来我因为有事，没有去白区工作。陈云就从天全、芦山一带出发，到白区去了。陈云先到上海，后来到莫斯科，他带有电报的密码本。潘汉年也到上海，也带有密码本。可能就从这时起，中央与上海的党组织接上了关系，重新部署了白区工作。这说明党中央贯彻遵义会议决议，开始重视并有可能进行白区和统一战线工作了。陈云原是中央政治局委员兼中央白区工作部部长，贾拓夫是秘书。陈云随军长征后，中央同白区的联系就中断，也无人负责白区工作了。长征前，我不负责白区工作，但有一件事是我处理的。1934 年 1 月，满洲省委派何成湘参加六届五中全会。会后，中央要我找他谈话。2 月，我还起草了《中央给满洲省委指示信》。在长征途中，我也做过一些白区工作。遵义会议后，凡到白区工作的同志都来找我。有些问题也是我处理的，如组建中共贵州工作委员会，坚持泸州的地下斗争等，都是我安排的。中央打算让我和陈云到白区工作，也就是考虑我们过去搞过白区工作。

五、在杂谷脑

长征路上遇到的第一座大雪山，叫夹金山。山很高，雪很深，行走艰难，不能骑马，我们就拉着马尾巴，让马把我们拖过雪坡。到了山顶，空气稀薄，不能坐下休息，因为一坐下休息就起不来了。过了雪山就是懋功。懋功前面有个村庄，是回民居住地区。我们到回民村做了些工作。在懋功住了几天，此时一、四方面军已经会合了。从懋功到两河口后，党中央政治局召开会议。我在干部会上听了洛甫的传达，说中央决定在川陕甘建立苏区。我知道遵义会议是决定在云贵川广大地区中建立新苏区，这时改为建立川陕甘苏区。两河口会议大概有争论，但洛甫传达时没有谈内部的争论。

开完干部会，洛甫（或是博古）找我谈话，说现在要派一个慰问团到杂谷脑去慰问。杂谷脑是红四方面军的后方，也是四川省苏维埃政府所在地。洛甫叫我慰问后就留在那里担任苏区四川省委书记。如果做不成，就到白区当四川省委书记。

慰问团有林伯渠、叶剑英和我，可能还有李富春。我们在杂谷脑住了几天，林伯渠告诉我，苏区省委书记当不成了，这里不欢迎。又过了几天，慰问团成员都走了，只我一人留下来，准备到白区去当四川省委书记。我住在省苏维埃的一栋大房子里，住房靠着大厅，出入他们都看得见。表面上，他们对我很好，很客气。原省委书记、四方面军政治部主任周某，老是陪着我，吃饭也陪着，吃得很好，但就是不让我接近四方面军的同志。我在杂谷脑只出去过一次，碰到过宋侃夫、张琴秋两个熟人。宋侃夫，他是中央从上海派到四方面军搞电台工作的，在上海时我就认识他。张琴秋是四川省苏维埃政府妇女部长。他们这种安排，实际上是把我软禁起来了。周某与我谈话中，流露出瞧不起红一方面军的口气，认为红一方面军衣破、人少、枪少。我对他作了解释。他的意图我也看得出来，不愿意让我当苏区的四川省委书记。我叫他们派两个与四川有关系的人给我，陪我一起到白区去接关系。他们就派了张德生、白载昆陪我。张德生当时是从陕南翻过大山到四川去接关系留在红四方面军的，解放后，曾任八届候补中央委员、陕西省委书记，在“文化大革命”中逝世。白载昆是党中央从上海派到四川的交通员，他把中央的信送到川陕苏区后就留下来了，我原就与他很熟。我不能经常出门，他们可以经常出门。有一次他俩对我说，张国焘、陈昌浩开过秘密会，策划反对党中央。他们还指着我们住房对面的一排平房说，外面进来的知识分子和干部就住在那里，他们俩也在那里住过。住在那排平房的人，不能随便出去。何柳华（廖承志）等人就在那里住过，实际上被软禁了。我从他们那里了解到张国焘的一些底细，才知道张国焘是反对党中央的。由于我被严密封锁，无法出去与人接触，连红一方面军开走了我也不知道。

不久，中央打电报给我，要我在四方面军担任纵队政治部主任。我已了解张国焘反对中央的一些底细，这个纵队政治部主任是没有办法当的，也不能当。于是我婉转地给中央发了一封电报，让中央知道我不能在红四方面军呆下去的处境，陈述我不懂军事，无法胜任纵队政治部主任职务等等，以此为理由，要求返回中央机关。这位省委书记同意我发电报，因为他们也是不想让我在红四方面军工作的。中央接到我的电报后，明白我的处境不妙，立即回电叫我返回中央机关工作。我离开杂谷脑时，也把张德生、白载昆带了出来。我们爬了几座山，到了毛儿盖，中央机关、政府机关都在那里。我见到洛甫等中央领导同志，向他们汇报了张国焘反对中央的情况。他们也把同张国焘的分歧和斗争的情况告诉了我。

六、过大草地

回到毛儿盖，中央叫我归队，仍负责中央局机关、政府机关、共青团等部门的工作。我在毛儿盖休息了两天，就到另一条山沟去看望林伯渠。我下午出发，晚上回来。回来时，我负责的几个机关都不见了，一打听，才知道他们接到紧急通知，赶往大草地集中。当时剩下我和警卫员、饲养员共三个人，一匹马，处境相当危险。两旁都是森林，由于国民党制造民族隔阂，藏民经常躲在森林里打冷枪。晚上又看不见路，赶了半夜，才到达大草地，但前面的部队又走了。第二天我们又赶路，进入大草地才赶上了队伍。

过草地整整走了七天七夜。大草地的草兜很大，水是黑色的，有时也有块干地和小坡坡，或者有棵树。草地上没有居民，也没有敌人，但要同大自然作斗争。我是在中央纵队的后面做后卫工作。行军路上战士牺牲很多，牺牲了就扒些泥盖起来，做个坟堆以资纪念。我看见一条毯子盖着几个战士，怕他们掉队，就赶快下马，揭开毯子想喊他们起来一起走，仔细一看，四个同志已停止了呼吸。我还看见前面有一位战士，身子左右摇晃倒在水里，我赶快过去扶他，可是已经死了。我们的红军战士为了革命事业就是这样斗争到最后一口气的！

过草地时，红军没有东西吃，马死了就剥掉皮吃。前面的部队吃马肉，后面的部队啃骨头。实在没有东西吃，就吃草根，嚼皮带。我也吃过草根。

草地的气候变化无常，时而细雨霏霏，时而晴空万里，时而阴霾满天，真是瞬息万变。到了宿营地，我们在地上挖个坑，垫点草，人就睡在里头，上面盖块油布或用雨伞支撑，以避风雨。在有小树的地方，就找些干枝烧起篝火，几个人围坐度夜。

七、脱离险境

过了草地我们就到了班佑。班佑有一座大寺庙，前敌总指挥徐向前、政委陈昌浩、参谋长叶剑英等已经先住在庙里。我也住进去了。毛泽东带着干部团、三军团住在离班佑大概不到十里路的巴西。

这时中央机关由凯丰负责，政府机关由林伯渠、曹菊如负责，总政治部由杨尚昆负责。上述单位都归我管。没有粮食吃，我们就到老百姓地里割青稞麦。芦花、黑水地方有一个寨子，那里有粮食，每个部队都先到黑水、芦花打粮，然后才到班佑。在藏族地区打粮，经常找不到人，割了青稞就在地里插个牌子，写明割的数量、单位，这是总政治部规定的。我们到老百姓地里割青稞，那是不得已的事。为了红军不致饿死，为了革命事业，只有这样。我们后勤部队是由白载昆带着收割，割后都插上木牌。据说老百姓回来，见到木牌很感动，有的把它保存起来，一直存放到解放后，作为珍贵的纪念。

在班佑时，有一次博古、洛甫对我说，两河口会议决定北上，但张国焘耍两面派，表面上同意，心里是不同意的。后来在毛儿盖附近沙窝召开政治局会议，决定兵分两路北上，张国焘在会上同意了，但会后他又不执行北上的方针。到了阿坝后，他借口噶曲河涨水和粮食困难，要南下到天全、芦山去。他还违背政治局会议的决定，密电要右路军立即南下。右路军是徐向前任总指挥，陈昌浩任政委。右路军有四方面军的两个军——三十军、四军，三十军是四方面军的主力。洛甫告诉我，张国焘有电报说，如果毛泽东、洛甫、博古、周恩来等不同意南下，就把他们软禁起来。洛甫告诉我上述情况后，叫我负责把党中央机关、政府机关、总政治部等单位在次日凌晨带到巴西，会同党中央一路北上，并要我仍回中央机关担任中央组织部长。洛甫叮咛我上述决定要绝对保守秘密。我接受指示后，就立即分别通知了凯丰、林伯渠、杨尚昆，叫他们明天凌晨就走。对下只说到黑水打粮，叫各单位负责人准备好。这天晚上，我到街上走了两趟，看看有没有人发现我们要北上的动静。我见四方面军的人没有发现我们北上的意图，就放心了。第二天凌晨我站在路口上等候他们，中央机关、总政治部都走了，唯有中央政府机关还没走出来，他们有银行、辎重，事情多。我见前面部队都走了，心中很焦急，就亲自跑到政府机关办公的院子里去看，他们还在打包。我说，你们不用打包了，把东西丢掉些，要带的东西驮在牲口上，马上出发。他们就按这个办法，很快出发了，我随后也走了，安全地到达了巴西。一到巴西，部队立即出发。后来四方面军的特务队长李特带部队来追党中央。但三军团在山上警戒，担任后卫，如果李特攻击我们，我们就自卫还击。后来李特走了，没有打成。我们终于脱险了。《毛泽东选集》第二卷中《中国共产党在民族战争中的地位》一文有一条注释说中央“脱离危险区域”，就是指的这件事。前两年杨尚昆与我说起这件事时还问我：你当时站在路口做什么？我们都走过了，你还站在路口等。我说：等你们，不等你们走完，我怎么能走呢？我也问他，你怎么那时还在巴西呢？他说他下午还在巴西，想向有关的人了解些情况。有人对我说，你回去问罗迈就知道了。当年的紧急情况，我们都还记得起来。

八、俄界会议

从巴西到了俄界，9 月 12 日，中央政治局在俄界召开扩大会议，讨论以后的行动方针，批判张国焘分裂主义的错误。会议是当天上午十一时开始的。到会的政治局成员有毛泽东、张闻天、博古、王稼祥、何凯丰、刘少奇、邓发。此外，参加的还有蔡树藩、叶剑英、林伯渠、杨尚昆和我，也有李德。一军的林彪、聂荣臻、朱瑞、罗瑞卿，三军的彭德怀、李富春、袁国平、纯青，也出席了会议。

会议首先听取了毛泽东关于与四方面军领导者的争论及今后战略方针的报告。毛泽东在报告中主要讲了以下几个问题：

第一，关于红军今后向北行动的问题。毛泽东说，我们坚持北上方针，但张国焘却反对，坚持机会主义方针。一、四方面军会合后，张国焘起初是按兵不动。7 月中旬，党中央指示红军集中，结果由于张国焘从中阻挠而未能实现。张国焘到芦花时，中央政治局决定他任红军总政委，他才调动红四方面军北上，但未到毛儿盖又动摇了。到了阿坝后便不愿北上，而要右路军南下。这时，中央政治局的几个同志在周恩来处开了一个非正式会议，决定给张国焘发电报，要他北上。张国焘公然抗拒中央的决定，拒不执行北上的方针，这是不对的。毛泽东说，张国焘坚持南下是没有出路的，因为南面地形不好，又是少数民族地区，给养无法解决，红军作战只有减员，没有补充来源，战略退路也没有，如果不迅速北上，部队会大部被消灭。很明显，中央不能把一、三军带去走这条绝路。

第二，关于在何处建立革命根据地的问题。毛泽东说，由于一、四方面军已经分开，张国焘南下，使中国革命受到相当严重的损失，所以一、三军必须变更建立川陕甘根据地的计划，以游击战争来打通国际联系，靠近苏联，在陕甘广大地区求得发展。毛泽东分析了陕甘一带的地势、居民和敌我双方的情况，认为只要我们团结一致，又有正确的领导，依靠游击战争，是可以战胜敌人达到目的的。

第三，关于张国焘错误的性质和处理办法问题。毛泽东指出，张国焘在通（江）南（江）巴（中）苏区时已经犯了部分的严重错误；在粉碎四川敌人的六路进攻，退出通南巴苏区后，便形成了一条错误路线。当

一、四方面军会合后，中央曾想了许多办法来纠正张国焘的军阀主义倾向，但没有结果。张国焘的错误发展下去，可能成为军阀主义，或者反对中央，叛变革命。同张国焘的斗争，是两条路线的斗争，应采取党内斗争的方法处理。最后做组织结论是必要的，但现在还不要做。我们要尽可能地做工作，争取他们北上。

会议对毛泽东的报告，进行了认真的讨论。在会上先后发言的有彭德怀、邓发、李富春、王稼祥、聂荣臻、杨尚昆、林彪、博古、张闻天等。大家一致拥护党中央的北上方针，严厉批判张国焘抗拒中央、企图分裂党的严重错误，并且指出同张国焘的斗争是路线斗争。有的同志甚至说如果张国焘坚持错误，他的前途将是另立中央与党对立。我在会上也作了发言，完全同意党中央的北上方针和对张国焘的批判。我说我们党同张国焘的斗争是路线斗争，张国焘惧怕敌人，对在中国本部创造苏区无信心，这与他过去轻易退出鄂豫皖和通南巴是有联系的，这完全是他机会主义错误的表现。他还有一个特点，就是在党内搞小组织活动，公开在下层反对党、侮辱党。自六届四中全会以来，除罗章龙外，还没有第二个像张国焘这样分裂党的人。我同意在陕甘广大地区建立根据地并打通国际路线。对白区工作应有布置。

与会同志一致同意毛泽东对张国焘要有步骤地处理的意见。会议通过了《关于张国焘同志错误的决定》，这个决定只在中央委员中公布，不再往下传达。

会议还同意彭德怀关于缩小部队编制的意见。会议决定：一、成立中国工农红军陕甘支队，由彭德怀任司令员，毛泽东任政治委员，林彪任副司令员，王稼祥任政治部主任，杨尚昆任副主任；二、成立由毛泽东、周恩来、王稼祥、彭德怀和林彪组成的五人团，作为全军的最高领导核心；三、成立编制委员会，以李德为主任，叶剑英、邓发、蔡树藩、李维汉为委员，负责部队的编制工作。会议还决定召开营以上干部会议，向干部说明当时的战略方针和迅速行动的必要性。

俄界会议是同张国焘作斗争的一次重要会议。当时中央对张国焘错误的批判和处理意见都是正确的。后来事实的发展证明了这一点。张国焘无视中央多次令其北上的电示和左路军广大干部、战士北上与党中央会合的要求，率军南下，打出了反党旗帜，成立了伪中央。后来，由于中央的不断斗争和挽救，由于朱德、刘伯承等同志的斗争，特别是由于南下后到处碰壁，广大指战员更加不满，张国焘才被迫取消了伪中央，同意北上。当在甘孜与红二、六军团会合后，又在任弼时、贺龙、关向应等的坚决斗争下，张国焘被迫继续北上，但他一直心怀鬼胎，不可救药，终于在 1938 年只身投向国民党特务机关，叛党而去。

九、胜利会师

俄界会议后，红一方面军继续北上。1935 年 9 月中旬突破天险腊子口，接着就过岷江。岷江水深流急，江面狭窄，那里住的是藏族同胞。过了岷江后，沿着洮河的右岸向甘肃的哈达铺前进。在到哈达铺前，在河边的一个圩场上，我看见毛泽东、周恩来、彭德怀、刘少奇等同志在一起休息。毛泽东向我打招呼：罗迈，你也来休息一下！我就下马休息，看到他们正在翻阅一张国民党的地方报纸，上面登了蒋介石派大军“围剿”陕北“共匪”刘志丹的消息。我们才具体得知有这样大的红军在陕北苏区积极活动。党中央随即决定到陕北苏区与陕北红军会师。这时才正式宣布成立陕甘支队，司令员彭德怀，政委毛泽东，共有六七千人。中央派我随陕甘支队北上时，沿途检查军容风纪。因为这些地区的群众多是回族，搞好民族关系很重要。我跟彭老总一道走，一起到达吴起镇。吴起镇是陕北苏区的大门。我们到吴起镇时，后面还有国民党东北军何柱国（建国后先后为全国政协委员、常委）部的骑兵跟踪而来。另外，宁夏的马鸿逵、马鸿宾、毛炳文的骑兵也跟了上来。毛泽东在吴起镇召开会议说，我们不能把敌人带进苏区，要赶快打退他们。他集合支队干部讲话，动员大家要坚决打退敌人。他指挥部队和敌人打了一仗，击溃了敌人，并俘敌一部充实了红军。随后，即同陕北红军胜利会师。从此，党中央便以陕北作为领导中国革命的大本营。1936 年 10 月，红二、四方面军也到达陕北。一、二、四方面军的会师，标志着长征的胜利结束。

毛泽东在论述长征的伟大意义时指出，长征是历史记录上的第一次，长征是宣言书，长征是宣传队，长征是播种机。长征是以我们胜利，敌人失败的结果而告终。长征一结束，革命的新局面就开始了。

初 到 陕 北

一、陕北苏区——红军长征的落脚点

1935 年 10 月，党中央和红一方面军到达陕北苏区，胜利结束了两万五千里长征。以后，陕北就发展成为我党的革命大本营，延安成为我党指导全国抗日救亡运动和传播马列主义的中心。

1. 陕北苏区的概况。陕北苏区和红军是经过长期艰苦曲折的斗争发展起来的。1935 年 2 月以前，在陕北存在着地域隔绝的两个苏区、两个党组织和两支红军：一是陕甘边苏区，设有陕甘边特委，书记惠子俊，归陕西省委领导，拥有一支红军队伍，即红二十六军；一是陕北苏区，设有陕北特委，书记崔田夫，归中央驻北方代表及河北省委领导，也拥有一支红军队伍，即红二十七军。1935 年 2 月初，双方经过协商，成立了中共西北工作委员会（惠子俊任书记）和西北军事委员会（一说这个委员会成立于 1934 年底。委员会主席，我记得是谢子长，一说是刘志丹），实现了两个苏区党组织和两支红军的统一领导。谢子长负伤去世后，在刘志丹的统一指挥下，红军粉碎了国民党军队对苏区的第二次“围剿”，解放了延长、延川、安塞、保安、靖边、安定六座县城。长期被分割的两个苏区联成一片，面积达三万平方公里，人口九十万，建立了二十多个县的苏维埃政权，红军主力扩大到五千人，游击队发展到四千人，革命形势是很好的。

1935 年 7 月，朱理治以中央代表名义到达陕北，同郭洪涛、聂洪钧等一起，执行了一条“左”倾错误路线。9 月中旬，徐海东、程子华率红二十五军长征到达陕北，在延川永坪镇与红二十六、二十七军会师。随后召开了永坪会议，撤销中共西北工作委员会，由朱理治等组成“中央代表团”（一说为“中央北方局代表团”）；成立了陕甘晋省委，由朱理治、郭洪涛任正、副书记；红二十五、二十六、二十七军统编为红十五军团，由徐海东任军团长，刘志丹任副军团长兼参谋长，程子华任政委；改组了西北军事委员会，由聂洪钧任主席。

当时，陕北苏区面临的任务是如何粉碎敌人从7月开始的第三次“围剿”。10月1日，红十五军团在劳山歼敌东北军一一〇师近两个团和师直属队全部约三千七百人，击毙师长何中立，参谋长裴焕采。10月25日，在榆林桥又歼敌东北军一〇七师一个加强团，活捉团长高福元。但是，“围剿”还未能粉碎。也就是在这段时间内，后方的瓦窑堡发生了错误的肃反事件，逮捕了刘志丹等同志，随后又发展到前方，在红二十六军中也进行了“肃反”，并且错杀了一些人，使陕北这个硕果仅存的苏区陷入非常严重的危机。

2. 党中央到达后的紧急措施。党中央到了吴起镇以后，即派贾拓夫携带电台，作为先遣队去寻找陕北红军和刘志丹，我与他同行（贾拓夫于1934年代表陕西省委到中央苏区参加六届五中全会，会后，留中央白区工作部工作，随中央红军长征北上，并任总政破坏部部长）。我们在甘泉下寺湾遇到了郭洪涛，得知陕北苏区正在对红二十六军和原陕甘边党组织进行肃反，刘志丹等主要干部已被拘捕。在吴起镇时，曾有同志向党中央反映陕北肃反和刘志丹被捕的事，现在得到了证实。我们当即电告党中央毛泽东等同志。党中央立即下令：停止逮捕，停止审查，停止杀人，一切听候中央来解决!

随后，党中央毛泽东等同志来到下寺湾，听取了郭洪涛的汇报。党中央在下寺湾召开会议，分析了陕北根据地内外的政治形势和军事形势，决定分两路行动：一路由洛甫、博古、刘少奇、邓发、董必武和我率中央机关从下寺湾直接去瓦窑堡（陕甘晋省委驻地，苏区的中心），于11月7日到达瓦窑堡。当时还指定王首道等先期到达瓦窑堡查处肃反问题。另一路由毛泽东、周恩来、彭德怀率红一方面军南下，迎战第三次“围剿”陕北苏区的敌人。

3. 直罗镇战役的胜利，为在西北建立根据地举行了奠基礼。劳山、榆林桥两个战役击败了敌人，但未能粉碎“围剿”，敌人又以五个师的兵力再次来犯。东边一个师沿洛川、鄜县大道北上，西边四个师由甘肃的合水、庆阳，沿葫芦河向鄜县方向进犯。不粉碎敌人的进攻，就不能彻底击破敌人的第三次“围剿”。11月初，毛泽东、周恩来、彭德怀在甘泉道佐铺红十五军团部会见了徐海东、程子华、郭述申等，共同商量决定了直罗镇战役计划。11 月下旬，红一方面军主力和红十五军团会同作战，歼敌一〇九师，击毙师长牛元峰，又在追击中歼敌一〇六师一个团，取得了直罗镇战役的胜利，终于粉碎了敌人对陕北苏区的第三次“围剿”。11 月 30 日，毛泽东在一方面军营以上的干部会上作了《直罗镇战役同目前的形势与任务》的报告，指出：“中央领导我们在西北建立广大的根据地——领导全国反日、反蒋、反一切卖国贼的革命战争的根据地，这次胜利算是举行了奠基礼。”

二、参加纠正错误肃反

上述发生在 1935 年九十月间的陕北错误肃反事件，是王明“左”倾路线的主观主义和宗派主义恶性膨胀的产物。由于党中央和中央红军长征到达陕北，才及时地停止和纠正了这个严重错误。但关于错误肃反的根源和责任问题，一直存在着争论。最近，在党中央领导下，经过中央指定的五人小组同原陕北、陕甘边有代表性的老干部反复研究、商讨，取得了一致意见，并同意结束这场争论，这就为西北光荣历史的编撰扫除了路障（详见 1983 年中共中央委员会二十八号文件）。

下面简述我参加处理这件公案的史实：

1. 1935 年 11 月初，西北中央局指定组成在博古指导下审查错误肃反的五人“党务委员会”，其成员为董必武（主任）、王首道（红军保卫局长）、张云逸（代表军委）、李维汉（中央组织部部长）、郭洪涛（陕甘晋省委副书记）。

2. 1935 年 11 月底，开了一次平反会，洛甫、博古、刘少奇等出席，五人委员会也都参加了。记得这次会是由中央组织部召开的。会上，宣读了《西北中央局审查肃反工作的决定》①。王首道代表五人委员会宣布：刘志丹等同志是无罪的，党中央决定立即释放，并且分配工作。刘志丹讲了话，他说：这次肃反是错误的，我们相信中央会弄清问题，正确处理

---

① 《西北中央局审查肃反工作的决定》（1935 年 11 月 26 日，见《六大以来》（下）第 372—373 页），指出：“过去陕甘晋省委领导反右倾取消主义斗争与坚决肃清反革命右派的斗争，一般的是必要的，正确的；但个别领导同志认为右派在边区南区和红二十六军中，有很大的基础，夸大反革命的力量，在反革命面前表示恐慌，因此在肃反斗争中犯了小资产阶级的‘极左主义’和‘疯狂病’的严重错误。”——编者注

的。我们也相信犯错误的同志会认识错误、改正错误，团结在中央周围一道奋斗。会上，宣布了党中央对戴季英、聂洪钧的处分决定①。他们以后也作了检讨。

3. 由于“左”倾路线没有清算，陕甘边苏区的地方干部和军队干部仍然戴着右倾机会主义的帽子，所以对他们的工作分配，特别是对一些高级干部的工作分配，一般是不公正的。当时，中央决定对释放的干部的工作分配办法是：地方干部由陕北省委负责，军队干部由军委负责。我对陕甘边干部一个也不认识，但我出席了省委会议，所以对地方干部不太合理的分配，也负有一定的责任。

4. 1937 年去陕甘省委工作期间，在省委和关中特委，我先后听到习仲勋、张邦英、张策、刘景范等的叙述，才认识到错误肃反的根源和 1935 年《西北中央局审查肃反工作的决定》也有缺点错误。回延安后，我向毛泽东、洛甫作了反映。

5. 我肯定过三点史实。1981 年，我为了搜集在延安工作时期的资料，到了西安。一些从事党史研究和党史讲授的同志对我说，高岗问题发生后，边区党史不好讲了，要求我讲讲这个问题。我在座谈会上讲了话，肯定了三点史实：第一，1942 年西北局高干会的路线是正确的；第二，高岗在边区党委和西北局的工作是执行中央路线的；第三，土地革命时期陕北有两位人民领袖——刘志丹和谢子长。讲话记录送原陕北、陕甘边几位负责同志看过，都表示同意。

三、参加瓦窑堡会议

毛泽东、周恩来等在直罗镇战役取得胜利以后，于 12 月中旬到瓦窑堡。中央政治局在 1935 年 12 月 23 日至 25 日召开了一次重要会议，即瓦

① 中共西北中央局党务委员会于 1935 年 11 月 30 日作出《关于戴继（季）英，聂鸿（洪）钧二同志在陕甘区域肃反工作中所犯错误处分的决议》，指出陕北肃反错误的“主要责任，应由当时主持全部肃反工作的戴继英（当时的保卫局长）及在前方主持肃反工作的聂鸿钧（当时的军委主席）二同志负责之，戴继英同志在保卫局工作上犯了许多严重错误，本应受到党的最严重的处分，因估计到他长期参加国内战争，为党工作很久，特决议从轻给予他以最后警告，对聂鸿钧同志给以严重警告。”——编者注

窑堡会议。会议在洛甫住的窑洞里召开，由洛甫主持。出席和列席会议的有：毛泽东、周恩来、洛甫、博古、王稼祥、刘少奇、邓发、凯丰、张浩、邓颖超、吴亮平、郭洪涛和我（名单可能有缺漏）。

会议主要讨论抗日问题。会议前夕，张浩（林育英）于 11 月下旬从莫斯科回到陕北。他奉共产国际之命，装扮成商人经外蒙古、内蒙古到达瓦窑堡，口头传达了共产国际第七次代表大会的消息和季米特洛夫在“七大”上关于建立反法西斯统一战线的报告。这个报告的中心是论证反法西斯统一战线的基本精神，为瓦窑堡会议的召开作了思想准备。会上，毛泽东作了发言，并进行了充分的认真的讨论。在会议开始时，博古仍有“左”倾关门主义的倾向，对于民族资产阶级参加统一战线和大资产阶级营垒分化的可能性表示怀疑，但很快取得了一致。

会议通过了《关于目前政治形势与党的任务决议》，确定了抗日民族统一战线的策略方针。会议还通过了《关于军事战略问题的决议》，确定了把国内战争同民族战争结合起来，准备直接对日作战的力量和扩大红军的方针。

瓦窑堡会议结束以后，12 月 27 日，党中央在中央党校召开了一次党的活动分子会议，参加会议的同志比较多。会上，由毛泽东根据中央决定的精神，作了《论反对日本帝国主义的策略》的报告，着重阐明建立抗日民族统一战线的可能性和必要性，并强调了党和红军在这个统一战线中的领导作用。

瓦窑堡会议的决议和毛泽东在活动分子会议上的报告，是继遵义会议纠正“左”倾机会主义军事路线之后，对“一切斗争，否认联合”的“左”倾政治路线的纠正；是毛泽东继《中国社会各阶级的分析》之后，进一步正确分析民族资产阶级两面性的重要文献。它纠正了党内在很长一个时期把民族资产阶级混同于官僚买办资产阶级的错误，批评了党内那种认为中国民族资产阶级及其他中间阶级不可能和中国工农大众联合抗日的错误观点。

瓦窑堡会议以后，党中央便利用一切可能向国民党上层、一切爱国人士和东北军、西北军的将领张学良、杨虎城进行工作，并派刘少奇去领导华北的工作，稍后又派冯雪峰去上海接通党的关系。从此，在全国范围内，逐步开展了抗日民族统一战线的工作。在陕北，更是上上下下一起开展争取东北军、西北军抗日的活动。吴亮平主编的《打回老家去》小报，与各地的口头喊话相结合，在东北军的下层中有很大影响，产生了很好的效果。

四、中央机构和地区组织的变动

党中央初到陕北时，中央机构作了相应的变动。在瑞金时，苏区中央局是履行中央职务、领导全国工作的；到陕北后，改称为西北中央局，同样领导全国工作。西北中央局内部分设：宣传部，部长洛甫兼，副部长吴亮平；白区工作部，部长张浩；组织部，部长是我。

军委和政府机构也有变动：

遵义会议上推选毛泽东为政治局常委，取消博古、李德的军事指挥权，朱德的中央军委主席职务没有变动。会后政治局常委又进行了分工，由毛泽东、周恩来负责军事。当红军离开遵义继续长征不久，党中央又先后决定博古的职务由洛甫代替，负总的责任；由毛泽东、周恩来、王稼祥组成三人军事指挥小组，负责指挥军事行动。到陕北以后，改设西北革命军事委员会，主席毛泽东、副主席周恩来、彭德怀。成立了中华苏维埃共和国中央政府西北办事处，办事处主席博古，财政部长林伯渠，粮食部长邓发，土地部长王观澜，国民经济部长崔田民，教育部长徐特立，司法内务部长蔡树藩，工农检查局长罗梓铭，劳动部长邓振询。后又设立外交部，部长由博古兼任。

同时，陕北苏区的行政区划分及领导机构也作了变动。撤销了陕甘晋省委，把苏区划分为陕北省、陕甘省（以下寺湾为界，下寺湾以北为陕北省，下寺湾以南为陕甘省），并设立了三个特区。这样，党的领导组织就有陕北省委、陕甘省委和三边、神府、关中三个特委。

陕北省委书记郭洪涛，宣传部长贾拓夫，组织部长王达成，妇女部长白茜（后为史秀云），工会主席高长久（兼工会党团书记），军事部长钟赤兵，少共书记慕纯农。省委机关在瓦窑堡。

陕甘省委书记朱理治，副书记李富春，宣传部长李一氓，组织部长欧阳钦，白区工作部长张策，军事部长肖劲光。省委机关在甘泉下寺湾。陕甘省所属的地区面临东北军、西北军的驻地，在主力红军东征期间，许多地区如甘泉、鄜县等被他们占领了，所以工作困难很大。省委的主要任务是恢复和发展苏区、地方武装，以及党的组织，同时进行抗日民族统一战线的工作。

三个特委为：

1. 三边特委，书记谢维俊。他在江西“反罗明路线”斗争中受批判后，调中央组织部工作。后来参加长征，一路工作积极负责，到达吴起镇以后，党中央派他在吴起镇一带消灭土匪部队。特委成立后，由他任书记，慕生忠任副书记兼组织部长。军事部长刘景范。独立营营长杨琪。1936 年发生三边事变，谢维俊被叛匪杀害。

2. 神府特委，书记杨和亭，宣传部长张江全，组织部长张秀山，少共书记张汉武。红三团团长王兆相。对于神府特区的工作，中央政治局还专门开会作了研究。毛泽东、洛甫、邓发、张浩以及贾拓夫、王达成、杨和亭、张江全等参加了会议。我也参加了这次会议。毛泽东在会上强调说：“神府苏区虽不大，但这个地方很重要，是个抗日前哨!”毛泽东在讲话中还讲到对地主、富农的政策。他说：对地主，在没收他们的土地和财产以后，要和农民分同等的土地，对富农，只没收多余的土地，不分浮财。

3. 关中特委，原为陕甘边南区党委，改为关中特委时，派贾拓夫为书记（后由习仲勋接任），张德生为组织部长，黄春圃（江华）为司令员，秦善秀为苏维埃主席；张邦英为副主席，陈国栋为游击队指挥。

以上是初到陕北的情况，以后有改变。

五、中央组织部的工作

当时的中央组织部机构精简，只有一个部长和两个科：干部科和组织科。干部科长郭滴人，组织科长金维映，总共只有几个人。由于瓦窑堡会议以后全党的工作都围绕着建立抗日民族统一战线的政治目的进行，中央组织部也不例外，组织科主要是参与和帮助当地的工、农、商、学、妇各界抗日救国会的宣传和组织工作；干部科管理中央党校的招生和毕业分配及其他干部的调配工作。

我同时照管陕北省委的一部分工作，出席陕北省委的会议，并且在中央党校教“党的建设”课程，也参与中央党校的建设事宜（中央党校的情况将另篇叙述）。

党中央迁到保安以后，中央组织部还负责打通对外联系的工作。如陕西省委的汪锋、孙作宾，上海的董健吾牧师等，都是我接待以后报中央安排工作的。冯雪峰就是在接待董健吾牧师以后，经组织部派到上海接通关系的。

1936年9月下旬，我离开中央组织部。

六、联系陕北省委的工作

陕北省委在瓦窑堡被高双成侵占以前，与党中央驻在一起。我刚到瓦窑堡时，洛甫就要我联系陕北省委，参加省委的会议和某些工作。在此期间，我主要参加了省委的下列工作：

1. 帮助扩大红军。1935年末到1936年初，党中央要求陕北省委扩大红军七千人。这是陕北省委一项没有经验的工作；陕北地广人稀，要扩大这么多的红军，难度很大。我帮助省委召集各县领导干部会议，介绍中央苏区扩红经验。1936年1月，基本完成这次扩红任务。之后，省委又召集包括各县领导干部在内的扩红活动分子会议，确定3月底以前继续扩红二千六百人。在这次会议上，我又介绍了中央苏区的经验，并帮助总结了上次扩红的经验。最后完成了扩红计划。

2. 参与修订各项政策。党中央逐步将各项苏维埃政策进行必要的调整或改变，使之适应抗日民族统一战线的需要，其中最重要的是对富农策略的改变。刚到瓦窑堡时，洛甫就要我研究和起草关于中立富农政策的文件。我和王观澜、郭洪涛等共同研究，并主持起草了1935年12月6日发出的《中央关于改变对富农策略的决定》。这个决定强调在民族革命战争的形势下，“富农也开始参加反对帝国主义侵略及豪绅地主军阀官僚的革命，或采取同情与善意的中立态度，不论是富农自己参加革命斗争，或采取同情甚至中立态度，对于我们现在不是可怕的，而是有利的。”决定指出：“对于富农，我们只取消其封建式剥削的部分，即没收其出租的土地，并取消其高利贷。富农所经营的（包括雇工经营的）土地、商业以及其他财产则不能没收，苏维埃政府并应保障富农扩大生产（如租佃土地，开辟荒地，雇佣工人等）与发展工商等的自由”，“这样的改变，可以使富农对苏维埃政府采取善意中立的态度”。这是一个很大的带有根本性的转变。

根据中央关于中立富农政策的决定，中华苏维埃共和国中央执行委员会也以毛泽东主席的名义，于1935年12月15日颁发了一个命令，规定“富农之土地除以封建性高额佃租，出租于佃农者，应以地主论而全部没收以外，其余富农自耕及雇人经营之土地不论其土地之好坏，均一概不在没收之列”；“富农之动产及牲畜耕具，除以封建性之高利贷出借以剥夺农民者外，均不应没收”，“除统一累进税外，禁止地方政府对于富农之征发及特殊税捐”。同时，土地政策也作了调整，如1936年8月6日在《红色中华》报上公布《土地政策新的改变》，规定地主在没收其土地财产之后，“仍分给以耕种份地，及必需的生产工具和生活资料”；对于小业主的土地不没收；对于大农业企业主按已公布的对待富农的政策办理等。

商业政策也作了相应的改变。中华苏维埃共和国中央政府西北办事处于1935年11月25日颁发布告，规定完全取消对苏区工商业的一切税收，包括营业税和关税，不仅苏区内的大小商人有充分的营业自由，而且“白区的大小商人也可以自由到苏区来营业”；“允许苏区内外正当的大小资本家投资各种工业”。

除了改变若干经济政策外，政治上的政策也有明显的变化。西北办事处1936年1月15日公布的《西北苏维埃选举法》，和1933年在中央苏区颁布的选举法比较，有如下重大的改变：第一，一切脑力劳动者（如医生、著作家、教员等）都有选举权。第二，雇佣工人在十人以下、资本在五千元以下之工商业主也有选举权。第三，在苏维埃政府及各革命团体的工作人员，不论其出身如何，均可获得选举权。此外还制定了《关于统一战线区域内党的工作基本原则草案》，发表了《中央苏维埃政府对哥老会宣言》等。

上述各项政策的修订，我都或多或少地参加了一些工作。

3. 参加讨论和组织地区工作。我与陕北省委的同志一起，讨论过民众抗日救亡运动的组织和方法，讨论过神府特区的工作，特别讨论了内蒙地区的工作，主要是伊克昭盟的工作，帮助组织了以高岗为首，贾拓夫、曹动之参加的内蒙工作委员会。内蒙是陕甘宁根据地的靠背，党中央到陕北后，是始终重视内蒙工作的。1937年上半年，内蒙工作委员会撤销，成立中央少数民族委员会，将回族工作也包括进去。

4. 做东北军的工作。我们还讨论和发动群众利用《打回老家去》小报的内容进行喊话，做东北军士兵的工作。为此设立了许多工作站，我们在工作站活动，东北军士兵见了也不开枪，说明我们的争取工作是有成效的。

这个时期，我和陕北省委工作的唯一目的，就是实现党的抗日民族统一战线这个总政策。

党中央迁到保安后，我随中央到了保安，陕北省委迁至安定县（今子长县）谭家营，我和陕北省委的联系就断了。

七、在定边三个月

1. 组织定边工作委员会。1936 年 9 月，毛泽东叫我去他那里。我到达时，宋任穷已在座。毛泽东对我说：准备打宁夏，夺取银川，因此要组织定边工作委员会，进行一些必要的准备工作。要我任工委书记，宋任穷（驻防军政治委员）、宋时轮（驻防军司令）、高岗、贾拓夫为委员，与定边、盐池县委密切合作。9 月 22 日，我同宋任穷一道去定边。临行前，洛甫对我说，组织部的工作由他照管。到定边十多天后，接到他的来信说，中央认为中央组织部长改由陕北同志担任为好，决定由郭洪涛接替我的职务。我立即去信表示拥护中央的决定。后来知道，是博古任部长，郭洪涛任副部长。我的免职是出于驻共产国际代表团王明、康生等的要求。

定边工作委员会做了下列工作：同定边、盐池两个县委商定了白区工作计划；查明了吴总渡河点和攻城有关的一些情况；组织了回民游击队；为团结哥老会开了香堂。工委的第二项任务是加强内蒙的工作，做了一些伊克昭盟的工作，但不多。

定边工作委员会存在的时间不到两个月。因为情况变化，原计划取消，工委宣告结束。

2. 组织筹粮委员会。红军三个方面军在会宁在静宁会师，经过山城堡对敌战斗后，全部后撤休整。红军总指挥部（总指挥彭德怀）驻在定边附近。党中央又电示我和董必武（中央党校校长。当时中央党校也迁到了定边）负责组织筹粮委员会，高岗、贾拓夫均为委员。1936 年 12 月初的一天，我去总指挥部。彭德怀问我筹粮情况，我说，只能保证三个月。他说，可打安边。我说，也筹不了多少。他说，中央在考虑来个“小长征”，打到汉中去。

从彭德怀处回定边不过两三天，又接到他的电报，说发生了西安事变，捉了蒋介石，红军主力即日南下，不用再筹粮了。筹粮委员会也就结束了。

八、任陕甘省委书记

1936年12月下旬，中央来电要我回保安。我想绕道庆阳同李富春谈谈江西“反罗明路线”的教训，去信约他在庆阳会晤。到庆阳时，蔡畅在等我，李富春未到，未能多交换意见。

回到保安，洛甫告诉我，中央决定成立陕甘省委，以加强关中特委的领导，去发动西安四周农村的群众，并把他们武装起来，如内战再起，即利用机会把苏区向南推进，并决定我为省委书记。现在记得的省级干部有：张邦英、李华生、杨一木分任组织、宣传、统战（白区工作）部长，申力生任秘书长；刘景范、霍维德为省苏维埃正、副主席，艾蔡南为财政部长；白向银为团省委书记，黄静波为团省委宣传部长。省委驻地在黄陵县店头镇。当时，省委的大部分负责人已经前去省委驻地。洛甫要我立即去延安同郭洪涛接头。1937年1月4日，我从保安出发。到延安后，郭洪涛要我缓去省委，先和张邦英率两支游击队间道去关中特委，在那里同特委和红军总政治部商量向南发展计划。张邦英是红二十六军的干部，对桥山山脉的山路很熟悉。沿途保安团受西安事变影响，张邦英打个招呼，互相戒备，互不侵犯，就过去了。一路很顺利，很快到达关中特委驻地淳化桃曲河，见到了特委书记习仲勋。

我们从特委了解了特区的情况，并初步商订了向南发展的计划，等候前敌总政治部约我们去商谈。

住在特委期间，上午我自己看书学习，下午同习仲勋、张邦英、张策及特委其他同志一起研究工作，交谈情况，主要谈了特委所属各县的情况和陕甘苏区的历史变迁，也谈了陕北错误肃反和纠正肃反以后的问题。主要是他们谈，我只提问题，从无知到有知。有时我也谈些他们关心的红军长征的情况和抗日民族统一战线等问题。我们还去过正宁、宁县两个县委，同县委的同志谈过话。

在关中特委住了约半个多月，得到任弼时（前敌总政治部主任）的通知约我去前方接洽。我和张策在淳化县城见了他。他告诉我们，西安事变虽已和平解决，但国内和平的局面还不很稳定。我们一起商定了向南发展的计划。我当天即回特委，又同特委进一步商量了一些具体问题，耽搁了一些日子，我才动身去省委。出门走不到一里路，通讯员赶着送来中央给我的电报，说两党谈判有进展，总的和平局面已定。省委结束，人员回延安。我回去同习仲勋谈了请他按新的形势部署工作之后，仍向省委驻地店头镇前进。

到店头镇后，开了两天会，彼此汇报了工作情况。又召集了几个新解放县区的领导同志，讨论和部署了新区工作。1937 年 3 月，省委结束。工作人员回延安时，经过甘泉、鄜县。数月前，这两县县城由国民党的县政府保安团队控制着，我们曾想打下甘泉，但未成功。由于西安事变和平解决的影响和我们的统战工作，这两个县城已成了统一战线区。在这里成立了由我党领导的抗日救亡团体“抗敌后援会”。我们进了这两个县城，曾在鄜县县城住了一夜。

九、西安事变和平解决，党中央建立新的革命大本营计划基本实现

1936 年 12 月的西安事变，具有重要的历史意义。在日本帝国主义日益深入中国本土的危急情况下，张学良、杨虎城两将军等响应中国共产党抗日民族统一战线政策的号召，接受全国人民日益高涨的抗日要求，发动了震动全国的爱国义举，扣押了蒋介石，要求停止内战，共同抗日。我们在定边获悉此消息，欣喜若狂，当即在大庙里召开群众大会，由高岗主持，广为宣传，与会群众高呼“枪毙蒋介石!”会后，我们致电党中央反映了群众的愿望。这是革命人民对蒋介石多年来坚持独裁卖国反动统治的深刻仇恨的自然反映。但党中央从全民族利益出发，建议和平解决西安事变。和平解决是一件非常重要又非常复杂的事情。当时亲日派头子何应钦秉承日本帝国主义的意旨，准备进攻西安，扩大内战，并企图取代蒋介石。在西安，我们一方面要对东北军、西北军将领宣传党中央和平解决西安事变的主张；另一方面更重要的是要使蒋介石接受停止内战、共同抗日这个根本条件。在这方面，周恩来、博古、叶剑英等做了很多很艰巨的工作；同时，在国民党区域，宋庆龄、蔡元培、沈钧儒等爱国民主人士也为此做了大量工作，终于使事变得到合理的解决。西安事变和平解决，蒋介

石被迫放弃“攘外必先安内”的反动政策，同意实行“停止内战，共同抗日”的主张，为实现第二次国共合作，准备全国的抗战起了重大的历史作用。

至此，陕甘宁革命根据地也得到了进一步扩大和相对稳固，党中央建立新的革命大本营的计划基本实现。

回忆中央党校

1937年3月陕甘省委结束以后，我从黄陵店头镇回到延安。五月，因中央党校校长董必武调任抗大四大队政治委员，中央要我接任中央党校校长职务。我在中央苏区担任中央组织局主任时，曾兼任中央党校校长，到陕北后担任中央组织部长期间，也一直代表中央管理中央党校，与中央党校有较长时期的密切关系，因此我想对中央党校的这段历史概况作一简要的叙述。

中央党校从1933年在江西瑞金正式成立，前后经历了三个时期：瑞金时期；初到陕北时期和延安初期。

一、瑞金时期

1933年3月13日，为了纪念马克思逝世（3月14日）五十周年，宣布成立“马克思共产主义学校”，即中央党校。校址设在江西瑞金。首任校长任弼时，副校长杨尚昆。不久任、杨离职，改由张闻天兼任校长，董必武兼任副校长，罗明（即受王明“左”倾冒险主义打击乃至撤职的原福建省委代理书记）任教务主任。专职教员仅有成仿吾、冯雪峰。他们是1934年为参加六届五中全会到苏区的，讲政治常识。其他都是兼职教员，如董必武讲苏维埃建设，刘少奇、陈云讲工人运动，我讲党的建设等。这一时期的教学，基本上是训练班性质的。

1934年10月，党中央和中央红军开始长征，董必武、成仿吾、冯雪峰等党校的干部参加了长征。党校的一部分学员和由地方调来准备创立新苏区临时放在党校学习的干部，也参加了长征。这部分人员处理工作是我负责进行的。处理原则主要是两条：一是个人能力能否胜任新苏区工作的需要，二是身体情况能否适应长期行军的艰苦生活。参加长征的教职员和学员都编入中央军委第二纵队的干部队。

二、初到陕北时期

1935年10月，党中央、中央红军长征到达陕北吴起镇，11月到达瓦窑堡，立即恢复中央党校。援瑞金旧例，仍由中央组织部负责管理。校长、教务主任由董必武、成仿吾分别担任，龙标贵负责总支工作。12月即开始招生，校址设在安定第二完小。根据抗日形势发展的需要，办了两期抗日民族统一战线训练班；第一期主要是训练陕北干部，帮助他们熟悉党中央的抗日民族统一战线方针和相应的一整套政策，包括富农政策、土地政策、工商政策等，以便通过他们贯彻到实际工作中去；第二期主要是传达和学习党中央瓦窑堡会议的决议和毛泽东《论反对日本帝国主义的策略》的报告，分设三个班，由成仿吾、习仲勋、冯雪峰分任班主任，马树良、黄元庆任军事教员，同时还办了一个教员班，学员有白栋材、李景膺、吴文遴、马定邦、吉汉杰、姜旭等。1936年2月，主力红军渡过黄河东征，党校的部分学员和教员由成仿吾带队参加东征，学校暂停招生。此时，榆林地区的地方军阀高双成部队乘机袭击瓦窑堡，党中央撤至保安，中央党校也同时撤离。

1936年6月，中央党校到达保安，分散住在以任家坪为中心、上下二十里的一条大山沟的四个村子里。此时，主力红军东征回来，从山西带回许多青年学生，大部分进了党校，设立了高级班、普通班。原来的教员班改称高级班，由成仿吾任主任，白栋材任班长，另设八个普通班。高级班的学员大都同时兼任普通班的主任或教员。这种形式一直持续到定边，迁到延安后才改变。在保安，新增白区（即国民党统治区）工作班和白军（即国民党军队）工作班，专门训练去白区和白军中做秘密工作和统战工作的干部。此时，董必武仍讲苏维埃建设，周恩来、邓颖超也到白区和白军工作班讲课，我给同校部驻在一处的高级班讲党的建设。学校物质条件较差，住的、吃的、烧的都困难，书籍很少，更缺乏马列著作，但大家情绪饱满，求知欲十分旺盛。

1936年9月，天气冷了，为了解决学校的吃、住、烧等问题，中央党校又迁到定边。不久，四方面军也带来一个党校，与中央党校合并，人员就更多了。好在定边的物质条件比较好些，吃的问题基本解决，大家可以比较安心地学习了。

三、延安初期

1936年12月西安事变和平解决，东北军撤离延安。党中央于1937年1月进入延安，中央党校也奉命于2月迁到延安，校址设在延安东郊桥儿沟天主堂旧址内。

我从1937年5月接任中央党校校长到1938年4月离开这个岗位，在中央党校工作了一年。过去我从上面参加对中央党校的领导，现在又直接领导中央党校，不仅参加了教育人的工作，同时也使自己受到了教育。

在这一年里，学校的主要干部有：教务处主任成仿吾，1937年下半年成仿吾调任陕北公学校长后由王学文继任；副主任刘芝明；总支书记先后有廖志高、李景膺、方仲如、张德生、张启龙，宣传委员先后有罗青长、夏耘、温建平、张拓，组织委员先后有章夷白、秦化龙、余代生，秘书王安邦；总务处长先后有白栋材、吴文遴、张志良、马定邦，副处长赵成群，管理科长王大甫，会计出纳牟泽衔，后为杜天长；自卫军大队长陈庆先，副队长李振运、赖传珠。学员不再按原工作性质编班，也不再分高级班和初级班，而是按他们的来源和文化程度高低编班，共编了十五个班：一、二、三班主要是红四方面军干部；四班是陕北干部；五、六班主要是老干部、高级干部（也有少数新干部）；七班是少数民族班，先学汉语，再学马列主义理论，学习期限最长；八班是抗大四大队转来的党员；九、十、十一班主要是白区学运干部和一些失掉党的组织关系的干部；十二、十三班是从国民党监狱中释放出来的干部；十四班是工农、文化水平较低的干部；十五班我已记不清了。

课程比瑞金和初到陕北时期完整了，设有哲学、政治经济学、马列主义（主要讲联共党史）、党的建设、中国革命问题和游击战争，并设有各个相应的研究室。党中央也在这里设了一个“党与群众工作研究室”，主任柯庆施，工作人员有王任重、王鹤寿、姜旭、李华生等。取消了苏维埃建设课。

王学文接任教务主任后，在教学上建立了一些制度，其中最重要的是学业鉴定制度，就是对学员学习马列主义理论的情况进行考核或评定的制度。这样，党校就有了两种鉴定制度，一是组织鉴定或政治鉴定制度，衡量学员的党性修养；二是学业鉴定制度，衡量学员的学习好坏，学业鉴定做得很仔细，对学员的学习起了很大的作用。

这时，教员比过去多了，毛泽东讲过哲学，洛甫、博古、刘少奇也讲过课，我和董必武、廖志高等讲党的建设。部分干部如成仿吾、王学文、白栋材、吴文遴、罗炳辉、姜旭等都有兼课，胡乔木、柯庆施、艾思奇、吴亮平、杨松、何干之、王思华、李景春、刘芝明、钱维仁、贾若瑜等都在党校任过教。那时陈伯达任“中国革命问题”研究室主任，也讲过课。

中央党校在我任职的这一年里，先后毕业学员约五六百人，连同瑞金、陕北两个时期毕业的学员，总数达千人以上。以后为数更多。这是我们党的一笔巨大财富。当时在党校学习的同志现在遍及全国各条战线，有的担任着重要领导职务，正在为党和人民辛勤工作；也有的已为党和人民的事业献出了宝贵的生命，如林瑾（后改名林平），四川人，1938 年 5 月在中央党校毕业，派往湖北省大冶县从事工运工作，不幸惨遭国民党反动派杀害，时年仅二十一岁。这样的同志还有一些。回忆党校历史，缅怀革命先烈，让我们永远记住他（她）们的名字，在新的历史时期，为党和人民的事业做出更大的贡献吧。

四、离　　职

1938 年 4 月，洛甫来中央党校传达三月中央政治局会议精神。传达完毕，我陪他从礼堂出来，对他说：“你在这里吃饭吧！”他说：“不吃了，给你谈一件事吧！”我问什么事？他说：“中央决定你到陕北公学去任副校长。”我说：“可以。”又问到那边应该注意什么？他说：“一是帮助学校领导搞好团结；二是要放手吸收新党员，可在青年学生中发展百分之六十至八十。”我问：“何时去？”他说：“一个礼拜之内就去。”

我离开中央党校后，即由康生接任校长。一天夜里，他把我找去，说：“你应该办移交！”我说：我不知道是你来作校长，因期限已到先走了。要交现在就可以交，印章和文件在校长秘书罗青长手里，教务处是王学文管的，管财务的有五人小组，每月开支由小组审查签字①，有问题再找我。康生没有纠缠，说："不必另办移交了，你可以回去了！"我就回来了。这就是我在中央党校最后的工作。以后听说，康生一进学校就宣布罗迈是"半托洛茨基分子"，不能当党校校长。

五、经　　验

1. 实事求是，理论联系实际。当时尚无这种说法，但已有这种实践，即按实际需要安排教学。第一个需要是向群众学习。延安时期，新来的学员都要到农村去生活一段时间，与农民同吃同住同劳动，作为入校第一堂必修课。这对提高学员的思想素质，培养学员的群众观点、实践观点和劳动观点，有很大帮助。二是学习军事。内战刚刚结束，又响起芦沟桥抗日的枪声，全党都要学习军事，准备打仗，党校也不例外，因此开设了军事课。赖传珠、罗炳辉、陈伯钧、郭化若、黄治等军事干部除作学员外，还兼任军事教员，对学员进行制式教练和作战训练。还组织过半个月的野营学习，在从延安到延长二百多里的路程上，每日进行数十里的急行军，还要学习进攻、防御、侦察等科目，虽然十分艰苦，但情绪很高涨，受到了一次严格的军事和纪律教育。罗炳辉曾经亲自领导了各种野营练习。他对学员们风趣地说：你们不要看我比你们胖。爬山肯定胜过你们。事实确是如此，在几次爬山中，他总是走在前面，第一个登上山顶，真正发挥了军事指挥员的模范带头作用。第三是学习马列主义。当时，学习马列主义，对一般学员来说是新鲜事，有的虽然入了党，但还没有正式学习过马列主义理论，有的甚至从来没有听说过。这种学习，对他们说来确实是一种启

① 关于财务，1923 年我开始担任湘区党委工作时，就决定由组织委员何叔衡兼负监督审查财务之责，那时每月有几百元收支，按月结账都由他审查。1929 年我担任江苏省委和上海市委书记，常委规定十元以上的开支由常委核定，并由常委指定以陈云为首的一个五人小组负责审查账目，按月结算，签字为据。四中全会以后，王明为首的中央开除赤色互济总会主要负责人戴晓云党籍，一条主要理由就是他从救济款中给李立三提供了暴动经费。开除戴晓云以后的若干日，王明也向我提出要审查省委的账。我告诉他，五人小组健在，可请他们现场作证。审查结果，只发现我有一次批的十元钱开支下落不明。我就提出从生活费中扣除。王明说："不用了。"这个经验教训，以后我就把它运用到了中央党校以及陕北公学。

蒙教育，时间不长，收获很大。现在白如冰、罗青长、林肖硖、黄华等都有反映。白如冰说："我过去心中只有一个字，就是'干'。从进中央党校开始，懂得了一些马列主义，为以后更好的工作和学习奠定了理论基础。"罗青长说："我们在党校第一次听到无产阶级和资产阶级是'双胞胎'，无产阶级又是资产阶级的'掘墓人'，觉得很新鲜。我的马列主义启蒙教育，就是从党校开始的。"林肖硖说："在中央党校短短几个月的理论学习，是一辈子不会忘记的，它不仅使学员受到了初步的马列主义基础教育，而且为以后的自学打下了很好的基础。"这些回忆都是很实在的，说明他们在党校受到了初步的马列主义基础教育，找到了一个自学的门径，帮助他们在往后的工作中继续深造。在理论学习中，特别强调和重视理论联系实际。如学习政治经济学，大家联系自己所了解的社会经济情况，作了分析，写了心得，体会就较深，收获就比较大。又如，当时抗大发生了一件事，就是有一个红军干部因恋爱问题枪杀了一个女青年。中央决定成立特别法庭审判定罪。党校五班学员对此进行了热烈的讨论，关于是否应该判处死刑问题，争论激烈。多数支持中央建议判处死刑，但又表示惋惜，心情十分矛盾。在这一事件中，每个学员都经受了一次政策水平的检验。

2. 按民主集中制原则组织党内生活。党的多数组织均由民主选举产生，党内生活充满民主气氛，上下左右互称同志，大家平等相待，友爱相处，亲密无间。批评与自我批评也开展得很好。许多同志至今还怀念党校生活，这是一个重要原因。

全党服从中央是普遍自觉的习惯。举个例：中央政治局1937年3月31日作出《关于张国焘同志错误的决定》，全党开展了批判张国焘分裂主义错误的斗争。党校也开展了这一斗争，董必武未走前已经开始，我到来后继续进行。鉴于党校有许多四方面军的干部，我们在批判张国焘的错误中，按中央方针，把四方面军的干部和张国焘个人的错误加以严格区别，四方面军干部要保护，张国焘错误要批判，并发动四方面军干部一起批判。陈昌浩和张琴秋在党校就参加了批判并作过自我批评。这样一来，我们就达到了既清算张国焘的错误又团结四方面军的同志的目的，胜利地完成了中央交给我们的任务。此事黄华回忆说："批判张国焘分裂中央，是我在党校学习期间的一件大事，大大提高了我对毛主席为首的党中央正确路线的认识，对坚持党的组织原则和维护党的统一、严肃党的纪律的重要性的认识。"

3. 坚决发扬忠诚、团结、紧张、活泼的校风和艰苦奋斗的传统。党校的领导和教员对学员都十分注意革命气节教育，帮助大家了解建党以来为共产主义事业英勇牺牲献身的无数先烈如李大钊、王荷波、彭湃、蔡和森、方志敏、陈延年、赵世炎、陈乔年、向警予等的英雄业绩，激励他们要像革命先烈那样为共产主义的伟大事业奋斗终身。实践证明，我们的同志对抗日是坚定的，对共产主义事业是忠诚的，同志间是团结的。苏区同志和白区同志，年轻同志和年老同志，新干部和老干部，工农干部和知识分子干部等等，相互之间都很团结。白如冰回忆说："当时的中央党校有一个很好的校风。学员来自五湖四海，有工农干部也有知识分子，有军队干部也有地方干部，有新同志也有老同志，有老师也有学生，彼此之间互相学习，互相帮助，团结的气氛很浓，感情很深。"这是符合当时实际情况的。

大家对军事训练、政治学习都很积极，文化娱乐活动也开展得生动活泼。文化娱乐活动是由学校俱乐部组织的，主任是李剑白。未开会，先唱歌。有独唱，也有小组唱。王任重、许明都很会唱歌。有一次开大会，我叫"王任重唱一个"！王任重就唱了一支《大刀进行曲》，许明也唱了《松花江上》。许明是十二班的女同学，几乎每次集会都要请她唱《松花江上》。她唱得很感动人，有时她自己也唱得掉下泪来。大家亲昵地给她一个外号"松花江上"。像这样曾经受大家爱戴的歌手，却在"文化大革命"中被林彪、"四人帮"反革命集团迫害致死了。

中央党校确实是一个十分可爱的革命大家庭。在这个大家庭里，董必武是艰苦奋斗的模范。那时，他虽已五十多岁，是革命队伍中的几个老同志之一，但在生活上却从来不特殊，行军不骑马，把马让给病号或用来驮公物，自己同学员们一起徒步行军。成仿吾的行李最简朴，长期放在一个马袋里。学习的物质条件很差。我在保安给高级班讲课，课堂就设在一棵大榆树下，大家席地而坐，情绪都很高。写字只张启龙有一支钢笔，其他同学全用铅笔。斯诺到保安要参观中央党校，他是当时第一个到苏区来的外宾，理应从优招待一番。成仿吾派人跑了几个村子买食物，只买到几个鸡蛋，用白水煮熟了请他吃。当时物质条件的艰苦不是身历其境是很难想象的。抚今追昔，不能不引起人们的深思。党校迁到延安后，生活有所改善，每人每月还能发一元二角的津贴费，饭也可以吃饱了。但缺菜、少油，粮食主要是小米，很少吃大米白面。过年过节改善一次生活，吃点肉，大家就很满足了。即使如此，学习是很刻苦的，有时晚上没有灯，就借助月光学习，甚至摸黑讨论问题，气氛同样热烈。

回忆陕北公学

陕北公学是我党在抗日战争开始以后创办的一所革命大学。1937 年 8 月在延安成立，1938 年 7 月在关中栒邑设立分校，1939 年 1 月，延安陕公总校迁到栒邑与分校合并。1939 年 6 月，党中央决定陕北公学、延安鲁艺、工人学校、安吴堡青训班四校合并，成立华北联合大学，校址迁到晋察冀根据地。1939 年 12 月，党中央决定恢复陕北公学，在延安重新招生，称为后期陕公。1941 年 8 月底，党中央又决定将陕北公学与中国女子大学、泽东青年干部学校合并，成立延安大学，结束了陕公的历史。我于 1938 年 3 月到陕公工作，先后担任过副校长兼党组书记、分校校长、后期总校校长等职。我和许多同志在陕公的那些兢兢业业、艰苦奋斗、共同切磋的日日夜夜，虽已过去了四十多年，回忆起来仍历历在目，不能忘怀。

一、陕公的创立

1935 年 10 月，红军长征胜利到达陕北。12 月，党中央召开了具有重大历史意义的瓦窑堡会议，批判了长期统治党中央的王明“左”倾关门主义、冒险主义，制定了建立抗日民族统一战线的正确路线。从此，革命进入建立抗日民族统一战线，实现全民族抗战的新时期。

1936 年 12 月，日本帝国主义向我国华北节节逼进，在我党抗日民族统一战线政策的影响下，发生了震惊中外的西安事变。由于党坚持和平解决的方针，经过多方努力，终于迫使蒋介石接受停止内战、建立国内和平、实现全民族抗战的方针，事变以最有利于人民根本利益的结局得到解决。

西安事变的和平解决，极大地提高了党的威望。它向全国人民昭示了中国共产党以国家民族利益为重，不计蒋介石残杀千百万共产党员和革命群众的血海深仇，协同张学良、杨虎城释放了他；使全国人民认识到，中国共产党是抗日民族统一战线的创导者、组织者，抗战离不开共产党；因而全国人民、特别是青年们，向往共产党，向往延安。从西安到延安的几百里路上，每天都有成群结队的男女青年，背着行装，唱着抗日歌曲，风尘仆仆地奔向延安。青年们是为追求真理、学习抗日救国的本领而来。从我们党来说，为了开展全民族抗战，也急需增添新的力量，理所当然地把青年视为极可贵的财富。但当时延安只有中央党校和红军大学，它们的任务是轮训党的高级党政干部和高级军事指挥员，无法容纳来延安的广大知识青年。为了解决这个问题，党中央决定把红军大学改名为中国人民抗日军政大学，并增设了第四大队，这是我党在延安培训全面抗日青年的第一所熔炉。

“七七”事变后，开始了全民族抗战。由于国民党执行片面抗战路线，广大国土相继沦陷，因而从东北、华北、华中、华南等沦陷区奔赴延安的青年，与日俱增。为了开展全民抗战，以最快速度培养他们成为抗战的人才，党中央决定，在积极扩大抗大的同时，创办陕北公学。

本来我们想把陕公取名为“陕北大学”。当时，第二次国共合作已经实现，边区要办一所大学；不能不事先通报国民党当局。国民党以边区地域小、已有了抗大等为由，不同意再办“陕大”。这样，我们便改称陕北公学。大革命时期，党在上海办过上海中国公学，陕公的名称，一方面是继承过去的革命传统；另一方面，我们的学生，并非是中学生进大学，实际上留学生、大学生、中小学生都有，叫公学，更符合实际，学生们也都满意。

1937 年 8 月，开始筹建陕北公学。党中央委派组织部长李富春直接领导此项工作，并任命成仿吾（当时是中央党校教务长）为陕公校长，他带来十几个干部负责筹建工作，他们是陕公的开拓者。

9 月 9 日，《新中华报》刊载了筹办陕公的消息。《新中华报》载明，陕公的发起人为林伯渠、吴玉章（当时在国外）、董必武、徐特立、成仿吾、张云逸；创办陕公的目的是“为了实施国防教育，培养抗战人才”；校址在延安东门外；设有政治经济、师范速成、医学、国防工程、日本研究等五个系；准备招收学员一千人，每系二百名。随即，我们在三原、西安、延安等地设立了报名处。我党设在国统区的八路军办事处，是介绍、接收陕公学员的重要阵地。

9 月 14 日，《新中华报》又刊载了陕公的招生简章。简章对陕公的办学宗旨，各系的培养目标、报考资格、考试科目、报名手续、考试日期、地点、学员生活待遇、毕业分配方向等等，都作了简要介绍。关于报考资格，我们从革命的需要出发，没有对学历、文化水平等作机械的规定，强调只要有志于抗日救国，年满十八岁，身体健康，无不良嗜好，不分性别、出身、职业、党派信仰，均可报考。

党中央要求我们以最快的速度为抗战培训人才，输送干部。因此，陕公的学员，随到随编班，一面招生，一面办学。最初的学员，大约有从抗大转来的二百名，延安的一些部门、白区党的一些单位、爱国民主人士（如郭沫若、沈钧儒等）也送来一批学员。经过一个月的筹备，到校学员有三百多名。9 月 1 日，正式编班上课。

初创时的陕公，领导机构很简单，干部也极精干。在校长领导下，设有教务处、生活指导委员会（相当于政治部）、校务处等三个部门。教务处长邵式平，生活指导委员会主任周纯全，校务处主任袁福清，秘书长饶志雄。中共陕公总支委，是学校专做党务工作的组织，第一任总支书记宋琏（女），以后是季凯、申力生等。陕公最高党的领导机构是党组，设有党组书记。

陕公最初开设三门课程：民族统一战线与民众运动、游击战争与军事常识、社会科学概论。此外，还有不定期的时事政策报告。授课教员，除学校的行政领导如邵式平、周纯全等兼课外，专职教员有周起应（周扬）、李初梨，聘请的有吴亮平、凯丰，约请的有毛泽东、洛甫、陈云、李富春、王若飞等中央领导同志。在党中央的大力协助和学校的努力下，教师的阵营很快得到加强、充实。党中央将一些名学者、名教授如艾思奇、何干之、何思敬、吕骥、李凡夫等从白区调到陕北，在陕公任教；另外聘请、约请的教员也大大增加，如张如心、李培之、宋侃夫、林俚夫、邓止戈、何定华、李唯一、贾克、陈昌浩、陈伯达、徐冰、陈唯实、王观澜、毛齐华、杨松、任白戈、王思华、贾侃、李舜初等，都先后在陕公讲过课。

1937 年 10 月，陕公学员已编了五个队，第一到第四队是男生队，第五队是女生队，共约六百人。11 月 1 日，陕公举行隆重的开学典礼，宣告陕北公学的诞生。

我于 1938 年 3 月，由中央党校校长调任陕公副校长和党组书记。

二、党中央和毛泽东对陕公的亲切关怀

陕公是在党中央和毛泽东的亲切关怀下创立的。特别是毛泽东，他在繁重的工作中，还常对学校的任务、办学方针等关键问题，给予及时的指导。

1937 年 10 月 19 日鲁迅逝世一周年纪念日，陕公举行隆重的纪念大会，毛泽东亲临讲话。他开头第一句话，就是讲陕公的任务，他说“陕北公学的重要任务是培养抗日先锋队”，“当这伟大的民族自卫战争迅速地向前发展的时候，我们需要大批的积极分子来领导，需要大批的精炼的先锋队来开辟道路。”毛泽东在讲话中高度评价了鲁迅的一生，号召陕公学员在伟大的民族革命战争中，要像鲁迅一样，“用显微镜和望远镜观察社会”，“看清了政治方向，就向着一个目标奋勇的斗争下去，决不中途投降妥协”；要像鲁迅一样，决不畏惧敌人的威胁、利诱、残害，“一点不避锋芒，把钢刀一样的笔刺向他所憎恶的一切。”毛泽东在开学典礼上，还表扬了陕公在艰苦的物质条件下，勤恳学习革命理论的精神。他说，陕公的“一切物质设备都不好，但这里有真理、讲自由，是创造革命先锋的场所”。

10 月 23 日，毛泽东为陕公写下了著名的题词：“要造就一大批人，这些人是革命的先锋队。这些人具有政治远见。这些人充满着斗争精神和牺牲精神。这些人是胸怀坦白，忠诚的，积极的，正直的。这些人不谋私利，唯一的为着民族与社会的解放。这些人不怕困难，在困难面前总是坚定的，勇敢向前的。这些人不是狂妄分子，也不是风头主义者，而是脚踏实地富于实际精神的人们。中国有一大群这样的先锋分子，中国革命的任务就能够顺利的解决。”

陕公一创办，在财政、物资方面就遇到极大的困难。1938 年 3 月，当陕公发起向国内外要求支援时，毛泽东在我们出版的《援助陕公》的小册子上题词：“陕北公学是属于中华民族的，因为他为着抗日救亡而设，因为他收纳了全国乃至海外华侨的优秀儿女。维持这个学校的责任我认为也应是全国乃至海外华侨一切爱国人士的，因为这个学校并无任何公私财政基础，教员学生们都只吃小米饭，而且不能经常吃。”

在办学过程中，毛泽东对陕公的关怀是经常的、多方面的。以 1938 年为例：3 月 3 日，他参加了六至十队的毕业典礼，会上他作了“临别赠言”，说陕公是统一战线的缩影，是进步的中国的缩影，有陕公中国就不会亡。3 月 29 日，他在陕公讲抗日游击战争的问题。4 月 1 日，他参加陕公第二期的开学典礼，首次讲述我党我军的“三八作风”问题，对其中的第一、第二条“坚定正确的政治方向；艰苦朴素的工作作风”作了详细阐述。4 月 5 日，毛泽东在陕公讲国共合作问题。5 月 7 日，他在陕公讲张国焘叛逃的问题，勉励学员要忠于党，忠于共产主义事业。6 月 27 日，他在陕公讲抗日战争的基本规律和党的基本战略持久战问题，将《论持久战》著作中的基本观点，向学员作了介绍。毛泽东还给陕公师生讲过哲学课，受到师生的热烈欢迎。

党中央的其他许多同志也非常关心陕公的成长。周恩来在陕公作过关于大后方的抗战形势和平江惨案的报告，朱德作过关于敌后战场的开辟和发展的报告，董必武作过关于中国法制问题的报告，张闻天作过关于新民主主义文化问题和青年修养的报告，陈云、李富春作过关于党的性质、组织原则的报告。此外，任弼时、王若飞等都到陕公作过重要讲演。这种得天独厚的条件，是陕公能迅速发展和作出重大贡献的重要原因。

三、陕公的教育方针

党的教育方针和教育政策，是同一定的历史条件、斗争环境密切联系着的。1937 年 8 月，党的洛川会议所通过的《抗日救国十大纲领》规定，抗日的教育政策，必须“改变教育的旧制度、旧课程，实行以抗日救国为目标的新制度、新课程”。六届六中全会又规定了“实行国防教育政策，使教育为民族自卫战争服务”、“为长期战争服务”的方针。毛泽东在《论新阶段》的报告中进一步提出，必须改订学制，废除不急需与不必要的课程，改变管理制度，以教授战争所必需之课程及发扬学生的积极性，尽快培养大批的抗日干部等等。

我们根据党中央关于战时教育的基本方针，根据陕公的性质、学员的特点等等，规定了陕公的教育方针：

第一，使学员获得革命的宇宙观、社会观与人生观，获得社会发展规律的知识与民族解放、社会解放的知识；

第二，使学员获得当前革命运动发展规律的知识，获得坚定正确的政治方向；

第三，使学员获得抗日民族战争的知识，首先是游击战的知识；

第四，培养学员成为抗日战争中的民众运动工作者和文化教育工作者；

第五，培养学员敢于斗争和艰苦奋斗的精神，培养革命的实际主义与民主作风。

陕公最初的招生简章曾规定设置五个系，以后的实践证明，这个设想脱离实际。因为，当时有的系如医学、国防工程，延安无条件设立。以后陕公不分系，只分普通队和高级队。普通队培养前线与后方急需的抗战民运干部，学习期限一般为三到四个月。高级队培养学校的师资，学习期限为一年。学校的重点是办好普通队。

普通队开设四门课程：

1. 社会科学概论，又称“政治常识”。内容包括社会发展史、政治经济学、辩证唯物主义与历史唯物主义等方面的一些基本知识。使学生通过这门课的学习，初步懂得关于社会发展的规律，懂得马克思主义的阶级斗争学说，认识中国革命不仅有当前打倒日本帝国主义、求得民族解放的问题，而且还要谋求社会解放、阶级解放。讲这门课的有李凡夫、吴亮平、张如心等。

2. 抗日民族统一战线。主要讲授抗日民族统一战线的基本理论、方针、政策，统一战线的产生、形成和意义，以及在实践中如何坚持独立自主、又斗争又团结，正确处理民族斗争与阶级斗争的关系等等。这门课有史有论，有经验和教训的总结，学员们非常爱听。讲授这门课的有邵式平、何干之等。毛泽东每次到校讲演，也总要讲这方面的问题。

3. 游击战争。主要讲游击战的理论、战略战术、政治工作等。最初讲这门课的是周纯全，他是从四方面军来的，是位经过长征、身经百战的老红军，有丰富的实战经验。他讲课具体生动，绘声绘色。邵式平、张然和也讲过这门课。

4. 民众运动。这是一门崭新的课程，主要讲群众运动知识，如怎样动员和组织群众、建立政权、建立武装，以及各种政策、法令，如减租减息、拥政爱民、合理负担、妇女解放、扫盲、儿童站岗放哨等等。讲这门课的有邵式平等。这门课在实践中发挥了很大的作用。从抗战开始到1940年底，是我们军队和根据地大发展时期，那时我们派些干部深入敌后，几个月、半年、一年，就能拉起一支队伍，建立根据地。这里就有我们陕公的功劳，有我们民众运动课程的功劳。

除了上述四门课外，还有不定期的时事报告，主要是讲国内外和边区的形势，这对学员开阔眼界，保持清醒头脑和增强胜利信心，都是很重要的。我们常请党中央的一些负责同志来作这方面的讲演。

上述课程的内容、讲授的分量、时间的安排都不是死板的。有时，前线特别需要民运干部，我们就加强民众运动课程的分量。毛泽东《论持久战》、《论新阶段》发表后，我们就重点讲授。国民党搞反共磨擦，统一战线课程内容也作相应的变化。

陕公课程有两个特点：第一是启蒙性。由于前线急需干部，学习时间又短，我们只能进行马列主义的启蒙教育，让学员短期学习后就立即投身于实际斗争，在实践中继续学习和积累经验。实践证明，这种启蒙性教育是成功的。第二是理论联系实际。课程的开设，不仅是为了满足斗争的需要，在讲授中有史有论、联系抗战实际和同学的思想，而且课堂教学与社会实践也是密切联系的。在校内，结合游击战课程，经常举行各种军事演习。但是，这些活动只起辅助作用，主要还是搞好课堂学习。

陕公的高级队，专门培养师资。陕公本身的师资需要补充，延安其他许多干部学校也向我们要教员。高级队学习期限一年，开设的课程也较多，计有中国革命运动史、马列主义、辩证唯物主义、政治经济学、科学社会主义、世界革命运动史、世界政治、中国问题讲座（如中国农民问题、土地问题、边区经济、工农政权问题等）、三民主义研究、战区政治工作等。

高级队各课的内容，比普通队也深得多。比如马列主义课程，要讲不少原著，《共产党宣言》、《社会主义从空想到科学的发展》、《马克思主义的三个来源和三个组成部分》，都是必学著作。政治经济学课程，还要学《资本论》。

不论是普通队或高级队，我们在教学中，都注意贯彻由少到多、由浅入深、由中国到外国、由历史到理论等项原则，也注意了各课程之间的有机联系。

有一个时期，在课程的设置和讲授上，我们比较强调少而精。陕公是一个短期干训班性质的学校，搞多而杂当然是不行的。可是，从学习规律来说，人们的知识总是从少到多，从简到繁，由浅入深的。对学员来说，他们应该尽量的多学一点，学好一点。所以，我们不把少而精作为一个普遍的原则，我们强调的是刻苦。

四、陕公的教学组织、教学过程

陕公的主要教学组织是教务处、队、班。在陕公，学习是压倒一切的任务，“学习第一”、“一切为了学习”，因此教务处成为学校生活的中心，它是全校最高学习领导机关。课程的设置、教员的配备、教材的编定、教法的研究、学员的学习考查等等，均统一由教务处负责。

教务处下面，设有教育科、学习指导科、军事教育科、各科研究室（即各科教研室）、图书室、陈列室。学习指导科，是教务处直接领导教学的行政机构。以学习指导科科长为首、吸收各科教员代表、学科指导员、各队队长参加，组成学习指导委员会，具体负责教学计划的制定，并实地指导学员学习，保证教学任务的完成。

学员编为队、分队、班。队相当于连，是教育单位，又是自治单位，每队约有学员一百到一百二十人，由队长、指导员（最初叫队主任）、助理员、副队长、队学生分会主任等组成队的领导小组，负责全队的工作。他们的分工是：队长管学习，副队长管生活和军事，队指导员是队的支部书记，负责党的支部和政治思想工作，政治助理员管党的组织宣传，队学生分会主任管课外活动和社会活动。

班是学习单位，每班有八到十二人，文化水平有高有低，搭配编班，每班都编进一两个政治文化较高的学生，以便发挥骨干作用。班长、副班长均由学员选举产生，是学习较好，能力较强，工作负责，能团结全班的优秀学员。

由于客观条件困难，上课采取大课堂制，常常是几个队、数百人在一起听课。教学的基本环节为：引言、预习、质疑、讲授、复习。各门课一般都没有讲义、教科书，但各课都编印了教学大纲，对课程内容、范围、研究方向等作扼要说明。陕公教学程序的主要优点，是废止了注入式，能启发学生思考，讲授有的放矢，它把教员的指导、学员的自习、个人的研究、集体的讨论，有机地结合起来，组成一个连续反复、由浅入深的过程，既发挥了教员的指导作用，又调动了学员的学习兴趣与积极性。

学校对教员的要求是很高的。教员多是革命的前辈，或由国统区来延安的有威望的革命的教授，这些教员既掌握了革命的理论与方法，又有丰富的革命斗争经验。他们处处以身作则，言行一致，诲人不倦，既教书又教人。所以他们在学生中威信是很高的。

学员的学习强调三个原则：

一是自学为主。在时间的分配方面，学校规定自学的时间多于上课的时间；在自学时间内，个人自学时间又多于集体自学时间。但同时并不否认集体作用，不否认同学间的互助。相反，当时陕公的课堂讨论、先进帮后进等活动，都是组织得很有成效的。

二是循序渐进。学习要靠思考，思考只能从容前进，“欲速则不达”。

三是发扬民主。陕公是一个统一战线的学校，学员来自全国各地，有的来自海外，其中有少数国民党员，他们各自的经历是不同的。在学习中，我们提倡独立思考，敢于辩论，反对强制服从，反对随便给人戴大帽子。课堂讨论是体现学习民主的重要环节。除此而外，当时每个队每周还出版一次《学习导报》，内容有学习评论、学习收获、学习方法介绍、讨论会总结、参考书指导、各班学习反映、问题质疑与解答等。《导报》充分贯彻了民主精神，受到学员的普遍欢迎。

陕公也有考试、考查制度，主要是给学员对已学知识有一个温习、整理、综合与提高认识的机会，同时也检查教学计划是否适合学员的情况，检查教员的教学方法是否得当等。考试、考查方法，除笔试外，课堂讨论、辩论会、问答晚会、学习笔记、学科展览会、学科集体创作、实习通讯，都是考查学生成绩的途径和方式。

五、陕公的校风

陕公的校风是忠诚、团结、紧张、活泼。这是陕公全体师生员工的共同生活准则、共同作风。

第一，陕公所提倡的忠诚，就是忠于抗战，忠于革命，对共产党员来说，还必须忠于共产主义信仰，忠于马列主义原则。这个精神，具体贯彻在陕公的教育方针、教育制度、教育计划和教育内容中，使他们毕业后，成为一个先锋战士，为民族解放事业献身。陕公这个革命大熔炉，曾经培养锻炼了成千上万的优秀革命战士，他们无限忠诚于民族革命战争，忠诚于党和人民的革命事业，作出了可歌可泣的贡献，有些甚至献出了自己宝贵的生命。但是，也有极少数人，经不起考验成了逃兵，有的甚至成为叛徒和民族败类。出现几个坏人，当然无损于陕公的光辉。我们对这些人，在校内和《新中华报》上，进行过公开的揭露和斗争。

第二，陕公所提倡的团结，就是团结于抗日，巩固和发展抗日民族统一战线；团结于革命，把陕公办成革命的大家庭。陕公学员来自五湖四海，有共产党员、国民党员，有汉、藏、蒙、回、彝等许多民族，有的来自祖国边远的东北、西康、云南，有的是从朝鲜、暹逻（泰国）回国的华侨。年龄上的差别也较大，有十五六岁的小弟弟、小妹妹，也有年过半百的老大哥、老大姐。从经历来说，有红军战士，有白区地下党员，有陕北贫下中农的儿女，也有国民党高级人士的子女（如邓宝珊的女儿）。陕公的干部也有来自部队和地方的区别。但是，他们都有一个共同的目的——抗日，这是陕公团结的政治基础。虽然，陕公是共产党创办和领导的，但我们在信仰上不强迫他们，我们以马列主义真理、革命理论来培养教育青年，使他们成为自觉的革命战士。

为了搞好团结，陕公执行四个原则，这就是平等、民主、五湖四海、用人唯贤。

平等。陕公内部生活，严格执行红军年代行之有效的官兵一致、上下一致的原则。学校对所有学员在政治上、生活上都给以亲切关怀。一个同学病倒了，他会受到大家的热情照料。为了帮助一个落后同学，校长也常常亲自出马。陕公的校长、教员、公务员、学员，生活平等，功过赏罚一视同仁。像成仿吾，每天比学员起得还早，学生出操时，他早已在各处巡视了。他对学员十分爱护，学员送给他“妈妈校长”的爱称。

民主。陕公提倡学校全体成员参加管理学校。学校的一切大政方针，师生员工都参加讨论，任何人都有权对学校工作提出批评、建议。学校也不隐瞒自己的问题，谁有缺点、错误，都要作自我批评。

五湖四海。是不许搞山头主义、宗派主义，先进不许歧视落后，党员不许歧视非党同志，某个地区、部门来的，不许歧视另一地区、另一部门来的。这一点，在当时陕公干部之间，尤为重要。陕公有四方面军来的干部，也有一方面军来的干部，还有少数陕北地方干部，他们中又有知识分子出身和工农出身的区别。但我们在指导思想上，坚决贯彻党中央、毛泽东的“搞五湖四海”的方针，对所有干部一视同仁。

用人唯贤。这也是我们搞好团结的重要原则。陕公积累了比较丰富的发现、识别、培养人才的经验。比如在认识人才方面，我们注意把干部的学习和生活、思想和行动、过去和现在、长处和短处、一时表现和一贯表现统一起来观察，防止片面性。对于干部犯错误，我们主要着重教育，启发他作自我批评。必要的组织结论，让他亲自参加，允许有充分发表意见和上诉的权利。对于干部的鉴定，让本人过目，也允许保留意见。我们注意在实践中发现、培养、提拔和使用人才。陕公不少教员和学校干部就是我们从学员中提拔的，如柴树藩，他原是十七队的学员兼副队长，以后提拔为分校校务主任。

由于我们在团结方面，注意了上述原则，陕公的确成了一个温暖、团结、抗日的革命大家庭。学员、师生、干部之间互相友爱，充满革命情谊。陕公初创时，无力发统一服装，膳费也要自理，一些家在沦陷区或家境贫寒的学员，生活困难。但由于互助，问题都得到顺利解决。师生之间，关系很亲热。教员到学员那里，学员们都报以热烈掌声，对教员很有礼貌。有的学员还用自己每月一元钱的津贴费买香烟慰问老师。教员也虚心向学员学习，教学相长。如有的教员，向一些在白区做群运工作、妇女工作的学员调查，充实自己的教学内容。从国民党统治区来学习的青年，深切感到陕公与国统区学校有天壤之别。

第三，陕公所提倡的紧张，就是培养严守纪律、迅速果敢、雷厉风行、一丝不苟的精神。陕公生活的军事化、战斗化，就是这种作风的具体体现。

清晨六点，军号把学员从梦中唤醒，二十分钟内，要完成内务整理、洗漱，然后是全校集合，点名早操，整队露天进餐。早餐后，稍稍休息，就开始了紧张的学习。晚饭后的文娱活动，唱歌、看节目，也是集体的、有组织的。

结合游击战课程，经常有军事战斗演习，如夜间紧急集合、行军、防空演习、作战等等。夜间的紧急集合，并不事先通知，且多在深夜或黎明前进行。同学们听到紧急集合号声后，不准点灯，要求在十分钟之内，将每人的衣、物、书籍、被褥等，打成行军背包背上，然后奔赴指定地点集合。有的学员开始有些手忙脚乱，但以后就都符合要求了。集合后，有时是夜间行军，月色朦朦，戎步匆匆，走过田间小路，又爬上到处是荆棘的山坡。途中，又往往穿插着“敌机来了”、“发现敌人”、“捉俘虏”等演习。虽然紧张劳累，但同志们精神上无比欢快。因为他们懂得，这是民族革命战争的需要。

学员的学习期限，一般只有三个月，但严格的军事化、战斗化生活，使他们的思想、作风都很快发生深刻变化。初到陕公时，有的西装革履，有的长袍窄袄，“少爷”、“小姐”的气息，不能一下去掉。但到毕业时，都具有严格的组织纪律性，能吃苦耐劳，养成了集体生活习惯，工作说干就干。陕公就是这样熏陶、锤炼了祖国千万个优秀儿女。

第四，陕公所提倡的活泼，一是指丰富多彩的文化生活，一是指生动活泼的政治局面，目的都是为了调动全体成员的积极性、主动性，使学校团结进步、朝气蓬勃、欣欣向荣。

生活有紧张的一面，也有生动活泼的一面，有张有弛。特别是青年，爱说说唱唱、蹦蹦跳跳，千篇一律的死板生活是不行的。为此，学校在困难条件下，也非常注意开展文娱活动。有篮球、排球、乒乓球、足球，还有拔河、掷手榴弹、爬山。晚饭后，经常组织歌咏会，有时也有晚会。学校集会前，总要热烈地拉歌，歌声此起彼伏，高亢雄壮，激发着人们革命的热情。当时陕公最流行、最受欢迎的歌曲有《陕公校歌》、《大刀进行曲》、《毕业上前线》、《我们在太行山上》、《黄河颂》、《游击队员之歌》、《松花江上》等等。著名作曲家冼星海常来陕公辅导，吕骥是陕公的教员，郑律成是陕公学员，因此陕公歌咏的开展，在延安要算首屈一指了。

陕公的集体盛会不少，每期新生开学，要举行开学典礼，毕业又有毕业典礼，每逢陕公的周年纪念，盛况更为热烈。在这些会上，总要举行展览会（学校行政、教学、学员的学习与生活等）、体育比赛、墙报比赛，还有演出晚会及会餐。记得第二期新生开学典礼时，丁玲率领西北战地服务团来参加，她在会上作了山西之行的报告，还与几位女同志合唱了几支民歌。

为了活跃文化生活及进行社会宣传，我们成立了自己的剧团。在延安成立的是陕公剧团，在栒邑成立的是陕公流动剧团，后期陕公成立的是陕公文工团，团长是苏一平。这些文艺社团，先后演过《放下你的鞭子》、《游击队长》、《在敌人的牢狱中》、《补缸》等短小精彩的节目，也演出过《蜕变》、《母亲》等大型话剧。陕公自己编的《生死关头》、《送郎上前线》，曾受到社会的好评，胡乔木还请我校剧团到安吴堡演出过。黄天是陕公剧团的很有才能的领导者，他后来不幸被国民党反动派杀害了。

陕公是统一战线的学校，因此它所提倡的活泼，最重要的还是生动活泼的政治局面，使所有成员既有统一意志，又有个人的心情舒畅。要形成这种局面，关键是民主，是民主集中制。这是陕公治校的根本指导思想之一，也是陕公区别于国统区学校的根本标志之一。为此，在实践中我们遵循下列原则：学校成员，不论有无党派关系，一律平等；凡属于政治与理论方面的原则问题，遇有意见分歧，采取辩论、讲道理的办法解决；凡教学和工作中的实际问题，采用大家商量、讨论、少数服从多数的办法决定；学校教育计划与工作计划的讨论、决定、检查，由学员派代表参加，并在实施过程中监督；凡学校成员，对学校全部工作有权随时提出自己的意见和建议；副队长以下各级干部，由学员选举；各队设立意见箱和救亡室，任何人都有权越级上告，每星期三为救亡日，救亡室的壁报是各队的喉舌。

在实践民主生活的过程中，我们对学生中出现的某些问题，如不关心政治、极端个人主义、自由主义等，都采取疏导的方针，利用他们的实践来教育他们，使之对民主有正确的认识。

陕公的民主、自治，还突出地表现在学生会的工作和活动中。学生会是全体学生的自治机关，全校有学生总会，各队有分会，它的职责是：

（一）领导全体同学恪守学校的制度、规则、纪律；

（二）协助组织学习和开展课外研究（学生会设有各种研究会）；

（三）领导和组织学员的课外活动，如文娱体育、参观访问、参加社会实习等；

（四）组织和开展各种互助活动，如募捐支前、同学间的互助等；

（五）积极领导学生参加改良行政设施、改善生活和物质条件的活动，如筹募学校基金等。

学生会在完成上述任务时，学校给予必要的指导；在组织上，学校尊重学生会的独立性。学校经常倾听学生会的意见和呼声，吸收学生会干部参加学校行政的各种会议，对学生会的活动时间予以充分保证。

学生会的干部，由学员民主选举，迅雷、刘春、齐语、王敬、李琦、顾明等都曾是陕公学生会的骨干。

六、艰苦奋斗是陕公的光荣传统

陕公的创建是真正的白手起家。校址最初设在延安东门外清凉山下的机场旁边，校舍是一个汽车训练班的几间旧营房，开办费很少。工作人员只有成仿吾从中央党校带来的十多名干部，这就是陕公创建时人、财、物全部家当。但延安是全国抗日模范根据地，党中央指示我们必须把陕公办成全国闻名的革命大学。怎么办？我们的方针是因陋就简、艰苦奋斗、自力更生。学员入校，第一课就是解决栖身之所挖窑洞。窑洞并不宽敞，一般七八个人共一个土炕，下面铺的是茅草，晚上翻身都感困难。至于上课、吃饭、开会等等，就都在室外。同学们说陕公的室内活动就是睡觉，确是如此。冬天，空中飘着雪花，教员头顶雪花上课，雨天，泥泞满地，教员赤脚上课。数九寒天吃饭，饭凉菜冻，若遇上狂风，饭菜里还要掺杂点沙尘、草芥。课桌课椅是没有的。学员的被子一物两用，白天捆起来当坐凳，晚上打开睡觉。以后在露天广场用石头、泥块砌一些坐墩，算是小小的改善了。1938年夏秋，大部分师生到了栒邑分校，留在延安的总校迁到北门外，师生自己动手盖了一个能容七八百人的礼堂，当时在延安算是一个宏伟建筑了。这个礼堂以后交给了党中央使用，人们称为“中央大礼堂”。

教材教具，都极缺乏。基本上没有教科书，图书资料也很少。因此，记好课堂笔记，是学生获得知识的重要途径。延安当时文具纸张很少，加上我们经费困难，故一学期每人只发一支铅笔，墨水用蓝靛泡，每人发两张油光纸钉笔记本。夜晚照明用小油灯，也是几个人共一盏，因此夜晚多用来举行讨论会。煤气灯也有，只在盛会或演出时才使用。

陕公初创时我们在招生简章上写明：免收学费，衣服用具自理，膳费每月收六元。后来经党中央批准，学生一律免交膳费，还发统一的土布灰军装。生活津贴：校长五元，科长二元，科员一元五角，勤务、炊事员、学员均为一元。

主食是小米饭，土豆是主要蔬菜。以后我们到关中栒邑办分校，那里较富裕，经常能吃上白面馒头，同志们就很满意了。

为了克服困难，学校采取的办法是：第一，自己动手。就是自己挖窑洞、修操场、筑路、挖厕所、开荒种菜、打柴等等。第二，精打细算，节约开支。学校不用或少用勤务员，值班、清洁卫生以至印刷、搬运等工作，大部由学员自己干。延安医生少，学员懂一点医学的，既当学生又当医生。第三，开展互助活动。这个工作由学生会负责进行，口号是“有钱出钱，有力出力，有物出物。”一些家庭经济较好的学员，根据自愿原则，将自己多余的钱、衣物，交到学生会，由学生会统一分配给困难的学员。第四，开展社会募捐。《新中华报》、《新华日报》都刊登陕公向社会募捐基金的启事，学校还专门编了一本《援助陕公》的书，出版发行。学校还给每个学生一个募捐册，由他们向熟悉的亲戚朋友开展募捐。陕公的募捐活动，扩大了陕公的社会影响，国内外都知道陕公这样一所坚持抗日教育的革命大学，因此以各种方式积极援助陕公。我们也每隔一个时期，在《新中华报》、《新华日报》上载明募捐人的姓名、款数，刊登“鸣谢”启事。

陕公接受全国人民的热情支援，同时也在物质上对全国抗战尽力所能及的援助。1938 年冬，朱总司令发出了慰劳八路军的号召，陕公立刻响应。师生员工把自己身边最珍贵的东西统统拿出来，很快汇集了约五千元的物款，慰问前线八路军将士。

七、陕公分校的创办与后期陕公

陕公从 1937 年 8 月创办，到 1938 年 5 月，办了两期，共建立二十七个队，先后接收和培训了约三千名学员。这个成绩当然是很大的，但仍不能满足形势发展的需要。一方面，全国要求来延安进陕公学习的青年，与日俱增；另一方面，边区各部门、各个抗日根据地、各部队随着抗战形势的发展，要求增添更多的干部。这时又有两个新的情况，一是由于延安的人口膨胀，粮食及各种日用品日趋紧张；其次是国民党加紧反共磨擦，在西安去延安的路上设立许多关卡、检查站，沿途堵截、逮捕去延安的青年。根据上述情况，中央书记处和组织部在 1938 年 4 月底相继开会，作出了在栒邑创办陕公分校的决定。栒邑地处关中，土地肥沃，粮食供给等较延安容易筹办；这里离西安近，青年较容易进入边区。中央决定成仿吾留在延安主持总校工作，着重办好研究班，为分校培养师资；由我任分校校长，率领一部分骨干去栒邑看花宫创立分校。我从学员中挑选了一批干部同往，其中有柴树藩、何定华、孙力余、吕光、席柳溪、赵志萱、华子扬、陈琅环等。从此陕公的主力即移到分校。1938 年 5 月 30 日，开始了我们的行程。

我们是分两批走的。第一批约一百多人，出发的那天正好有一队汽车从延安到西安去，他们首先坐汽车到耀县，然后步行去栒邑。我去分校是第二批，有四五十人，其中有袁福清、申力生、陈伯村、季凯、何定华、邱春甫、华子扬、吴景直、朱改、张煜、倪淑英、缪文等。我们从延安出发，一路步行，经过甘泉、鄜县、直罗镇、店头、关门子、羊坡头、织田镇，最后到达看花宫，全由解放区通过。每日行军近百里，一个叫陈彤的女学员打着一面旗子走在前面，使队伍显得更为生气勃勃。7 月初，去分校的人员均安全抵达看花宫。

看花宫据说是唐代杨贵妃看花的地方。这里过去牡丹花很多，也有些古迹。我们分校的校舍，全是借用老百姓的房屋，除校部和女生区队设在看花宫外，其余各区队分布在看花宫附近的平坊、门家、赵庄等村庄。教学用的桌椅、板凳及其他生活用品，都是老百姓借给我们的。7 月 7 日，在抗战一周年纪念日，陕公分校正式开学。

分校的领导班子、工作人员有以下这些同志：

校长：	李维汉
教务部长：	邵式平
政治部主任：	周纯全
副主任：	张然和
校务部长：	袁福清
副部长：	柴树藩
党委书记：	申力生
党委组织委员：	陈伯村
党委宣传委员：	申力生（兼）
政治部宣传科科长：	吕　光
俱乐部主任：	刘　春
合作社主任、总务科长：	席柳溪

分校党组由李维汉、邵式平、周纯全、张然和、袁福清、申力生、陈伯村等七人组成。

1938年，李维汉（后二排左四）、成仿吾（后二排左五）在陕北公学分校和学生们在一起

有了总校的办学经验，分校各方面的工作都进展很快。我们接总校编队，从第二十八队开始，编到五十四队。分校在组织上新建了区队一级机构，每四至五个队组成一个区队，相当于部队的营。区队有区队长、军事副区队长、协理员（相当于总支书记）。分校共有四个区队：

一区队，地点在坪房，区队长何定华，副区队长季凯，协理员廖作华。

二区队，地点在门家，区队长朱改，协理员李言。

三区队，地点在看花宫，区队长申力生（兼），副区队长赵志萱，协理员吴景直。这个区队全部是女学员。

四区队，地点在赵庄，区队长孙力余，协理员万波。

分校的教学方针、教学制度、教学组织、课程设置等等，都与原来的总校差不多。总校不少有名的教员如何干之、李凡夫、李培之等也来分校任教。但由于学生增加快，教员总是不够，因此，除一些区队长同时兼任教员外，学校还成立高级队和几个研究室培训师资，充实教员队伍。高级队的学员是从普通班选拔的优秀生，学习期限一年，所学的课程较多较深。我们前后共办了五个高级队，廖盖隆、田家英、霍遇吾、张腾霄、胡华等就是分校高级队的学员。校部所设立的研究室，有中国问题研究室，由何干之领导，成员有季凯、刘春、陈琅环等；政治经济教研室，由李凡夫领导，成员有尹达、温济泽、李唯一；哲学研究室由陈唯实领导。研究室也有教员上课，以老带新，一边研究，一边教学。

1938 年 9 月 29 日至 11 月 6 日，党中央召开六届六中全会。我参加了这次会议。会上毛泽东作了《论新阶段》的政治报告及大会的结论，不指名地批判了王明放弃统一战线中的独立自主原则，主张“一切经过统一战线”、“一切服从统一战线”等右倾投降主义错误。王稼祥在会上传达了共产国际执行委员会主席季米特洛夫的意见，明确指出中国人民的领袖是毛泽东。季米特洛夫的话在会上起了很大作用，从此以后，我们党就进一步明确了毛泽东的领导地位，解决了党的统一领导问题。

我在开完六中全会后回到分校，从 12 月 3 日起，用了一个星期传达和讨论会议的精神。全校师生员工对会议表示极大的关注，一致拥护会议的决议。根据会议的精神，我们的课程作了调整，集中讲授六中全会的文件，清除了过去讲授的王明右倾机会主义观点。

分校的劳动任务比延安时增加了，这是因为国民党发动反共高潮，加紧了对边区的军事蚕食和经济封锁，学员除白天上课、晚上站岗放哨外，还要开荒生产，保证生活的需要。陕甘分界处有个何家山，离我们分校约七十里地，我们在那里开荒两千一百多亩，种了洋芋、谷子、糜子、麻子、蔬菜。学校在那里建立了一个“陕公新村”，师生轮流到那里边劳动、边学习、边作群众工作。另外学校的合作社还试验自造肥皂，生产草鞋。

1939年初，党中央为加强对干部教育的领导，成立了干部教育部，任命洛甫为干部教育部部长，我为副部长。我即于1939年1月1日离开陕公分校，到干部教育部工作。我走前，曾召集校部、各区队、总支的干部汇报和总结陕公办学的经验，开了几天会。在此基础上，我写了一篇总结性的文章《战时干部学校教育》，发表在《中国文化》杂志上。

这时，我党已在敌后建立晋察冀、晋绥、晋冀豫、冀鲁边、山东等广大根据地，亟需大批干部。中央为了更快、更好地发展干部教育，决定在晋察冀和晋东南两地建立抗大分校，并指令从陕公总校、陕公分校抽调干部前往办校。1939年1月，周纯全、邵式平各率一千多名师生，相继离校。周纯全等在晋东南的长治一带建立了抗大一分校，校长何长工，副校长周纯全。邵式平等在晋察冀的灵寿一带建立了抗大二分校，校长陈伯钧，副校长邵式平。以后抗大在敌后共建立了十二个分校，陕公因此仅剩下四五百高级班学员。

为了节约人力、物力和有利于教育行政的集中，中央决定延安的陕公总校也迁到看花宫，与分校合并，由成仿吾任校长。1939年1月，总校到达栒邑。新的领导班子是这样组成：

校　　长：　　成仿吾
教务部部长：　江隆基
政治部主任：　张然和
总务处处长：　鲍建章
党 委 书 记：　申力生

合并后的陕公，其主要任务是办大学部，培养行政、民运及文化方面的高级干部。学习期一年，课程有政治经济学、中国革命运动史、哲学、科学社会主义、三民主义研究、中国革命的基本问题、世界政治、战区政治工作等。为了进一步培养专门学者，还计划在大学部上面筹办研究部，学生为大学部的毕业生和有相当程度的外来学生、研究人员，学习期亦为一年。这个计划后来未曾实现。除此而外，学校附设了训练班，专门培训不能进大学部的学员，学习期限为四个月。课程有中国问题、社会科学概论、三民主义、游击战争与政治工作、民众运动。这个训练班相当于最初陕公的普通班。

1939 年夏，由于形势的变化和斗争需要，党中央决定将陕公、延安鲁艺（院长周扬）、安吴堡战时青年训练班（冯文彬、胡乔木主持）、延安工人学校（校长张浩）合并，成立华北联合大学，由成仿吾任校长兼党团书记，全部开赴晋东南前线。6 月下旬，陕公由栒邑先迁回延安。7 月初，四校完成整编任务。在离开延安前，我送他们到桥儿沟，党中央书记处的几位负责同志：毛泽东、周恩来、博古等，在桥儿沟先后接见了他们，并作了报告。去前线的学员送给毛泽东一面锦旗，毛泽东在报告中回赠他们“三个法宝”：统一战线、游击战争、革命的团结。指出，只要好好掌握和运用这“三个法宝”，就什么敌人也不怕，什么困难也能战胜。7 月 11 日，在陕公大礼堂举行了盛大的欢送晚会。7 月 12 日，他们踏上新的征途，向晋东南进军了。

1939 年冬，党中央为了培养更多的抗战干部，又决定复办陕公，在延安重新招生，校址在北门外，人们称为“后期陕公”。由我兼任校长和党组书记。教务处长胡松，干部处长武光，总务处长刘汉兴，秘书长杨石人，总支委书记石砚之，副书记吴景直。学员编队与以前的总校、分校相衔接，从五十九队起编队，共有学员数百人。12 月初即开始上课。

1940 年 9 月，陕公改变学制，成立师范部和社会科学部。师范部主任孙力余，培养教育师资及教育行政干部，分本科与预科，本科修业期两年，预科修业期一年。社会科学部主任张仲实，培训抗战民运干部，也分本科与预科，本科修业期为一年半，预科修业期为半年。两个部的课程，除一般的政治课外，都还有各自的专修课程。1940 年，后期陕公还有计划地组织学员参加边区的民主建政工作（如参议会选举）、办冬学扫盲、演出宣传、下乡搞社会调查，参加镇压汉奸、反革命分子的公审宣判大会等等。

后期陕公，在领导体制上成立了校董会，成员有林伯渠、董必武、吴玉章、徐特立、谢觉哉、李富春、高岗、张仲实和我。校董会通过了新的陕公简章、教育方针及施教计划。

后期陕公加强了民族干部的培训工作。1940 年 8 月，成立少数民族工作队，专门培养少数民族干部，有少数民族学员三十多人。他们自己选举队长、副队长，每十人编一个班，队指导员由学校委派，天宝即是这个民族工作队的学员。他们学习的课程有政治课、少数民族问题研究，还有文学、戏剧、音乐、美术等。学习期限一年。1941 年夏，进一步成立民族部，6 月 30 日在陕公大礼堂举行民族部开学典礼。民族部有学员一百八十五人，包括蒙、回、藏、彝、苗、满、汉七个民族。民族部主任贾拓夫，杨静仁、汪锋分别任回、蒙班主任。以后又在民族部的基础上发展成为独立的民族学院，这在中国是一个创举。陕公为党的民族教育工作奠定了基础，为加强民族团结作出了贡献。

1941 年 8 月底，党中央为了精简机构，以及在延安办一所正规大学，使高等教育正规化，积累高等教育的经验，决定将陕公、中国女子大学、泽东青年干部学校合并，成立延安大学。中央任命吴玉章为校长，赵毅敏为副校长，校址即原女大校址。延安大学设有师范学院、社会科学院(院长艾思奇)、法学院三个院及俄文系、体育系两个专修科。另外还附设了中学部，分高中、初中两个分部。9 月中旬即筹备就绪上课，9 月 22 日正式举行开学典礼，有学生五百余名。延大的成立，结束了陕公前后约四年的光荣历史。

八、陕公的共产党组织和党员

陕公的每个队都设有党支部，支部由指导员、队长和政治助理员组成，支部以上是总支（在分校期间，总支设在区队），这是学校专做党务工作的机构。总支上面是学校的党组，总支书记也参加党组的工作。在分校总支上面设党委，党委书记参加党组。

陕公的共产党员和党的活动，有下列特点：

（一）党员的大多数是正在过着学习生活的新党员，即学生党员；学校工作人员中的党员，只占党员比例的少数。

（二）党支部的周围，是一大批非党青年，他们有极高的革命热情和学习热情，迫切要求学习革命的理论和实践，迫切要求加入共产党的组织，把参加共产党当着自己崇高的愿望。

（三）由于当时共产党在全国还没有公开获得完全合法的地位，陕公党的组织生活，也未完全公开。

（四）学员在校学习的时间很短，党的思想教育工作、组织发展工作，必须特别抓紧。

根据这些特点，陕公共产党支部的第一个任务，就是要团结全体党员和非党员，保证学校全部教学计划和工作计划的完成，保证学习任务的完成。“学习第一”，不仅是对学生的要求，更重要的是对学校工作、对党的支部工作的要求，党支部要对组织好学生的学习，起保证作用。

陕公共产党支部的第二个任务，是接收新党员及有计划地进行党内教育。这个工作，是陕公支部最重要的工作。1938 年 3 月 15 日，党中央作出《关于大量发展党员的决议》，指出：民族革命的新高潮，为大量发展党员提供了客观必要性和可能性；一方面是大批的革命分子要求入党，另一方面是许多重要的地区尚无党的组织，或非常狭小。中央要求各级党组织坚决克服关门主义，十百倍地发展党员，强调要勇敢地在青年学生、知识分子、下级官兵中吸收党员。

在延安时，中央组织部直接抓陕公的组织发展工作。组织部长陈云、副部长李富春经常亲自找陕公的总支书记汇报，指导工作，还亲自给学员上党课及参加新党员的宣誓仪式。陕公第一期新党员入党宣誓仪式，就是在中央组织部举行的。

陕公发展新党员的方针是既慎重、又大胆放手。我们根据中央精神，强调不要受家庭出身的限制，不要怕社会关系复杂，只要表现好、思想进步、历史清楚，就可以发展。当时从国统区来的大批青年学生，从他们本人的情况看，多数是抗日救亡运动中的先进分子，不少是“民先”队员，他们的家庭和社会关系虽比较复杂，但他们到延安来这件事本身就是一个政治觉悟高的表现。对他们搞“唯成分论”，是完全错误的。

陕公学员在校学习期限很短，一般只有三四个月，因此发展工作必须抓得很紧。学员一入校，支书、助理员就同他们谈心，积极了解他们的情况。当时共产党在学员心目中的威信是很高的，所以他们一到陕公，立即找党组织谈思想，写自传。支部经过仔细研究，确定重点考察培养对象，一二十天之后，就找他们谈话，进行党的教育，端正入党态度。由于要求入党的学员很多，一些候补党员也要参加谈话的工作。

关于发展新党员的比例，中央组织部开始要求我们发展三分之一，以后提出发展二分之一多。1938 年洛甫对我说，陕公学员中要求发展百分之六十到八十的党员。可见当时发展组织任务之迫切、繁重。

新党员要填写入党志愿书，并有两个正式党员介绍。介绍人要对被介绍人的优缺点写出报告，说明介绍的理由。党支部审查通过后，还要写出支部讨论的意见和评语。经总支批准后，新党员履行宣誓仪式，最后编入支部，过党的组织生活。当时我们所发展的新党员，有的是很年轻的，一个叫徐光的，入党时才十五岁，田家英入党时才十六岁。

为了使党员继承和发扬党的光荣斗争传统，保持优良作风，我们严格党的组织生活，抓紧思想教育，强调党员在学习中必须比非党同志学得更刻苦努力，在职的党员必须比非党同志承担更多的工作，并积极完成在职干部的学习任务。

陕公要求共产党员必须树立为民族解放、为共产主义奋斗的决心，必须模范地坚持抗日民族统一战线的纲领，坚持民主、团结等原则，必须在任何环境中不怕困难不怕牺牲，作一个先锋战士。

陕公的党的组织发展工作和政治思想教育工作，都是很有成绩的。陕公创办不到两年，我们培养训练的六千多名抗战干部中，发展的新党员就有三千多人，他们在艰苦的革命战争年代经受了严峻的考验，作出了不可磨灭的贡献。

九、成绩、经验和教训

陕公创办的近四年中，共培训了约一万一千多名学员。他们在校学习的时间虽有长有短，但都有共同的收获：第一，提高了对共产党的认识，坚定了抗战意志与必胜信念，获得了抗战的理论与知识；第二，领悟了建立统一战线的必要，以及巩固和扩大统一战线的方法；第三，培养了民主精神与习惯，树立了为解放全中国而奋斗的决心；第四，初步懂得了社会发展规律，懂得了改造旧社会旧中国的必要；第五，养成了吃苦耐劳、艰苦奋斗的作风。

学员毕业后，响应学校提出的“到抗战前线去！到民众中去！到困难的地方去！”的号召，愉快地奔赴战斗岗位。他们有的分到各敌后根据地，有的分到国统区或敌占区，也有一部分留在边区工作，少数转到抗大、中央党校、马列学院或通讯学校、卫生学校等继续学习。陕公学员分配的面是很广的。以第一队到第十队毕业的学员共一千一百八十六名为例，他们分配的地区是这样：江苏三十七名，湖北七十九名，安徽七名，湖南十八名，江西十五名，四川十四名，福建二名，上海十六名，广东十四名，浙江三十名，广西一名，宁夏十二名，贵州四名，山东十七名，山西一百二十九名，河南三十一名，华北五十四名，绥远九名，甘肃六名，边区六百一十三名，陕西七十八名。从这个统计中我们可以看出，除了东北、新疆、西藏外，差不多每个省都有陕公的毕业生去工作。这十个队的一千一百多学员中，留在边区的占一半多，这是较特殊的情况，因当时边区太缺知识分子干部，我们不得不首先满足延安、边区的需要。但以后陕公的毕业生，百分之八十以上分到前线去了。1938 年冬，分校第一批毕业生，分到晋东南前线去的就有一千多人，“毕业上前线!”这是当时的光荣口号。

每期学员毕业，我们都举行隆重的毕业典礼，党中央负责同志也来参加。1938 年 1 月 30 日第二期学生举行毕业典礼时，毛泽东还给毕业生送来了“勇敢向前，牺牲一切，为着驱逐日寇、解放中国而斗争!”的题词。

毕业生离校，有的行程是很远、很辛苦的。分到太行山辽县前线的学生，从延安到临汾、再到辽县，行程一千四百多里，沿途要经过国民党顽军的不少关卡，要穿过敌人的封锁线，还会遇到敌机的轰炸，而太行山又是“四月仍结冰，八月即飞雪”的气候。但我们的学员依靠自己坚强的革命意志，在沿途八路军办事处的协助下，战胜一个个困难，胜利到达。许多学员始终保持着与母校的联系，经常向学校汇报自己工作中的收获、体会、问题，并提出对学校工作的意见，在经济上还为母校的建设开展社会募捐。

从学校来说，也密切保持与毕业同学的联系。学校设有同学会的组织，编有同学录，设有通讯联络部，出版通讯集和纪念册。通讯集交流毕业生的工作情况，介绍母校各方面的状况，还刊载学校给毕业生的工作思想指导方面的文章。每逢陕公创办的周年纪念，学校都要举行展览会、报告会、编辑纪念特刊，全面介绍学校各方面的情况、经验、成绩，并欢迎校友们返校参加盛会。

陕公学员奔赴各地，他们中许多人一走上工作岗位，就担任游击队长、县长、科长等职，工作中勤勤恳恳、英勇战斗、历尽艰辛，为党为人民创建了光辉业绩。其中不少同志在战争年代就贡献了自己的宝贵生命。建国以后，当年的陕公学员、干部中不少人已成为党和国家各方面的重要骨干。在“文化大革命”的十年内乱中，他们再次经受了严峻的考验。今天，他们虽大都已过花甲或古稀之年，仍精神焕发，老当益壮，为祖国的社会主义事业，为实现“四个现代化”辛勤工作。陕公桃李遍神州，陕公的光荣传统将永远哺育我们的后代。

回顾陕公的全部工作，最重要的一点经验，是我们较好地贯彻执行了党的知识分子政策。1939年底党中央起草了《大量吸收知识分子》的决定，强调在长期的和严酷的民族解放战争中，在建立新中国的伟大斗争中，团结知识分子的极端重要性。决议批评当时一些干部恐惧、怀疑、排斥知识分子的种种错误思想，号召大胆地吸收和使用知识分子，条件成熟的要坚决吸收他们入党。陕公在办学过程中，切切实实地贯彻执行了党中央的这一政策。我们为一切要求抗日的知识分子敞开大门，广泛招收他们前来学习。我们在思想上、生活上亲切关怀他们，政治上充分信任他们，使他们深感党的温暖。知识分子在国统区常常因失学、失业、政治上没有出路而苦闷，但他们一进陕公就朝气蓬勃，不仅是有用之材，而且有用武之地，刻苦地为祖国学习、为革命献身。

陕公对知识分子的教育是启蒙性的，课程不多，教学时间也不长，但贯彻了理论联系实际的原则，因而他们学得快，兴趣高，生动活泼，效果也好。

陕公对知识分子的使用，是大胆放手的。有的同志把陕公的成就集中概括为“识别人才，培养人才，使用人才”，是有一定道理的。抗战开始后，我们边区和前线可说是什么都缺，但最缺的是干部、人才。当时各地方请求党中央支援的主要不是钱和物，而是干部。长征结束到达陕北时，剩下的红军和干部总共才三万多人，这同抗战初期的大发展形势极不相适应。因此，能不能在短期内培养大批干部，的确是一个关系全局的大问题。在党中央的直接领导下，陕公的干部政策、人事制度，都是以有利于干部的成长、使用为出发点，任人唯贤，量才使用，大胆提拔。学员一进陕公，两三个月就入党，三五个月就提干。党把他们放在重要岗位，让他们肩负重任，在炮火中、在大风大浪中锻炼成长。延安培养了中国一个时代的革命骨干，陕公为此作出了自己的贡献。

当然，陕公的工作也是一分为二的，我在工作中也有不少缺点和错误。有两件事，我至今深感不安。

陕公创办之初，几个从国统区来的青年学生组织了一个“卡尔学会”（即卡尔·马克思学会之意），其目的和主要活动是学习马克思主义。但陕公有些干部对此不以为然，认为当时的青年团、“民先”等组织都已解散，为什么在延安还要成立这样一个组织？为什么不名正言顺的叫马克思主义学会，而要叫“卡尔学会”？这个组织的青年学生作了辩解，我们一些干部仍然不理解。加上这些青年在一起，有时也难免发表一些批评性的言论，于是断言“卡尔学会”是一个近似托派性质的反动组织。那时王明、康生刚回国，他们把苏联的反托派斗争搬到延安，也影响了陕公。结果学校找“卡尔学会”成员一个个谈话，最后将为首的七八个学员开除出校，受牵连的其他几十个学员毕业时，也不给分配工作。后来的事实证明，“卡尔学会”并非反动组织，那些被打击的学员并无不良企图，他们是好学的青年。他们中的一些人虽遭受错误打击，但仍不忘革命，有的还返回延安找党。此案发生时，我尚未到校，但最后处理时我在，我当时是学校党组书记。我听了汇报，未深入调查研究就处理此事，损害了同志，也不利于抗日民族统一战线，深以为疚。

还有一件事是在后期陕公发生的。学校结束时，总务处还保存一些布匹，校务主任兼秘书长杨石人反映有些干部缺衣服，提议给他们每人做一件，我同意了，并由总务处长刘汉兴执行。后来中央组织部一位领导同志追查此事，认为这是违反财经纪律的行为，找我们谈话，我表示事情是我同意的，应由我负责。但后来给了刘汉兴同志警告处分，调往前方工作。临走时，我深感不安，送他到中央党校前面的河边，一边走一边谈心，安慰他，鼓励他努力工作。他走后，我经常打听他的情况，得不到消息。“文化大革命”后有同志告诉我，曾经听说刘汉兴在通过敌人封锁线时，英勇牺牲了。刘汉兴是一个为人忠实、工作勤恳的好同志，追忆至此，深志怀念。

中央干部教育部和延安干部教育

一、中央干部教育部的成立

1. 成立时间。1938 年 11 月，六届六中全会以后，党中央决定成立中央干部教育部，同年 12 月底通知我去延安任干部教育部副部长，当时我在陕北公学分校任校长。1939 年 1 月 1 日，我从关中栒邑看花宫出发，同行的还有孙力余、何定华等。他们到延安以后，也在干部教育部任职。

从栒邑到延安六七百里地，我们走了一个多星期。到延安以后，同党中央，主要是同洛甫（他是干部教育部部长，同时又是中宣部部长）联系。研究干部教育部的成立工作，并决定在中央宣传部右侧（南边）山沟口设立干部教育部机构。

2. 成立原因。首先是革命形势发展的要求。革命形势带来的迅速变化，需要我们共产党人重新学习。尤其是党的六届六中全会，批判了王明在抗战初期的右倾错误，给了我们很大启示，使我们懂得了王明在第二次国内革命战争时期的“左”和抗战时期的右倾，从思想根源上说，都是不懂得把马克思列宁主义与中国革命的具体实践相结合这一原则，都是教条主义。正是从这一点出发，毛泽东在党的六届六中全会上向全党发出了开展马克思主义学习运动的号召。毛泽东强调说：“普遍地深入地研究马克思列宁主义的理论的任务，对于我们，是一个亟待解决并须着重地致力才能解决的大问题。我希望从我们这次中央全会之后，来一个全党的学习竞赛，看谁真正地学到了一点东西，看谁学的更多一点，更好一点。在担负主要领导责任的观点上说，如果我们党有一百个至二百个系统地而不是零碎地、实际地而不是空洞地学会了马克思列宁主义的同志，就会大大地提高我们党的战斗力量，并加速我们战胜日本帝国主义的工作。”毛泽东又说：“使马克思主义在中国具体化，使之在其每一表现中带着必须有的中国的特性，即是说，按照中国的特点去应用它，成为全党亟待了解并亟须解决的问题。洋八股必须废止，空洞抽象的调头必须少唱，教条主义必须休息，而代之以新鲜活泼的、为中国老百姓所喜闻乐见的中国作风和中国气派。”毛泽东的这些思想对我们是一个极大的教育。六届六中全会就全党的学习问题作了相应的决议。中央干部教育部就是在这种全党开展学习运动的形势下产生的。

其次，延安干部学校的迅速发展，也要求我们党进一步加强统一领导。在延安，除了陕甘宁边区系统的干部学校以外，直属党中央各部门的干部学校就不少。党中央到陕北以后，于1935年11月在瓦窑堡恢复了中央党校，接着于1936年6月创办了红军学校（即红军大学）。在抗战即将开始，国共两党重新建立统一战线的前夕，党为了适应抗日战争的新形势，于1937年3月，把红军学校改编成为“中国人民抗日军事政治大学”（简称“抗大”，校长林彪），为抗战培养军事和政治干部。1937年9月1日，成立陕北公学（校长成仿吾），招收来延安参加革命的青年学生，培养抗战的干部。同年10月，创立了安吴堡青年训练班（冯文彬、胡乔木负责）。1938年4月10日，成立了鲁迅艺术学院（院长周扬），培养从事抗日文艺运动的干部。同年5月5日，创立了马列学院（院长洛甫，副院长王学文），专门培养从事党的理论工作的干部。以后又成立了自然科学院（院长徐特立）、延安女子大学（校长王明）和工人运动学校（张浩负责）。这些干部学校分属于党中央的各个部门。为了加强统一的领导，需要成立中央干部教育部。

第三，干部队伍不断扩大，也带来了不少新的问题。抗战以前的老干部不多，绝大部分是抗战以来的新干部，老干部一般说文化水平不高，甚至还有文盲，都需要进行教育、学习。

3. 工作任务。当时中共中央书记处发出的通知明确指出：“中央为着（一）统一领导中央直属各学校的教育方针、教育计划与教学方法；（二）适当地调剂各学校的教员、教材、课程；（三）有计划地进行招收新生工作；（四）领导党政军民各机关的干部教育；（五）总结各学校、机关干部教育的经验教训等，特决定组织干部教育部，以洛甫同志兼任部长，罗迈同志为副部长。现已在中央驻地附近设立机关，并开始工作。今后各学校各机关凡有关于干部教育的计划、教材与工作报告、检查工作总结等，请随时送交中央干部教育部。”这个通知明确了中央干部教育部的工作任务和职责范围。我们以后在干部教育部所做的工作，就是通知所规定的内容，即统管干部教育，包括干部学校和在职干部教育。中央以后又在《关于在职干部教育的决定》中指出：“在目前条件下，干部教育工作，在全部教育工作中的比重，应该是第一位的。而在职干部教育工作，在全部干部教育中的比重，又应是第一位的。”因此我们在短时期内实际所做的，最主要的也就是在职干部的教育工作。

4. 机构演变。中央干部教育部成立时的机构很简单，下设两个科：党内干部教育科，科长曹轶欧、副科长章夷白；国民教育科，科长何定华。部秘书陶希晋，兼管行政工作。洛甫不住在部里，我同大家住在一起，一共十几个人。

1940 年 6 月，中央干部教育部与中央宣传部合并，改称中央宣传教育部。同年 10 月，又改称中央宣传部，部长、副部长还是我们两个人。原干部教育部的党内干部教育科和国民教育科统归宣传部建制，人员略有变动，许之桢任国民教育科科长。

二、延安在职干部教育发展的三阶段和中央干部教育部的工作

延安的干部教育是在党中央、毛泽东亲自指导下开展起来的。毛泽东在 1938 年 10 月党的六届六中全会上发出开展学习竞赛的号召以后，同年 12 月 13 日，又在由组织部召集的关于党政军民检查工作的干部晚会上，提出“加紧学习，学习马列主义、革命运动及中国的历史，从中央委员会各级干部研究较高深的理论起，一直到各机关事务人员学习文化止。”这里所说的学习，不仅是指干部学校的学习，更重要的是指在职干部的学习，也就是从中央委员会领导干部的理论学习到各机关事务人员的文化学习。

中央干部教育部实际所做的最主要的工作正是在职干部教育。因此，我着重回顾在职干部教育，同时兼及干部学校教育。

延安的在职干部教育大致经历三个阶段：

1. 第一阶段。从 1939 年二三月制订并公布《延安在职干部教育暂行计划》、5 月 20 日召开干部学习动员大会到 1940 年 6 月进行年度总结，

历时约一年余。主要进行如下工作：

第一，制订并公布教育计划。我们从 1939 年 1 月回到延安就开始制订《延安在职干部教育暂行计划》（第一期计划），2 月初即完成，3 月正式公布。但是由于进行生产突击，绝大多数单位实际未执行。

第二，召开动员大会。1939 年 5 月 20 日，在陕北公学大礼堂召开了干部学习动员大会。出席大会的有延安各机关学校团体的代表一千多人。党中央非常重视，毛泽东亲自出席了大会。会上，毛泽东讲话，强调了学习的重要意义，指明了学习的方法，要求大家克服可能发生的困难，并号召大家“在工作、生产的百忙中，以‘挤’的方法，获得学习的时间；以‘钻’的方法，求得问题的了解与深入。”洛甫也讲了话，强调在职干部学习须有持久性和恒心。我在会上作了在职干部学习的动员报告，主要根据党的六届六中全会关于学习问题的决议，强调干部学习的重要性。当我引用列宁所说“没有革命的理论，就不会有革命的运动”的话时，坐在主席台上的毛泽东欣慰地笑了。关于教育方针，我说：“理论与实际联系起来的原则，无疑的是教育事业中最基本的原则。这个根本原则的具体的了解，对我们来说，就是马列主义的中国化。”“要做到马列主义的中国化，就首先要深刻地研究马列主义；在研究的时候，注意学习它的内容和意思，学习它的立场和方法，而不是把它当作教条。”“要做到马列主义中国化，就需要善于灵活地运用它到中国具体环境的具体斗争中来；在运用它的时候，必须查清自己所处的历史条件和具体环境，从这个具体的环境出发。”

在动员报告中，我还提出了对在职干部学习的希望。我说：“学习，要有恒心，有经常性。就是要经常地学，不间断地学。只要有恒心，每天学一点，日积月累，就会有可观的成绩。譬如每天读五页书，一个月就可读一百五十页，一年就可读一二千页。有些同志看轻每天五页的成绩，认为要读书，就只有进学校去，读它一年半载。且不讲我们有没有可能使所有在职干部都进学校，就是能够这样做的话，一年半载的时光也只能获得入门的知识。古人有言‘做到老，学不了’，要真正学些东西，仍不能不靠一面工作，一面学习。最靠得住的学校，仍是‘在职干部学校’。当然在职干部是以工作为主，学习只能占小部分时间。但是，在职干部学校是一个长期的学校，而且是最能把学习与实际密切联系起来的学校。所以，只要有经常性，有恒心，真正的学问一定可以从这里磨炼出来。”

这次学习动员大会以后，延安的在职干部学习运动就广泛地开展起来了。全延安在职干部参加学习的约有二千多人。可以说，在职干部学校是一个学员最多，师资最省，设备最简单，但可以取得理论联系实际最有成效的大学校。

第三，建立学习制度。一是建立了在职干部平均每日两小时的学习制度。1940 年 1 月 3 日党中央发出《关于干部学习的指示》，规定“全党干部都应当学习和研究马列主义的理论及其在中国的具体运用”。肯定了干部教育的教学程序及其课程，指出“各级组织的领导干部，尤其是主要领导干部必须以身作则的领导与提倡其他干部的学习。建立在职干部平均每日学习两小时的制度，并保持其持久性与经常性。”这是一个重要的规定，因为如果把在职干部的学习完全放到业余来进行，则在职干部学习的持久性与经常性是难以做到的。二是进行了教育和课程的安排以及人员的编组。在进行具体的教育和课程安排时，实行以“少而精”为原则，由浅入深，由具体到抽象，由近到远，由中国到外国的原则，定出学习和研究的程序，分为初级、中级和高级三类课程。初级课程为：党的建设、中国问题（包括现代革命史、中国革命基本问题、抗日民族统一战线和三民主义）、游击战争（包括军事常识）和社会科学常识（主要是社会发展史）。中级课程为：近代世界革命史、联共党史与马列主义，以及军队政治工作。高级课程为：政治经济学、辩证唯物论与历史唯物论、共产国际纲领和军事理论。对于初、中、高级课程，如是干部学校，可依次分期进行；如是在职干部，则依干部的具体情况，参照初、中、高级的课程，学习和研究其中一种，最多两种课程。把参加在职干部学习的人员分为三类：甲类，主要是担负领导工作且有较高文化水平的老干部，学习联共党史。乙类，主要是文化水平较高，但党龄较短的新干部（当时新老干部的区分以抗战爆发前后参加革命为标准），学习党的建设（以《共产主义与中国共产党》为教本）。丙类，主要是政治、文化水平较低的干部，多数是从事事务工作的同志，学习文化为主，兼学党的建设。因为这是第一年的学习，对在职干部来说，是一个打基础的学习，所以，这一年对所有的干部都没有安排学习高级课程的内容。

3 月 24 日，党中央又专门发出《关于在职干部教育的指示》，作为对《关于干部学习的指示》的补充。在这个指示里，进一步把在职干部按文化、理论程度分为四类：一、二类是有相当文化理论水准的高级干部和文化理论水准都较低的老干部，三、四类是有相当文化水准和工农出身的两类新干部，并按类规定了不同的课程和共同的课目。指示还规定凡环境许可的地方，可依类编成学习小组。学习小组每月开讨论会一次。学习小组的讨论会应采用生动的座谈会的方式，相互间应采取同志的友谊的讨论态度，不可采取“斗争”及“戴大帽子”的方式。“学习的成效，主要靠自己努力，因此努力自习是基本的方法”。为了推动在职干部的学习运动，指示决定 5 月 5 日马克思的生日为学习节，总结每年的经验，并举行奖励（奖励以集体为主）。

从中央干部教育部成立到党中央连发的两个指示，延安在职干部的学习制度基本上建立起来了。

第四，编审干部学习教材。在干部学习中，教师和教材的需求特别迫切。1940 年 6 月朱德在延安干部学习周年总结大会上讲话，讲得十分具体，给人以深刻的印象。他说：“前方学习中的困难，首先是缺乏教师。去年（指 1939 年）邓小平同志带了两个马列学院毕业的同志到前方去，走到半途，便被别人从后面把那两个同志留下了；于是乎打官司，打了整整半年；结果还是从总司令部抽了两个能教书的同志去替他们‘顶赎’回来。”“我们的第二个困难便是书本子。最近延安给山东送去一二百本联共党史，但是他们只收到了七本。为什么呢？半途上你一本我一本地被抢光了。为了解决这个困难，我们办了规模不下于延安的印刷局，延安出了一本新书，我们马上就翻印，但还是‘供不应求’。”延安的情况，比起前方来当然好得多，但是，当时延安的印刷出版条件也很差，只有一个解放社，一个中央印刷厂，纸张缺乏，任务很紧，要出版几千名干部的教材，也是一个不小的数目，也要克服很大的困难，才能办到。

延安干部学习教材的来源有两个：一个是翻译马恩列斯的著作和苏联的教科书。例如，作为高级课程的《哲学选辑》，就是马列原著的辑录，而《联共（布）党史简明教程》和《政治经济学》（列昂节夫著）等都是翻译的。二是我们自己编写，例如，党的建设教材、中国问题教材、中国历史教材等等。最早编了一本《共产主义与中国共产党》，后来又编了一本《中国革命与中国共产党》。（这就是《毛泽东选集》中的那一篇。该文题释对起草经过作了说明。关于第三章《党的建设》，我曾写过两节，都送毛泽东看过，记得在第一节里曾说到共产党和群众的关系好比鱼和水的关系，毛泽东作了顶批：水可以没有鱼，鱼不能没有水。我在讲课时还宣读了这个批语。第二节是写的民主集中制。后来，因情况变化中止了，第三章未完全写完，所以《毛选》中只有两章。）当时，中央干部教育部约请一些同志或组织专人编写教材，初级课程中的《政治读本》、《国文读本》等都是干部教育部的同志与专家共同编写的。经过大家的艰苦努力还是搞了不少东西，基本上满足了当时的需要。

第五，加强干部学习指导。干部学习虽然主要靠自学，但给予适当的辅导是完全必要的。我们采用的办法，一是为各单位配备一定的指导员或教员帮助干部进行学习。为了培养和提高指导员或教员的水平，又特别组织了马列主义、中国问题、党的建设、政治经济学的研究会，各学校各机关担任或准备上课的教员一律参加。这些研究会的任务是指导延安的干部学习，包括编写教材或参考材料，组织专题报告会等。这些研究会在在职干部的学习中起了很好的指导和推动作用，所以，后来又成立了哲学研究会、时事问题研究会等。二是聘请老同志和专家指导和解答干部学习中提出的疑难问题。如学习党的建设，我们就聘请陈云为总指导。三是请党中央的领导同志和各根据地来的负责同志作报告。这些报告的特点是理论联系实际，很受大家欢迎。请党中央领导同志和从敌后抗日根据地来延安的负责同志为在职干部作报告的倡议，也是毛泽东提出来的。毛泽东以身作则，多次为延安的干部作报告，1939 年 9 月 14 日在延安干部大会上作《第二次帝国主义战争》的演讲就是其中之一。刘少奇在延安马列学院的演讲《论共产党员的修养》，也是中央干部教育部组织的，演讲在 7 月 8 日和 12 日接连讲了两个下午。王震（从前线回延安以后）、张鼎丞也应邀给干部作过报告。这类报告从动员大会以后到 1940 年 6 月的一年时间里一共作了八次。至于时事政治性的报告，则平均每月有两次。

第六，检查和总结。我们从 1939 年 5 月到 1940 年 5 月一年时间中，对延安的在职干部学习情况进行过三次大的检查。每次检查以后，我们都认真总结经验教训，用以指导全延安的学习。第一次检查是在 1939 年 8 月进行的。检查以后，我写了一个《怎样展开延安在职干部的学习》的总结，刊登在《解放》第八十六期上。第三次检查是在 1940 年 4 月进行的。同年 6 月 6 日，在中央大礼堂隆重举行延安在职干部教育周年总结大会，有上千人参加。大会由王首道主持，朱德、任弼时等出席了会议，并讲了话。我在会上作了题为《延安在职干部一年来学习经验总结》[①] 的报告。在会上，还奖励了三十九个由各类干部组成的模范学习小组。

经过第一阶段一年的努力，在职干部学习基本上普及了，在延安及延安附近（远至八十里）的学校、团体、机关、部队中，干事、科员、班长以上的干部都参加了学习，中央负责同志也参加了学习，总数达四千零六十人，其中甲类八百三十七人，乙类二千二百五十五人，丙类九百六十八人。各类干部基本上学了一门课，甲类学完了联共党史，乙类学完了党建，丙类差一些，有的学了党建的大部分，有的学了一半。在学习文化上，识字多的达一千二百字，最少的也有二百字。健全了学习制度，许多同志养成了学习的好习惯，收获是不小的。

2. 第二阶段。从 1940 年 6 月举行在职干部教育周年总结大会以后，到 1941 年 5 月毛泽东作《改造我们的学习》的报告前，历时约一年，延安在职干部教育进入了第二阶段。这一阶段的主要任务是提高学习质量。主要进行了如下工作：

第一，加强策略教育。这是毛泽东提出来的。毛泽东在一次报告中指出："党内至今还有许多干部不懂得统一战线中的策略问题，他们把复杂的问题简单化，各种错误便从此发生。因此，全党必须加强进行策略教育，克服干部把问题简单化的现象，党应当把这种策略教育列入干部教育的正式课程，并作为成绩考核的重要标准。"随后，1940 年 8 月 13 日，中央宣传教育部发出了《关于加强党内策略教育的一些具体决定》，规定"在全党的在职干部教育中，党校和党的训练班中，及党领导的各种干部学校中，把党的策略教育列入正式教育计划之内，并作为成绩考察的重要标准。"此外，还对延安干部的策略教育作了具体布置，主要是有计划地组织各种关于策略教育的报告会或演讲。后来延安还专门组织了"策略教育干部会"，吸收全延安党与宣传教育的领导干部参加，组织研究和讲授党的策略及其具体运用的有关问题。仅几个月就作了十几次报告，提高了在职干部学习的热情。

第二，培养和提高干部的阅读能力和独立思考能力。1940 年 10 月 20 日，中央宣传教育部又发了一个《关于提高延安在职干部教育质量的决定》。这个决定除了坚决贯彻执行中央关于加强策略教育的指示以外，强

① 载《解放》杂志第一一〇期，1940 年 7 月 1 日出版。

调参加学习的干部必须养成细心阅读和独立思考问题的习惯。决定指出，为了提高学习的质量，以求学习的深入，“必须在学习上力求嚼得烂，懂得透。”决定还规定了为提高干部学习质量所必须采取的一些措施，例如，充实和加强对学习的指导；及时地解答疑难问题和有争议的问题；研究和总结各门功课的教授方法、研究方法和学习方法；加强对延安在职干部教育的检查，这种检查应着重于教学质量和研究方法的改进；把马列主义的理论学习与干部担任的实际工作结合起来等。这个决定对于延安在职干部教育和干部学校教育的影响是很大的。

在这一阶段，因为采取了这些措施，干部学习的质量是有很大提高的。

3. 第三阶段。从 1941 年 5 月毛泽东作《改造我们的学习》的报告起，到 1942 年 2 月毛泽东作《整顿党的作风》，号召全党普遍开展整风运动止。历时不足一年。这一阶段的主要任务是按照党中央和毛泽东的一系列指示，改革延安的干部教育，包括在职干部教育和干部学校教育。《改造我们的学习》是毛泽东在中宣部组织的干部学习会上的报告。这个报告，第一，肯定了党的干部教育和研究工作的成绩。毛泽东说：“马克思列宁主义的普遍真理一经和中国革命的具体实践相结合，就使中国革命的面目为之一新。抗日战争以来，我党根据马克思列宁主义的普遍真理研究抗日战争的具体实践，研究今天的中国和世界，是进一步了，研究中国历史也有某些开始。所有这些，都是很好的现象。”第二，指出了干部教育和研究工作中的缺点，这就是不注重研究现状，不注重研究历史，不注重马克思列宁主义的应用。毛泽东列举了一些坏典型后说：“当然，上面我所说的是我们党里的极坏的典型，不是说普遍如此。但是确实存在着这种典型，而且为数相当地多，为害相当地大，不可等闲视之的。”第三，从理论和实践的结合上阐明了马克思列宁主义与主观主义两种态度的对立和区别。第四，提出了改造学习的三点建议：一、“向全党提出系统地周密地研究周围环境的任务。”二、研究近百年的中国史。三、“对于在职干部的教育和干部学校的教育，应确立以研究中国革命实际问题为中心，以马克思列宁主义基本原则为指导的方针，废除静止地孤立地研究马克思列宁主义的方法。”

在毛泽东作了《改造我们的学习》的报告以后，党中央发出了一系列相应的指示，其中包括 1942 年 2 月 28 日发布的《中央关于在职干部教育的决定》。这个决定指出："在职干部教育，自六中全会以来，已经引起党内相当的注意，在许多地方与许多部门的在职干部中引起了学习的热潮，这是极好的现象。但忽视的现象还是存在着，在有些地方与有些部门中，甚至还没有开始。没有强调业务教育，而大多数在职干部要求学习业务与精通业务的热情则是很高的。政治教育虽一般地注意了，但或则不得其法，或则轻重不分，或则没有经常性。文化教育，是我党多数工农出身的干部所迫切需要的，但也没有引起党政军各级领导机关的充分注意。高级干部的理论教育，或则至今没有引起注意，或则脱离实用，成了教条主义的东西；而理论教育的成败则是革命成败的第一个关键。所有这些，都是必须改革，或必须加强的。"决定指出："在职干部教育，应以业务教育、政治教育、文化教育、理论教育四种为范围"，并分别指出了四种范围的内容和教学措施。关于理论教育，决定指出："高级及中级干部之具有学习理论资格（文化程度、理解力与学习兴趣等）者，于业务学习与政治学习之外，均须学习理论。其学习范围分为政治科学、思想科学、经济科学、历史科学等项，依次逐步学习之。其学习方法，以理论与实际联系为原则。例如政治科学以马列主义论战略策略的著述为理论材料，以我党二十年奋斗史为实际材料；思想科学以马克思主义的思想方法论为理论材料，以近百年中国的思想发展史为实际材料；经济科学以马克思主义的政治经济学为理论材料，以近百年中国的经济发展史为实际材料；历史科学则研究外国革命史与中国革命史。"这些指示都是十分正确的。延安在职干部教育就是根据毛泽东《改造我们的学习》的建议和这一决定的精神，进行了相应的改革，开始了崭新的阶段。

三、延安干部学校教育的三阶段

1. 第一阶段。1937 年至 1940 年初，这一阶段的干部学校全属训练班性质。为了满足抗日战争特别是敌后抗日根据地的迫切需要，学习时间短，大多只有三个月、半年、最多一年，就结业分配工作。因此，这个阶段的课程内容一般都是符合实际工作需要的。也教授一些理论课如中国问题、马列主义等，但只是启蒙性质的。当时的学员现在回忆起来还认为这种启蒙教育对他们很有好处。

1939年4月10日，在鲁迅艺术学院成立一周年纪念大会上，我作了一个题为《鲁艺的教育方针与怎样实施教育方针》的报告。在那个报告中，我着重阐述了党中央为鲁艺规定的教育方针，提出了怎样实施党的这个方针的意见。当时，党中央为鲁艺规定的教育方针是："以马列主义的理论与立场，在中国新文艺运动的历史基础上，建设中华民族新时代的文艺理论与实际，训练适合今天抗战需要的大批艺术干部，团结与培养新时代的艺术人才，使鲁艺成为实现中共文艺政策的堡垒和核心。"这个教育方针虽然是为鲁艺规定的，但它反映了党在那个时期干部教育的基本特点：首先是从抗战的实际需要出发；其次，要求有一定的理论水准和实际技能；第三，带有鲜明的无产阶级的特征，无论是鲁艺，还是其他的干部学校，都是在党的领导下，以马列主义为指导来培养人才和进行学科的研究。

由于当时党内存在着严重的主观主义与教条主义的思想体系，在短期训练班内也不可能不受到影响。但由于上述情况，这种毛病的影响一般说是轻微的。

2. 第二阶段。1940年下半年以后，转到干部学校正规化阶段。延长学制，确立比较正规的学习制度。学习时间一般改为一年、二年甚至三年。要求比较系统地学习马列主义的基础理论知识，提高干部的理论水平。伴随着正规化而来的，是教条主义习气的复活和滋长。这在马列学院的部分课程的教学中表现得尤为突出，陕公高级班也有这种情况。教学和研究马列主义基础理论是十分重要的，决不可少的，但教条主义的方法却是同马克思主义的认识论根本相违背的，是十分有害的。

3. 第三阶段。根据毛泽东《改造我们的学习》的精神，1941年12月17日中央发布《关于延安干部学校的决定》，严肃指出："目前延安干部学校的基本缺点，在于理论与实际、所学与所用的脱节，存在着主观主义与教条主义的严重的毛病。这种毛病，主要表现在使学生学习一大堆马列主义的抽象原则，而不注意或几乎不注意领会其实质及如何应用于具体的中国环境。为了纠正这种毛病，必须强调学习马列主义的理论的目的是为了使学生能够正确的应用这种理论去解决中国革命的实际问题，而不是为了书本上各项原则的死记与背诵。第一，必须使学生区别马列主义的字句与马列主义的实质；第二，必须使学生领会这种实质（不是望文生义，而是心知其意）；第三，必须使学生学会善于应用这种实质于中国的具体环境，而抛弃一切形式的空洞的学习。为了这个目的，除了正确地教授马列主义的理论之外，同时必须增加中国历史与中国情况及党的历史与党的政策的教育，使学生既学得理论，又学得实际，并把二者生动地联系起来。党地委以上，军队团级以上的干部（在解决了文化问题之后），应以联共党史为学习马列主义的基本教材，特别应注意具体应用辩证唯物论与历史唯物论的基本观点（不是其大堆的抽象原则）的学习，借以克服主观主义与教条主义这种极端恶劣的毛病。”决定并提出了一系列具体改革的措施。这些指示也是十分正确的。延安干部学校根据毛泽东《改造我们的学习》的建议和这一决定的精神，进行了若干改革。

为了贯彻执行中央关于干部教育的两个决定和检查自己的工作，我在1942年3月写了一篇文章《要清算干部教育中的教条主义》①，检查了毛泽东在党的六中全会上提出“教条主义必须休息”的号召以后，干部教育工作中教条主义的各种表现，并且指出：“教条主义在党内有长期的传统，而在教育工作中尤有深固的根基。要执行中央关于干部教育的决定，要实行干部教育上的革命，主要地就是要肃清教条主义；而要肃清它，就首先要揭露它和批评它，一次不会揭露得干净和批评得透彻的，要坚持地去揭露和批评。否则，无论对于工作，对于个人，真正的彻底转变是困难的。”这是文章的基本精神。鉴于教条主义曾经给党的事业造成十分严重的危害，教条主义的思想方法又在干部学校复活和滋长，当时延安整风正在开始，想借此给以推动。但文中没有抓住“实事求是”这个毛泽东思想的核心，这是最大的缺点。同时，对于延安干部学校前期的成绩和后期教条主义复活的错误也未作必要的分析，存在着否定过多和笼统化的缺点。

四、党内教条主义思想体系的发生、滋长和被改造

八七会议后的瞿秋白盲动主义和李立三冒险主义错误都包含着严重的教条主义的因素，但还未成系统。直到王明“左”倾冒险主义出现后，

---

① 载延安《解放日报》1943年3月16日，第三版。

教条主义在思想上、政治上、军事上和组织上才成为完整的登峰造极的东西。王明自称是百分之百的布尔什维克，实际是百分之百的教条主义者和主观主义者。王明“左”倾冒险主义的核心人物是一个宗派集团。他们在取得了中央领导权之后，钦差大臣满天飞，所到之处，总是攫取首要职务，使教条主义、主观主义得以在全党占据统治地位。遵义会议和瓦窑堡会议以后，毛泽东和以他为代表的党中央，逐步地在全党基本上清算和纠正了军事路线、政治路线和组织路线上的教条主义、主观主义，贯彻了以毛泽东为代表的正确路线。但是，教条主义、主观主义是思想路线，属于世界观和方法论范围，是政治上、军事上、组织上“左”右倾路线的思想根源。根源不清除，政治、军事、组织等方面的错误路线，不论是“左”的或右的，得到纠正以后，一有机会还会反复。1937 年 11 月，王明从莫斯科回到延安，在同年 12 月和次年 3 月两次政治局扩大会议上，他反对党和毛泽东的抗日战争的正确路线，提出了“一切经过统一战线”的右倾错误主张，一度又模糊了党内对毛泽东思想的认识，以致此后约半年时间内，毛泽东又处在少数甚至孤立的地位。有一次我去看望毛泽东，他说：“我的命令不出这个窑洞”，便是例证。毛泽东是革命天才。所谓天才，就是比别人更聪明，更有远见。早在 1930 年，他就通过中国革命实践，写出了《反对本本主义》，在红军长征到达陕北以后，他又大量研究哲学著作，1936、1937 年写出了《中国革命战争的战略问题》、《实践论》和《矛盾论》，在党内进行关于马克思主义的世界观方法论的教育。1938 年 10 月，在六届六中全会上，他又号召全党，要结合中国的革命实践，普遍地深入地研究马克思列宁主义，并且指出：“洋八股必须废止，空洞抽象的调头必须少唱，教条主义必须休息。”以后一有机会他就在文章里和指示中联系实际进行教育。以毛泽东为代表的整个党的路线、纲领和政策能够比较顺利地推行，应该归功于这个教育的效益。但是要系统地、深入地解决这个问题，还需要进行一次普遍的马克思主义教育运动。1942 年至 1943 年的全党整风学习，完成了这个历史任务。王明宗派集团的分化和克服，除王明等一二人至死不改外，大抵也是经过这样一个曲折的路程的。1942 年的整风学习，就成了我们党空前团结和走向胜利的标志，成了马列主义毛泽东思想武装全党的标志，成了我们党自成立以来最好的一次代表大会——“七大”的前提条件。

由此可见，上述第二阶段（即 1940 年下半年以后转到干部学校正规化的阶段）干部学校教条主义学风的滋长，是有历史根源的，不是偶然的。洛甫长期担任和兼任中央宣传部长，他有马列主义基本理论的基础，他在遵义会议上有功劳，以后又做了许多有益的工作，在理论宣传和干部教育工作方面是有显著成绩的。但他的教条主义思想比较严重，在这方面，毛泽东对他有过许多帮助。延安整风的前一阶段，他作农村调查去了，没有参加。回到延安后，写了《出发归来记》，自我批评是深刻的。最近看到了他在“文化大革命”受迫害期间写的《无产阶级专政下的政治和经济》、《党内斗争要正确进行》两篇文章，深感这位老共产党员的坚定立场和理论力量。他要没有去世，是会在思想战线上做出有益贡献的。

五、编辑《共产党人》

最后，我要提一下编辑《共产党人》的事。《共产党人》杂志是在党中央、毛泽东的直接关怀下创刊的。《共产党人》的出版，不但同延安的干部教育以至整个党的干部教育密切相关，而且是我党建设中的一件大事。

1. 创办经过。《共产党人》创刊于 1939 年 10 月，它的任务就是毛泽东在《发刊词》中所说的，“帮助建设一个全国范围的、广大群众性的、思想上政治上组织上完全巩固的布尔什维克化的中国共产党。”我是编辑，负责编辑出版的实际工作。工作人员有陶希晋，后来又有马洪。洛甫是主编，每期稿件编好后，都送他审定。

《共产党人》是党内刊物，不仅在延安和陕甘宁边区发行，也发行到各敌后抗日根据地，包括新四军抗日根据地，以及国民党统治区的党组织。发行总数在一千份以上。这在当时也算是发行量很大的了。

《共产党人》从 1939 年 10 月创刊，到 1941 年 8 月停刊，历时一年零十个月，一共出版了十九期。因为陕甘宁边区发生严重经济困难，纸张供应紧张，党中央决定收缩出版工作，停止了包括《解放》、《八路军军政杂志》、《中国文化》等一批期刊的出版，《共产党人》也同时停止出版。

2. 主要作用。《共产党人》出版时间不长，发挥了一定的作用。主要有四点。

第一，传达中央有关党的建设的指示。我们的党当时已是全国范围的、广大群众性的党，十分需要及时地传达党中央的决议和指示，使它迅速地与广大群众见面，这对党的事业关系极大。我们在《共产党人》的编辑工作中，自觉地承担了这一政治任务。在《创刊号》上，我们就刊载了党中央于1937年8月25日发出的《关于巩固党的决定》，同时还刊载了1938年11月党的六届六中全会作出的《关于各级党委暂行组织机构的决定》和《关于各级党部工作规则与纪律的决定》。其中只有少数几期没有登载中央的决议和指示。刊登指示最多的是第十九期，也就是最后一期，共刊登了九个有关的决议和指示，如《中央关于增强党性的决定》、《中央关于调查研究的决定》、《中央关于地方及军队中各级党部取消、改正与停止党员处分手续的决定》，以及中宣部的《关于反敌伪宣传工作的指示》、《关于各抗日根据地报纸杂志的指示》、《关于各抗日根据地群众鼓动工作的指示》等。总计，先后共发表党中央及各部门的有关的决议、指示三十九篇。事实上成了党中央的机关刊物。

第二，传播经验。我们经常选登研究党的建设，总结党的组织工作经验的重要文章，其中，毛泽东写的《发刊词》是最重要的文章，为我们党确定了一个布尔什维克化建设的纲领，在中国革命的长期斗争中发挥着巨大的指导作用。第十八期又刊载了毛泽东为他自己的《农村调查》写的序：《没有调查就没有发言权》，也是我党思想建设上的一个重要文献。《创刊号》刊载的刘少奇写的《论公开工作与秘密工作》是我党在白区工作经验的总结。还有洛甫的《党的工作中的一个基本问题——了解具体情况》（载第四期）、《提倡朴素和切实的工作作风》（载第七期）、杨尚昆的《华北党建设中的几个问题》（载第五期）等，都是有关党的建设的重要文章。我在延安，从中央党校，陕北公学直至中央干部教育部，一直在干部学校讲党的建设。部分讲稿经过整理，也发表在《共产党人》上。

第三，宣传政策。毛泽东十分重视党的政策和策略及其实施，在整个抗日战争期间写过许多关于政策及策略的文章。仅在1940年就写了《目前抗日统一战线中的策略问题》和《论政策》两篇文章，总结了党在抗日战争中的主要政策和策略原则，强调党的政策对于争取抗战的胜利具有决定的意义。因此，《共产党人》十分重视党的政策和策略的宣传。

《共产党人》在刊载党的决议和指示的同时，经常约请一些负责同志撰写阐述中央政策和策略的文章，帮助大家正确理解和执行党的政策。比如《创刊号》上在发表《中央政治局关于巩固党的决定》的同时，还发表了王稼祥的《为中国共产党的巩固和坚强而斗争》的文章；第三期在发表《中央关于吸收知识分子的决定》的同时，还发表了赵毅敏的《反对恐惧和排斥知识分子的现象》、艾思奇的《共产党与知识分子》的文章。在发表《关于开除刘振球党籍的决定》的同时，还发表了胡耀邦的《拥护开除刘振球的党籍，为党的事业奋斗到底》的文章等。我自己也写过一些。后来党中央还以《共产党人》为阵地，开展党的政策的讨论，如关于各抗日根据地文化教育政策（载第十五期）和劳动政策（载第十六期）的讨论。可见，《共产党人》在学习、宣传、研究和贯彻党的政策方面做了不少工作，是有成绩的。

第四，指导干部教育。《共产党人》是在干部教育部，后来在中宣部编辑出版的，同干部教育有着紧密的联系。因此，关于干部教育的问题在《共产党人》中占有相当的地位。先后发表过许多中央关于干部教育的指示，如1940年1月3日的《关于干部学习的指示》（载第五期）、1940年3月24日的《关于在职干部教育的指示》（载第六期）、1940年8月13日的《中央宣传教育部关于加强党内策略教育的一些具体决定》（载第十期）、1940年10月20日的《中央宣传部关于提高延安在职干部教育质量的决定》（载第十二期）等。不仅如此，《共产党人》还为干部教育提供教材、各种参考材料以及各种具体的经验。《中国革命和中国共产党》一文，首先就是在《共产党人》上发表的（载第四、五期）。刊登在第六期上的《联共（布）党史简明教程》的参考书目，第七、八两期连载的《政治经济学研究大纲（初稿）》（王学文编写，以政治经济学研究会名义发表）都是为配合当时延安干部教育服务的。洛甫写过《提高干部学习质量》（载第十七期）、陆定一写过《军队中在职干部教育的经验》，章夷白、孙力余等也写过关于干部教育的专门文章，都在《共产党人》发表。所有这一切，都对当时的干部教育起过一定的指导作用。

有一次我同毛泽东谈话时，我说：我的工作太多，恐怕一事无成。毛泽东说，办好《共产党人》就是一事有成。这是毛泽东对《共产党人》编辑工作的重视和对我的勉励。至于我们的编辑工作，在整风前的指导思想的情况下，不可能没有缺点和错误，但现在我已无力重新审查。

六、小　　结

延安大办干部教育，包括在职干部教育和干部学校教育，已经过去四十多个年头了。实践证明，四十多年前在延安大办干部教育获得了两个方面的成果，一是为当时抗日战争和解放战争培养了成千成万的革命战士，二是为全国解放以后的社会主义建设准备了成千成万的骨干力量。这是时代的产物，历史的创举。

1. 中央关于干部教育的两个决定，即 1941 年 12 月 17 日《中共中央关于延安干部学校的决定》和 1942 年 2 月 28 日《中共中央关于在职干部教育的决定》，如前所述，在干部教育的实践中发挥过重大指导作用。现在历史条件已经有了根本性变化，党对干部的要求更高了，就是说必须实现“四化”——革命化、年轻化、知识化、专业化；必须做到有理想、有道德、有文化、守纪律，党在干部教育上的任务也更大了。但是中央关于干部教育的这两个决定的基本精神和延安干部教育实践的基本经验，我觉得还是有重大参考价值的。

2. 关于在职干部教育。延安在职干部教育的特点，一是计划性强，它是有计划有步骤地进行的，而不是随心所欲盲目进行的。二是组织性好，它是有组织有领导地进行的，而不是各自为政自发进行的。因之，它的学习效果是好的，成绩是显著的。这方面的经验，仍有指导意义。

3. 关于干部学校教育。抗日战争时期，迫切需要大批干部，尤其是大批知识分子干部参加组织伟大的抗战力量。但我们的党和军队刚从残酷的内战前线撤下来，严重缺乏知识分子干部。日本帝国主义的侵略激奋了中国人民，迫切要求进行民族救亡斗争，正是此时，大批知识青年纷纷来到延安，投向共产党，参加革命，探求真理。我们党不失时机地创办了各种专业性的干部学校，在抗日民族统一战线总路线的指导下，对他们进行思想、政治、军事、组织上的启蒙教育和各种业务教育。他们学习后，绝大多数开赴前线参加战斗。以毛泽东为首的党中央并曾发布《关于吸收知识分子的决定》，明确指出“没有知识分子的参加，革命的胜利是不可能的”。我党历史上大量吸收和培养知识分子，第一次是大革命时期，这是第二次。

延安大办干部学校教育起了样板作用。它推动了八路军、新四军和各个抗日民主根据地也克服一切困难，相继办起了各种军政干部学校，培养了数以万计的知识青年成为革命战士。这些知识青年参加抗日战争和解放战争，为中国的民族解放的人民革命事业做出了卓越的贡献。以后有些同志在抗战和内战前线或在敌人的刑场上英勇牺牲了，绝大多数同志经过长期斗争锻炼，成为社会主义时期的各级领导骨干。因此，延安干部学校教育是有重大成绩和意义的。